André Elsing

Notargebühren von A-Z

ARBEITSHILFEN NOTARIAT

Notargebühren von A–Z

5. Auflage 2024

von

André Elsing, Hamburg

DeutscherNotarVerlag

Benutzer-Hinweis für Muster
Für den Download der Mustertexte gehen Sie auf
https://www.notarverlag.de/notargebuehren-a-z
Dort erhalten Sie Zugriff auf das zip-Archiv: nv_6308_musterdownload.zip

Hinweis
Die Ausführungen in diesem Werk wurden mit Sorgfalt und nach bestem Wissen erstellt. Sie stellen jedoch lediglich Arbeitshilfen und Anregungen für die Lösung typischer Fallgestaltungen dar. Die Eigenverantwortung für die Formulierung von Verträgen, Verfügungen und Schriftsätzen trägt der Benutzer. Herausgeber, Autoren und Verlag übernehmen keinerlei Haftung für die Richtigkeit und Vollständigkeit der in diesem Buch enthaltenen Ausführungen.

Anregungen und Kritik zu diesem Werk senden Sie bitte an
info@notarverlag.de
Autoren und Verlag freuen sich auf Ihre Rückmeldung.

Umschlaggestaltung: gentura, Holger Neumann, Bochum
Satz: PMGi – Agentur für intelligente Medien GmbH, Hamm
Druck: Hans Soldan Druck GmbH, Essen
ISBN 978-3-95646-308-2

Bibliografische Information der Deutschen Bibliothek
Die Deutsche Bibliothek verzeichnet diese Publikation in der Deutschen Nationalbibliografie; detaillierte bibliografische Daten sind im Internet über
http://dnb.d-nb.de abrufbar.

Vorwort

Rund fünf Jahre sind seit der Vorauflage dieses Werkes vergangen.

Durch die Modernisierung des Personengesellschaftsrechts (**MoPeG**) haben sich für Notare und Rechtsanwälte neue Geschäftsfelder eröffnet. Seit Beginn des Jahres 2024 werden besonders zur **Gesellschaft bürgerlichen Rechts** neue notarielle Verfahren nachgefragt: Insoweit ist dieses Buch um neue Ausführungen und Muster zur Kostenberechnung für Erst- und Folgeanmeldungen zum neuen Gesellschaftsregister, zu Grundbuchrichtigstellungen oder Grundbuchberichtigungen (betreffend Grundbücher, in denen noch GbRs aus der Zeit vor 2024 eingetragen sind), ergänzt worden. Beratungen oder Gesellschaftsvertragsentwürfe zur eGbR rücken verstärkt in den Blick.

Zudem waren veränderte Gebühren des elektronischen Rechtsverkehrs, XML-Daten (KostRÄG 2021), Änderungen durch Rechtsprechung und auch in der Literatur einzuarbeiten. Neue Musterprotokolle für **digitale Beurkundungen** der GmbH-Errichtungen sind eingeführt worden.

Darüber hinaus sind noch viele weitere gebührenrechtliche Änderungen in diese 5. Auflage eingearbeitet sowie die Schnellübersichten von A–Z zu den Notargebühren und ausgewählten Gerichtsgebühren angepasst worden.

Für Anregungen und Kritik bin ich wie immer dankbar.

Hamburg/Ahrensburg/Worpswede im Mai 2024

André Elsing

Inhaltsverzeichnis

Musterverzeichnis

Abkürzungsverzeichnis

Abs.	Absatz
AG	Aktiengesellschaft
AktG	Aktiengesetz
AO	Abgabenordnung
BauGB	Baugesetzbuch
BeurkG	Beurkundungsgesetz
BGB	Bürgerliches Gesetzbuch
BGH	Bundesgerichtshof
BMJ	Bundesministerium der Justiz
BNotO	Bundesnotarordnung
BR-Drucks	Bundesrats-Drucksache
BT-Drucks	Bundestags-Drucksache
BZRG	Bundeszentralregistergesetz
bzw.	beziehungsweise
d.h.	das heißt
DONot	Dienstordnung für Notarinnen und Notare
eGbR	eingetragene Gesellschaft bürgerlichen Rechts
e.K.	eingetragener Kaufmann
ENZ	Europäisches Nachlasszeugnis
ErbVO	Erbrechtsverordnung
EuGüVO	Europäische Güterrechtsverordnung
EUR	Euro
f.	folgende
FamFG	Gesetz über das Verfahren in Familiensachen und in den Angelegenheiten der freiwilligen Gerichtsbarkeit
ff.	fortfolgende
GBO	Grundbuchordnung
GbR	Gesellschaft bürgerlichen Rechts
gem.	gemäß
GesLV	Gesellschafterlistenverordnung
ggf.	gegebenenfalls
ggü.	gegenüber
GmbH	Gesellschaft mit beschränkter Haftung
GmbHG	GmbH-Gesetz
GNotKG	Gerichts- und Notarkostengesetz

GrdstVG	Grundstücksverkehrsgesetz
GVO	Grundstücksverkehrsordnung
GW	Geschäftswert
GwG	Geldwäschegesetz
Hs.	Halbsatz
i.d.F.	in der Fassung
i.d.R.	in der Regel
IHK	Industrie- und Handelskammer
i.H.v.	in Höhe von
inkl.	inklusive
i.S.v.	im Sinne von
i.V.m.	in Verbindung mit
KG	Kommanditgesellschaft
KostO	Kostenordnung
KostrÄG	Kostenrechtsänderungsgesetz
KV	Kostenverzeichnis
MaBV	Makler- und Bauträgerverordnung
max.	maximal
m.E.	meines Erachtens
mind.	mindestens
Mio.	Million/Millionen
Nr.	Nummer
OHG	Offene Handelsgesellschaft
Rdn	Randnummer (interne Verweise)
Rn	Randnummer (Verweise auf externe Literatur)
S.	Satz
S.	Seite
Sog.	sogenannte/r/s
s/w	schwarz/weiß
UG	Unternehmergesellschaft
UmwG	Umwandlungsgesetz
UStG	Umsatzsteuergesetz
UVZ	Urkundenverzeichnis
UVZ-Nr.	Urkundenverzeichnisnummer

Var.	Variante
vgl.	vergleiche
Vorbem.	Vorbemerkungen
WEG	Wohnungseigentumsgesetz
z.B.	zum Beispiel
Ziff.	Ziffer
ZPO	Zivilprozessordnung
ZTR	Zentrales Testamentsregister
ZTR-GebS	Testamentsregister-Gebührensatzung
ZTRV	Verordnung zur Einrichtung und Führung des Zentralen Testamentsregisters
zzgl.	zuzüglich

Literaturverzeichnis

Kommentare und **Mehrautorenwerke** werden z.B. wie folgt zitiert:
Armbrüster/Preuß/Renner/*Bearbeiter*, BeurkG, DONot.

Armbrüster/Preuß/Renner, BeurkG mit NotAktVV und DONot, Kommentar, 9. Aufl. 2022

Bös/Neie/Strangmüller/Jurkat, Praxishandbuch für Notarfachangestellte, 5. Aufl. 2023

Bormann/Diehn/Sommerfeldt, Gerichts- und Notarkostengesetz, Kommentar, 4. Aufl. 2021

Canaris/Habersack/Schäfer/Staub, Großkommentar HGB, Band 1, 6. Aufl. 2021

Diehn, Notarkostenberechnungen, 9. Aufl. 2024

Diehn/Sikora/Tiedtke, Das neue Notarkostenrecht, 2013, Sondervorabdruck

Elsing, Der Grundstückskaufvertrag in der notariellen Praxis, 2. Aufl. 2018

Elsing, Erbrecht in der notariellen Praxis, 2. Aufl. 2019

Elsing, Fälle und Lösungen zur Abrechnung nach GNotKG, 3. Aufl. 2020

Elsing, Familienrecht in der notariellen Praxis, 1. Aufl. 2023

Elsing, Handels- und Gesellschaftsrecht in der notariellen Praxis, 5. Aufl. 2022

Elsing, Infobrief notarbüro

Elsing, Notargebühren von A–Z, 4. Aufl. 2019

Fackelmann/Heinemann, Gerichts- und Notarkostengesetz, Kommentar, 2013

Heckschen/Freier, Das MoPeG in der Notar- und Gestaltungspraxis, 2024

Heinze/Otto/Renner, Leipziger GNotKG-Kommentar, 3. Aufl. 2021

Hüffer/Koch, Aktiengesetz, Kommentar, 18. Aufl. 2024

Kersten/Bühling, Formularbuch und Praxis der Freiwilligen Gerichtsbarkeit, 27. Aufl. 2023

Korintenberg, Gerichts- und Notarkostengesetz, Kommentar, 23. Aufl. 2024

Ländernotarkasse, Leipziger Kostenspiegel, 4. Aufl. 2023

Limmer, Handbuch der Unternehmensumwandlung, 7. Aufl. 2024

Münchener Kommentar, GmbHG, Band 8, 3. Aufl. 2018

Notarkasse München, Streifzug durch das GNotKG, 13. Aufl. 2021

Rohs/Wedewer, GNotKG, Stand: Dezember 2023

Staub, Handelsgesetzbuch: HGB, Großkommentar, 6. Aufl. 2021

Tondorf/Schmidt, 50 Tipps zum GNotKG, 2. Aufl. 2018

Voigt, Das Handelsrecht der Zweigniederlassung, 2010
Widmann/Mayer, Umwandlungsrecht, Band 8, 2024

Aufsätze

Die Zitierung der Aufsätze erfolgt durch Angabe der Zeitschrift, des Erscheinungsjahres und der Seite.

A.

I. Abschriftsbeglaubigung

Siehe hierzu Teil B Rdn 5 ff. (*Beglaubigung von Dokumenten*). 1

II. Abtretung

Erklärt eine Person die **Abtretung** eines Rechts, ist dies eine einseitige empfangsbedürftige Willenserklärung gegenüber dem Zessionar. Beurkundet der Notar diese Abtretungserklärung, entsteht die **1,0-Gebühr** gem. **Nr. 21200 KV GNotKG**. Damit abgegolten ist die Fertigung des Entwurfs über die Abtretung durch den beurkundenden Notar. 2

Soweit ein Mandant kein Beurkundungsverfahren über eine Abtretung anstrebt, sondern lediglich den Entwurf über die einseitige Abtretung wünscht, entsteht die **1,0-Gebühr** gem. **Nr. 24101 KV GNotKG**.

Bewilligt der Eigentümer lediglich seinen Antrag auf Eintragung der **Abtretung der brieflosen Grundschuld** zugunsten einer anderen Person, liegt nur eine Grundbuchbewilligung nebst Antrag vor, sodass die **0,5-Gebühr** gem. **Nr. 21201 Nr. 4 KV GNotKG** anfällt. 3

Anderes gilt, wenn neben dem Grundbuchantrag auch eine dingliche und/oder eine persönliche Zwangsvollstreckungsunterwerfung mit erklärt wird. In diesem Fall entsteht die **1,0-Gebühr** gem. Nr. 24200 KV GNotKG.

Wird die Abtretung eines Rechts und in demselben Schriftstück zudem die Erklärung des Zessionars über seine **Annahme** dieser Abtretung erklärt, liegt eine **Vereinbarung** über die Abtretung vor, für die die **2,0-Gebühr** nach **Nr. 21100 KV GNotKG** ausgelöst wird. 4

Die Erklärung der **Abtretung** einer **Briefgrundschuld** gegenüber dem Zessionar ist keine, die gegenüber dem Grundbuchamt abzugeben ist. Deshalb liegt nicht lediglich eine Eintragungsbewilligung/Eintragungsantrag, sondern eine Abtretung über eine Briefgrundschuld mit Auslösung der **1,0-Gebühr** gem. **Nr. 21200 KV GNotKG** vor.[1] Mit dieser Gebühr abgegolten ist zudem der vom beurkundenden Notar auftragsgemäß gefertigte Entwurf, wenn dieser in einem zeitlich engen Zusammenhang mit der Beurkundung noch steht. 5

Bei der Beauftragung des Notars ist ein entscheidender Aspekt, ob der Auftraggeber (Kostenschuldner) **ausschließlich einen isolierten Entwurf** verlangt oder einen **Entwurf im Rahmen eines Beurkundungsverfahrens** wünscht. Jeder dieser unterschiedlichen Tatbestände löst eine andere Gebühr aus: entweder eine für das 6

1 Vgl. Korintenberg/*Hey'l*, GNotKG Nr. 21200 Rn 5.

Beurkundungsverfahren (inkl. Entwurf) oder eine ausschließlich für das Entwurfsverfahren.

Der eindeutige Wille des Auftragsgebers ist auch deshalb zu **Beginn** des Auftrags abzuklären, sodass feststeht, ob ein isolierter Entwurf anzufertigen und auszuhändigen oder ob die Entwurfstätigkeit im Rahmen eines Beurkundungsverfahrens zu erbringen ist.

Bleibt bei einem eingeleiteten Beurkundungsverfahren die beabsichtigte Beurkundung aus, ist eine **vorzeitige Beendigung des Beurkundungsverfahrens** abzurechnen.

7 Gleich, ob für einen **isolierten Entwurf** eine Gebühr gem. Nr. 24100 ff. KV GNotKG oder eine Gebühr für die **vorzeitige Beendigung** des Beurkundungsverfahrens gem. Nr. 21203 KV GNotKG i.V.m. Nr. 21200 KV GNotKG abzurechnen ist, gilt: Jede dieser Gebühren ist eine **Rahmengebühr**, weil bei ihr stets die Fertigung eines Entwurfes Bestandteil des abzurechnenden Verfahrens ist.

Der **Gebührenrahmen** beträgt:

- **0,3 bis 1,0**, wenn eine 1,0-Gebühr für den Entwurf entsteht,
- **0,5 bis 2,0**, wenn eine 2,0-Gebühr für den Entwurf entsteht.

8 Nach der auftragsgemäßen Aushändigung des Entwurfs an den Kostenschuldner hat der Notar kein Ermessen mehr, frei aus dem vorgegebenen Rahmen zu schöpfen. Zu diesem Zeitpunkt ist **§ 92 Abs. 2 GNotKG** zu beachten. Diese Norm bestimmt, dass der Notar den **höchsten** in Betracht kommenden **Rahmen der Gebühr** anzusetzen hat. Ein niedrigerer Kostenansatz kommt nicht in Betracht.

9 Wird nach Beauftragung des Beurkundungsverfahrens dieses **vorzeitig beendet** und ist zum Beendigungszeitpunkt der Entwurf der Abtretung noch nicht gefertigt/ausgehändigt kommt i.d.R. lediglich der Ansatz der **Festgebühr Nr. 21300 KV GNotKG** i.H.v. **20 EUR** in Betracht. In diesem Fall hat der Notar kein Ermessen zum Ansatz einer höheren Gebühr.

10 Hat der Notar, der die Festgebühr Nr. 21300 KV GNotKG berechnet, zuvor jedoch **eine Beratungsleistung** gegenüber dem Auftraggeber erledigt, sollte er die Beratungsleistung dokumentieren. Der Notar kann seine Beratungsgebühr in Rechnung stellen. Dabei ist irrelevant, ob der Notar schriftlich, mündlich oder per E-Mail beraten hat.

Bei der vorzeitigen Beendigung eines Beurkundungsverfahrens **ohne Aushändigung** eines Entwurfes kann also die Gebühr Nr. 21301 KV GNotKG i.V.m. Nr. 21300 KV GNotKG auf die Höhe der jeweiligen Beratungsgebühr ermäßigt werden.

In Betracht kommt die Beratung des Notars **telefonisch**[2] oder auch, wenn sie durch einen vom Notar **instruierten Notarmitarbeiter** erfolgt. Der Notar muss sich die Beratung seines Mitarbeiters rechtzeitig zu Eigen gemacht haben, damit im Ergebnis auch eine Beratung durch den Notar vorliegt.[3] Zur Beweissicherung kann der Notar den Inhalt der telefonisch oder mündlich erledigten Beratung vermerken und den von ihm abgezeichneten Vermerk dem Beteiligten zur Verfügung stellen. 11

Hat der Notar die erbetene Abtretung im Rahmen eines Beurkundungsverfahrens gefertigt und beglaubigt er anschließend die Unterschrift desjenigen, der die Abtretung erklärt, so ist die **erste Unterzeichnung und Beglaubigung** unter dem Entwurfstext **gebührenfrei** – siehe Vorbem. 2.4.1 Abs. 2 des Hauptabschnitts 4, Entwurf und Beratung, dort Abschnitt I Entwurf. 12

Die Gebührenfreiheit für die erste Beglaubigung kann jedoch ausnahmsweise ausscheiden, wenn die Unterzeichnung auf dem Entwurf nach längerer Zeit, **nicht demnächst** nach der Entwurfsfertigung stattfindet. Bei einer Abtretung, die der Notar entworfen hat, kann der Zeitraum „*demnächst*" so definiert werden, dass etwa **drei Monate** genügen, um die Unterzeichnung vorzunehmen. **Mehr als sechs Monate** genügen in der Regel nicht, um eine Entwurfsfertigung noch als „*demnächst*" zu werten. 13

Erfolgt die Unterzeichnung also nicht demnächst nach dem Entwurf, sondern zeitlich danach, steht sie nicht mehr in einem zeitlich gebührenfreien Zusammenhang mit dem Beurkundungsverfahren. Die **Unterschriftsbeglaubigung** ist dann als solche gem. Nr. 25100 KV GNotKG **gesondert zu bewerten**.

Bei der Entwurfsfertigung mit anschließender Unterschriftsbeglaubigung kann es – genau wie bei der Beurkundung der Abtretung einer Buchgrundschuld – der Fall sein, dass nur eine **0,5-Gebühr nach Nr. 21201 Nr. 4 i.V.m. Nr. 24102 KV GNotKG** – mind. 30 EUR – anfällt. Dies trifft zu, wenn nur formell-rechtliche Erklärungen mit der Grundbuchbewilligung abgegeben werden. 14

Sollte eine Buchgrundschuld **zusammen mit der Forderung** abgetreten werden, entsteht die **1,0-Gebühr** nach **Nr. 21200 KV GNotKG** für das Beurkundungsverfahren. Durch die Abtretung auch der Forderung liegt nicht lediglich ein Grundbuchantrag vor. 15

Der **Geschäftswert** der Abtretung über eine Forderung ist der **Wert der abgetretenen Forderung**. Falls mit der Forderungsabtretung eine Sicherungsübereignung stattfindet und der Sicherungsgegenstand einen geringeren Wert haben sollte als die Forderung selbst, ist **der geringere Wert des Sicherungsgegenstandes** nach § 53 Abs. 2 GNotKG anzusetzen. 16

2 Korintenberg/*Diehn*, GNotKG Nr. 21301 Rn 8.

3 Korintenberg/*Diehn*, GNotKG Nr. 21301 Rn 9.

17 Der Wert der Abtretung einer **Hypothek, Schiffshypothek**, eines **Registerpfandrechts an einem Luftfahrzeug** oder einer **Grundschuld** ist jeweils der **Nennbetrag der Schuldsumme** – § 53 Abs. 1 S. 1 GNotKG.

18 Fertigt der Notar den **Entwurf einer Abtretung**, so ist gem. § 119 Abs. 1 GNotKG der Geschäftswert, der für die Beurkundung anzusetzen wäre, maßgebend, somit nach § 53 Abs. 1 S. 1 GNotKG der **Wert des Grundpfandrechts**.

19 Der Wert einer **Rentenschuld** ist der **Nennbetrag der Ablösesumme** – § 53 Abs. 1 S. 2 GNotKG.

20 Wird eine **Forderung** abgetreten, deren Existenz oder Höhe **ungewiss oder umstritten** ist, kann der Geschäftswert nach freiem Ermessen geschätzt werden – § 36 Abs. 1 GNotKG.

21 *Beispiel 1*

Der Notar wird gebeten,

a) den Entwurf über die **Abtretung einer Buchgrundschuld** vorzubereiten und
b) einen Termin zu vergeben, damit der Eigentümer das gefertigte Schriftstück zwecks Beglaubigung vor dem Notar unterzeichnen kann.

Der Buchgrundschuld liegt keine Forderung mehr zugrunde.

Die Buchgrundschuld ist im Grundbuch mit einem Nennbetrag von 30.000 EUR nebst 20 % Zinsen jährlich und einmaliger Nebenleistung i.H.v. 5 % des Grundschuldbetrages eingetragen.

Nach Entwurfsfertigung, Unterzeichnung sowie Beglaubigung ist die Kostenberechnung zu fertigen.

Abrechnung:

Geschäftswert: § 53 Abs. 1 S. 1 GNotKG.

Damit entspricht der Geschäftswert dem Nennbetrag der Grundschuld, also hier 30.000 EUR.

Gebühr: 0,5 nach **Nr. 21201 Nr. 4 KV GNotKG**.

Hinweis:

Lediglich die 0,5-Gebühr gem. Nr. 21201 Nr. 4 KV GNotKG ist anzusetzen. Bei der Abtretung der Buchgrundschuld (ohne Zwangsvollstreckungsunterwerfung) handelt es sich lediglich um eine Eintragungsbewilligung mit Eintragungsantrag, somit nur um formelle Grundbucherklärungen.

22 *Beispiel 2*

Der Notar entwirft im Auftrag der Beteiligten die **Abtretungserklärung einer Buchgrundschuld.** Diese ist im Grundbuch mit einem Nennbetrag von

30.000 EUR nebst 20 % Zinsen jährlich und einmaliger Nebenleistung i.H.v. 5 % des Grundschuldbetrages eingetragen. Der Buchgrundschuld liegt eine Forderung i.H.v. 31.000 EUR zugrunde.

Nach Entwurfsfertigung beglaubigt der Notar die Unterschrift des abtretenden Eigentümers.

Abrechnung:

Geschäftswert: Dieser ist nach § 53 Abs. 2 GNotKG nach dem geringeren Wert des Nennbetrags der Grundschuld zu bestimmen (§ 53 Abs. 1 S. 1 GNotKG) und beträgt somit 30.000 EUR.

Gebühr: 1,0 nach Nr. 21200 KV GNotKG.

Hinweis:

Hier entsteht die 1,0-Gebühr nach Nr. 21200 KV GNotKG, weil nicht nur formelle Grundbucherklärungen abgegeben werden, sondern auch die Erklärung zur Abtretung der Forderung.

Beispiel 3 23

Der Notar entwirft im Auftrag der Beteiligten die **Abtretungserklärung einer Briefgrundschuld** i.H.v. 30.000 EUR nebst 20 % Zinsen jährlich und einmaliger Nebenleistung i.H.v. 5 % des Grundschuldbetrages. Anschließend beglaubigt der Notar die Unterschrift des abtretenden Eigentümers.

Abrechnung:

Geschäftswert: Dieser wird nach § 53 Abs. 1 S. 1 GNotKG bestimmt und entspricht damit dem Nennbetrag der Grundschuld, also hier 30.000 EUR.

Gebühr: 1,0 nach Nr. 21200 KV GNotKG.

Hinweis:

Hier entsteht die 1,0-Gebühr nach Nr. 21200 KV GNotKG, weil bei der Briefgrundschuld nicht nur formelle Grundbucherklärungen abgegeben werden, sondern auch Erklärungen, die an den Zessionar gerichtet sind.

III. Adoption (Annahme als Kind)

Der Adoption liegt eine Beurkundung zugrunde, weil der einseitige empfangsbedürftige **Antrag** der annehmenden Ehegatten beurkundungsbedürftig ist, § 1752 Abs. 2 S. 2 BGB. Für die Beurkundung des Antrags auf Annahme fällt die 1,0-Gebühr gem. Nr. 21200 KV GNotKG an. 24

25 Für die Beurkundung von **Zustimmungserklärungen** zur Annahme als Kind durch das Kind selbst, die Eltern oder durch die Ehegatten fällt die 0,5-Gebühr gem. Nr. 21201 Nr. 8 KV GNotKG an. Diese Gebühr beträgt mind. 30 EUR.

26 Werden der **Antrag auf Annahme als Kind** an das Familiengericht und die **Zustimmungserklärungen** in demselben Protokoll beurkundet, haben sie **denselben Gegenstand**, § 109 Abs. 1 GNotKG. In diesem Fall wird die 1,0-Gebühr nach Nr. 21200 KV GNotKG auf den höchsten in Betracht kommenden Wert angesetzt.

27 Werden der Antrag an das Familiengericht und die Zustimmungserklärungen gesondert in **verschiedenen Urkunden beurkundet**, ermäßigt Nr. 21201 Nr. 8 KV GNotKG die Gebühr Nr. 21200 KV GNotKG für die Zustimmung auf eine 0,5-Gebühr, die mind. 30,00 EUR beträgt.

28 Wird ein **minderjähriges** Kind adoptiert, wird der **Geschäftswert** für die Beurkundung des Antrags und auch für die Beurkundung der Zustimmungserklärungen nach § 101 GNotKG abgerechnet. Damit beträgt der Geschäftswert fest **5.000 EUR**.

29 Werden **mehrere minderjährigen Kinder** adoptiert, kann für **jedes Kind 5.000 EUR** in Ansatz gebracht werden. Die Werte sind nach § 35 GNotKG zu addieren und der sich so errechnete Gesamtbetrag bildet den Gesamtgeschäftswert.

30 Bei einer **Erwachsenadoption** berechnet sich der Geschäftswert für die Anträge des Annehmenden und des Anzunehmenden sowie für die Einwilligungserklärungen gem. § 36 Abs. 1 GNotKG nach billigem Ermessen. Dabei sind gem. § 36 Abs. 2 GNotKG das Einkommen und die Vermögensverhältnisse des Annehmenden zu berücksichtigen. Die Vermögens- und Erbverhältnisse dominieren in der Regel die Erwachsenenadoption, die sittlich gerechtfertigt sein muss. Der **Geschäftswert** darf dennoch nach § 36 Abs. 2 GNotKG **höchstens 1.000.000 EUR** betragen.

31 Soweit die Vermögensinteressen für die Adoption eine größere Rolle spielen, kann **50 % des Werts des Reinvermögens** des Annehmenden unter Beachtung des Höchstwerts in der Wertberechnung angesetzt werden.[4]

32 Für die Ermittlung des Geschäftswerts ist es unerheblich, ob die Adoption des Volljährigen nach den Vorschriften zur Adoption Minderjähriger ausgesprochen werden soll oder nicht.[5]

33 *Beispiel: Adoption eines Minderjährigen*

Die Eheleute Z beantragen, eine minderjährige Person an Kindes statt anzunehmen. Die Zustimmungserklärung durch das Jugendamt für das Kind wird mit beurkundet.

4 *Elsing*, Fälle und Lösungen zum GNotKG, § 1 Rn 62; Korintenberg/*Bormann*, § 36 Rn 28; *Diehn*, Notarkostenberechnungen Rn 1100; Leipziger Kostenspiegel, 4. Aufl. 2024 Rn 18.80 (30–50 %).

5 Leipziger Kostenspiegel, 4. Aufl. 2024, Rn 18.81.

Abrechnung:

Geschäftswert	gem. § 101 GNotKG		5.000 EUR
Beurkundungsverfahren	Nr. 21200 KV GNotKG	1,0 Gebühr (mind. 60 EUR)	= 60 EUR

(Die aus der Tabelle B abzulesende Gebühr beträgt nur 45 EUR, sodass die Mindestgebühr von 60 EUR gem. Nr. 21200 KV GNotKG anzusetzen ist).

Beispiel: Adoption eines Volljährigen 34

Herr Z, 70 Jahre alt, ist Eigentümer eines Vermögens i.H.v. 1.500.000 EUR. Er beantragt die Annahme eines 35 Jahre alten Volljährigen an Kindes statt auszusprechen. Das monatliche Einkommen von Z beträgt 18.000 EUR.

Abrechnung:

Geschäftswert	gem. § 36 Abs. 2 GNotKG	50 % des Vermögens	750.000 EUR
Beurkundungsverfahren	Nr. 21200 KV GNotKG	1,0 Gebühr	1.335 EUR

Hinweis:

Das hohe Vermögen und die guten Einkommensverhältnisse des Annehmenden sind mit 50 % des Reinvermögens, das als Geschäftswert angesetzt werden kann, sachgerecht berücksichtigt, wobei der Höchstwert i.H.v. 1.000.000 EUR gem. § 36 Abs. 2 GNotKG nicht überschritten werden darf.

IV. Änderungen

Grundsätzlich fällt für die **Änderung** einer Urkunde die **gleiche Gebühr** an, die auch für das Hauptgeschäft angesetzt wurde. Ist für einen Vertrag zum Beispiel die 2,0-Gebühr nach Nr. 21100 KV GNotKG angefallen, fällt auch für die Änderung des Hauptgeschäfts die 2,0-Gebühr nach Nr. 21100 KV GNotKG an. 35

Als **Geschäftswert** ist der Wert der Änderung anzusetzen. 36

Die **Änderung einer Gründungsurkunde** mit Festsetzung des GmbH-Gesellschaftsvertrages wird, soweit ein Gründungsgesellschafter entfällt oder einer ausgewechselt wird, genauso behandelt, als würde die GmbH erstmals neu errichtet. 37

Der Geschäftswert richtet sich nach § 107 Abs. 1 GNotKG und beträgt mind. 30.000 EUR.

Dabei wird die Abwahl und die Neuwahl eines Geschäftsführers in diesem Zusammenhang **wie ein Beschluss** behandelt, für den der Wert gem. § 108 Abs. 1 S. 1 GNotKG i.V.m. § 105 Abs. 4 Nr. 1 GNotKG angenommen wird, also ein Wert i.H.v. 1 % des Stammkapitals der Gesellschaft, mind. jedoch i.H.v. 30.000 EUR.

38 Soweit sich im Gesellschafterkreis keinerlei Änderung ergibt und der GmbH-Gesellschaftsvertrag vor der Eintragung der GmbH im Handelsregister geändert wird, liegt eine die Identität wahrende Änderung vor, sodass der Geschäftswert mind. 30.000 EUR gem. § 107 Abs. 1 S. 1 GNotKG beträgt.[6]

39 Werden lediglich **geringfügige Veränderungen** des GmbH-Vertrags vor Eintragung beurkundet, kann ein Teilwert i.H.v. **20–30 %** vom Gründungswert gem. § 36 Abs. 1 GNotKG angemessen angesetzt werden.

40 Änderungen eines GmbH-Gesellschaftsvertrages, die nach der Eintragung der GmbH im Handelsregister erfolgen, sind regelmäßig durch Beschlüsse der Gesellschafterversammlung vorzunehmen. Zu den abzurechnenden Beschlüssen siehe Teil B Rdn 42 ff. (*Beschlüsse*).

41 Bei Änderung des Gesellschaftsvertrages einer Ein-Personen-GmbH, die sich in Gründung befindet, muss der Notar den kostengünstigeren Weg vorgeben, jedenfalls soweit dieser genauso sicher wie die anderen Möglichkeiten ist. Somit ist die Änderung eines Gesellschaftsvertrages einer GmbH in Gründung **nicht durch eine Beschlussbeurkundung** herbeizuführen, da diese eine 2,0-Gebühr nach Nr. 21100 KV GNotKG auslösen würde. Stattdessen kann die Änderung eines Gesellschaftsvertrages durch die Beurkundung der **Willenserklärung des einzigen Gesellschafters** herbeigeführt werden, sodass lediglich die 1,0-Gebühr nach Nr. 21200 KV GNotKG anfällt.[7]

Beurkundet der Notar, bei Gleichwertigkeit der Möglichkeiten, dennoch die Änderung des Gesellschaftsvertrages der GmbH in Gründung im Wege der Beschlussfassung des Gründers, darf er die dadurch entstehenden Mehrkosten **nicht abrechnen**. Die Kosten wären bei richtiger Behandlung der Sache nicht entstanden (§ 21 GNotKG). Der Notar kann die Kostenberechnung so erstellen, als wäre der kostengünstigere Weg beschritten worden und zitiert dabei den § 21 GNotKG.

V. Aktiengesellschaft

1. Errichtung

42 Der Geschäftswert für die Errichtung einer Aktiengesellschaft mit Feststellung der Satzung bemisst sich nach § 97 Abs. 1 GNotKG. Es liegt **kein Austauschvertrag** i.S.v. § 97 Abs. 3 GNotKG vor. Somit ist der **Wert aller** von den Aktionären zu **leistenden Einlagen** für den Geschäftswert heranzuziehen. Verbindlichkeiten werden dabei nicht berücksichtigt (§ 38 GNotKG).

6 Der Gesetzgeber hat alle Gründungssachverhalte nach § 107 GNotKG regeln wollen; BT-Drucks 17/11471, 185; vgl. *Tondorf/Schmidt*, 50 Tipps zum GNotKG, G. Rn 64.

7 OLG Brandenburg, Beschl. v. 1.8.2023 – 7 W 36/23.

Wird bereits in der Gründungssatzung **ein genehmigtes Kapital** bestimmt, ist der **Betrag des genehmigten Kapitals** dem Geschäftswert als weitere Leistung **hinzuzurechnen**. 43

Dasselbe gilt für den Geschäftswert der ersten Handelsregisteranmeldung, weil der Betrag des genehmigten Kapitals sofort in das Handelsregister eingetragen wird (§ 105 Abs. 1 S. 1 Nr. 1 Hs. 2 GNotKG).

Das Grundkapital einer Aktiengesellschaft muss mind. 50.000 EUR betragen (§ 7 AktG). Deshalb spielt die Mindestwertbestimmung, wonach der Wert für die Errichtung der Satzung mind. 30.000 EUR beträgt, meistens keine Rolle. Erst wenn die Errichtung einer AG mit einem Grundkapital von mehr als 10 Mio. EUR beurkundet wird, gilt es konkret den **Höchstwert** zu beachten, der gem. § 107 Abs. 1 S. 1 GNotKG nicht mehr als **10.000.000 EUR** betragen darf. 44

Beurkundet der Notar mit der Errichtung der Aktiengesellschaft auch Verpflichtungen zur **Einlageleistung einer Sache** und wird zugleich in derselben Urkunde die **Übereignung der Sache** beurkundet, liegt **derselbe Gegenstand** vor; der Gründungsvorgang hängt von der Erfüllung ab (§ 109 Abs. 1 S. 4 Nr. 2 GNotKG). Dies gilt jedoch nur, wenn alle Erklärungen in demselben Protokoll beurkundet sind. 45

Der **Geschäftswert** richtet sich nach dem Wert des Rechtsverhältnisses, zu dessen Erfüllung die Einbringungsvereinbarung dient – § 109 Abs. 1 S. 5 GNotKG, somit nach dem **Wert der Einlageverpflichtung**.

Wird ein **Grundstück** in die AG eingebracht, ist die einzubringende Immobilie mit dem Verkehrswert zu bewerten (§ 46 Abs. 1 GNotKG). Dabei darf allerdings der **Höchstwert** für die Satzung i.H.v. 10.000.000 EUR nicht überschritten werden. Der Mindestwert von 30.000 EUR darf nicht unterschritten werden (§ 107 Abs. 1 GNotKG). 46

Für die **Liste der Aufsichtsratsmitglieder**, die dem Registergericht gem. § 106 AktG durch den Vorstand einzureichen ist, erhält der Notar, wenn er diese Liste auftragsgemäß entwirft, die Entwurfsgebühr nach Nr. 24101 KV GNotKG. Diese ist eine Rahmengebühr. Der Rahmen beträgt 0,3 bis 1,0. 47

Erstellt der Notar, wie in der Regel, bei Gründung der Aktiengesellschaft auch die Aufsichtsratsliste (vollständig) fällt die 1,0-Gebühr i.H.v. **mind. 60 EUR** an, da keine Vollzugstätigkeit vorliegt.

Der **Geschäftswert** der Aufsichtsratsliste richtet sich nach § 36 Abs. 1 GNotKG. Ausgangswert ist der für die fiktive Anmeldung eines Aufsichtsratsmitglieds anzunehmende Geschäftswert gem. § 105 Abs. 4 Nr. 1 GNotKG mit 1 % des Grundkapitals, mind. 30.000 EUR, max. 1.000.000 EUR.[8]

8 Streifzug Rn 1600 m.w.N.

48 Die Erstanmeldung einer AG (Kapitalgesellschaft) hat einen bestimmten Geldwert; sie betrifft die Eintragung eines bestimmten Geldbetrages (§ 105 Abs. 1 GNotKG), weil das **Grundkapital** (und ggf. zusätzlich auch ein bei Gründung geregeltes **genehmigtes Kapital** § 105 Abs. 1 S. 1 Nr. 1 Hs. 2 GNotKG) in das Handelsregister eingetragen werden.

Geschäftswert ist deshalb der einzutragende Geldbetrag, somit das Grundkapital (i.d.R. 50.000 EUR) zuzüglich eines ggf. geregelten genehmigten Kapitals in voller Höhe.

49 Die **Bestellung des ersten Aufsichtsrats** geschieht regelmäßig in der Errichtungsurkunde der AG. Sie ist ein **Beschluss ohne bestimmten Geldwert** und wird gem. § 108 Abs. 1 S. 1 GNotKG i.V.m. § 105 Abs. 4 Nr. 1 GNotKG bewertet, also mit 1 % des Grundkapitals, mind. jedoch mit 30.000 EUR.

50 Entwirft der Notar auftragsgemäß die **Niederschrift über die Konstituierung des ersten Aufsichtsrats** (Wahl des Vorsitzenden, Wahl des Stellvertretenden Vorsitzenden) sowie der **Bestellung des Vorstands**, handelt es sich um einen Beschluss ohne bestimmten Geldwert. Der Beschluss wird gem. § 108 Abs. 1 S. 1 GNotKG i.V.m. § 105 Abs. 4 Nr. 1 GNotKG mit 1 % des Grundkapitals, mind. mit 30.000 EUR bewertet.

Für den vollständig erstellten isolierten Entwurf steht dem Notar der **höchste Rahmen** der Rahmengebühr Nr. 24100 KV GNotKG zu, also die 2,0-Gebühr.

51 Die **Errichtung der AG** sowie **der Beschluss zur Bestellung des ersten Aufsichtsrats** und **des ersten Abschlussprüfers** im Errichtungsprotokoll sind **verschiedene Beurkundungsgegenstände** gem. § 110 Abs. 1 GNotKG.

Bei Errichtung einer **Mehrpersonengesellschaft** werden stets die Geschäftswerte addiert, § 35 Abs. 1 GNotKG. Die addierten Beträge ergeben den **Wert des Beurkundungsverfahrens** und unterliegen demselben Gebührensatz (2,0), da sowohl die Errichtung als auch der Beschluss der 2,0-Gebühr unterfallen.

Soweit jedoch ein einziger Aktionär die AG errichtet, wird gem. § 93 Abs. 1 GNotKG die Gebühr für das Beurkundungsverfahren nur einmal erhoben. Die Gebühr berechnet sich nach dem höchsten in Betracht kommenden Gebührensatz. Die Gebühr wird somit durch die Beschlussgebühr bestimmt, die eine 2,0-Gebühr nach Nr. 21100 KV GNotKG ist.

Für den Beschluss und für die Errichtung der Satzung kommen jedoch verschiedene Gebührensätze in Betracht (Errichtung der Satzung durch eine Person = 1,0-Gebühr Nr. 21200 KV GNotKG und Beschluss über die Bestellung des ersten Aufsichtsrats = 2,0-Gebühr Nr. 21100 KV GNotKG), sodass zu prüfen ist, ob die **getrennte Berechnung** nach § 94 Abs. 1 GNotKG für den Kostenschuldner **ggf. günstiger** ausfällt – wird dies bejaht, ist sie vorzunehmen.

52 Erledigt der Notar, der die Gründung einer AG beurkundet hat, auch die **Gründungsprüfung gem. § 33 Abs. 3 AktG**, erhält er hierfür die 1,0-Gebühr gem.

Nr. 25206 KV GNotKG aus dem Geschäftswert des Gründungsvorgangs, **mind. jedoch 1.000 EUR**.

Diese Lösung ist sachgerecht, weil der Notar, der eine Gründungsprüfung erledigt, kein geringes Risiko trägt und seine Mitwirkung auf diese Weise **die Eintragung deutlich beschleunigt**.

Beispiel: Abzurechnende Gebühren bei Errichtung einer Mehr-Personen-AG **53**

Errichtet wird eine Mehrpersonen-AG mit Grundkapital 50.000 EUR und Bestimmung eines genehmigten Kapitals i.H.v. 25.000 EUR.

Der Notar fertigt auch die erste **Liste des Aufsichtsrats** und erledigt als beurkundender Notar auch die **Gründungsprüfung** gem. § 33 Abs. 3 AktG.

Abrechnung:

Beurkundungsverfahren – Geschäftswert	§ 35 Abs. 1 GNotKG	=	105.000,00 EUR
Satzung (Grundkapital + genehmigtes Kapital)	§§ 97 Abs. 1, 107 Abs. 1 GNotKG	=	75.000,00 EUR
Beschluss	§§ 108 Abs. 1, 105 Abs. 4 Nr. 1 GNotKG	=	30.000,00 EUR
	2,0-Gebühr gem. Nr. 21100 KV GNotKG	=	546,00 EUR
Entwurf Aufsichtsratsliste – Geschäftswert	§§ 36 Abs. 1, 105 GNotKG	=	9.000 EUR
	1,0-Gebühr gem. Nr. 24101 KV GNotKG	=	69,00 EUR
Gründungsprüfung § 33 Abs. 3 AktG	Geschäftswert nach § 123 GNotKG	=	75.000,00 EUR
	1,0-Gebühr Nr. 25206 KV GNotKG	=	1.000,00 EUR
Elektronische Einreichung (XML-Daten) – Geschäftswert	§ 112 GNotKG	=	105.000,00 EUR
	0,2-Gebühr Nr. 22114 KV GNotKG	=	54,60 EUR

Beispiel: Abzurechnende Gebühren bei Errichtung einer Ein-Personen AG **54**

Errichtung einer Ein-Personen AG, Grundkapital 50.000 EUR.

Der Notar fertigt die erste Liste des Aufsichtsrats, entwirft die Registeranmeldung und erledigt als beurkundender Notar auch die Gründungsprüfung § 33 AktG.

Abrechnung:

Beurkundungsverfahren – Geschäftswert	§ 35 Abs. 1 GNotKG		80.000,00 EUR
Satzung	§§ 97 Abs. 1, 107 Abs. 1 GNotKG	=	50.000,00 EUR
	1,0-Gebühr Nr. 21200 KV GNotKG	=	165,00 EUR
Beschluss	§§ 108 Abs. 1, 105 Abs. 4 Nr. 1 GNotKG	=	30.000,00 EUR
	2,0-Gebühr gem. Nr. 21100 KV GNotKG	=	250,00 EUR
Entwurf Aufsichtsratsliste – Geschäftswert	§§ 36 Abs. 1, 105 GNotKG		9.000,00 EUR
	1,0-Gebühr Nr. 24101 KV GNotKG	=	69,00 EUR
Gründungsprüfung § 33 Abs. 3 AktG	1,0-Gebühr Nr. 25206 KV GNotKG	=	1.000,00 EUR
Elektronische Einreichung (XML-Daten) – Geschäftswert	§ 112 GNotKG	=	80.000,00 EUR
	0,2-Gebühr Nr. 22114 KV GNotKG	=	43,80 EUR

Hinweise:

Die getrennte Berechnung der 1,0-Gebühr für die AG-Errichtung und der 2,0-Gebühr für den Beschluss fällt mit 415 EUR für den Kostenschuldner günstiger aus und ist deshalb vorzunehmen.

Die höchste in Betracht kommende 2,0-Gebühr auf den Wert des Beurkundungsverfahrens, 80.000 EUR, würde mit 438 EUR gem. Nr. 21100 KV GNotKG teurer, sodass eine solche Abrechnung unterbleiben muss.

Zusätzlich zum vorstehenden Sachverhalt ist die Registeranmeldung als weiteres Beurkundungsverfahren abzurechnen.

2. Hauptversammlung der AG

55 Für die Beurkundung einer Hauptversammlung einer Aktiengesellschaft erhält der Notar die 2,0-Gebühr gem. Nr. 21100 KV GNotKG. Die Gebühr beträgt mind. 120 EUR.

Hinsichtlich der Geschäftswerte und Berechnung der Beschlüsse wird auf die Ausführungen unter Teil B Rdn 42 ff. (*Beschlüsse*) hingewiesen. 56

Berät der Notar im Vorfeld oder während einer Hauptversammlung über seine Amtspflichten, die ihm im Rahmen eines Beurkundungsverfahrens obliegen, hinaus, steht ihm **eine Beratungsgebühr** zu. 57

Eine kostenpflichtige Beratung liegt insbesondere bei der Vorbereitung einer Hauptversammlung vor, wenn der Notar z.B. prüft, wie einzelne Tagesordnungspunkte für eine Einladung zur Hauptversammlung abzufassen sind.

Die Gebühr für die Beratung nach **Nr. 24203 KV GNotKG beträgt 0,5–2,0**, je nach Aufwand des Notars. Aus diesem Rahmen darf der Notar nach seinem Ermessen den Gebührenansatz vornehmen.

Beispiel: Abrechnung einer Hauptversammlung 58

Der Notar beurkundet eine Hauptversammlung einer AG. Die AG hat ein Grundkapital von 1.000.000 EUR.

Die Aktionäre stimmen ab und die Hauptversammlung beschließt:
- über die Verwendung des angefallenen Jahresgewinns von 2.000.000 EUR,
- über eine Bar-Kapitalerhöhung i.H.v. 6.000.000 EUR sowie über
- ein genehmigtes Kapital i.H.v. 3.500.000 EUR.

Der Notar berät die Gesellschaft noch vor der Hauptversammlung hinsichtlich des Inhalts der Tagesordnungspunkte sowie des Inhalts der Einladung, die im Bundesanzeiger rechtzeitig zu veröffentlichen ist.

Abrechnung:

Geschäftswert Beurkundungsverfahren	§§ 97 Abs. 1, 108 Abs. 5 GNotKG		5.000.000 EUR
	2,0-Gebühr gem. Nr. 21100 KV GNotKG	=	16.270 EUR
Geschäftswert Beratung	§§ 120, 97, Abs. 1, 108 Abs. 5 GNotKG		5.000.000 EUR
Beratung über die Inhalte der Tagesordnung und Einladung vor der Hauptversammlung	2,0-Gebühr gem. Nr. 24203 KV GNotKG	=	16.270 EUR

Hinweise:

Der Geschäftswert für die Beschlüsse beträgt gem. § 97 Abs. 1 GNotKG 2.000.000 EUR, 6.000.000 EUR und 3.500.000 EUR. Gem. § 108 Abs. 5 GNotKG ist der Geschäftswert insgesamt jedoch auf 5.000.000 EUR begrenzt.

Aus dem Rahmen 0,5–2,0 wurde der 2,0-Rahmen ausgeschöpft, denn die Beratungen waren intensiv, bezogen sich auf alle Inhalte der Hauptversammlung und der Notar trägt ein Haftungsrisiko.

VI. Angebot und Annahme

1. Angebot

59 Ein Kaufvertrag kann so abgeschlossen werden, dass der Vertrag in ein Angebot und eine Annahme aufgespalten wird.

Der **Geschäftswert des Angebots** und auch der **der Annahme** wird gem. §§ 97, 47 GNotKG so bestimmt, wie sich auch der Wert eines nicht aufgespaltenen Kaufvertrages bestimmt.

Siehe insoweit die Ausführungen zum Geschäftswert unter Teil K Rdn 9 ff. (*Kaufvertrag*).

60 Für die Beurkundung eines Angebots zum Abschluss eines Kaufvertrages entsteht die 2,0-Gebühr gem. **Nr. 21100 KV GNotKG**, mind. i.H.v. 120 EUR (vgl. Vorbem. 2.1.1 S. 1 Nr. 1 KV GNotKG).

Damit ist die Beurkundung eines Angebots auf Abschluss des Kaufvertrages bereits genauso teuer, wie die Beurkundung eines Kaufvertrages (ohne Aufspaltung).

Das ist gerechtfertigt. Der Aufwand des Notars, ein Angebot zu beurkunden, ist größer als der Aufwand für die Kaufvertragsbeurkundung (ohne Aufspaltung). Die strengen **verbraucherrechtlichen Bestimmungen** sind komplexer bei einer Aufspaltung in Angebot und Annahme. Der Notar muss **zulässige wirksame Bindungszeiträume** sicherstellen, genauso den Zugang der Ausfertigung an den Angebotsempfänger. Zudem muss der Inhalt des Kaufvertrages, der zustande kommen soll, vor Beurkundung des Angebots unter den Beteiligten abgestimmt werden, damit eine Annahmeerklärung auch realistisch erwartet werden kann.

61 *Beispiel: Berechnung eines Angebots auf Abschluss eines Kaufvertrages*

Der Verkäufer Z ist Verbraucher (§ 13 BGB). Er bietet seine Immobilie, die er selbst nutzt, einer GmbH, die Unternehmerin ist (§ 14 Abs. 1 BGB) zum Kauf an.

Der Kaufpreis für die Immobilie soll 500.000 EUR betragen.

Abrechnung:

Geschäftswert	§§ 97 Abs. 1, 47 GNotKG	=	500.000 EUR
Beurkundungsverfahren	2,0-Gebühr Nr. 21100 KV GNotKG	=	1.870 EUR

2. Annahmeerklärung

Für die Beurkundung der Annahme des Angebots erhält der Notar eine 0,5-Gebühr nach **Nr. 21101 KV GNotKG**, mind. i.H.v. 30 EUR. 62

Soweit in der **Annahmeurkunde zugleich die Auflassung** mitbeurkundet wird, liegt Gegenstandgleichheit gem. § 109 Abs. 1 GNotKG vor, weil die Auflassung als dingliches Erfüllungsgeschäft den schuldrechtlich (durch Angebot und Annahme) zustande kommenden Kaufvertrag erfüllt. 63

Beurkundet **derselbe Notar**, der das Angebot beurkundet hat, später die Auflassung zum Kaufvertrag, so beträgt die Gebühr für die Auflassung 0,5 gem. Nr. 21101 Nr. 2 KV GNotKG. 64

Soweit in der Annahmeerklärung der Käufer sich wegen der Bezahlung des Kaufpreises der Zwangsvollstreckung in sein gesamtes Vermögen unterwirft, ist die **Unterwerfungserklärung** eine Sicherungserklärung mit **demselben Beurkundungsgegenstand** (§ 109 Abs. 1 GNotKG). 65

Die Beurkundung der **Annahme mit Auflassung und mit Unterwerfungserklärung** löst nur eine 1,0-Gebühr gem. Nr. 21200 KV GNotKG aus dem Wert des Kaufvertrages bzw. der Annahme aus; es liegt **derselbe Gegenstand** vor. 66

Beispiel: Annahmeerklärung mit Unterwerfung unter die Zwangsvollstreckung wegen der Kaufpreiszahlung 67

Der Verkäufer Z ist Verbraucher gem. § 13 BGB. Er hat seine Immobilie einer GmbH (somit einer Unternehmerin gem. § 14 Abs. 1 BGB) angeboten.

Die **Bindungsfrist** zur Annahme war mit drei Wochen noch zulässig, sodass eine wirksame Annahme des Angebots möglich ist.

Die GmbH nimmt das Angebot innerhalb der Frist ordnungsgemäß an.

In der Annahmeurkunde erklärt der Annehmende zugleich in Vollmacht für den Verkäufer die Auflassung und unterwirft sich zugleich der sofortigen Zwangsvollstreckung in das gesamte Vermögen, wegen der Kaufpreiszahlung.

Abrechnung:

Annahme mit Auflassung und mit Unterwerfungserklärung

Geschäftswert	§§ 97 Abs. 1, 47 GNotKG	=	500.000 EUR
Beurkundungsverfahren	1,0-Gebühr Nr. 21200 KV GNotKG	=	935 EUR

Der Notar, der den durch Angebot und Annahme zustande gekommenen Kaufvertrag vollzieht, erhält für die Abwicklung die **Vollzugsgebühr** nach Nrn. 22110 ff. KV GNotKG. 68

Zur isolierten Auflassung siehe Teil A Rdn 83 (*Auflassung*). 69

VII. Ankaufsrecht

70 Der **Geschäftswert** für die Einräumung eines Ankaufsrechts oder einer Erwerbs- bzw. einer Veräußerungsverpflichtung entspricht nach § 51 Abs. 1 S. 1 GNotKG dem Betrag des **vollen Verkehrswerts** der betroffenen Immobilie.

Dies ist anders als bei einem Vorkaufsrecht, wo der Geschäftswert gem. § 51 Abs. 1 S. 2 GNotKG nur dem halben Verkehrswert entspricht.

71 Für die Vereinbarung des Ankaufsrechts, einer Erwerbsverpflichtung oder einer Veräußerungsverpflichtung entsteht die 2,0-Gebühr nach Nr. 21100 KV GNotKG.

72 *Beispiel: Einräumung Ankaufsrecht*

Der Eigentümer einer Eigentumswohnung räumt Herrn Z ein Ankaufsrecht ein, der sich verpflichtet, dem Eigentümer die Eigentumswohnung für 150.000 EUR abzukaufen.

Abrechnung:

Geschäftswert für die Einräumung des Ankaufsrechts	§ 51 Abs. 1 S. 1 GNotKG	=	150.000 EUR
Beurkundungsverfahren (Ankaufsrecht)	2,0-Gebühr Nr. 21100 KV GNotKG	=	708 EUR

Hinweis:

Der Geschäftswert der Ankaufsrechtsvereinbarung ist der volle Verkehrswert der betroffenen Immobilie (§ 51 Abs. 1 S. 1 GNotKG).

Das Beurkundungsverfahren wird nach Nr. 21100 KV GNotKG mit der 2,0-Gebühr abgegolten.

VIII. Anzeige Tatsache

73 Für die Anzeige

- eines Forderungsübergangs,
- einer Abtretung oder
- einer Verpfändung über einen GmbH-Geschäftsanteil,

die der Notar im Auftrag der Beteiligten gegenüber einer Person vornimmt, die nicht an dem Beurkundungsverfahren beteiligt ist, erhält der Notar die 0,5-Betreuungsgebühr Nr. 22200 Nr. 5 KV GNotKG.

Geschäftswert ist der gesamte Wert des Beurkundungsverfahrens (§ 113 Abs. 1 GNotKG).

74 Damit der Käufer einer Immobilie die Vorwegbeleihung des Verkäufers zur Kaufpreisfinanzierung nicht derart nutzt, dass er sich etwas finanziert, aber nicht den

Kaufpreis, vereinbaren die Beteiligten des Kaufvertrages, dass der Verkäufer bei einer Kaufpreisfinanzierung mitwirkt, soweit die **Sicherungsabrede** dahin **eingeschränkt** wird, dass der Kaufpreis damit bezahlt wird. Die Sicherungsabrede wird bereits im Kaufvertrag zum Schutz des Verkäufers vereinbart und hat **denselben Beurkundungsgegenstand** (§ 109 GNotKG). Deshalb darf die vereinbarte Sicherungsabrede im Kaufvertrag nicht gesondert bewertet werden.

Zur Sicherheit des Verkäufers ist es üblich, dass der Notar bei der Abwicklung einer **Kaufpreisfinanzierungsgrundschuld** die Einschränkung der vereinbarten Sicherungsabrede auch in der Grundschuldurkunde dokumentiert. Damit will der Notar den Erfolg der Sicherung, die nicht garantiert ist, herbeiführen durch einen **Zugang der Abtretungsanzeige** beim Grundpfandrechtsgläubiger. **75**

In der Praxis findet dieses Abwicklungs- und Überwachungsprocedere oft statt. Der Notar weist dann den Grundpfandrechtsgläubiger im Anschreiben unter Beifügung der Ausfertigungen des Kaufpreisfinanzierungsgrundpfandrechtsbestellungen ausdrücklich auf die **Abtretung der Kaufpreisansprüche** hin, weil er befürchtet, dass ein nur bloßes Übermitteln der Abschrift der Urkunde mit der Abtretungsanzeige nicht genügen könnte.

Erledigt der Notar – sachgerecht zum Schutz des Verkäufers – auf diese Weise die Abtretungsanzeige auftragsgemäß, berechnet er die Betreuungsgebühr Nr. 22200 Nr. 5 KV GNotKG.[9]

Dann jedoch, wenn die den Kaufpreis finanzierende Bank den Notar mit Übersendung der Grundschuldbestellungsformulare anschreibt und von sich aus **ausdrücklich konkret bestätigt**, dass die im Kaufvertrag des Notars mit der entsprechenden UVZ-Nummer vereinbarte Sicherungsabrede **beachtet wird**, ist ein Erfolg der Sicherung bereits herbeigeführt. Der Ansatz der Gebühr gem. Nr. 22200 KV GNotKG kommt dann nicht mehr in Betracht,[10] auch dann nicht, wenn der Text der Bank im Formular vom Text des Notars im Kaufvertrag abweicht, allerdings dennoch gleichwertig ist.

IX. Apostille

Für die Einholung einer Apostille entsteht die **Festgebühr** i.H.v. 25 EUR gem. Nr. 25207 KV GNotKG. **76**

Holt der Notar neben der Beglaubigung durch den Landgerichtspräsidenten eine weitere benötigte Beglaubigung durch z.B. das BMJ oder das Bundesverwaltungsamt ein, entsteht die Festgebühr i.H.v. 50 EUR nach Nr. 25207 KV GNotKG i.V.m. Nr. 25208 KV GNotKG.

9 Leipziger Kostenspiegel, Rn 646; Leipziger GNotKG/*Harder*, Nr. 22200 KV GNotKG, Rn 47 m.w.N.; OLG Düsseldorf, Beschl. v. 11.11.2014 – 10 W 159/14, BeckRS 2014, 21525.

10 So auch Leipziger Kostenspiegel, Rn 648; *Elsing*, notarbüro 2017, 73, 74.

X. Aufbau des GNotKG

77 Das Gerichts- und Notarkostengesetz gliedert sich in:
- **Kapitel 1**: Vorschriften, die für **Notare und Gerichte** gelten – §§ 1 bis 54 GNotKG.
- Kapitel 2: Gerichtskosten – §§ 55 bis 84 GNotKG.
- **Kapitel 3**: **Notargebühren** – §§ 85 bis 135 GNotKG.
- Kapitel 4: Schluss- und Übergangsvorschriften.

Innerhalb der einzelnen Kapitel 1–4 ergeben sich noch Untergliederungen in Abschnitte und Unterabschnitte.

78 Im **Kostenverzeichnis sind alle Gebühren** zusammengefasst, in
- **Teil 1**
  Gerichtsgebühren
- **Teil 2**
  Notargebühren – Nr. 21100–26003 KV GNotKG, und zwar im
  - **Hauptabschnitt 1**,
    Gebühren des **Beurkundungsverfahrens** – Nr. 21100 ff. KV GNotKG,
  - **Hauptabschnitt 2**,
    Vollzugsgebühren und **Betreuungsgebühren** – Nr. 22100 ff. KV GNotKG,
  - **Hauptabschnitt 3**,
    Gebühren für **sonstige notarielle Verfahren** – Nr. 23100 ff. KV GNotKG,
  - **Hauptabschnitt 4**,
    Gebühren für **Entwürfe/Beratungen** außerhalb eines Beurkundungsverfahrens – Nr. 24100 ff. KV GNotKG,
  - **Hauptabschnitt 5**,
    Gebühren für **sonstige Geschäfte** – Nr. 25100 ff. KV GNotKG, z.B.
    - Beglaubigungen,
    - Bescheinigungen,
    - Verwahrungen,
  - **Hauptabschnitt 6**,
    Zusatzgebühren – Nr. 2600 ff. KV GNotKG.
- **Teil 3**
  Auslagen der Notare – Nr. 32000–32015 KV GNotKG, und zwar
  - Dokumentenpauschale,
  - Reisekosten,
  - sonstige Auslagen.

79 Systematisch ist zwischen **notariellen Verfahren** und **notariellen Geschäften** zu unterscheiden.

Notarielle Verfahren sind:
- Beurkundungsverfahren,
- sonstige Verfahren.

Notarielle Geschäfte sind:
- Entwürfe,
- Beratungen,
- sonstige Geschäfte.

Beurkundungsverfahren sind alle Beurkundungen von Vereinbarungen (Verträgen), Erklärungen, Beschlüssen und letztwilligen Verfügungen. 80

Zu den **sonstigen notariellen Verfahren** gehören:
- Eide,
- freiwillige Versteigerungen,
- Rückgabe eines Erbvertrages aus amtlicher Verwahrung,
- Verlosung,
- Vermögensverzeichnis und Siegelung,
- Vorbereitung der Zwangsvollstreckung,
- Wechsel- und Scheckprotest.

Sonstige Geschäfte sind:
- Abschriftsbeglaubigungen,
- Beschaffen von Apostillen,
- Bescheinigungen,
- Gründungsprüfungen,
- Unterschriftsbeglaubigungen,
- Verwahrung von Geld.

XI. Auffangbestimmung

Eine Auffangbestimmung **fehlt** dem Gerichts- und Notarkostengesetz. Deshalb kann im Grundsatz eine Gebühr nur erhoben werden, wenn sie ausdrücklich im Kostenverzeichnis des Gerichts- und Notarkostengesetzes geregelt ist. 81

Wird der Notar jedoch über seine Amtshandlung hinaus für den Mandanten tätig und nimmt eine **Beratung** oder eine **Entwurfstätigkeit** vor, ist im Einzelfall zu überprüfen, ob eine Abrechnung für die Beratung oder für die Entwurfsfertigung in Frage kommt. 82

XII. Auflassung

Beurkundet der Notar die **Auflassung zu einem zuvor von ihm beurkundeten** Vertrag entsteht die 0,5-Gebühr gem. Nr. 21100 KV GNotKG i.V.m. Nr. 21101 Nr. 2 KV GNotKG, mind. i.H.v. **30 EUR**. 83

Das Gleiche gilt, wenn der amtlich bestellte Vertreter, der Notariatsverwalter, der Aktenverwahrer oder auch der Sozius des Notars die Annahmeerklärung beurkundet.

84 Der **Geschäftswert** bestimmt sich nach dem Kaufpreis/den Gegenleistungen oder dem Wert der aufgelassenen Immobilie (§§ 47, 46 GNotKG).

85 Beurkundet der Notar die **Auflassung zu einem Kaufvertrag, der von einem anderen inländischen Notar** nach den Regeln des Beurkundungsgesetzes beurkundet worden ist, entsteht die 1,0-Gebühr gem. Nr. 21102 Nr. 1 KV GNotKG, mind. **60 EUR**.

86 Wenn der Notar **isoliert eine Auflassung** beurkunden soll und zuvor der schuldrechtliche Vertrag im Ausland beurkundet wurde, fehlt es an einem zugrundeliegenden Rechtsgeschäft im Sinne des Beurkundungsgesetzes. Der Notar sollte dann die Beurkundung **ablehnen**, weil er ansonsten den Vorschriften des Beurkundungsgesetzes und dem Beurkundungsbedürfnis des § 311b BGB nicht genügend Rechnung trägt und in die Haftung geraten kann. Der Notar sollte dann vorschlagen, den Kaufvertrag mit der Auflassung insgesamt (neu) zu beurkunden.

B.

I. Bauverpflichtung

Das Eingehen oder die Übernahme einer Bauverpflichtung innerhalb der Kaufver- 1
tragsvereinbarung ist zu bewerten. Verpflichtet sich der Käufer gegenüber dem Verkäufer oder einem Dritten ein **Wohngebäude** zu errichten, so beträgt der Wert der Bauverpflichtung **20 % vom Verkehrswert des unbebauten Grundstücks**, § 50 Nr. 3a GNotKG.

Der so ermittelte Betrag bildet den Geschäftswert der **Bauverpflichtung**. Dieser Betrag wird dem Kaufpreis (§ 47 S. 2 GNotKG) hinzuaddiert, § 35 GNotKG.

Verpflichtet sich ein Käufer gegenüber dem Verkäufer (oder einem Dritten) ein 2
Pflegeheim zu errichten, so gilt für die Bewertung dasselbe wie für ein anderes Wohngebäude, siehe insoweit Teil B Rdn 1. Auch ein Pflegeheim dient schließlich zu Wohnzwecken und die Bewohner, die dort dauerhaft untergebracht sind, werden beim Einwohnermeldeamt entsprechend für Wohnzwecke angemeldet.

Eine Verpflichtung des Käufers gegenüber dem Verkäufer (oder einem Dritten), ein 3
gewerblich nutzbares Gebäude zu errichten, ist ebenfalls zu bewerten, und zwar mit **20 % der voraussichtlichen Herstellungskosten**, § 50 Nr. 3b GNotKG.

Der so ermittelte Betrag bildet den Geschäftswert der **Bauverpflichtung**. Der Betrag wird, wenn die Bauverpflichtung in einem Kaufvertrag vereinbart wurde, dem Kaufpreis (§ 47 S. 2 GNotKG) hinzuaddiert, § 35 GNotKG.

Zu bewerten ist auch eine **Investitionsverpflichtung**. Enthält eine Kaufvertragsver- 4
einbarung die Verpflichtung des Käufers gegenüber dem Verkäufer (oder gegenüber einem Dritten), in den Kaufgegenstand zwecks Bebauung zu **investieren**, so wird diese **Verpflichtung** mit **20 % von der Summe, die zu investieren ist**, bewertet (§ 50 Nr. 4 GNotKG).

Der so ermittelte Betrag bildet den Geschäftswert der **Investitionsverpflichtung.** Der Betrag wird dem Kaufpreis (§ 47 S. 2 GNotKG) hinzuaddiert, § 35 GNotKG.

II. Beglaubigung von Dokumenten

Beglaubigt der Notar die Übereinstimmung einer **Kopie** mit der ihm **vorliegenden** 5
Urschrift, so erhält er für jede Seite des beglaubigten Dokuments **1 EUR**, mind. jedoch **10 EUR** (Nr. 25102 KV GNotKG). Dies gilt unabhängig davon, ob der Notar die zu beglaubigende Kopie selbst anfertigt oder ihm stattdessen die Kopie zur Beglaubigung vorgelegt wird.

Beispiele

Für die Beglaubigung eines Dokuments beträgt die Gebühr Nr. 25102 KV GNotKG

- bei einem Umfang von 1–10 Seiten 10 EUR,
- bei einem Umfang von 11 Seiten 11 EUR,
- bei einem Umfang von 100 Seiten 100 EUR.

6 Neben der Beglaubigungsgebühr nach Nr. 25102 KV GNotKG steht dem Notar **keine Dokumentenpauschale zusätzlich** zu (Nr. 25102 Abs. 1 KV GNotKG).

7 Die Beglaubigungsgebühr nach Nr. 25102 KV GNotKG wird auch für die **elektronische Beglaubigung** erhoben. Bei der Konvertierung in ein anderes Dokumentenformat kann sich technisch bedingt eine Veränderung des Dokuments ergeben und hiergegen muss der Notar Vorkehrungen treffen. Der Notar muss und wird die exakte inhaltliche Übereinstimmung nicht nur bescheinigen, sondern auch sicherstellen.[1]

8 Stellt der Notar von einer **(eigenen) Urkunde**, also einem Dokument, dass er selbst entworfen und beglaubigt oder beurkundet hat, eine beglaubigte Ablichtung her, verbleibt die zugrundeliegende Urschrift in seiner dauernden Verwahrung. In diesem Fall fällt für die Beglaubigung **keine Gebühr** an (Anm. 2 Nr. 1 zu Nr. 25102 KV GNotKG).

9 Beglaubigt der Notar anlässlich einer Beurkundung wegen der **Vollmachts- und Vertretungsnachweise** eine Kopie der ihm dazu in Urschrift oder Ausfertigung vorgelegten Vollmacht oder Vertretungsurkunde, so hat er die vorliegende Urkunde nach § 12 BeurkG seiner Niederschrift in beglaubigter Form beizufügen. Dafür darf der Notar gem. Abs. 2 Anm. 2 zu Nr. 25102 KV GNotKG ebenfalls **keine Beglaubigungsgebühr** erheben. Er kann jedoch **die Dokumentenpauschale** ansetzen, weil Abs. 1 der Anmerkung zu Nr. 25102 KV GNotKG dem Ansatz nicht entgegensteht.

III. Beratung

10 Die Gebühren kostenpflichtiger Beratungen des Notars sind in Nr. 24200–24202 KV GNotKG geregelt. Grundsätzlich sind die zu einem oder die innerhalb eines **vollendeten Beurkundungs- oder Entwurfsverfahren geleisteten Beratungen** mit der Hauptgebühr, also der Gebühr des Beurkundungsverfahrens (oder isolierten Entwurfsverfahrens) **abgegolten**. Diese Abgeltung setzt aber voraus, dass sich die Beratungen des Notars auf einen **Inhalt der Beurkundung** oder eines **dazugehörigen Entwurfes** beziehen. Ist dem so, darf man grundsätzlich annehmen, dass eine im Rahmen des Beurkundungs- oder Entwurfsverfahrens übliche, zugehörige Beratung geleistet wurde, die als Teil des Verfahrens deshalb **keine zusätzliche Beratungsgebühr** auslöst.

1 Begründung des RegE zu KV Nr. 25102, S. 351.

Wird jedoch ein eingeleitetes **Beurkundungs- oder Entwurfsverfahren vorzeitig beendet**, und ist zu diesem Zeitpunkt 11

- (bei einem isolierten Entwurfsverfahren) der Entwurf noch nicht gefertigt oder
- (bei einem Beurkundungsverfahren) der dazugehörige Entwurf noch nicht gefertigt und
- vom Auftraggeber bereits eine notarielle **Beratungsleistung** des Notars **in Anspruch** genommen,

verwirklicht sich der Tatbestand einer **Beratung**, die gebührenpflichtig ist.

Beispiel 12

Z beabsichtigt beim Notar ein Kaufvertragsbeurkundungsverfahren durchführen zu lassen.

Er erteilt den Auftrag zur Fertigung des Entwurfs. Zwecks Besprechung der Einzelheiten vereinbart er vorab einen Termin mit dem Notar.

Z lässt sich von dem Notar im Hinblick auf die geplante spätere Beurkundung beraten, u.a. wie Ablösungen der Grundpfandrechte funktionieren, wie eine Vorwegbeleihung stattfinden kann, wann die Vormerkung zur Sicherung des Anspruchs auf Eigentumsverschaffung zum Grundbuchamt gelangen sollte und wie die spätere Übergabe des Objekts ablaufen kann.

Der Kaufpreis soll voraussichtlich 400.000 EUR betragen. Nach einer ausgiebigen Beratung, auch zum Barzahlungsverbot § 16a GwG, verlässt Z um 19 Uhr das Notariat.

Am nächsten Morgen um 8 Uhr wendet sich Z an den Notar und teilt ihm mit, dass er nun doch nicht an den Käufer X, sondern an Y verkaufen will. Der neue Käufer Y will die Beurkundung jedoch bei seinem Notar woanders veranlassen und durchführen. Damit setzt er sich durch, weil er die Notargebühren tragen wird und im Ergebnis seinen Notar bestimmen kann. Der Käufer Y ist bereit, zudem einen um 15.000 EUR höheren Kaufpreis zu bezahlen. Der Auftrag zur Fertigung des Kaufvertragsentwurfes und die anschließende Beurkundung ist bei dem Notar, der bereits beraten hat, nicht mehr gewünscht.

Damit ist das **Beurkundungsverfahren vorzeitig beendet** worden, Vorbem. 2.1.3 Abs. 1 S. 1 Var. 1 KV GNotKG. Die vorausgegangene Beratung kann keine Abgeltung mehr erfahren und ist damit gebührenpflichtig geworden.

Gebührenansatz:

- Gebühren nach Nr. 21301, 24200 KV GNotKG (Rahmen 0,3–1,0).
- Der Notar setzt nach seinem Ermessen aus dem Rahmen eine Gebühr, z.B. i.H.v. 0,8 an.
- Als Geschäftswert wird der seinerzeit beabsichtigten Kaufpreiserlös (400.000 EUR) angenommen, §§ 97 Abs. 3, 47 GNotKG.

13 Soweit der **Entwurf** im Rahmen des Beurkundungsverfahrens **bereits gefertigt** wurde und im Anschluss daran der Auftraggeber die Beurkundung nicht mehr wünscht, ist das Beurkundungsverfahren (mit Entwurf) **vorzeitig beendet**, Vorbem. 2.1.3 Abs. 1 S. 1 Var. 1 KV GNotKG.

Die Abrechnung der üblichen Beratung im Rahmen des „Beurkundungsverfahrens Kaufvertrag" kommt nicht in Betracht.

Anzusetzen ist nach § 92 Abs. 2 GNotKG die höchste Gebühr des Rahmens, somit die 2,0-Gebühr für die **vorzeitige Beendigung** gem. Nr. 21302, 21100 KV GNotKG.

Dies gilt auch, wenn der Entwurf im Notariat bereits gefertigt wurde, die Aushändigung an den Mandanten aber noch nicht stattgefunden hat. Dies gilt selbst dann, wenn der Entwurf im Notariat vorliegt aber die Reinschrift des Entwurfs noch nicht.[2]

Als Geschäftswert wird der beabsichtigte Kaufpreis angesetzt, §§ 97 Abs. 3, 47 GNotKG.

14 Wird in die Verhandlung zur Beurkundung eingetreten, ist zu diesem Zeitpunkt durch den beurkundenden Notar der Entwurf meistens gefertigt. Werden Käufer und Verkäufer sich über ihren Vertrag nicht einig und führt dies zum **Abbruch der Beurkundungsverhandlung**, ist das Beurkundungsverfahren **vorzeitig beendet**.

In diesem Fall ist bereits der Entwurf gefertigt und gem. Nr. 21302, 21100 KV GNotKG abzurechnen. Die Beratungsleistungen des Notars sind mit der Entwurfsgebühr abgegolten.

15 In der notariellen Praxis kann es vorkommen, dass sich zusätzlich zum Beurkundungsverfahren eine **weitere isolierte Beratung**, die gebührenpflichtig ist, ergibt.

In diesem Fall sind sowohl die Gebühren des Beurkundungsverfahrens als auch die Gebühr für die **zusätzliche Beratung** des Notars abzurechnen.

Ein vorsorglicher Hinweis des Notars auf die damit verbundene Beratungsgebühr kann vor Beginn der Beratung nützen, ist aber nicht verpflichtend. Abzurechnen ist die zusätzliche Beratung nur, wenn sie über den üblichen Umfang einer Beratung innerhalb eines Beurkundungsverfahrens hinausgeht.

16 Beurkundet der Notar im Anschluss an eine gebührenpflichtige Beratungsleistung noch eine Vereinbarung dazu, so kann die bereits erhobene Gebühr für die Beratung noch auf die Beurkundungsgebühr angerechnet werden. Das setzt einen gewissen **zeitnahen Zusammenhang** voraus; die Beurkundung muss der Beratung dann demnächst nachfolgen, um eine Anrechnung zu ermöglichen.

2 Leipziger Kostenspiegel, 4. Aufl. 2024, Rn 9.23c m.w.N. (Aushändigung des Entwurfs); sowie zur Reinschrift auch KG, Beschl. v. 23.3.2006 – 9 W 133/05, RNotZ 2006, 302 = ZNotP 2006, 356; zur Aushändigung des Entwurfs LG Schwerin, Beschl. v. 30.1.2018 – 4 OH 5/17.

Der exakte Zeitraum „*demnächst*“ wird je nach Lage des einzelnen Falles unterschiedlich bewertet. Prinzipiell kann angenommen werden, dass eine Beratung, z.B. zu einem Kauf- und Bauwerkvertrag, auf eine dann doch noch nachfolgende Beurkundung angerechnet werden kann, wenn die Beurkundung bis **max. ein Jahr** nach der Beratungsleistung stattfindet.[3] 17

In bestimmten Situationen ist der Zeitraum **deutlich kürzer** zu bemessen, z.B. wenn nach der Beratung und vor der Beurkundung gesetzliche Veränderungen zur MaBV eingetreten sind, die eine Neuprüfung des Notars erforderlich machen. Zudem darf ein Ende des Beurkundungsverfahrens angenommen werden, wenn der Kostenschuldner nicht auf Nachfragen des Notars reagiert. Soweit die Post an den Mandanten nicht mit „*unbekannt verzogen*“ zurückkommt, kann in dem Nichtreagieren des Mandanten die Aufgabe der Beurkundungsabsicht angenommen werden; dies gilt m.E. auch dann, wenn lediglich zwei Monate seit der Aushändigung des Entwurfes zur Beurkundung verstrichen sind.

Beratungsgebühren sind **Rahmengebühren** und der Notar hat ein **bestimmtes Ermessen**: 18

- Der Rahmen der Beratungsgebühr nach Nr. 24200 KV GNotKG beträgt 0,3 bis 1,0.
- Der Rahmen der Beratungsgebühr nach Nr. 24201 KV GNotKG beträgt 0,3 bis 0,5.
- Der Rahmen der Beratungsgebühr nach Nr. 24202 KV GNotKG beträgt 0,3.
- Der Rahmen der Beratungsgebühr nach Nr. 24203 KV GNotKG beträgt 0,5 bis 2,0.

Zusätzliche Beratungstatbestände verwirklichen sich in der Praxis alles andere als selten. Wenn der Notar ein Beurkundungsverfahren erledigt und in diesem Zusammenhang auch gefordert wird, über den Inhalt der Beurkundungsgegenstände hinaus zu beraten, schlägt neben der Beurkundungsgebühr auch eine Beratungsgebühr ein, z.B. nach Nr. 24200 KV GNotKG innerhalb des Rahmens (0,3 bis 1,0). Der Notar darf dann neben der Gebühr des Beurkundungsverfahrens für die zusätzliche isolierte Beratungsleistung nach seinem Ermessen aus dem vorgegebenen Rahmen schöpfen. 19

Beispiel: Beratungstätigkeit mit Bedeutung über die Beurkundung hinaus anlässlich der Errichtung einer UG (haftungsbeschränkt) mit Musterprotokoll 20

Z und G bitten den Notar um die Vorbereitung der Errichtung einer UG (haftungsbeschränkt). Beide wollen das gesetzliche Musterprotokoll im vereinfachten Verfahren zugrunde legen, um möglichst niedrige Notargebühren zu tragen.

Das Stammkapital soll nur 2 EUR betragen.

3 *Elsing*, Fälle und Lösungen zur Abrechnung nach GNotKG, 2. Aufl., § 10 Rn 6.

Alleiniger Geschäftsführer soll Z werden. Dieser soll aber nicht von den einschränkenden Bestimmungen des § 181 BGB befreit werden.

Als Gegenstand des Unternehmens wollen die beiden Gründer den *„Handel mit Waren aller Art“* vorsehen.

Der Notar **berät**:

1. **zur korrekten Ausgestaltung des Unternehmensgegenstandes**:
   Hier rät er von der Formulierung *„Handeln mit Waren aller Art“* ab, da diese nicht zulässig ist (unzulässige Leerformel, niemand kann mit Waren aller Art handeln). Die Folge wäre die Nichtigkeit des Gesellschaftsvertrages. Kostenpflichtige Nachbesserungen würden erforderlich. Der Gegenstand des Unternehmens wird daraufhin vorbeugend verbessert und lautet von Anfang an: *„Handel mit Schreibwaren“*;
2. **zur korrekten Bildung der Firmierung**,
3. **zur Geschäftsführervertretungsbefugnis**:
   Hier weist der Notar darauf hin, dass die Gesellschaft, wenn das Musterprotokoll im vereinfachten Verfahren zugrunde gelegt werden soll zwingend nur einen Geschäftsführer haben kann, der von den Beschränkungen des § 181 BGB befreit sein muss. Andernfalls müsste z.B. ein individueller Gesellschaftsvertrag zugrunde gelegt werden;
4. **zur Stammkapitalausstattung**:
   Der Notar rät vorsorglich zu einem höheren Stammkapital und weist aber auf die Zulässigkeit eines geringen Stammkapitals von nur 2 EUR (bei zwei Gesellschaftern) hin. Mit Blick auch auf die Insolvenzgefahr entscheiden sich die Gründer wenigstens dazu, 500 EUR zugrunde zu legen. So kann auch ein Teil der Gründungskosten bis 300 EUR von der Gesellschaft getragen und als Betriebsausgabe steuerlich geltend gemacht werden;
5. **zum Wettbewerbsverbot**:
   Der Mandant befragt den Notar, ob es sinnvoll sei, ein **Wettbewerbsverbot** im Gesellschaftsvertrag zu verankern und wie der Inhalt aussehen soll. Der Notar berät hierzu. Eine sinnvolle Wettbewerbsverbotsklausel will der Mandant dann aber doch nicht.

Hinweise zur Abrechnung:

- Der Entwurf des Errichtungsprotokolls (Musterprotokoll) ist vom Notar vorbereitet und ausgehändigt worden (§ 92 Abs. 2 GNotKG).
- Wenn die Beurkundung unterbleiben sollte, hätte der Notar die 2,0-Gebühr für die vorzeitige Beendigung des Beurkundungsverfahrens abzurechnen, die er aus dem vorgegebenen Rahmen (0,5 bis 2,0) der Gebühr Nr. 21302 KV GNotKG schöpft.

- Aufgrund der vollständigen Entwurfsfertigung durch den Notar hat dieser kein Ermessen und muss den höchsten Rahmen der Gebühr ansetzen, vorgegeben durch § 92 Abs. 2 GNotKG.
- Zusätzlich zu der vorgenannten Gebühr hat sich noch die gebührenpflichtige Beratungsleistung verwirklicht, die über den Umfang der Beurkundung hinausgeht, nämlich die Beratung zum und über das Wettbewerbsverbot. Eine Wettbewerbsverbotsklausel enthält das gesetzliche Musterprotokoll nicht. Deshalb geht die Beratungsleistung über die Beratungsleistungen, die im Rahmen „Beurkundungsverfahren Musterprotokoll" üblicherweise zu erbringen sind, hinaus und ist gebührenpflichtig.
- Der Rahmen der anzusetzenden weiteren Beratungsgebühr beträgt 0,3 bis 1,0 gem. Nr. 24200 KV GNotKG. Der Notar hat ermessen und darf aus diesem vorgegebenen Rahmen schöpfen und eine Gebühr frei bestimmen. Als Geschäftswert kann 30.000 EUR (§ 97 i.V.m. § 107 Abs. 1 S. 1 GNotKG) herangezogen werden.
- Die anderen Beratungsleistungen sind allesamt als Teil des Beurkundungsverfahrens übliche Leistungen des Notars und daher mit dem „Beurkundungsverfahren Musterprotokoll" abgegolten.

Beispiel: Testaments-Beurkundungsverfahren (zusätzliche isolierte Beratung) **21**

Schwierig kann die Gestaltung eines Testaments werden, wenn zum Vermögen des Erblassers auch Anteile an Personengesellschaften gehören und wenn in diesem Zusammenhang gesellschaftsvertragliche Statuten vorliegen, nach denen die Gesellschaftsanteile des Erblassers nicht vererblich gestellt sind. Stattdessen können Anwachsungsbestimmungen auf bestimmte andere Personen als die Erben vorrangig vor dem Erbrecht bestehen.

Oft will der Erblasser durch Testament seinem Erben alles zukommen lassen, also auch den Anteil an seiner Personengesellschaft. Er geht dabei davon aus, dass später im Erbfall sein Erbe, den er mit seinem Testament beruft, auch den gesamten Nachlass erhält und dass zu eben diesem Nachlass auch sein Personengesellschaftsanteil dazugehört. Diese Einschätzung des Erblassers könnte zutreffen, aber auch eine Fehleinschätzung sein. Keinesfalls ist es selbstverständlich, dass das Nachlassvermögen des Erblassers immer auch den Personengesellschaftsanteil des Erblassers erfassen wird. Im Gesellschaftsvertrag der betroffenen Personengesellschaft könnte eine Regelung (Anwachsungsbestimmung) enthalten sein, die der Erbeinsetzung des Erblassers hinsichtlich des Personengesellschaftsanteils im Wege steht.

Kontrolliert ein Notar, der das Testament für einen Erblasser entwirft und/oder beurkundet nicht auch den **Inhalt des Personengesellschaftsvertrages** darauf, ob er zum Inhalt des geplanten Testaments passt, könnte sich später nach Verwirklichung des Erbfalls herausstellen, dass das Testament nicht so wirkt, wie der Erblasser es **22** sich vorgestellt hatte. Dann kann der Notar sich einem Regress des Erben ausgesetzt sehen, weil es (auch) einer gesellschaftsvertraglichen Lösung bedurft hätte.

23 Zur Vermeidung derartiger Probleme wird der Notar bei jeder Vorbereitung oder Beurkundung eines Testaments erfragen, ob im Eigentum des Erblassers auch Anteile an Personengesellschaften stehen. Bejaht der Erblasser eine solche Beteiligung, sollte der Notar sich den Personengesellschaftsvertrag **in aktueller Version** vorlegen lassen und den Inhalt darauf überprüfen, ob der Anteil des Erblassers vererbt werden kann oder nicht.

24 Grundsätzlich bedeutet der Begriff **Gesamtrechtsnachfolge**, dass mit dem Tod einer Person (Erbfall) dessen **Vermögen als Ganzes** auf einen Erben (oder eine Erbengemeinschaft) übergeht.

Dies muss jedoch nicht so sein, denn **Erben im Wege der Gesamtrechtsnachfolge** bedeutet nicht, dass zwingend **alle Vermögenswerte** des Verstorbenen vom Übergang erfasst werden. Zählt der Erblasser zu seinem Vermögen einen Gesellschaftsanteil an einer Personengesellschaft und lässt der Gesellschaftsvertrag die Vererblichkeit dieses Anteils gar nicht zu, z.B. weil der Gesellschaftsvertrag stattdessen (vorrangig vor dem Erbrecht zulässig) vorgibt, dass der Gesellschaftsanteil des versterbenden Mitgesellschafters den verbleibenden Mitgesellschaftern (oder auch einer anderen ganz bestimmten Person) anwächst, dann geht der Anteil nicht auf den Erben im Wege der Gesamtrechtsnachfolge über, sondern stattdessen auf die Person/en, die der Gesellschaftsvertrag bestimmt.

25 Im Grundsatz gilt für Erbfälle die ErbVO; diese nimmt Fragen des **Gesellschafts- und Vereinsrechts** (Art. 1 Abs. 2 ErbVO) aus, ebenso Klauseln über das Schicksal von Anteilen verstorbener Gesellschafter oder Mitglieder. Deshalb können **bestimmte Vermögenswerte nicht vererblich** sein.

26 Der Inhalt des Gesellschaftsvertrages ist darauf zu prüfen, ob der Anteil des Erblassers tatsächlich in das Gesamthandsvermögen der Erben fallen kann oder ob er zwingend aufgrund vorrangig gültiger Bestimmung des Gesellschaftsvertrages einer dort bestimmten anderen Person zufällt.

27 Ist der Erblasser z.B. **Mitgesellschafter einer OHG**, ist der Inhalt des OHG-Gesellschaftsvertrages zu überprüfen, denn er könnte eine **qualifizierte erbrechtliche Nachfolgeklausel** enthalten, also die Regelung, dass nur **eine bestimmte vorgegebene Person** Nachfolger des versterbenden Mitgesellschafters werden kann.

In einem derartigen Fall würde **der OHG-Gesellschaftsanteil nicht** mit dem übrigen Vermögen an den Erben im Wege der Gesamtrechtsnachfolge übergehen, sondern der Anteil würde der Person zufallen, die der Gesellschaftsvertrag bestimmt. Dieser bestimmte Übergang gilt auch dann, wenn der Erblasser durch Testament anderes bestimmt.

Der Anteil an der OHG **wächst** also vorrangig vor dem Erbrecht der Person an, die **im Gesellschaftsvertrag als Nachfolger** des verstorbenen Gesellschafters vorgesehen ist.

Der Gesellschaftsvertrag kann aber auch anderes bestimmen, z.B., dass **mit Tod eines Gesellschafters die OHG nicht aufgelöst**, sondern mit den Erben des Verstorbenen fortgeführt wird. 28

Mit einer derartigen **allgemeinen erbrechtlichen Nachfolgeklausel ist** der Anteil des verstorbenen OHG-Gesellschafters **vererblich**, sodass der Erblasser mit seinem Testament seinen Erben bestimmen kann, der auch den Personengesellschaftsanteil miterbt.

Hinweise zur Abrechnung: 29

- Wer ein notarielles Testament gestaltet, muss gem. § 17 BeurkG erfragen, ob der Erblasser Anteile an einer Personengesellschaft hat, und wenn ja, muss der Gesellschaftsvertrag angefordert und sein Inhalt darauf geprüft werden, ob er zum beabsichtigten Testamentsinhalt passt.
- Diese **Überprüfung** ist ein Teil des Testamentsbeurkundungsverfahrens und **nicht besonders abzurechnen**.
- Ein gebührenpflichtiger Beratungstatbestand kann sich jedoch verwirklichen, wenn der Notar feststellt, dass der OHG-Gesellschaftsvertrag nicht zum Inhalt des Testaments passt. Berät er den Erblasser gesellschaftsrechtlich, wie eine angemessene Erbrechtsklausel abgefasst werden kann und insbesondere, wie der Gesellschaftsvertrag noch zu Lebzeiten abzufassen ist, z.B. dass der Anteil des Erblassers vererblich gestellt wird oder aber, dass eine Anwachsungsbestimmung auf den Erben stattfindet – vorrangig vor dem Erbbrecht –, dann handelt es sich hierbei um eine zusätzliche gebührenpflichtige Beratung.
- Es fällt für die gesellschaftsrechtliche **Beratung** nach **Nr. 24200 KV GNotKG** eine Gebühr an, die eine Rahmengebühr ist. Je nach Beratungsaufwand kann der Notar im eigenen Ermessen aus dem vorgegebenen **Rahmen (0,3 bis 1,0)** einen Gebührensatz auswählen und ansetzen.

Ähnliche zusätzliche Tatbestände für gebührenpflichtige Beratungen können sich auch bei der Kommanditgesellschaft und Partnerschaftsgesellschaft sowie bei der Gesellschaft bürgerlichen Rechts oder der eingetragenen Gesellschaft bürgerlichen Rechts ergeben.[4] 30

4 Vgl. *Elsing*, Erbrecht in der notariellen Praxis, § 1 Rn 3 ff.

IV. Bescheinigte Gesellschafterliste (§ 40 Abs. 2 GmbHG)

31 Wenn der Notar an einer Veränderung in den Personen der **Gesellschafter** oder ihrer **Beteiligungsverhältnisse** mitgewirkt hat, muss er unverzüglich bei Wirksamkeit gem. § 40 Abs. 2 GmbHG auf der Gesellschafterliste bescheinigen, dass die geänderten Eintragungen in der Liste denen entsprechen, die gemäß seiner **Urkunde** beurkundet worden sind, sowie dass die übrigen Eintragungen mit der zuletzt im **Handelsregister** aufgenommenen Liste übereinstimmen.

Dies kann z.B. dann der Fall sein, wenn der Notar

- eine Geschäftsanteilsübertragung,
- eine Kapitalerhöhung,
- eine Kapitalherabsetzung oder
- die Teilung von Geschäftsanteilen

beurkundet hat,[5] oder auch, wenn er bei einer Alt-GbR, die in der GmbH-Gesellschafterliste eingetragen steht, die identitätswahrende Eintragung der GbR in das Gesellschaftsregister beim Amtsgericht für die Mandanten erledigt (Entwurf und Beglaubigung sowie Einreichung der Registeranmeldung). Nach Eintragung der eGbR bedarf es dann der Listenkorrektur, für die der Notar zuständig ist.[6]

32 Für die Bescheinigung fällt eine 0,5-**Betreuungsgebühr** nach **Nr. 22200 Nr. 6 KV GNotKG** an, und zwar auf den **vollen Wert des Beurkundungsverfahrens** (§ 113 Abs. 1 GNotKG).

Die Gebühr darf der Notar allerdings nur ansetzen, wenn er vor der Listenbescheinigung Umstände überprüfen muss, die außerhalb des von ihm beurkundeten Abtretungsvertrages liegen, z.B. wenn die Kaufpreiszahlung dem Notar vor Wirksamkeit der Abtretung nachgewiesen werden muss.

33 Beurkundet der Notar einen Schenkungsvertrag oder eine Anteilsabtretung über einen GmbH-Geschäftsanteil mit sofortiger Wirksamkeit, hat er zu der Wirksamkeit keine weiteren Feststellungen außerhalb seiner Urkunde zu prüfen. Es fällt dann **keine Betreuungsgebühr für die Bescheinigung** gem. § 40 Abs. 2 GmbHG an; dies ergibt sich aus Nr. 6 Nr. 22200 KV GNotKG.

Dann greift jedoch Nr. 25104 KV GNotKG: Es fällt die 1,0-Gebühr nach Nr. 25104 KV GNotKG an. Als **Geschäftswert** können 20 % vom Beurkundungsverfahren angesetzt werden.[7]

5 Vgl. *Elsing*, Handels- und Gesellschaftsrecht in der notariellen Praxis, § 7 Rn 97.

6 Vgl. insoweit das Rundschreiben der BNotK Nr. 8/2023, S. 2 mit Hinweis auf *Freier*, in Heckschen/Freier, Das MoPeG in der Notar- und Gestaltungspraxis, 2024, § 3 Rn 752.

7 *Elsing*, Fälle und Lösungen zur Abrechnung nach GNotKG, 3. Aufl., § 1 Rn 77; *Elsing*, notarbüro 2014, 19; vgl. Bormann/Diehn/Sommerfeld/*Pfeiffer*, GNotKG, KV 25104, Rn 4; Renner/Otto/Heinze/*Arnold*, Nr. 25104 KV GNotKG, Rn 15; anders: Korintenberg/*Sikora*, Nr. 25104 KV GNotKG, Rn 8, wonach die Gebühr nicht entsteht.

Die Erstellung der Gesellschafterliste durch den Notar ist zudem der Vollzug für eine Geschäftsanteilsabtretung oder eine Kapitalerhöhung. Es fällt zusätzlich die Vollzugsgebühr und keine Entwurfsgebühr an (vgl. Vorbem. 2.2 Abs. 2 KV GNotKG). Die Vollzugsgebühr gem. Nr. 22110 KV GNotKG beträgt höchstens 250 EUR. 34

V. Bescheinigter Gesellschaftsvertrag (§ 54 GmbHG)/ Bescheinigte Satzung (§ 181 AktG)

Für die Fertigung der **Bescheinigung** gem. **§ 54 GmbHG** über die Änderung und den vollständigen Wortlaut des Gesellschaftsvertrages oder die der **Bescheinigung** gem. **§ 181 AktG** über die Änderung und den vollständigen Wortlaut der Satzung erhält der Notar grundsätzlich **keine Gebühr** (siehe Vorbem. 2.1 Abs. 2 Nr. 4 KV GNotKG). 35

Wenn der bescheinigende Notar die Änderung der Satzung oder die des Gesellschaftsvertrages jedoch **nicht beurkundet** hat, sondern nur die Registeranmeldung erledigt, steht dem Notar für die Bescheinigung gem. § 54 GmbHG, § 181 AktG jedoch die **1,0-Gebühr nach Nr. 25104 KV GNotKG** zu.[8] 36

Der **Geschäftswert** kann nach eigenem Ermessen gem. § 36 Abs. 1 GNotKG angenommen werden, wobei als Bezugswert auf den Wert der Änderung des Gesellschaftsvertrages/der Satzung abgestellt wird. 10–30 % des Bezugswertes können angemessen als Geschäftswert angesetzt werden. 37

VI. Bescheinigung des Notars (§§ 21 Abs. 1 S. 1 u. 2, Abs. 3 BNotO)

Bescheinigt der Notar nach erfolgter Einsicht in ein Handels-, Vereins- oder Gesellschaftsregister den **Eintritt einer Rechtsfolge** (§ 21 Abs. 1 S. 2 BNotO), z.B. über eine Umfirmierung oder Verschmelzung oder auch über eine **Vertretungsberechtigung** (§ 21 Abs. 1 S. 1 BNotO), erhält er die feste Gebühr gem. Nr. 25200 KV GNotKG i.H.v. **15 EUR** für jedes Register, dass zur Bescheinigung notwendigerweise eingesehen wurde. 38

Bescheinigt der Notar nach Einsicht in eine beurkundete oder beglaubigte Vollmachtsurkunde eine Vollmachtsbefugnis (§ 21 Abs. 3 BNotO), erhält er die **Festgebühr** gem. Nr. 25214 KV GNotKG in Höhe von **15 EUR**. 39

Bescheinigt der Notar in einer Urkunde gleich **mehrere Vollmachtvertretungsbefugnisse** gem. § 21 Abs. 3 BNotO, erhält er die Festgebühr nach Nr. 25214 KV 40

8 Siehe auch Korintenberg/*Sikora*, Nr. 25104 KV GNotKG, Rn 15, je nach Schwierigkeit 50–100 % des Beschlusswerts; *Elsing*, Fälle und Lösungen zur Abrechnung nach GNotKG, 3. Aufl., § 1 Rn 79.

GNotKG **für jede Vollmacht**, die der Bescheinigung zugrunde liegt, **gesondert**. Jede einzelne Vollmacht ist exakt zu überprüfen, auch wenn der Aufwand hoch ist.[9]

VII. Bescheinigungen über Tatsachen

41 Erteilt der Notar eine Bescheinigung über eine Tatsache oder Verhältnisse, die urkundlich nachgewiesen oder offenkundig sind, einschließlich einer Identitätsfeststellung, wenn sie über die §§ 10, 40 Abs. 4 BeurkG hinaus eigenständige Bedeutung haben, erhält der Notar die 1,0-Gebühr nach Nr. 25104 KV GNotKG.

VIII. Beschlüsse

1. Beschlüsse mit bestimmtem Geldwert

42 Soweit ein Beschluss einen bestimmbaren Geldwert hat, ist er gem. § 97 Abs. 1 GNotKG zu berechnen; dabei entspricht der Wert des Rechtsverhältnisses dem des bestimmten Geldwerts.

43 Eine Beschlussfassung über eine **Kapitalerhöhung** mit Zulassung einer Person mit der Verpflichtung, die zu übernehmende Einlage einzuzahlen und daneben ein **Aufgeld** zu leisten, wird so berechnet, dass der Einzahlungsbetrag auf den Geschäftsanteil gem. § 35 GNotKG mit dem zusätzlich zu leistenden Aufgeld addiert wird, da beide Einzahlungen Bedingungen dafür sind, dass der Übernehmer des Geschäftsanteils als Gesellschafter seine Mitgliedschaft erlangen kann.

44 Ein **schuldrechtliches Agio** ist in zeitlicher Nähe zum Kapitalerhöhungsbeschluss innerhalb der Grenzen, die §§ 105 Abs. 1 S. 2, 108 Abs. 5 GNotKG zu berücksichtigen, z.B. auch dann, wenn ein Agio zeitnah mit dem Kaitalerhöhungsbeschluss oder vor diesem durch die Gesellschafter **außerhalb der Kapitalerhöhungsurkunde** vereinbart wird.

Wird also z.B. eine Kapitalerhöhung um 1 EUR beschlossen und wurde zuvor in einem Vertrag zwischen Gesellschafter und GmbH vereinbart (Investment Agreement), dass für den neu auszugebenden Geschäftsanteil eine Zuzahlung in die Kapitalrücklage gem. § 272 Abs. 2 HGB zu leisten war, z.B. i.H.v. 7.076.961,90 EUR, dann ist der **Betrag dieser Zuzahlung** vom Notar in der Kostenberechnung zu berücksichtigen, wobei der Höchstwert von 5.000.000 EUR für den Beschluss zu beachten ist. Der Geschäftswert richtet sich nach § 36 Abs. 1 GNotKG nach billigem Ermessen des Notars.[10]

9 *Elsing*, Fälle und Lösungen zur Abrechnung nach GNotKG, 3. Aufl., § 1 Rn 77.

10 BGH, Beschl. v. 12.9.2023 – II ZB 6/23; vgl. ausführlich *Elsing*, notarbüro 2023, 120 f.

Betrifft eine Beschlussfassung einen bestimmbaren Geldwert und liegt dieser unter 30.000 EUR, wird dennoch 30.000 EUR angesetzt, da dies gem. § 105 Abs. 1 S. 2 GNotKG **der Mindestwert** eines Gesellschafterbeschlusses darstellt. 45

Bei einer Beschlussfassung über eine Kapitalerhöhung mit **Sacheinlagen** gelten die allgemeinen Bewertungsregeln der Sacheinlagen. Zudem werden gem. § 38 GNotKG **Schulden nicht abgezogen**. 46

Wird z.B. ein **Grundstück** eingebracht, ist der **Verkehrswert** des eingebrachten Grundstücks (§ 46 GNotKG) ohne Abzug der Schulden maßgebend.

Soweit z.B. ein einzelkaufmännisches Unternehmen eingebracht wird, ist der **Wert des Aktivvermögens** des einzelkaufmännischen Unternehmens **ohne Schuldenabzug** anzusetzen.

Eine Beschlussfassung über die **Zustimmung/Genehmigung** zu einem Geschäft/Vertrag wird gem. § 108 Abs. 2 GNotKG genauso bewertet, wie das betroffene Geschäft bzw. der betroffene Vertrag. 47

Wird also z.B. die Zustimmung oder Genehmigung zu einem Geschäftsanteilskauf- und Abtretungsvertrag beschlossen, so ist der Zustimmungs- bzw. Genehmigungsbeschluss genauso zu bewerten, wie der Geschäftsanteilskauf- und Abtretungsvertrag.

Sieht der Gesellschaftsvertrag der GmbH vor, dass bei der Veräußerung eines Geschäftsanteils die Zustimmung der Gesellschafterversammlung in beurkundeter Form vorzuliegen hat, dann kommt bei der Veräußerung des Geschäftsanteils durch die notarielle Geschäftsanteilskauf- und Abtretungsurkunde die Bewertung der mit beurkundeten Gesellschafterversammlung in Betracht. Die Beschlussfassung über die Zustimmung zur Veräußerung sowie die Vereinbarung des Geschäftsanteilskaufs sind nach § 110 Nr. 1 GNotKG **verschiedene Beurkundungsgegenstände**. Gemäß § 86 Abs. 2 GNotKG handelt es sich hierbei um **mehrere Rechtsverhältnisse bzw. Vorgänge**. Kostenrechtlich ist die Zustimmung dann zu bewerten, wenn sie beurkundet worden ist. 48

Der Zustimmungsbeschluss bei der Veräußerung aller Geschäftsanteile, der früher gem. § 179a AktG analog zur Anwendung kam, bedarf nicht der notariellen Beurkundung. Soweit die Gesellschafter jedoch auf eine Mitbeurkundung des Zustimmungsbeschlusses bestehen, liegt keine unrichtige Sachbehandlung i.S.v. § 21 GNotKG vor und der Beschluss kann kostenrechtlich berücksichtigt werden; der Notar sollte dann auf die Kostenfolge hingewiesen haben. Der Mindestwert für einen Beschluss sowie der Höchstwert eines Beschlusses sind zu beachten, §§ 105 Abs. 1 S. 2, 108 Abs. 5 GNotKG. 49

Verkauft der **Alleingesellschafter seine GmbH-Geschäftsanteile** an einen Erwerber, darf man annehmen, das auch die konkludente Zustimmung des Alleingesell- 50 schafters darin liegt und mitbeurkundet wurde.[11] Dann liegt derselbe Gegenstand vor und der Zustimmungsbeschluss wird nicht zusätzlich bewertet.

51 **§ 179a AktG** ist auf die **Kommanditgesellschaft nicht analog anwendbar**, so entschied der BGH erst jüngst.[12] Damit hat der BGH seine bisherige Rechtsprechung aufgegeben.[13] Bei der Veräußerung des wesentlichen Vermögens einer KG bedarf es dann keiner Mitbeurkundung der beurkundeten Gesellschafterversammlung, sodass die damit verbundenen Gebühren durch die Beteiligten künftig vermeiden werden.

52 Der BGH[14] hat entschieden, dass die Vorschrift des § 179a AktG **nicht** auf eine **GmbH in Liquidation** anzuwenden ist. Der BGH betonte dabei mehrfach, dass die Gesellschafter einer GmbH nicht so schutzwürdig seien, wie die Aktionäre einer AG. Die GmbH-Gesellschafter können stärker Einfluss auf die Geschäftsführer ihrer Gesellschaft nehmen und diese auch abberufen.

Für die Abwicklung z.B. eines Immobilienkaufvertrages, durch den die GmbH ihr wesentliches Vermögen veräußert, braucht zur Wirksamkeit kein notariell beurkundeter Zustimmungsbeschluss gem. § 179a AktG herbeigeführt werden. Die Beteiligten können diese Notargebühren einsparen.[15]

53 Bei einer **AG** ist dagegen der **Zustimmungsbeschluss** der Hauptversammlung zur Veräußerung des wesentlichen Vermögens **zwingend** und somit zu bewerten. Die Hauptversammlung dient dem Schutz der Aktionäre, denn mit der Veräußerung des wesentlichen aktiven Vermögens droht eine Entkernung der Aktiengesellschaft. Zudem können die Aktionäre ihre Vorstände nicht abberufen, anders als z.B. GmbH-Gesellschafter, die ihre Geschäftsführer abberufen können. Die Vorstände der AG können durch die Aktionäre also nur weniger effektiv kontrolliert werden, da der Vorstand der AG (nur) vom Aufsichtsrat kontrolliert wird.

Für den Zustimmungs- oder Genehmigungsbeschluss der Hauptversammlung entsteht daher die **2,0-Gebühr** gem. **Nr. 21100 KV GNotKG.**

Als **Geschäftswert** ist der Wert anzusetzen, der als Geschäftswert auch für den Immobilienveräußerungsvertrag angesetzt wird (§§ 110 Nr. 1, 108 Abs. 2, 47 GNotKG). Der Zustimmungsbeschluss darf aber **nicht** mehr als **5.000.000 EUR** betragen.

54 Bei den **Personengesellschaften** nimmt man die Notwendigkeit eines einstimmig gefassten Zustimmungsbeschlusses an. Dies leuchtet ein, denn ein Gesellschafter

11 Gutachen DNotI-Report 2023, 1853 nebst Nachtrag DNotI-Report 2004, 45 sowie Nachtragsgutachten v. 12.3.2004, Dokumentennummer 13141 sowie Leipziger Kostenspiegel Rn 211014 m.w.N.

12 BGH, Urt. v. 15.2.2022 – II ZR 235/20.

13 BGH, Urt. v. 9.1.1995 – II ZR 24/94; ZIP 1995, 278, 279.

14 BGH, Urt. v. 8.1.2019 – II ZR 364/18, *Elsing*, notarbüro 2019, 28 ff.

15 Vgl. *Elsing*, notarbüro 2019, 28, 30.

einer Personengesellschaft ist schutzwürdiger als ein Gesellschafter einer GmbH, denn im Ernstfall kann er mit seinem gesamten Vermögen haften. Deshalb ist dann, wenn eine Personengesellschaft ihr nahezu gesamtes Vermögen veräußert, ein Zustimmungsbeschluss sinnvoll; er bedarf jedoch nicht der notariellen Beurkundung, weil § 179a AktG nicht analog zur Anwendung kommt.[16] Entwirft der Notar den isolierten Beschluss der Gesellschafterversammlung auf Wunsch der Beteiligten, so ist der Entwurf mit einer 2,0-Gebühr nach Nr. 24100 KV GNotKG abzurechnen.

Beschlüsse nach dem **UmwG** werden nach § 108 Abs. 3 GNotKG mit dem Aktivwert des Vermögens des **übertragenden oder formwechselnden Rechtsträgers** berechnet. Wird ein Unternehmensteil abgespalten, so ist der Aktivwert des abgespaltenen Vermögens und bei der Ausgliederung der Aktivwert des ausgegliederten Vermögens zugrunde zu legen. 55

Beschlüsse bestimmten Geldwerts sind z.B. solche über: 56

- die **Einziehung** oder die **Anordnung,** zwangsweise GmbH-Geschäftsanteile zu übertragen,
- die **Erhöhung** von Kapital oder Hafteinlagen,
- die **Herabsetzung** von Kapital oder Hafteinlagen,
- die **Verwendung eines Gewinns** oder die **Deckung eines Verlustes**,
- **Zustimmungen** zu Rechtsgeschäften, z.B. zu einer Geschäftsanteilsabtretung,
- **Formwechsel, Spaltung oder Umwandlung** nach dem Umwandlungsgesetz,
- den **Abschluss eines Gewinnabführungsvertrages** (10 x der geschätzte Jahresgewinn – §§ 108 Abs. 2, 52 Abs. 3 S. 2 GNotKG).

Beispiel: Stammkapitalerhöhung mit Übernahmeerklärung 57

Beurkundung einer Stammkapitalerhöhung bei einer GmbH von 25.000 EUR um 1.000 EUR auf 26.000 EUR nebst Änderung des Gesellschaftsvertrages.

Die Übernahmeerklärung des neu auszugebenden Geschäftsanteils in Höhe von 1.000 EUR mit Aufgeld in Höhe von 2.000 EUR wird in der Kapitalerhöhungsurkunde mit beurkundet.

Abrechnung:

Nr. 21100 KV GNotKG – Beurkundungsverfahren	30.000 EUR	=	250 EUR
Nr. 21200 KV GNotKG – Beurkundungsverfahren	3.000 EUR	=	60 EUR
Gesamtbetrag		=	**310 EUR**

Der Geschäftswert des **Kapitalerhöhungsbeschlusses** beträgt 30.000 EUR (§§ 108 Abs. 1 S. 1, 105 Abs. 1 S. 2 GNotKG). Es fällt die 2,0-Gebühr nach Nr. 21100 KV GNotKG an.

16 Zur KG der BGH, Urt. v. 15.2.2022 – II ZR 235/20.

Der Geschäftswert für die **Übernahmeerklärung** setzt sich aus der zu leistenden Einlage von 1.000 EUR sowie dem zu zahlendes Aufgeld von 2.000 EUR zusammen, sodass er 3.000 EUR (§ 97 Abs. 1 GNotKG) beträgt. Es fällt die 1,0-Gebühr nach Nr. 21200 KV GNotKG an.

Nach § 94 Abs. 1 Hs. 2 GNotKG ergibt sich für dieses Beispiel jedoch, dass die Berechnung auf den zusammengerechneten Geschäftswert des Beurkundungsverfahrens, nach der höchsten in Betracht kommenden Gebühr, für den Kostenschuldner günstiger ist. Deshalb ist die **günstigere Berechnung** wie folgt vorzunehmen:

Nr. 21100 KV GNotKG – Beurkundungsverfahren 33.000 EUR = **270 EUR**

2. Beschlüsse ohne bestimmten Geldwert

58 Für Beschlüsse von Organen von Kapital- oder Personengesellschaften, Partnerschaftsgesellschaften, juristischen Personen (z.B. AG, GmbH, e.V.) oder Genossenschaften, die ohne bestimmten Geldwert sind, gilt § 105 Abs. 4 und 6 GNotKG.

Der **Geschäftswert** wird so wie bei einer späteren Registeranmeldung bewertet, sodass die dort bestimmten Mindestwerte gelten (siehe hierzu unter Teil R Rdn 7 f. [*Registeranmeldungen*]).

59 Beschlüsse ohne bestimmten Geldwert sind z.B.:

- Erteilung von **Entlastungen** der Vorstände, Geschäftsführer, Aufsichtsräte, Beiräte,
- **Wahlen über die Bestellung oder Abberufung** von Vorstandsmitgliedern, Geschäftsführern, Aufsichtsräten oder Beiräten oder Abschlussprüfern,
- **Änderungen von Gesellschaftsverträgen oder von Satzungen**, nicht jedoch, soweit ein genehmigtes Kapital geschaffen oder eine andere Kapitalmaßnahme beschlossen wird,
- **Befreiungen von** den einschränkenden Bestimmungen des **§ 181 Alt. 1 BGB** (Selbstkontrahierungsverbot) und/oder Befreiung von den Bestimmungen des **§ 181 Alt. 2 BGB** (Verbot des Mehrfachvertretens),
- **Teilung oder Zusammenlegung** von GmbH-Geschäftsanteilen.

3. Höchstwert für Beschlüsse

60 Geschäftswerte für Beschlüsse gleichen oder verschiedenen Gegenstandes betragen **höchstens 5.000.000 EUR** (§ 105 Abs. 5 GNotKG).

61 Gebühren für Beschlüsse werden gem. Nr. 21100 KV GNotKG mit einer 2,0-Gebühr – mind. mit 120 EUR – abgerechnet.

4. Mehrere Beschlüsse

In der Regel hat jeder Beschluss einen besonderen Beurkundungsgegenstand, § 86 GNotKG. Die Geschäftswerte für die Beschlüsse werden zusammengerechnet (§ 35 Abs. 1 GNotKG). 62

Ausnahmen von der vorgenannten Regel ergeben sich aus § 109 Abs. 2 S. 1 Nr. 4 (lit a. bis lit g) GNotKG. Dort wird bestimmt, dass folgende Beschlüsse **denselben Gegenstand** haben: 63

- Beschlüsse zur **Umstellung auf EUR** mit der entsprechenden Änderung des Gesellschaftsvertrages bzw. der Satzung,
- **Kapitalerhöhungs- oder Kapitalherabsetzungsbeschlüsse** mit entsprechender Änderung des Gesellschaftsvertrages bzw. der Satzung,
- **mehrere Veränderungen** zu einem Gesellschaftsvertrag oder zu einer Satzung, soweit sie ohne bestimmten Geldwert sind,
- **mehrere Wahlen oder Entlastungen** von Geschäftsführern/Vorstände, es sei denn, es finden **Einzelwahlen oder Einzelentlastungen** auf Wunsch der Gesellschaft statt,
- **Beschlüsse** verschiedener Gesellschaften/Vereinigungen bei Umwandlungsvorgängen, wenn sie denselben Beurkundungsgegenstand haben, also z.B. die Zustimmung mehrerer Gesellschaften zu einem bestimmten Verschmelzungsvertrag.

5. Beschlüsse zur Berufung von Geschäftsführern

Die Bestellung der Geschäftsführer fällt in den Aufgabenkreis der GmbH-Gesellschafter (§ 46 Nr. 5 GmbHG). Besteht die GmbH als juristische Person liegt die Kompetenz zur Bestellung der Geschäftsführer regelmäßig bei der Gesellschafterversammlung (§ 46 Nr. 5 GmbHG). Dennoch ist die Gesellschafterversammlung auch für die Berufung der Geschäftsführer im Gründungsstadium zuständig, sodass alle gesetzlichen und satzungsrechtlichen Vorgaben über die Einberufung, Abstimmung und Beschlussfeststellung zu beachten sind. 64

Der Beschluss ist zudem dem Geschäftsführer bekannt zu geben. § 6 Abs. 3 S. 2 GmbHG erspart den Gesellschaftern allerdings ein mehrfaches Zusammenfinden in der Gründungsphase und ermöglicht den Gesellschaftern, die Bestellung des ersten Geschäftsführers gleichzeitig mit der Beurkundung des Gesellschaftsvertrages, die ohnehin ein Zusammentreten der Gesellschafter erfordert, vorzunehmen.

Im Unterschied zur Gesellschafterversammlung bedarf die Bestimmung in der Gründungsurkunde Einstimmigkeit aller Gesellschafter und nicht nur einer einfachen Mehrheit. Obwohl die GmbH als juristische Person bei der Erstbestellung noch nicht existiert, liegt ein (Vorab)**Beschluss der Gesellschafterversammlung** vor, der auch dem Geschäftsführer bekannt gegeben werden muss.[17]

So erklärt es sich, dass trotz der Tatsache, dass die GmbH als juristische Person noch nicht existiert, dennoch ein Beschluss der Gesellschafterversammlung vorliegt und gebührenrechtlich zu würdigen ist.

Im Regelfall fällt bei einer GmbH-Gründung somit eine **2,0-Gebühr gem. Nr. 21100 KV GNotKG** für den ersten Geschäftsführerbestellungsbeschluss an.

65 Anders ist dies, wenn der **Gesellschaftsvertrag** selbst **satzungsgemäß** den Geschäftsführer bestimmt, was selten der Fall ist. Dann darf man keine Bestellung eines Geschäftsführers annehmen, sondern eine gegenstandsgleiche Bestimmung des Geschäftsführers mit dem Gesellschaftsvertrag.

Es ist dann **kein Beschluss** gem. Nr. 21100 KV GNotKG abzurechen.

66 Unrichtig ist die gebührenrechtliche Praxis nach hier vertretener Auffassung beim **gesetzlichen Musterprotokoll**. In Ziffer 4 dieses Protokolls ist die Bestimmung des ersten Geschäftsführers inklusive seiner Befreiung von den Beschränkungen des § 181 BGB enthalten.

Hierin ist genauso ein Gesellschafterbeschluss zu sehen, wie bei der Errichtung einer UG (haftungsbeschränkt) mit individuellem Gesellschaftsvertrag gem. § 6 Abs. 3 S. 2 GmbHG.[18]

Die gebührenrechtliche Praxis **berechnet hierfür dennoch** keinen Beschluss und nimmt Gegenstandsgleichheit mit dem Gründungsvorgang an,[19] jedoch zu Unrecht.[20] Dies zeigt sich auch daran, dass der im Musterprotokoll aufgeführte Geschäftsführer durch einen privatschriftlich protokollierten Gesellschafterbeschluss abberufen werden kann und dass keine Satzungsänderung nötig ist. Die Geschäftsführerbestimmung ist somit keine satzungsmäßige.

Gebührenrechtlich liegt also auch bei den gesetzlichen Musterprotokollen ein **Gesellschafterbeschluss** zugrunde, der mit einer **2,0-Gebühr gem. Nr. 21100 KV GNotKG** abzurechnen wäre.

Der **Wert** der Geschäftsführerbestellung ist als Beschluss ohne bestimmten Geldwert mit 1 % des Stammkapitals, mind. 30.000 EUR, anzunehmen (§§ 108 Abs. 1 S. 1, 105 Abs. 4 Nr. 1 GNotKG).

Nach § 110 Nr. 1 GNotKG betreffen die Gründungserklärungen und der Beschluss verschiedene Beurkundungsgegenstände, sodass die Einzelwerte, wenn gleiche Ge-

17 Vgl. MüKo-GmbHG/*W. Goette*, § 6 Rn 65.

18 Siehe MüKo-GmbHG/*Heinze*, § 2 Rn 226, der auf die Widersprüchlichkeit hinweist.

19 OLG Celle, Beschl. v. 18.12.2009 – 2 W 350/09, ZNotP 2019, 199 m. Anm. *Tiedtke*.

20 MüKo-GmbHG/*Heinze*, § 2 Rn 226; siehe auch Bormann/Diehn/Sommerfeldt/*Bormann*, GNotKG § 108 Rn 19.

bührensätze vorliegen, zu addieren sind (§ 35 GNotKG). Die Gebühren folgen nur dem materiellen Recht und sind nach diesem zu bewerten.

IX. Betreuungsgebühren

1. Allgemein

Teil 2 Hauptabschnitt 2 Abschnitt 2 des KV regelt unter Nr. 22200 KV GNotKG die **0,5-Betreuungsgebühr**. Sie **fällt nur einmal in demselben notariellen Verfahren an**, auch wenn der Notar nicht lediglich eine, sondern mehrere Betreuungstätigkeiten erledigt, § 93 Abs. 1 GNotKG, z.B. übliche Überwachung der unterschiedlichen Zeitpunkte der Kaufpreisfälligkeit und der Auflassungseinreichung zum Grundbuch beim Kaufvertrag (Nr. 22200 Nr. 2 und Nr. 3 KV GNotKG). **67**

Erledigt der Notar eine Betreuungstätigkeit, benötigt er einen **besonderen Auftrag**, der auch **stillschweigend konkludent** erteilt werden kann.[21] Für die Erteilung der Bescheinigung über die Änderungen auf der GmbH-Gesellschafterliste (Nr. 22200 Nr. 6 KV GNotKG) bedarf es allerdings keines Auftrags, weil diese Listentätigkeit dem Notar als Amtsträger gem. § 40 Abs. 2 GmbHG obliegt und von ihm unverzüglich erledigt werden muss (ohne Anweisung). Die Gebühr entsteht mit der ersten Betreuungstätigkeit und wird mit der letzten Betreuungstätigkeit des Notars fällig. **68**

Nach § 113 Abs. 1 GNotKG ist der **Geschäftswert für die Betreuungsgebühr** wie bei der Beurkundung zu bestimmen: Damit ist also der **volle Geschäftswert** des Beurkundungsverfahrens zugleich auch der Geschäftswert für die Betreuungsgebühr. **69**

2. Betreuungsgebühren

Für folgende betreuende Tätigkeiten des Notars sieht das GNotKG in Nr. 22200 KV die Auslösung der **0,5-Betreuungsgebühr** vor: **70**

1. Erteilung einer **Bescheinigung über den Eintritt der Wirksamkeit** von Verträgen, Erklärungen und Beschlüssen;
2. **Prüfung und Mitteilung des Vorliegens von Fälligkeitsvoraussetzungen** einer Leistung oder Teilleistung;
3. **Beachtung einer Auflage** eines an dem Beurkundungsverfahren Beteiligten im Rahmen eines Treuhandauftrags, eine Urkunde – oder Auszüge einer Urkunde – nur unter bestimmten Bedingungen herauszugeben (dies ist z.B. eine Handelsregisteranmeldung, die im Zuge der GmbH-Errichtung oder einer Kapitalerhöhung wegen der abgegebenen strafbewehrten Versicherung der Geschäftsführer erst nach Einzahlung der vorgesehenen Leistungen beim Registergericht eintreffen darf);

21 *Harder*, in: Leipziger GNotKG-Kommentar, 3. Aufl. 2021, Vorbem. 2.2 KV Rn 16.

4. **Prüfung und Beachtung der Auszahlungsvoraussetzungen** anlässlich eines auf einem Notaranderkonto verwahrten Geldbetrages oder der Ablieferungsvoraussetzungen von verwahrten Wertpapieren oder Kostbarkeiten;
5. **Anzeige oder Anmeldung** einer Tatsache an einen nicht an der Beurkundung Beteiligten, insbesondere einer Abtretung (z.B. die von Kaufpreisauszahlungsansprüchen eines Käufers an einen Verkäufer gegenüber Kaufpreisfinanzierungsbank) oder die Verpfändung (z.B. von GmbH-Geschäftsanteilen gegenüber der Darlehensgeberin), wenn die jeweilige Anzeigetätigkeit nicht nur darauf beschränkt ist, der Gläubigerin/Darlehensgeberin eine Abschrift/Ausfertigung/beglaubigte Abschrift zu übermitteln;
6. **Bescheinigung auf der Gesellschafterliste** gem. **§ 40 Abs. 2 GmbHG**, allerdings nur, wenn die Urkunde des Notars nicht sofort wirksam ist, der Notar also den Eintritt der Wirksamkeit außerhalb seiner Urkunde zu prüfen hat;
7. **Entgegennahme der für den Gläubiger bestimmten Ausfertigung** einer Grundpfandrechtsbestellungsurkunde zur Herbeiführung der Bindungswirkung gem. § 873 Abs. 2 BGB.

71 Das **Barzahlungsverbot** gem. § 16a GwG eröffnet der Praxis einen neuen Weg bei der Überwachung der Auflassungssperre, da das Grundbuchamt nicht mehr die Beantragung durch die Vertragsparteien, sondern nur noch durch den Vollzugsnotar akzeptieren darf (§ 13 Abs. 1 S. 3 GBO). Trotzdem verbleibt es bei der Überwachung des Einreichungsantrags durch den Vollzugsnotar, sodass die Betreuungsgebühr Nr. 22200 Anm. Nr. 3 Alt. 1 KV GNotKG anfällt. Die Betreuungsgebühr kann mit dem neuen schlanken Abwicklungsweg (die Auflassung nicht zu sperren), nicht eingespart werden.

72 In der Praxis wird nicht selten übersehen, dass es sich bei der **Zustellung eines beurkundeten Widerrufs** zu einem **gemeinschaftlichen Testament** über den Gerichtsvollzieher um eine **Betreuungstätigkeit** des Notars handelt, wenn dieser veranlasst und überwacht, dass der Gerichtsvollzieher auch tatsächlich die Ausfertigung und nicht nur die beglaubigte Ablichtung der Widerrufsurkunde zustellt. Für die **Betreuungstätigkeit** fällt nach Nr. 22200 Anm. 5 KV GNotKG an.[22]

73 Genauso fällt die Betreuungsgebühr nach Nr. 22200 Anm. 5 KV GNotKG an, wenn der Notar über den Gerichtsvollzieher die **notariell beurkundete Rücktrittserklärung von einem Erbvertrag** in Ausfertigung zustellt und die Zustellung der **Ausfertigung** überwacht.[23]

22 *Harder*, in: Leipziger GNotKG-Kommentar, 3. Aufl. 2021, Vorbem. 2.2 KV Rn 16.

23 *Harder*, in: Leipziger GNotKG-Kommentar, 3. Aufl. 2021, Vorbem. 2.2 KV Rn 16.

3. Treuhandgebühren

Die 0,5-Treuhandgebühren gem. Nr. 22201 KV GNotKG gehören zu den Betreuungsgebühren und fallen auch neben der nur einmal zu erhebenden Betreuungsgebühr Nr. 22200 KV GNotKG an, wenn dem Notar **von Dritten**, die am Beurkundungsverfahren nicht beteiligt sind, **Treuhandaufträge** erteilt werden. 74

Der **Geschäftswert** für die Treuhandgebühr ist in § 113 Abs. 2 GNotKG gesondert geregelt. Danach ist der Geschäftswert der Treuhandgebühr **der Wert des Sicherungsinteresses**. 75

Erledigt der Notar mehrere Treuhandauflagen, ist die Gebühr gem. Nr. 22201 KV GNotKG für **jedes Treuhandgeschäft gesondert** zu erheben.

Beispiel 76

Z verkauft ein Teileigentumsrecht zum Kaufpreis von 50.000 EUR an D. Der Notar holt die Löschungsbewilligung über eine Grundschuld von 10.000 EUR ein, die im Kaufvertrag zur Löschung beantragt worden ist. Der Notar fertigt dem privaten Gläubiger der Grundschuld im Auftrag des Verkäufers den Entwurf der Löschungsbewilligung. Der Notar erhält vom Gläubiger einen Treuhandauftrag und darf nur gegen Zahlung eines Betrages i.H.v. 9.000 EUR verfügen.

Der Notar holt eine weitere Löschungsbewilligung einer Sparkasse für eine Grundschuld i.H.v. 20.000 EUR ein und darf über diese nur gegen Zahlung eines Betrages i.H.v. 18.000 EUR verfügen.

Die Fälligkeit des Kaufpreises überwacht der Notar, ebenso den Vollzug der Auflassungserklärung.

Abrechnung:

Geschäftswert des Kaufvertrages – § 47 GNotKG = 50.000 EUR

Gebühren:

Kaufvertrag, Wert 50.000 EUR	Nr. 21100 KV GNotKG	2,0-Gebühr	330,00 EUR
Vollzug – § 112 GNotKG, Wert 50.000 EUR	Nr. 22110 KV GNotKG	0,5-Gebühr	82,50 EUR
Betreuung – § 113 Abs. 1 GNotKG, Wert 50.000 EUR	Nr. 22200 KV GNotKG	0,5-Gebühr	82,50 EUR
Treuhandgebühr – § 113 Abs. 2 GNotKG, Wert 9.000 EUR	Nr. 22201 KV GNotKG	0,5-Gebühr	34,50 EUR
Treuhandgebühr – § 113 Abs. 2 GNotKG, Wert 18.000 EUR	Nr. 22201 KV GNotKG	0,5-Gebühr	49,50 EUR

Hinweise:

Das auftragsgemäße Anfordern der Löschungsunterlagen löst die **Vollzugsgebühr** aus (Vorbem. 2.2.1.1 Abs. 1 S. 2 Nr. 9 KV GNotKG). Die Fertigung des Entwurfs für den Gläubiger wird nicht gesondert berechnet (Vorbem. 2.2 Abs. 2 KV GNotKG).

Die Fälligkeitsmitteilung und die Überwachung des Auflassungsvollzuges lösen die **Betreuungsgebühr** gem. Nr. 22200 KV GNotKG aus. Die Betreuungsgebühr wird nur einmal angesetzt, obwohl der Notar mehrere Betreuungstätigkeiten erledigt (§ 93 Abs. 1 GNotKG).

Die **Treuhandgebühren** werden gesondert für jeden Treuhandauftrag abgerechnet.

X. Bezugsurkunde

77 Bezugsurkunden des Notars (Verweisungsurkunde, Grundlagenurkunde, Mutterurkunde), auf die in einer späteren Beurkundung gem. § 13a (künftig § 13e)[24] und/oder § 14 BeurkG verwiesen werden soll, lösen die **1,0-Gebühr nach Nr. 21200 KV GNotKG** aus.

78 Der **Geschäftswert** einer Bezugsurkunde bestimmt sich nach § 36 Abs. 1 GNotKG. Je nach Lage des Einzelfalls kann der Wert geschätzt werden, wobei **10–30 % des Werts des abzuschließenden Rechtsgeschäfts** angemessen zugrunde gelegt werden können. Ein höherer Prozentsatz kann bei besonderem Aufwand und besonderer Bedeutung angesetzt werden.

24 Gesetz zur Einführung einer elektronischen Präsenzbeurkundung, RefE BMJ v. 23.2.2024, siehe *Elsing*, notarbüro 2024, 32, 35.

D.

I. Dienstbarkeiten

1. Allgemein

Zu den Dienstbarkeiten zählt die **Grunddienstbarkeit** (§ 1018 BGB). Bei der Grunddienstbarkeit wird ein Grundstück zugunsten des jeweiligen Eigentümers eines anderen Grundstücks belastet. Der Eigentümer des dienenden Grundstücks muss eine Benutzung seines Grundstücks dulden oder er darf einzelne tatsächliche Handlungen auf seinem Grundstück nicht vornehmen. 1

Auch die **beschränkte persönliche Dienstbarkeit** (§§ 1090–1093 BGB) zählt zu den Dienstbarkeiten. Die beschränkte persönliche Dienstbarkeit hat den gleichen rechtlichen Inhalt wie eine Grunddienstbarkeit. Berechtigte Person ist allerdings nicht der jeweilige Eigentümer eines anderen Grundstücks, sondern eine unmittelbar bestimmte Person. 2

Der in den §§ 1030–1089 GNotKG geregelte **Nießbrauch** gehört auch zu den Dienstbarkeiten. Der Eigentümer eines Grundstücks oder einer beweglichen Sache muss dulden, dass sämtliche Nutzungen des Gegenstandes vom Berechtigten gezogen werden. Nießbrauchsberechtigt kann nur eine bestimmte Person sein. 3

Schließlich ist auch ein **Dauerwohnrecht/Dauernutzungsrecht** (§§ 31 ff. WEG) eine Dienstbarkeit. Der Eigentümer eines Grundstücks muss dulden, dass Räume in einem Gebäude seines Grundstücks bewohnt bzw. genutzt werden. Nur eine bestimmte Person kann der Dienstbarkeitsberechtigte sein. Das Dauerwohnrecht/Dauernutzungsrecht kann im Unterschied zur beschränkten persönlichen Dienstbarkeit vererbt und übertragen werden. Ein Abrechnungsbeispiel siehe unter Teil D Rdn 21. 4

2. Gebühr

Die **vertragliche Vereinbarung** einer Dienstbarkeit löst die **2,0-Gebühr nach Nr. 21100 KV GNotKG** aus. 5

Wenn nur eine **Eintragungsbewilligung mit dem Eintragungsantrag** beurkundet wird, entsteht die **0,5-Gebühr nach Nr. 21201 Nr. 4 KV GNotKG**. 6

Verpflichtet sich jemand **einseitig** zur Einräumung einer Dienstbarkeit, entsteht die **1,0-Gebühr nach Nr. 21200 KV GNotKG**. 7

3. Geschäftswerte

Dienstbarkeiten sind Nutzungs- und Leistungsrechte i.S.v. § 52 GNotKG. Der Wert einer Dienstbarkeit bestimmt sich nach § 52 Abs. 1 GNotKG und damit nach dem Wert, den das Recht für den Berechtigten oder für das herrschende Grundstück hat. 8

9 In der Praxis fällt es jedoch schwer, diesen Wert festzustellen, um den sich der Wert des herrschenden Grundstücks erhöht. In der Regel erfolgt daher eine nach **freiem Ermessen** vorgenommene Schätzung des Wertes gem. § 36 Abs. 1 GNotKG, wobei die Gründe der Dienstbarkeitsbestellung für die Bewertung keine Rolle spielen.

10 Wird die Dienstbarkeit auf eine **bestimmte Zeit** eingeräumt, gilt § 52 Abs. 2 S. 1 und 2 GNotKG. Maßgeblich ist dann der Wert der vereinbarten Dauer, begrenzt auf **max. 20 Jahre**.

11 Ist die Dienstbarkeit auf **unbestimmte Dauer** bestellt, ist der Wert nach § 52 Abs. 3 S. 1 GNotKG der Wert, der auf die ersten 20 Jahre entfällt.

12 Ist ein Recht **auf Lebensdauer** einer Person bestellt, ist der Jahreswert nach § 52 Abs. 3 GNotKG je nach Lebensalter der Person zu multiplizieren. Soweit das auf Lebensdauer bestimmte Recht zugunsten mehrerer Personen bestellt ist, so gilt das Lebensalter des jüngeren der Berechtigten.

13 Steht **keinerlei Wert** fest, ist der **Jahreswert** mit 5 % des Wertes des betroffenen Grundstücks (§ 52 Abs. 5 GNotKG) zu bestimmen.

14 Für die Wertberechnung ist der **Beginn des Dienstbarkeitsrechts** maßgebend (§ 52 Abs. 6 GNotKG). Steht der Beginn nicht fest, kann im Einzelfall ein niedrigerer Wert anzunehmen sein.

15 **Preisklauseln** werden wertmäßig nicht berücksichtigt.

16 Ein **Verwandtschaftsprivileg** sieht das GNotKG nicht vor.

17 Bei der isolierten Bestellung einer Dienstbarkeit zur Sicherung einer **Solaranlage (Photovoltaikanlage)** oder auch einer **Windkraftanlage** ist zu unterscheiden, ob die Rechte auf bestimmte Dauer oder auf unbestimmte Dauer eingeräumt sind. Die bestimmte Dauer kann sich aus einer Bezugnahme auf einen Pachtvertrag ergeben.

Die **Wertangaben auf der Dienstbarkeitsbewilligung** sind in der Regel in der Praxis unrichtig, sodass der Notar darauf nicht vertrauen sollte. Der Wert ist vielmehr nach den Vorschriften des GNotKG zu ermitteln. Häufig zahlt der Betreiber dem Grundstückseigentümer eine **jährliche Nutzungsentschädigung**. Diese jährliche Nutzungsentschädigung ist dann als Jahreswert gem. § 52 Abs. 2 GNotKG mit dem Faktor von höchstens 20 zu multiplizieren.

Beispiel

Erhält der Eigentümer jährlich 3.000 EUR, ergibt der multiplizierte Wert 60.000 EUR als maßgeblicher Geschäftswert; die unrichtige Wertangabe auf der Bewilligung spielt keine Rolle.[1]

Im Einzelfall kann der Notar sich die Nutzungsbewilligungsvereinbarung vorlegen lassen.

1 Vgl. hierzu *Diehn/Sikora/Tiedtke*, Rn 347.

Der Kostenschuldner des Notars ist gem. § 95 GNotKG verpflichtet, bei der **Wertermittlung mitzuwirken**, und zwar vollständig und wahrheitsgemäß. Wirkt der Kostenschuldner nicht oder offensichtlich unwahr mit, so sollte der Notar darauf hinweisen, dass er zur **Schätzung des Geschäftswerts** nach billigem Ermessen berechtigt ist (§ 95 S. 3 GNotKG). 18

Wirkt der Kostenschuldner dennoch nicht mit, kann der Notar den **Geschäftswert schätzen**. Wird die Gebührenrechnung später ggf. durch das Landgericht überprüft, so prüft dieses nur noch die Rechtmäßigkeit und beschränkt sich auf Ermessensfehler des Notars.[2]

Beispiel: Geh- und Fahrtrecht 19

Der Eigentümer eines Grundstücks im Wert von 100.000 EUR bestellt zugunsten des jeweiligen Eigentümers des Nachbargrundstücks ein Geh- und Fahrtrecht.

Der Bereich der Ausübung betrifft 10 % von der Fläche des dienenden Grundstücks.

Die Dienstbarkeit ist nicht befristet und eine Gegenleistung für die Einräumung nicht vereinbart.

Hinweise zur Abrechnung:

Gemäß § 52 Abs. 5 GNotKG ist 5 % des Wertes des betroffenen dienenden Grundstücks (somit 5.000 EUR) als Jahreswert anzusetzen. Dieser Jahreswert ist nach § 52 Abs. 3 S. 1 GNotKG für 20 Jahre zu multiplizieren (= 100.000 EUR). Der Ansatz von 50 % hiervon (= 30.000 EUR) scheint angemessen, weil der begünstigte jeweilige Nachbareigentümer nur ein Recht zur Mitbenutzung hat.

Für die Bewilligung wird die 0,5-Gebühr gem. Nr. 21201 Nr. 4 KV GNotKG angesetzt.

Beispiel: Wohnungsrecht 20

Z räumt ihrer 40 Jahre alten Mutter ein lebenslängliches Wohnungsrecht an einer Eigentumswohnung ein, ohne Vereinbarung einer Gegenleistung. Würde Z die Wohnung vermieten, könnte ein Mietzins i.H.v. 500 EUR pro Monat erzielt werden.

Die Bewilligung des Wohnungsrechts löst die 0,5-Gebühr nach Nr. 21201 KV GNotKG aus.

2 Vgl. LG Bremen, Beschl. v. 11.9.2018 – 4 T 524/17; LG Bremen, Beschl. v. 11.9.2018 – 4 T 525/17, *Elsing*, notarbüro 2019, 20–22.

Hinweis zur Wertbestimmung:

Der Jahreswert des Wohnungsrechts beträgt 6.000 EUR (500 EUR x 12 Monate). Dieser Jahreswert wird gem. § 52 Abs. 4 GNotKG auf 15 Jahre begrenzt (die Berechtigte hat ein Lebensalter über 30 Jahre und unter 50 Jahre).

15 x 6.000 EUR = 90.000 EUR. Der Geschäftswert ist somit 90.000 EUR.

21 *Beispiel: Dauerwohnrecht*

Der Eigentümer eines Grundstücks vereinbart mit und zugunsten von Z ein Dauerwohnrecht gem. § 31 Abs. 2 WEG für einen Zeitraum von 30 Jahren.

Die Dauerwohnberechtigte zahlt an den Grundstückseigentümer ein Nutzungsentgelt i.H.v. 300 EUR pro Monat.

Die Wohnung hat einen Wert i.H.v. 150.000 EUR.

Der Notar erhält den Auftrag, die Abgeschlossenheitsbescheinigung gem. § 31 Abs. 2 WEG einzuholen.

Abrechnung:

Geschäftswert	§§ 52 Abs. 2, 97 Abs. 1, 112 GNotKG	300 EUR x 12 = 3.600,00 EUR x 20	=	**72.000,00 EUR**
Beurkundungsverfahren Dauerwohnrecht	Nr. 21100 KV GNotKG			438,00 EUR
Einholung Abgeschlossenheitsbescheinigung	Nr. 22110, 22112 KV GNotKG			50,00 EUR
Vollzugs XML-Daten	Nr. 22114 KV GNotKG			43,80 EUR
Entgelt Post- und Telekommunikation	Nr. 32005 KV GNotKG			20,00 EUR
Grundbuchabrufkosten (2x)	Nr. 32011 KV GNotKG			8,00 EUR
Dokumentenpauschale	Nr. 32001 KV GNotKG	50 S. x 0,15 EUR	=	7,50 EUR

II. Dokumentenpauschale

1. Allgemeines

Die Regelungen zur Dokumentenpauschale enthält der Teil 3 Nr. 32000–32003 KV GNotKG. 22

Nach der Vorbem. 3.2 Abs. 1 KV GNotKG ergibt sich, dass mit der Dokumentenpauschale auch allgemeine Geschäftskosten entgolten werden.

Freiexemplare werden **nicht** gewährt. Alle Exemplare sind somit kostenpflichtig. 23

2. Dokumentenpauschale gem. Nr. 32000 KV GNotKG

Beglaubigt der Notar ein von ihm nicht entworfenes Schriftstück (Fremddokument), ist Nr. 32000 KV GNotKG nicht anwendbar. Der Notar erhält dann **keine Dokumentenpauschale**, sondern nur nach Nr. 25102 KV GNotKG für jede Seite 1 EUR Beglaubigungsgebühr, mind. 10 EUR. 24

Die Dokumentenpauschale, die nach Nr. 32000 KV GNotKG zu berechnen ist, betrifft insbesondere den Fall, dass nach Abschluss eines Beurkundungsverfahrens nachträglich ein Beteiligter vom Notar noch ein weiteres Exemplar einer Urkunde wünscht. Es besteht dann kein Zusammenhang mehr mit dem bereits abgeschlossenen Beurkundungsgeschäft. 25

Hat der Notar **außerhalb eines Beurkundungsverfahrens oder Entwurfsfertigung** einem Beteiligten eine Kopie, eine Ausfertigung oder beglaubigte Abschrift hergestellt und ausgehändigt/übermittelt (auch per Telefax), so entstehen gem. **Nr. 32000 KV GNotKG**:

a) schwarz-weiß, Größe bis DIN A3: für die ersten 50 Seiten eine Pauschale je Seite von 0,50 EUR und für jede weitere Seite 0,15 EUR.
b) Farbe bis DIN A3: für die ersten 50 Seiten eine Pauschale je Seite von 1 EUR und für jede weitere Seite 0,30 EUR.

3. Dokumentenpauschale gem. Nr. 32001 KV GNotKG (Hauptanwendung)

Im Zusammenhang mit einem Beurkundungsverfahren des Notars oder der Entwurfsfertigung ist die Dokumentenpauschale Nr. 32001 KV GNotKG anzuwenden. Für jede Seite bis DIN A3 (schwarz-weiß) erhält der Notar 0,15 EUR und für jede Seite bis DIN A3 (Farbe) 0,30 EUR. 26

Gemäß **Nr. 32001 Nr. 1 KV GNotKG** fällt die Dokumentenpauschale in Fällen an, in denen der Notar ohne besonderen Auftrag Dokumente gefertigt hat, jedoch nur, wenn Abschriften eigener Niederschriften, eigener Entwürfe und von Urkunden, auf denen der Notar nur die Unterschrift beglaubigt hat, hergestellt werden. Voraussetzung für den Anfall der Gebühr ist, dass **die Dokumente nicht beim Notar ver-** 27

bleiben, sondern ausgehändigt oder ggf. zum Grundbuchamt/Registergericht einzureichen sind.

28 **Nr. 32001 Nr. 2 und 3 KV GNotKG** regelt die Fälle eines konkreten Auftrags auf Fertigung von Abschriften innerhalb eines Beurkundungsverfahrens oder einer Entwurfstätigkeit und beinhalten auch Sonderfälle der Nr. 32000 KV GNotKG. Für jede Seite bis DIN A3 (schwarz-weiß) erhält der Notar 0,15 EUR und für jede Seite bis DIN A3 (Farbe) 0,30 EUR.

Um die Abgrenzung zum Tatbestand der Nr. 32000 KV GNotKG zu erleichtern, ist ein eindeutiger Zeitpunkt festgelegt, bis zu dem der Antrag vorliegen muss. Im **Beurkundungsverfahren** ist dies die **Aufnahme der Niederschrift**, bei **Entwürfen der Tag vor der Versendung des Entwurfs**. Anträge, die nach diesen Zeitpunkten gestellt werden, lösen die Dokumentenpauschale nach Nr. 32000 KV GNotKG aus.

29 *Beispiel*

Der Notar hat einen Wohnungseigentumskaufvertrag beurkundet, der 30 Seiten umfasst und dem als Anlage eine Abschrift einer Vollmacht angeheftet ist, die der Notar beglaubigt hat. Diese Vollmacht hat drei Seiten, sodass insgesamt die Kaufvertragsurkunde 33 Seiten umfasst.

Der Notar fertigt dem Käufer und dem Verkäufer jeweils zwei beglaubigte Kopien des Kaufvertrages, dem Finanzamt Grunderwerbsteuerstelle eine Kopie, dem Verwalter eine Kopie auf Antrag der Beteiligten, dem Gutachterausschuss eine Kopie, dem Grundbuchamt eine beglaubigte Abschrift – insgesamt somit acht Kopien.

Abrechnung:

Dokumentenpauschale	Nr. 32001 Nr. 2 KV GNotKG	
33 Seiten x 6 Exemplare auf Antrag = 198 Seiten x 0,15 EUR		= 29,70 EUR
(je 2 für Verkäufer und Käufer, je 1 für Verwalter und Grundbuchamt)		
Dokumentenpauschale	Nr. 32001 Nr. 1 KV GNotKG	
33 Seiten x 2 Exemplare ohne Antrag = 66 Seiten x 0,15 EUR		= 9,90 EUR
(1 x für das Finanzamt und 1 x für Gutachterausschuss, weil Anzeigepflicht)		

Hinweis:

Würde der Notar zu einem späteren Zeitpunkt von einem Beteiligten gebeten, zusätzliche Kopien des Kaufvertrages zu erteilen, entstünde dafür die Dokumentenpauschale nach Nr. 32000 KV GNotKG = 0,50 EUR pro Seite für die ersten 50 Seiten und 0,15 EUR für jede weitere Seite.

4. Dokumentenpauschale für die elektronische Übermittlung von Dateien gem. Nr. 32002 KV GNotKG

Neben der Erzeugung der XML-Strukturdaten ist in Nr. 32002 KV GNotKG die Dokumentenpauschale für die elektronische Übermittlung von Dateien geregelt. 30

Die Gebühr beträgt **pro Datei 1,50 EUR**. Werden **mehrere Dateien in einem Arbeitsgang** auf demselben Datenträger erledigt, entsteht **höchstens** eine Gebühr i.H.v. **5 EUR** für diesen Arbeitsgang. Für das Einscannen erhält der Notar dann keine Gebühr.

Werden die in Papierform vorliegenden Dokumente zum Zweck der Überlassung von elektronisch gespeicherten Dateien zuvor auf Antrag von der Papierform in die elektronische Form übertragen, beträgt die Dokumentenpauschale nach Nr. 32002 KV GNotKG nicht weniger als die Dokumentenpauschale Nr. 32000 KV GNotKG für eine Schwarz-Weiß-Kopie. 31

Die Übertragung von der Papierform in die elektronische Form ist der Normalfall, da der Notar zunächst die notariellen Urkunden in Papierform erstellen muss, damit die Beteiligten diese unterschreiben können. Erst im Anschluss danach können die Niederschrift oder Entwürfe durch Einscannen in die elektronische Form zwecks elektronischen Versands übertragen werden. Eine elektronische Übertragung in diesem Sinne liegt jedoch bereits dann vor, wenn der Notar eine im Datenspeicher im Word-Format befindliche Urkunde in ein PDF- oder TIFF-Format überführt.

Für das Einscannen des Dokuments fällt neben der Dokumentenpauschale nach Nr. 32002 KV GNotKG keine weitere Dokumentenpauschale an. 32

Beispiel 33

Der Notar übermittelt dem Registergericht zusammen mit einer XML-Datei fünf Dateien,

(1) GmbH-Gesellschafterversammlung mit Kapitalerhöhung (zehn Seiten),
(2) Gesellschafterliste (eine Seite),
(3) Übernehmerliste (eine Seite),
(4) eine Übernahmeerklärung des Gesellschafters, der einen neuen Geschäftsanteil übernommen hat, privatschriftlich mit Unterschriftsbeglaubigung (zwei Seiten),
(5) eine Handelsregisteranmeldung (drei Seiten inkl. Beglaubigungsvermerk).

Auf Wunsch der Gesellschaft händigt der Notar der Gesellschaft alle fünf Dateien in elektronischer Form auf einer CD aus.

Berechnung der Dokumentenpauschale in einem Arbeitsgang:

Nr. 32002 KV GNotKG

Dokumentenpauschale 5 Dateien je 1,50 EUR = 7,50 EUR, höchstens jedoch 5,00 EUR

Vergleich der Dokumentenpauschale nach Nr. 32000 KV GNotKG nach Seitenzahlen:

Gesamtseitenzahl aller Dokumente = 17 x 0,50 EUR = 8,50 EUR

Zu berechnen sind 8,50 EUR für die Übermittlung der Dateien an das Registergericht.

Für den weiteren Arbeitsgang, Übermittlung der 5 Dateien an die GmbH:

Nr. 32002 KV GNotKG

Dokumentenpauschale 5 Dateien je 1,50 EUR = 7,50 EUR, höchstens jedoch 5,00 EUR

Vergleich der Dokumentenpauschale nach Nr. 32000 KV GNotKG nach Seitenzahlen:

Gesamtseitenzahl aller Dokumente = 17 x 0,50 EUR = 8,50 EUR

Zu berechnen sind 8,50 EUR für die Übermittlung der Dateien an die GmbH.

Hinweise:

- Es handelt sich um zwei Arbeitsgänge i.S.v. Nr. 32002 KV GNotKG (1x die Übermittlung an das Registergericht und 1x die Übermittlung an die GmbH), weil die Daten auf zwei unterschiedlichen Datenträgern gespeichert wurden.
- Das Einscannen löst jeweils keine gesonderte Gebühr aus, Anm. zu Nr. 32002 KV GNotKG, wonach eine höhere Gebühr als 1,50 EUR nur angenommen werden kann, wenn die Dokumentenpauschale für das Herstellen einer Schwarz-Weiß-Kopie mehr kosten würde (ab elf Seiten zu je 0,15 EUR für jede Datei wäre dies der Fall).
- Die Übermittlung der XML-Dateien sind nur Begleitdateien, die keine Dokumentenpauschale auslöst.[3]

34 Die Begrenzung auf die Höchstgebühr von 5 EUR greift nicht, wenn die Dateien **unterschiedliche Verfahren und Geschäfte** betreffen und diese in verschiedenen Arbeitsgängen übermittelt werden und auch nicht, wenn innerhalb desselben Verfahrens unterschiedlich Arbeitsgänge aufgrund der Versendungsart vorliegen (z.B. die Übermittlung per E-Mail und das Brennen auf CD).

3 Siehe bereits *Tiedtke/Sikora*, MittBayNot 2006, 393; *Diehn/Sikora/Tiedtke*, Rn 934.

5. Dokumentenpauschale: Auslagen für Herstellung von Kopien und Ausdrucken größer als DIN A3 gem. Nr. 32003 KV GNotKG

Für die Herstellung von Kopien oder Ausdrucken, die größer als DIN A3 sind, z.B. bei Plänen zu einer Abgeschlossenheitsbescheinigung, kann der Notar pauschal 3 EUR für jede Schwarz-Weiß-Seite und 6 EUR für jede farbige Seite berechnen. **35**

III. Dolmetscher

Wird ein Dolmetscher, Übersetzer, Zeuge oder zweiter Notar für eine Urkunde hinzugezogen, können die entstehenden Kosten in voller Höhe nach Nr. 32010 KV GNotKG angesetzt werden. **36**

Soweit der Notar einen **zweiten Notar hinzuzieht**, ist der hinzuziehende Notar gegenüber dem Zweitnotar dessen Kostenschuldner. Zwischen dem Auftraggeber (Kostenschuldner) der Urkunde und dem Zweitnotar entsteht kein Auftragsverhältnis.[4]

4 *Waldner*, in Rohs/Wedewer, GNotKG, 131. Aktualisierung März 2021, KV 32004–32015 zu Nr. 32010.

E.

I. Eheverträge, Lebenspartnerschaftsverträge, Scheidungsfolgenvereinbarungen

1. Gebühren

Die Beurkundung eines 1
- **Ehevertrages**,
- **Lebenspartnerschaftsvertrages** wie auch die einer
- **Scheidungsfolgenvereinbarung**

löst jeweils die 2,0-Gebühr gem. Nr. 21100 KV GNotKG aus.

Wird ein bestehender **Ehevertrag abgeändert**, entsteht für die Beurkundung ebenfalls die 2,0-Gebühr gem. Nr. 21100 KV GNotKG. 2

2. Allgemeiner Wert des Ehevertrages im engeren Sinn

Verlobte, Eheleute und Lebenspartner können vom gesetzlichen Regelfall des **gesetzlichen Güterstandes der Zugewinngemeinschaft** abweichen. Dazu kommt der Abschluss einer ehevertraglichen Vereinbarung in Betracht, mit der Wirkung, dass mit dem Beginn der Ehe ein anderer oder ein modifizierter Güterstand gilt, §§ 1408 ff. BGB. Der Ehevertrag kann vor oder auch nach der Ehe geschlossen werden. 3

Vereinbart werden in der notariellen Praxis in Eheverträgen:
- die Gütertrennung (häufiger),
- die Modifizierung der Zugewinngemeinschaft mit dem Ergebnis, dass der Zugewinn für teilweise herausgenommene Vermögenswerte nicht greift oder auch dass bei Scheidung der Ehe die Zugewinngemeinschaft ausgeschossen ist (häufig),
- die Gütergemeinschaft (selten).

Jede dieser Regelungen wird von § 100 GNotKG erfasst. Dasselbe gilt, wenn entsprechende Lebenspartnerschaftsverträge geschlossen werden, § 100 Abs. 4 GNotKG.

3. Wertbestimmung der Scheidungsfolgen und familienrechtlichen Regelungen

Zielen weitergehende Vereinbarungen familienrechtlicher Art auf die Ehe der Beteiligten ab, dann gilt für jede dieser beurkundeten Regelungen, dass diese einen **besonderen Beurkundungsgegenstand** darstellt, § 111 Nr. 2 GNotKG. 4

5 **Besondere Gegenstände** sind demnach z.B. die in der notariellen Vereinbarung enthaltenen Regelungen

- des **Scheidungsbegehrens**, Geschäftswert 5.000 EUR, § 36 Abs. 2, 3 GNotKG,
- zum **Umgangsrecht eines Kindes**, Geschäftswert 5.000 EUR pro Kind, § 36 Abs. 2, 3 GNotKG,
- zum **Kindesunterhalt**, Geschäftswert § 52 Abs. 2–4 GNotKG (der Jahreswert des Kindesunterhalts wird entsprechend vervielfältigt),
- zum **Trennungsunterhalt**, Geschäftswert §§ 52 Abs. 1, 2, 36 Abs. 1 (wenn absehbar ist, wie lang die Trennungsdauer bis zu einem Jahr ist, dann der Jahreswert des Trennungsunterhalts. Bei einer **Trennungsvereinbarung (ohne Scheidungsabsicht)** jedoch wird der Jahreswert nach § 52 GNotKG vervielfältigt,[1]
- zum **nachehelichen Unterhalt**, Geschäftswert nach § 52 Abs. 1, 2 GNotKG,
- zum **Versorgungsausgleich**, Geschäftswert § 97 Abs. 1, 3 GNotKG (bei jüngeren Beteiligten ähnlichen Alters und ähnlichem Einkommen kann 5.000 EUR nach § 36 GNotKG angesetzt werden),
- eines **Erb- und Pflichtteilsverzichts**, Geschäftswert §§ 102 Abs. 4, 1, 97 Abs. 3 GNotKG,
- zu den **Kosten der Scheidung**, Geschäftswert §§ 97 Abs. 1, 36 Abs. 1 GNotKG,
- zu einer **steuerlichen Veranlagung** der Ehegatten, Geschäftswert §§ 97 Abs. 1, 36 Abs. 1, 3 GNotKG,
- zum **Hausrat**, wenn vereinbart wird, Gegenstände herauszugeben, Geschäftswert §§ 46, 36 GNotKG (nicht selten sind allerdings deklaratorische Dokumentationen, wonach der Hausrat bereits verteilt ist, ohne Wertbestimmung).

Sofern dabei **Austauschleistungen** vorliegen, wird lediglich der höhere Wert der Austauschleistung berücksichtigt, § 97 Abs. 3 GNotKG.

6 Sofern allerdings ein **wechselseitiger Pflichtteilsverzichtsvertrag der Eheleute** beurkundet wird, ist höchstrichterlich entschieden, dass es sich um **zwei selbstständige Pflichtteilsverzichtsverträge** handelt mit der Folge, dass bei der Geschäftswertberechnung das **Vermögen beider Eheleute** (und nicht nur eines Ehegatten) zugrunde zu legen ist (zu besonderen Gegenständen zum Ehevertrag (Immobilien, Gesellschaftsanteile) siehe Teil E Rdn 16).[2]

7 Den Geschäftswert eines Ehevertrages im engeren Sinne, § 100 Abs. 1 Nr. 1 GNotKG, wenn der gesetzliche Güterstand der Zugewinngemeinschaft abgewählt oder modifiziert wird, bildet also

a) die Summe aller Vermögenswerte des **einen Ehegatten**, wobei vorhandene Verbindlichkeiten **von dessen Vermögen** – allerdings **höchstens bis zur Hälfte seines Vermögens** – abgezogen werden dürfen, sowie

1 Vgl. *Elsing*, Familienrecht in der notariellen Praxis, 1. Aufl. 2023 § 11 Rn 3.

2 BGH v. 11.10.2023 – IV ZB 2622; EE 2024, 2, 3.

b) die Summe aller Vermögenswerte des zweiten Ehegatten, wobei vorhandene Verbindlichkeiten von dessen Vermögen – allerdings höchstens bis zur Hälfte seines Vermögens – abgezogen werden dürfen.

Bei der Geschäftswertbildung ist darauf zu achten, dass die **Schulden eines Ehegatten nur von seinem eigenen Vermögen abgezogen** werden dürfen, nicht aber von dem Vermögen des anderen Ehegatten, § 100 Abs. 1 S. 3 GNotKG.

Die auf diese Weise ermittelte Summe des einen Ehegatten und die auf dies Weise ermittelte Summe des anderen Ehegatten werden sodann addiert, § 35 Abs. 1 GNotKG und bilden als bereinigtes Vermögen beider Eheleute den Geschäftswert.

Betrifft die ehevertragliche Vereinbarung nur das Vermögen eines der betroffenen Ehegatten, so ist dieses maßgeblich. In diesem Fall dürfen die Verbindlichkeiten lediglich von dem Vermögen des betroffenen Ehegatten abgezogen werden (§ 100 Abs. 1 Nr. 1 S. 4 GNotKG). 8

Soweit ein Ehevertrag lediglich **bestimmte Gegenstände betrifft**, ist der Wert dieser bestimmten Gegenstände maßgeblich (§ 100 Abs. 2 GNotKG), höchstens jedoch der Wert nach § 100 Abs. 1 GNotKG. 9

Wenn ein Ehevertrag **konkret künftiges Vermögen** eines Ehegatten betrifft, so gilt § 100 Abs. 1 Nr. 1, 3 GNotKG. Dann wird als Wert **30 %** dieser künftigen Vermögenswerte angesetzt. 10

Eine Privilegierung eines **land- oder forstwirtschaftlichen Betriebes** nach § 48 Abs. 1 GNotKG **kommt** beim Ehevertrag **nicht in Betracht**. Bei der Wertermittlung eines Ehevertrages ist deshalb der Verkehrswert nach § 46 GNotKG anzusetzen, soweit der land- oder forstwirtschaftliche Betrieb Regelungsgegenstand ist.[3] 11

Dingliche Rechte, wie ein Erbbaurecht und ein im Grundbuch eingetragener Nießbrauch oder ein grundbuchlich gesichertes Wohnrecht, dessen Wert nach § 52 GNotKG zu bestimmen ist, gehören zu den **abzugsfähigen Schulden**. 12

Das Gleiche gilt für ein **Dauerwohnrecht** oder ein **Dauernutzungsrecht** gem. §§ 31 ff. WEG, soweit das Recht eigentumsähnlich ausgestaltet ist und der Dauerwohnberechtigte/Dauernutzungsberechtigte steuerlich als wirtschaftlicher Eigentümer betrachtet werden kann; der Wert ist nach § 52 GNotKG zu bestimmen. 13

Teilwertbildungen sieht das GNotKG kaum vor. Solche finden sich lediglich in den §§ 51 Abs. 2 und 100 Abs. 3 GNotKG, sodass der Wert einer **Verfügungsbeschränkung** nach §§ 1365, 1369 BGB nur mit einem Teilwert von **30 %** des von der Beschränkung betroffenen Gegenstandes zu berechnen ist (§ 51 Abs. 2 GNotKG). 14

Praktisch kommen Eheverträge, die ausschließlich regeln, dass kein Ehepartner einer Zustimmungspflicht hinsichtlich der Verwaltung oder Veräußerung seines we-

3 Streifzug, Rn 677.

sentlichen Vermögens gegenüber dem anderen bedarf, selten vor. Meistens wird mehr geregelt, sodass sich diese Teilwertberechnung nur selten verwirklicht.

15 Die weitere Teilwertvorgabe betrifft Eheverträge, die auch Vereinbarungen zu **künftigen Vermögenswerten** eines Ehegatten enthalten. Das künftige Vermögen wird dann mit **30 %** seines Wertes berücksichtigt, wenn es im Ehevertrag **konkret** bezeichnet ist (§ 100 Abs. 3 GNotKG).

16 Zum Ehevertrag, der stets ein besonderer Gegenstand ist, haben insbesondere folgende Vereinbarungen einen **verschiedenen Gegenstand** (§ 86 Abs. 2 GNotKG i.V.m. § 111 Abs. 2 GNotKG):

- die **Übereignung von Immobilien**, auch wenn ggf. durch die Übertragung Zugewinnausgleichsansprüche erledigt werden;
- die **Übereignung (Abtretung) von GbR-Anteilen**, auch wenn ggf. durch die Übertragung Zugewinnausgleichsansprüche abgegolten werden;
- die **Übereignung von Gesellschaftsanteilen an OHG, KG** und die Übereignung von Geschäftsanteilen an einer GmbH oder von Aktien an einer Aktiengesellschaft, auch wenn ggf. damit Zugewinnausgleichsansprüche abgegolten werden;
- die **Regelung von Abfindungszahlungen**, auch wenn damit Zugewinnausgleichsansprüche abgegolten werden;
- **Unterhaltsregelungen** der Ehegatten oder zugunsten der Kinder;
- **Versorgungsausgleichsregelungen** zwischen den Ehegatten oder eingetragenen Lebenspartnern;
- Regelungen zum **Hausrat**,
- **Sorgerechtserklärungen, Umgangsregelungen**;
- **Erbverzichtserklärungen**;
- **Pflichtteilsverzichtserklärungen**.

17 Der **Ehegattenunterhalt** ist ein wiederkehrender Anspruch auf regelmäßige Zahlung von Geldbeträgen, den ein Ehegatte gegen den anderen hat; er wird nach § 52 GNotKG berechnet.

Die zu zahlenden Unterhaltsbeträge eines Kalenderjahres ergeben den Jahreswert.

Soweit der Unterhaltsanspruch **auf eine bestimmte Zeit beschränkt** ist, ist der auf diese Dauer entfallende Wert maßgebend (§ 52 Abs. 2 S. 1 GNotKG), höchstens jedoch 20 Jahre (§ 52 Abs. 2 S. 2 GNotKG), es sei denn, die Person an die die Zahlung zu bewirken ist, hat ein Lebensalter

- über 30 bis 50 Jahre, nach § 52 Abs. 4 GNotKG ist die Dauer dann auf 15 Jahre beschränkt;
- über 50 bis 70 Jahre, nach § 52 Abs. 4 GNotKG ist die Dauer dann auf zehn Jahre beschränkt;
- über 70 Jahre, nach § 52 Abs. 4 GNotKG ist die Dauer dann auf fünf Jahre beschränkt.

Bei einer Unterhaltsvereinbarung werden **Leistungen** der Partner **ausgetauscht**, sodass gem. § 97 Abs. 3 GNotKG nur der Wert eines Teils der Unterhaltszahlungen zu berücksichtigen sind. Wenn die Leistungen der Partner unterschiedlich hoch sind, ist nur die **höhere** Leistung maßgebend und fließt in den Geschäftswert ein. 18

Regelungen zum **Versorgungsausgleich** stellen keine Eheverträge im engeren Sinn dar. Sie unterfallen damit nicht § 100 GNotKG. 19

Der **Geschäftswert** eines Versorgungsausgleichs unterfällt auch dann nicht § 100 Abs. 1 S. 1 Nr. 1 GNotKG, wenn daneben die Urkunde auch noch güterrechtliche Regelungen enthält. Wird der Versorgungsausgleich zusammen mit weiteren ehevertraglichen Regelungen vereinbart, liegen **verschiedene Beurkundungsgegenstände** vor.[4]

Die Geschäftswerte der verschiedenen Rechtsverhältnisse sind gem. § 35 Abs. 1 GNotKG zu addieren, wobei der Geschäftswert des Versorgungsausgleichs nach § 36 GNotKG zu ermitteln ist. Fehlen, wie häufig, Anhaltspunkte für eine Schätzung der künftig auszugleichenden Versorgungsanwartschaften, kann nach § 36 Abs. 3 GNotKG vom Ausgangswert i.H.v. 5.000 EUR ausgegangen werden.[5]

Die Regelungen zum **Getrenntlebensunterhalt** sind **gegenstandsverschieden** zu den Regelungen des **nachehelichen Unterhalts**, denn die Anspruchsgrundlagen der beiden Unterhaltsarten sind unterschiedliche. So kann auf den bis zur Scheidung anfallenden Getrenntlebensunterhalt – im Gegensatz zu dem nach der Scheidung der Ehe aufzubringenden nachehelichen Unterhalt – **nicht** wirksam verzichtet werden. 20

Auch der Getrenntlebensunterhalt ist ein wiederkehrender Anspruch auf regelmäßige Zahlung von Geldbeträgen; er wird nach § 52 GNotKG berechnet. Die zu zahlenden Unterhaltsbeträge eines Kalenderjahres ergeben den Jahreswert.

Regelmäßig ist der Anspruch auf Getrenntlebensunterhalt auf die Zeit des Getrenntlebens **beschränkt** und dieser Zeitraum beträgt meistens zwischen ein und drei Jahren, sodass der Jahresbetrag um diese Zeitspanne vervielfältigt werden kann (§ 52 Abs. 2 S. 1 GNotKG).

Anders kann dies bei einer **Vereinbarung auf Getrenntlebensunterhalt ohne Scheidungsabsicht** sein. Solche Vereinbarungen laufen regelmäßig auf eine **dauerhafte Trennung** hinaus, bei der auf längere Sicht Trennungsunterhalt zu leisten ist. Dann ist zur Ermittlung des Geschäftswertes der Jahreswert der zu leistenden Unterhaltszahlungen gem. § 52 Abs. 4 GNotKG zu multiplizieren.

Der Geschäftswert für die Vereinbarung des Vorschlags gegenüber dem Gericht zur **elterlichen Sorge** (§ 1671 Abs. 1–3 BGB) kann nach § 36 Abs. 2 und 3 GNotKG 21

4 Vgl.: Bormann/Diehn/Sommerfeldt/*Pfeiffer*, GNotKG, § 100 Rn 19; Korintenberg/*Tiedtke*, GNotKG § 100 Rn 45.

5 *Diehn*, Notarkostenberechnungen, Rn 1577.

mit dem Auffangwert von 5.000 EUR für ein Kind angenommen werden. Bei **mehreren Kindern** fällt **jeweils** dieser Auffangwert an; die Auffangwerte werden gem. § 35 Abs. 1 GNotKG addiert.

22 Der Geschäftswert für die Vereinbarung einer **Umgangsregelung** kann nach § 36 Abs. 2 und 3 GNotKG mit dem Auffangwert von 5.000 EUR für ein Kind und jeweils 5.000 EUR für jedes weitere Kind angenommen werden.[6]

23 Die Vereinbarung der Übernahme der **Anwaltsgebühren und der Gerichtsgebühren** für die Scheidung durch einen Ehegatten allein ist eine zu berechnende Gegenleistung. Der Wert kann nach § 36 Abs. 1 GNotKG nach billigem Ermessen bestimmt bzw. geschätzt werden; er kann ggf. auch bei eingeschalteten Rechtsanwälten der Beteiligten exakt erfragt werden.

24 Enthält die Scheidungsfolgenvereinbarung nur die Dokumentation der Parteien, dass ihr **Hausrat bereits verteilt** ist, und jeder Ehegatte Eigentümer derjenigen Hausratsgegenstände ist, die er in seinem Besitz hat, so ist diese Dokumentation ausschließlich deklaratorisch festgestellt; sie bezeugt nur das, was ohnehin schon geschehen ist. Die Hausratsgegenstände werden dann nicht gesondert bewertet.

25 Wird jedoch in der Scheidungsfolgenvereinbarung **konkret geregelt**, dass ein Ehegatte **bestimmte Hausratsgegenstände** noch an den anderen Ehegatten **herauszugeben hat**, so ist dies nicht lediglich deklaratorisch zu verstehen. Die konkrete Vereinbarung über die herauszugebenden Hausratsgegenstände ist deshalb zu bewerten.

In den Geschäftswert der Scheidungsfolgenvereinbarung fließt der Wert dieser Hausratsgegenstände ein (§ 46 GNotKG).

26 Die Vereinbarung einer Verpflichtung zum Auszug aus der gemeinsamen **ehelichen Wohnung** ist gem. § 36 Abs. 1 GNotKG nach billigem Ermessen zu bestimmen. Wertmäßig kann auf die **vorhandene Kaution** für die betroffene Wohnung abgestellt werden. Dieser Kautionsbetrag kann gem. § 35 Abs. 1 GNotKG addiert werden mit dem **Kautionsbetrag**, den der zum Auszug verpflichtete Ehegatte bei Anmietung einer neuen Wohnung zu leisten hat. Auch die **Umzugskosten** können noch darauf addiert werden. Diese können ggf. gem. § 36 Abs. 1, 2 GNotKG geschätzt werden.

Alle diese Beträge stehen und fallen letztlich regelmäßig mit dem Auszug, sodass eine Berücksichtigung gerechtfertigt scheint.

27 § 111 Nr. 4 GNotKG bestimmt, dass die Vereinbarung einer **Rechtswahl** nach dem internationalen Privatrecht, und somit auch nach der EU-Güterrechtsverordnung, **stets als besonderer Beurkundungsgegenstand** gilt.

6 OLG Brandenburg FamRZ 1997, 37.

Rechtswahlvereinbarungen werden im Ehevertrag getroffen, gelegentlich auch integriert in einem Kaufvertrag über eine Immobilie. Der Ehevertrag hat stets einen besonderen Beurkundungsgegenstand (§ 111 Nr. 2 GNotKG). Der Geschäftswert für die Beurkundung einer Rechtswahl beträgt **30 %** des Werts, der sich in entsprechender Anwendung von § 100 GNotKG ergibt, also 30 % von dem zuvor ermittelten modifizierten Reinvermögen.

4. Verpflichtung zur Mitwirkung (wahre Angaben)

Gerade bei den aufwendigen Scheidungsfolgenvereinbarungen ist der Notar darauf 28
angewiesen, dass die **Beteiligten ihrer gesetzlichen Verpflichtung** nach § 95 S. 1 GNotKG **nachkommen** und die Erklärungen und Umstände **vollständig und wahrheitsgemäß abgeben**.[7]

Kommen die Beteiligten trotz Bitten ihrer Verpflichtung nicht nach, so sollte der Notar auf die gesetzliche Pflicht der Beteiligten hinweisen, und auch darauf, dass andernfalls die notarielle Verpflichtung besteht, den Geschäftswert nach billigem Ermessen zu bestimmen (§ 95 S. 3 GNotKG).

Wird im Anschluss eine auf Schätzung des Notars/der Notarin ausgehändigte Gebührenberechnung der Prüfung des Landgerichts unterzogen, prüft das Landgericht nur noch die Rechtmäßigkeit der Rechnung und ob ggf. notarielle Ermessensfehler unterlaufen sind.

In der notariellen Praxis kann sich ein Musteranschreiben zur Wertermittlung an 29
die Mandanten anbieten, z.B. wie folgt:

▼

Muster E.1: Wertermittlung Ehevertrag

Sehr geehrte Frau   , sehr geehrter Herr   ,

um die gesetzlich vorgeschriebenen Gebühren Ihres Ehevertrages (UVZ-Nr.   /   ) abzurechnen, benötige ich von Ihnen detaillierte Angaben zum Vermögen eines jeden von Ihnen und zu den Schulden eines jeden von Ihnen.

Das Gerichts- und Notarkostengesetz sieht vor, dass Ihre Vermögen und Schulden getrennt zu ermitteln sind und dass die Schulden eines Ehegatten nur bis max. zur Hälfte von seinem Vermögen abgezogen werden dürfen (§ 100 GNotKG). Hierbei sieht das Gesetz vor, dass Sie wahrheitsgemäß und vollständig mitwirken müssen (§ 95 GNotKG), da ich andernfalls den Geschäftswert nach billigem Ermessen festsetzen muss.

7 *Elsing*, Fälle und Lösungen, § 7 Rn 17, *Elsing*, Familienrecht in der notariellen Praxis, § 11 Rn 12.

Bitte ergänzen Sie die nachstehenden Angaben und teilen Sie mir ohne Berücksichtigung der Schulden zunächst Ihre Vermögenswerte mit:

1a. Vermögen Frau

Hausratgegenstände, Wert insgesamt etwa	EUR
Pkw	EUR
Motorrad	EUR
E-Bike	EUR
Boot	EUR
Kunstgegenstände	EUR
Schmuck	EUR
Betriebsvermögen	EUR
Lebensversicherungen, Rückkaufswert	EUR
Aktiendepot, Wert zum Beurkundungstag	EUR
Sparbücher	EUR
Bankguthaben	EUR
Bausparguthaben	EUR
Immobilien, Verkehrswert etwa	EUR

1b. Schulden Frau

Kreditvertrag Nr. bei der , Valuta	EUR
Dispositionskredit, ausgeschöpfter Betrag	EUR

2a. Vermögen Herr

Hausratgegenstände, Wert insgesamt etwa	EUR
Pkw	EUR
Motorrad	EUR
E-Bike	EUR
Boot	EUR
Kunstgegenstände	EUR
Schmuck	EUR
Betriebsvermögen	EUR
Lebensversicherungen, Rückkaufswert	EUR
Aktiendepot, Wert zum Beurkundungstag	EUR
Sparbücher	EUR
Bankguthaben	EUR
Bausparguthaben	EUR
Immobilien, Verkehrswert etwa	EUR

2b. Schulden Herr

Kreditvertrag Nr. bei der , Valuta	EUR
Dispositionskredit, ausgeschöpfter Betrag	EUR

Für eine zügige Mitteilung bin ich dankbar.

Mit freundlichen Grüßen

(Notar, Unterschrift)

▲

5. Fallbeispiele und Kostenberechnungen

Fallbeispiel a) 30

Z und G wollen heiraten. Sie erbitten den Entwurf eines Ehevertrages, mit dem sie eine Gütertrennungsregelung beurkunden wollen.

Nach Hinweisen des Notars über die Nachteile einer Gütertrennung und die Vorteile einer **Modifizierung des gesetzlichen Güterstandes**, wird dann ein Ehevertrag beurkundet, in dem die Partner vereinbaren, dass es für ihre künftige Ehe bei der gesetzlichen Zugewinngemeinschaft verbleiben soll. Abweichend hiervon vereinbaren die Beteiligten, dass Gütertrennung gelten soll, wenn ihre Ehe geschieden oder anders als durch den Tod eines Ehegatten beendet werden sollte.

Regelungen zum Unterhalt oder Versorgungsausgleich treffen die Vertragspartner nicht.

Z hat Grundeigentum im Verkehrswert von 300.000 EUR.

Z hat Schulden i.H.v. 250.000 EUR, die auf der Immobilie abgesichert sind.

Die weiteren Vermögenswerte des Z betragen 50.000 EUR.

G hat ein Vermögen i.H.v. 180.000 EUR. Sie hat keinerlei Schulden.

Abrechnung:

UVZ-Nr. (…) **– Ehevertrag – Modifizierung des gesetzlichen Güterstandes**

Geschäftswert: 355.000 EUR (§ 100 Abs. 1 GNotKG)

Nr. 21100 KV GNotKG	Beurkundungsverfahren Ehevertrag	1.470,00 EUR
Nr. 32001 KV GNotKG	Dokumentenpauschale 8 Seiten s/w	1,20 EUR
Nr. 32005 KV GNotKG	Pauschale Post/Telekommunikation	20,00 EUR
Zwischensumme		*1.491,20 EUR*
Nr. 32014 KV GNotKG	Umsatzsteuer 19 %	283,33 EUR
Rechnungsbetrag		**1.774,53 EUR**

Hinweise:

- Nach § 111 Nr. 2 GNotKG gilt der Ehevertrag i.S.v. § 1408 Abs. 1 BGB stets als besonderer Beurkundungsgegenstand.
- Der Geschäftswert dieses Ehevertrages bzw. der Modifikation des gesetzlichen Güterstandes wird durch § 100 Abs. 1 GNotKG bestimmt. Eine Teilwertbildung für die getroffene vereinbarte Modifizierung des gesetzlichen Güterstandes regelt das GNotKG nicht; letztlich ist auch die Modifikation eine Regelung, die zur Veränderung des gesetzlichen Güterstandes führt (wenn sich im Ernstfall die Scheidung der Ehe ergibt).
- Jedes Vermögen eines Ehegatten wird gesondert berechnet. Die Schulden eines Ehegatten werden ebenfalls gesondert berechnet. Der Ehemann hat Vermögenswerte i.H.v. 300.000 EUR und 50.000 EUR, insgesamt somit 350.000 EUR. Er hat aber auch Schulden i.H.v. 250.000 EUR. Nach § 100 Abs. 1 S. 1 und 3 GNotKG werden seine Schulden nur von seinem Vermögen bis zur Hälfte abgezogen. Für den künftigen Ehemann ist daher sein modifiziertes Reinvermögen i.H.v. 175.000 EUR anzusetzen.
- Die Ehefrau hat nur Vermögen i.H.v. 180.000 EUR. Sie hat keine Schulden. Schulden des Ehemannes werden nicht bei ihr abgezogen. Der Vermögensbetrag der Ehefrau (180.000 EUR) und das modifizierte Reinvermögen des Ehemannes (175.000 EUR) werden nach § 35 Abs. 1 GNotKG addiert. Die addierten Beträge ergeben sodann den Geschäftswert i.H.v. **355.000 EUR**.

31 *Fallbeispiel b)*

Die Eheleute Z haben bislang keinen Ehevertrag abgeschlossen, leben somit im gesetzlichen Güterstand der Zugewinngemeinschaft. Die Eheleute halten sich etwa sieben Monate im Jahr im Ausland auf und fünf Monate in Deutschland. Seit fünf Jahren sind die Eheleute verheiratet.

Der Notar beurkundet die Vereinbarung der **Rechtswahl**; die Eheleute wählen für die güterrechtlichen Wirkungen der Ehe deutsches Recht auch für den Fall, dass sie künftig im Ausland leben.

Außerdem wird der Güterstand der **Gütertrennung** vereinbart und auf bislang etwa entstandene Zugewinnausgleichsansprüche wechselseitig verzichtet.

Das Vermögen von Frau Z setzt sich aus einer Immobilie im Verkehrswert von 1 Mio. EUR zusammen, einem Sportwagen im Wert von 60.000 EUR, Hausratsgegenständen im Wert von 100.000 EUR, Geldvermögen i.H.v. 300.000 EUR.

Auf der Immobilie von Frau Z sind ihre Schulden zugunsten der Bank abgesichert. Die Schulden von Frau Z betragen insgesamt 600.000 EUR.

Herr Z hat lediglich ein Vermögen i.H.v. 30.000 EUR und keine Schulden. Der Notar erledigt die Registrierung der Urkunde beim Zentralen Testamentsregister.

Abrechnung:

UVZ-Nr. (…) – Ehevertrag – Rechtswahl und Gütertrennung

Geschäftswert Ehevertrag	§ 100 Abs. 1 GNotKG	890.000,00 EUR
Geschäftswert Rechtswahl (30 %)	§ 104 Abs. 1 GNotKG	267.000,00 EUR
Geschäftswert Beurkundungsverfahren		**1.157.000,00 EUR**
Beurkundungsverfahren	Nr. 21100 KV GNotKG	4.110,00 EUR
Dokumentenpauschale 28 Seiten s/w	Nr. 32001 KV GNotKG	4,20 EUR
Pauschale Post/Telekommunikation	Nr. 32005 KV GNotKG	20,00 EUR
Zwischensumme		*4.134,20 EUR*
Umsatzsteuer 19 %	Nr. 32014 KV GNotKG	785,50 EUR
Zwischensumme		*4.919,70 EUR*
Registrierung ZTR (2 Personen)	Nr. 32015 KV GNotKG	25,00 EUR
Rechnungsbetrag		**4.949,70 EUR**

Hinweise:

- Nach § 111 Nr. 2 GNotKG gilt der Ehevertrag i.S.v. § 1408 Abs. 1 BGB stets als besonderer Beurkundungsgegenstand.
- Der Geschäftswert dieses Ehevertrages über die Vereinbarung der Gütertrennung wird durch § 100 Abs. 1 GNotKG bestimmt.
- Nach § 111 Nr. 4 GNotKG gilt die Vereinbarung der Rechtswahl ebenfalls stets als besonderer Beurkundungsgegenstand. § 104 Abs. 1 GNotKG regelt, dass der Wert der Rechtswahl 30 % vom Wert des Ehevertrages, der nach § 100 Abs. 1 GNotKG zu bestimmen ist, beträgt.
- Die Geschäftswerte des Ehevertrages und der Rechtswahl werden gem. § 35 Abs. 1 GNotKG addiert.
- Jedes Vermögen und die Schulden der künftigen Eheleute werden gesondert für sich berechnet.
  - Die Ehefrau hat Vermögenswerte i.H.v. 1.000.000 EUR, 60.000 EUR, 100.000 EUR und 300.000 EUR, insgesamt somit 1.460.000 EUR.
    Sie hat Schulden i.H.v. 600.000 EUR. Nach § 100 Abs. 1 S. 1 und 3 GNotKG werden ihre Schulden nur von ihrem Vermögen bis zur Hälfte abgezogen.

Für die Ehefrau ist daher ihr modifiziertes Reinvermögen i.H.v. **860.000 EUR** anzusetzen.
- Der Ehemann hat nur Vermögen i.H.v. **30.000 EUR** und keine Schulden.

- Das modifizierte Reinvermögen der Ehefrau wird mit dem Vermögen des Ehemannes addiert (§ 35 Abs. 1 GNotKG). Die addierten Vermögenswerte ergeben den Geschäftswert des Ehevertrages somit **890.000 EUR**.
- Der Geschäftswert der Rechtswahl beträgt 30 % hiervon (§ 104 Abs. 1 GNotKG).
- Nach § 1 Abs. 2 S. 1 ZTR-GebS. beträgt die Gebühr für die Registrierung je Person 12,50 EUR, wenn sie, wie üblich, über den Notar erhoben wird. Es handelt sich um einen durchlaufenden Posten, auf den **keine Umsatzsteuer** zu berechnen ist,[8] denn die Registrierung gehört zu hoheitlichen Pflichtaufgaben, die die Bundesnotarkammer (BNotK) als Körperschaft des öffentlichen Rechts erledigt. Die **BNotK** ist damit kein umsatzsteuerlicher Unternehmer i.S.v. § 2 Abs. 3 S. 1 UStG.[9]

32 *Fallbeispiel c)*

Z und G wollen heiraten.

G erwartet **künftiges Vermögen** durch eine anstehende Schenkung ihres Vaters. Sie soll einen wertvollen Kommanditanteil erhalten. G und ihr Vater bestehen gegenüber Z auf den Abschluss eines Ehevertrages, durch den G Gütertrennung vereinbaren soll.

Das Vermögen von Z, der Künstler ist, beträgt 10.000 EUR und seine Schulden 15.000 EUR.

Das Vermögen von G setzt sich zusammen aus einem Aktiendepot, Kurswert zum Beurkundungszeitpunkt 200.000 EUR, aus Barvermögen i.H.v. 500.000 EUR, einem Sportwagen, Wert 80.000 EUR, Schmuck im Wert von 100.000 EUR. Schulden hat G keine.

Der KG-Anteil ist der einzige Kommanditanteil an der Kommanditgesellschaft.

Das Eigenkapital der KG beträgt nach der Bilanz 3.000.000 EUR. Zum Vermögen der KG gehört ein Grundstück, welches einen Verkehrswert i.H.v. 2.000.000 EUR hat. Der Buchwert dieses Grundstücks ist in der Bilanz der KG mit 100.000 EUR ausgewiesen.

Der Notar beurkundet die Gütertrennung und erledigt die Registrierung beim Zentralen Testamentsregister.

8 *Diehn*, DNotZ 2011, 676.

9 Vgl. auch Streifzug, Rn 3693.

Abrechnung:

UVZ-Nr. (...) – Ehevertrag – Gütertrennung wegen künftigen Vermögens

Geschäftswert Ehevertrag	§ 100 Abs. 1, 3 GNotKG	2.355.000,00 EUR
Beurkundungsverfahren	Nr. 21100 KV GNotKG	7.950,00 EUR
Dokumentenpauschale 28 Seiten s/w	Nr. 32001 KV GNotKG	4,20 EUR
Pauschale Post/Telekommunikation	Nr. 32005 KV GNotKG	20,00 EUR
Zwischensumme		*7.974,20 EUR*
Umsatzsteuer 19 %	Nr. 32014 KV GNotKG	1.515,10 EUR
Zwischensumme		*9.489,30 EUR*
Registrierung ZTR (2 Personen)	Nr. 32015 KV GNotKG	25,00 EUR
Rechnungsbetrag		**9.514,30 EUR**

Hinweise:

- Nach § 111 Nr. 2 GNotKG gilt der Ehevertrag i.S.v. § 1408 Abs. 1 BGB stets als besonderer Beurkundungsgegenstand. Der Geschäftswert dieses Ehevertrages über die Vereinbarung der Gütertrennung wird durch § 100 Abs. 1 GNotKG bestimmt und weil künftiges konkretes Vermögen betroffen ist, auch nach § 100 Abs. 3 GNotKG. Das künftige Vermögen (hier der Wert des KG-Anteils) wird mit 30 % des Werts seines Werts angesetzt.
- Jedes Vermögen und die Schulden der künftigen Eheleute werden gesondert für sich berechnet.
  - Die addierten Werte des **bestehenden Vermögens** der Ehefrau ergeben 880.000 EUR.

    Der KG-Anteil stellt zu 100 % den Wert der Kommanditgesellschaft dar, weil er der einzige KG-Anteil ist und die Komplementärin – wie so oft – nur über ein Kapitalkonto von 0 EUR verfügt. Der **Wert des KG-Anteils** bestimmt sich gem. § 54 GNotKG nach dem Eigenkapital, das nach der Bilanz 3.000.000 EUR beträgt. Nach § 54 S. 2 GNotKG wird dieses Eigenkapital um die **stillen Reserven** des Grundstücks berichtigt. Hierzu ist der in der Bilanz ausgewiesene **Buchwert** des Grundstücks i.H.v. 100.000 EUR vom Eigenkapital abzuziehen (ergibt 2.900.000 EUR) und der **Verkehrswert** des Grundstücks (2.000.000 EUR) hinzuzuaddieren.

Es ergibt sich ein Betrag i.H.v. 4.900.000 EUR. Da es sich bei dem KG-Anteil um **künftiges Vermögen** der Ehefrau handelt, werden **30 % hiervon** (§ 100 Abs. 3 GNotKG) angesetzt = **1.470.000 EUR**.

Die Werte des bestehenden Vermögens der Ehefrau werden nach § 35 Abs. 1 GNotKG mit dem künftigen Vermögen der Ehefrau addiert und ergeben insgesamt **2.350.000 EUR.**

– Das Vermögen des Ehemannes beträgt nur 10.000 EUR. Die **Schulden** des Ehemannes i.H.v. 15.000 EUR können nach § 100 Abs. 1 S. 1 und 3 GNotKG nur **bis zur Hälfte seines Vermögens** abgezogen werden. Für den Ehemann ist daher ein Vermögen i.H.v. **5.000 EUR** anzusetzen.

- Nach § 1 Abs. 2 S. 1 ZTR-GebS. beträgt die Gebühr für die Registrierung im ZTR je Person 12,50 EUR, wenn sie, wie üblich, über den Notar erhoben wird. Es handelt sich um einen durchlaufenden Posten, auf den keine Umsatzsteuer zu berechnen ist.[10]

33 *Fallbeispiel d)*

Frau Z und Herr G beabsichtigen die Ehe miteinander zu schließen. Beide sind beruflich als Angestellte tätig und erzielen ein ähnliches Einkommen, sodass nicht ersichtlich ist, welche Versorgungsanwartschaften in welcher Höhe bei einer Scheidung auszugleichen wären.

Z und G **verzichten wechselseitig** auf den Ausgleich des Versorgungsausgleichs und **modifizieren** zudem **den gesetzlichen Güterstand der Zugewinngemeinschaft** dahingehend, dass der Zugewinnausgleich im Falle der Scheidung oder Beendigung anders als durch Tod eines Ehegatten ausgeschlossen wird.

Schulden haben beide Vertragspartner keine. Ihr Vermögen setzt sich zusammen aus: Hausratsgegenständen 20.000 EUR, Pkw 12.000 EUR, Sparguthaben 8.000 EUR, Rückkaufswerte der Kapitallebensversicherung 20.000 EUR, Aktiendepot, Kurswert 13.000 EUR, Schmuck im Wert von 7.000 EUR, ein Kunstgegenstand – Bild – im Wert von 5.000 EUR.

Abrechnung:

UVZ-Nr. (...) – Ehevertrag – Verzicht Versorgungsausgleich und modifizierter gesetzlicher Güterstand

Geschäftswert Ehevertrag	§ 100 Abs. 1 GNotKG	85.000,00 EUR
Geschäftswert Verzicht Versorgungsausgleich	§ 36 Abs. 3 GNotKG	5.000,00 EUR
Geschäftswert Beurkundungsverfahren	§ 35 Abs. 1 GNotKG	**90.000,00 EUR**

10 *Diehn*, DNotZ 2011, 676; vgl. auch Streifzug, Rn 3693.

Beurkundungsverfahren	Nr. 21100 KV GNotKG	492,00 EUR
Dokumentenpauschale 28 Seiten s/w	Nr. 32001 KV GNotKG	4,20 EUR
Pauschale Post/Telekommunikation	Nr. 32005 KV GNotKG	20,00 EUR
Zwischensumme		*516,20 EUR*
Umsatzsteuer 19 %	Nr. 32014 KV GNotKG	98,08 EUR
Zwischensumme		*614,28 EUR*
Registrierung ZTR (2 Personen)	Nr. 32015 KV GNotKG	25,00 EUR
Rechnungsbetrag		**639,28 EUR**

Hinweise:

- Der **Verzicht** auf den Ausgleich von **Versorgungsausgleich** und die **modifizierte Regelung des gesetzlichen Güterstandes** sind **gegenstandsverschieden**, weil die Voraussetzungen des § 109 Abs. 1 GNotKG nicht vorliegen und weil die Konstellation in § 109 Abs. 2 GNotKG als abweichender Grundsatz des § 86 Abs. 2 GNotKG nicht geregelt ist.
- Der Verzicht auf Versorgungsausgleich wird nach § 36 GNotKG ermittelt, weil insbesondere vor der Ehe Anhaltspunkte fehlen, ob und in welcher Höhe später ein Ausgleich stattfinden würde. Ohne Anhaltspunkte kann der Auffangwert von 5.000 EUR gem. § 36 Abs. 3 GNotKG in Ansatz gebracht werden.
- Nach § 1 Abs. 2 S. 1 ZTR-GebS. beträgt die Gebühr für die Registrierung je Person 12,50 EUR, wenn sie, wie üblich, über den Notar erhoben wird. Es handelt sich um einen durchlaufenden Posten, auf den keine Umsatzsteuer zu berechnen ist.[11]

Fallbeispiel e) 34

B und H sind seit 15 Jahren miteinander verheiratet. Sie haben bislang keinen Ehevertrag abgeschlossen, leben also im gesetzlichen Güterstand der Zugewinngemeinschaft.

Nun vereinbaren beide in notarieller Urkunde unter Aufhebung des gesetzlichen Güterstandes **die Gütertrennung** für ihre Ehe. Die Ehefrau H hat einen Anspruch auf Ausgleich des entstandenen Zugewinns i.H.v. 300.000 EUR. Zur Erfüllung dieses Anspruchs wird **die Übertragung einer Eigentumswohnung** im

11 *Diehn*, DNotZ 2011, 676, vgl. auch Streifzug, Rn 3693.

Verkehrswert von 200.000 EUR und die Leistung einer Barzahlung i.H.v. 100.000 EUR in der Urkunde an die Ehefrau geregelt.

Der Ehemann ist verpflichtet, zwei Darlehen abzulösen, die auf der Eigentumswohnung durch Grundpfandrechte abgesichert sind.

Der Notar holt die Löschungsunterlagen für diese Grundpfandrechte über 20.000 EUR und 30.000 EUR ein. Er erhält einen Treuhandauftrag, über diese Unterlagen nur gegen Zahlung von 5.000 EUR und 10.000 EUR verfügen zu dürfen. Der Notar überwacht die Eigentumsumschreibung bis zur Vorlage der auflagenfreien Löschungsunterlagen.

Der Ehemann hat ein Vermögen i.H.v. 2.000.000 EUR und Schulden i.H.v. 300.000 EUR, die Ehefrau hat ein Vermögen i.H.v. 100.000 EUR und keine Schulden.

Der Notar erledigt die Registrierung im ZTR und sieht zur Vorbereitung und Abwicklung das Grundbuch insgesamt 2x ein.

Abrechnung:

UVZ-Nr. (...) – Ehevertrag – Aufhebung des gesetzlichen Güterstandes, Gütertrennung und Übertragungen zwecks Ausgleichs entstandenen Zugewinns

Geschäftswert Ehevertrag	§ 100 Abs. 1 GNotKG	1.800.000,00 EUR
Geschäftswert Übereignung Immobilie/ Geld zur Durchführung des Zugewinnausgleichs	§ 46 Abs. 1 GNotKG	300.000,00 EUR
Geschäftswert Beurkundungsverfahren, (Geschäftswert Vollzugsgebühr, § 113 Abs. 1 GNotKG, Geschäftswert Betreuungsgebühr)	§§ 35 Abs. 1, 112 GNotKG	2.100.000,00 EUR
Geschäftswerte Treuhandgebühren	§ 113 Abs. 2 GNotKG	5.000,00 EUR und 10.000,00 EUR
Beurkundungsverfahren	Nr. 21100 KV GNotKG	6.990,00 EUR
Betreuungsgebühr	Nr. 22200 Nr. 3 KV GNotKG	1.747,50 EUR
Vollzugsgebühr	Nr. 22110 KV GNotKG	1.747,50 EUR
Treuhandgebühr Wert 5.000,00 EUR	Nr. 22201 KV GNotKG	22,50 EUR
Treuhandgebühr Wert 10.000,00 EUR	Nr. 22201 KV GNotKG	37,50 EUR

Dokumentenpauschale 50 Seiten s/w	Nr. 32001 KV GNotKG	7,50 EUR
Auslagen Grundbucheinsicht 2 x 8,00 EUR	Nr. 32011 KV GNotKG	16,00 EUR
Pauschale Post/Telekommunikation	Nr. 32005 KV GNotKG	20,00 EUR
Zwischensumme		*10.588,50 EUR*
Umsatzsteuer 19 %	Nr. 32014 KV GNotKG	2.011,82 EUR
Zwischensumme		*12.600,32 EUR*
Registrierung ZTR (2 Personen)	Nr. 32015 KV GNotKG	25,00 EUR
Rechnungsbetrag		**12.625,32 EUR**

Fallbeispiel f): Scheidungsfolgenvereinbarung 35

Frau M und Herr B wollen sich trennen und die Folgen ihrer Scheidung vereinbaren.

B **verpflichtet sich**, aus der gemeinsamen **Mietwohnung**, für die eine Kaution i.H.v. 5.000 EUR besteht, **auszuziehen** und in eine neue Wohnung einzuziehen.

M verpflichtet sich, die neue Kaution für die anzumietende Wohnung i.H.v. 5.000 EUR für B auf erste Anforderung zu zahlen oder zu erstatten.

In der Vereinbarung wird die **Scheidungsabsicht** dokumentiert.

Die Vereinbarung enthält die Verpflichtung zur Zahlung eines monatlichen **Getrenntlebendunterhaltes** i.H.v. 800 EUR bis zur rechtskräftigen Scheidung der Ehe.

Außerdem **verzichten** beide Eheleute auf die Zahlung **nachehelichen Unterhalts**.

Wechselseitig **verzichten** die Eheleute auf den Ausgleich des **Versorgungsausgleichs**. Für die Verzichte der Ehefrau zahlt der Ehemann dieser einen Betrag i.H.v. 20.000 EUR.

Die Eheleute vereinbaren unter **Aufhebung des gesetzlichen Güterstandes nun Gütertrennung**. Der bisher entstandene Zugewinn i.H.v. 40.000 EUR wird dadurch erfüllt, dass der Ehemann der Ehefrau ein wertvolles Gemälde im Wert von 39.000 EUR übereignet und 1.000 EUR in bar anlässlich der Beurkundung.

Es wird ein **wechselseitiger Verzicht auf Erb- und Pflichtteil** beurkundet. Keiner der Eheleute hat Kinder.

Das Vermögen des Ehemannes beträgt 150.000 EUR und das der Ehefrau 100.000 EUR, wobei die Ehefrau noch Schulden i.H.v. 55.000 EUR hat.

Abrechnung:

UVZ-Nr. (...) – Scheidungsfolgenvereinbarung – Gütertrennung, Regelung zur Abgeltung des Zugewinns, Verzicht auf Versorgungsausgleich, Erb- und Pflichtteilsverzicht, Scheidungsabsicht, Regelung Getrenntlebendunterhalt, Verzicht auf Zahlung nachehelichen Unterhalts, Verpflichtung zum Auszug aus der Wohnung

Geschäftswert:	Gütertrennung	§ 100 Abs. 1 GNotKG	200.000,00 EUR
Geschäftswert:	Erb- u. Pflichtteilsverzicht	§ 102 GNotKG	150.000,00 EUR
Geschäftswert:	Vereinbarung Auszug und Kaution	§ 36 Abs. 1 GNotKG	10.000,00 EUR
Geschäftswert:	Getrenntlebendunterhalt,	§ 52 Abs. 2, 4, 6 GNotKG	14.400,00 EUR
Geschäftswert:	Übertragung Gemälde, Geld wegen Zugewinnausgleichsabgeltung	§§ 97, 46 GNotKG	40.000,00 EUR
Geschäftswert:	Verzichte Unterhalt, Versorgungsausgleich	§§ 36 Abs. 1, 45, 97 Abs. 3 GNotKG	20.000,00 EUR
Geschäftswert:	Beurkundungsverfahren	§ 35 Abs. 1 GNotKG	434.400,00 EUR
Beurkundungsverfahren		Nr. 21100 KV GNotKG	1.670,00 EUR
150 Seiten s/w		Nr. 32001 KV GNotKG	21,00 EUR
Pauschale Post/Telekommunikation		Nr. 32005 KV GNotKG	20,00 EUR
Zwischensumme			*1.711,00 EUR*
Umsatzsteuer 19 %		Nr. 32014 KV GNotKG	325,09 EUR
Zwischensumme			*2.036,09 EUR*
Registrierung ZTR		Nr. 32015 KV GNotKG	25,00 EUR
Rechnungsbetrag			**2.061,09 EUR**

Hinweise:

- Die Vereinbarung der **Übertragung des Gemäldes und des Geldbetrages** zur Abgeltung der entstandenen Zugewinnausgleichsansprüche ist gegenstandsverschieden zum Ehevertrag. Dies ergibt sich aus § 1378 Abs. 3 S. 2 BGB.[12] Nur die Feststellung in welcher Höhe Zugewinn entstanden ist, wäre gegenstandsgleich.
- Die Vermögen der Eheleute sind getrennt für sich zu berechnen und die Schulden der Ehefrau werden nur von ihrem Vermögen abgezogen, allerdings nur bis zur Hälfte ihres Vermögens (§ 100 Abs. 1 S. 1 und 3 GNotKG).
- § 104 Abs. 4 GNotKG sieht vor, dass § 102 Abs. 1 S. 1 GNotKG auch für den **Erbverzicht** gilt. Es ist der Anteil am maßgeblichen Reinvermögen des Erblassers, der der Erbquote entspricht, anzusetzen. Die Erbverzichte stehen im Austauschverhältnis (§ 97 Abs. 3 GNotKG). Berechnet wird nur der höherwertigere Verzicht. Da keine Kinder vorhanden sind, wird auf einen vollen Anteil verzichtet. Beim **Getrenntlebendunterhalt** wurde davon ausgegangen, dass dieser für die Zeit des Trennungsjahres und noch für rund sechs weitere Monate bis zur voraussichtlichen Scheidung dieser zu leisten ist. Deshalb sind 18 Monate x die zu leistenden 800 EUR angesetzt worden (§ 52 Abs. 2 GNotKG).
- Die **Scheidungsabsichtsregelung** und die Vereinbarung zum **Auszug aus der Wohnung und zur Kautionsleistung** der neuen Wohnung sind gegenstandsverschieden zum Ehevertrag und wurden gem. § 36 GNotKG berechnet, wobei auch die Kaution der bisherigen Wohnung als Anhaltspunkt der Berechnung diente.
- Die **Verzichte auf Versorgungsausgleich und nachehelichen Unterhalt** sind Austauschleistungen (§ 97 Abs. 3 GNotKG), nur der höherwertige Verzicht wird berechnet und dieser wird konkret durch einen Geldbetrag abgefunden.
- Nach § 1 Abs. 2 S. 1 ZTR-GebS. beträgt die Gebühr für die Registrierung je Person 12,50 EUR, wenn sie, wie üblich, über den Notar erhoben wird. Es handelt sich um einen durchlaufenden Posten, auf den keine Umsatzsteuer zu berechnen ist.[13]

12 *Diehn*, Berechnungen zum neuen Notarkostengesetz, Rn 1083.

13 *Diehn*, DNotZ 2011, 676; vgl. auch Streifzug, Rn 3693.

II. Eidesstattliche Versicherung zur Erlangung eines Erbscheins, Testamentsvollstreckerzeugnisses oder Europäischen Nachlasszeugnisses

1. Erbscheinsantrag und Antrag auf Erteilung eines Testamentsvollstreckerzeugnisses

a) Eidesstattliche Versicherung wegen Erbschein/ Testamentsvollstreckerzeugnis und der Anfall einer Vollzugsgebühr?

36 Die Beurkundung einer eidesstattlichen Versicherung ist nicht in Teil 2 Hauptabschnitt 1 als Beurkundungsverfahren, sondern in Hauptabschnitt 3 als **sonstiges notarielles Verfahren** geregelt. Grundsätzlich fällt somit für die Beurkundung einer eidesstattlichen Versicherung nicht die 1,0-Beurkundungsgebühr nach Nr. 21200 KV GNotKG an, sondern die 1,0-Gebühr gem. **Nr. 23300 KV GNotKG** für das sonstige notarielle Verfahren.

37 Während bei der Gebühr Nr. 21200 KV GNotKG eine **Mindestgebühr** von 60 EUR bestimmt ist, **fehlt bei der Nr. 23300 KV GNotKG** für das sonstige notarielle Verfahren eine derartige Mindestgebühr. Somit sieht das Gesetz keine besondere Mindestgebühr für die eidesstattliche Versicherung vor. Dies hat zur Folge, dass für die Beurkundung der eidesstattlichen Versicherung lediglich die **allgemeine Mindestgebühr von 15 EUR** nach § 34 Abs. 5 GNotKG greift. Bei sehr niedrigen Geschäftswerten wirkt sich dies entsprechend aus.

38 Wenn der Notar – wie in der Praxis regelmäßig üblich – eine eidesstattliche Versicherung zur Erlangung eines Erbscheins beurkundet und in dieser Urkunde (sonstiges notarielles Verfahren) zugleich der Antrag auf Erteilung des Erbscheins mit beurkundet wird, dann enthält das sonstige notarielle Verfahren auch einen Teil „*Beurkundungsverfahren*“, die einseitig beurkundete Willenserklärung des Versichernden, den Erbschein in einer bestimmten Anzahl erhalten zu wollen. Zwar wäre dieser Erbscheinsantrag ein Beurkundungsverfahren, für das mind. 30 EUR gem. Nr. 21201 Nr. 6 KV GNotKG anfallen würde, aber die eidesstattliche Versicherung steht im Vordergrund, sodass dies auch dafürspricht, nur die allgemeine Mindestgebühr (§ 34 Abs. 5 GNotKG) i.H.v. 15 EUR bei entsprechend niedrigem Wert anzusetzen.

39 Aus der Vorbem. 2.3.3. Nr. 2 KV GNotKG ergibt sich zudem, dass der zusammen mit der Niederschrift über die Abnahme der eidesstattlichen Versicherung beurkundete Antrag an das Nachlassgericht mit der 1,0-Gebühr Nr. 23300 KV GNotKG abgegolten wird. Dadurch wird deutlich, dass **nicht** die Mindestgebühr von 30 EUR für das Beurkundungsverfahren Nr. 21201 KV GNotKG zum Ansatz kommen kann, weil dieses Verfahren mit der **Mindestgebühr von 15 EUR** für die Beurkun-

dung der eidesstattlichen Versicherung **abgegolten wird**. Bei sehr niedrigen Geschäftswerten fällt damit definitiv nur die Mindestgebühr i.H.v. 15 EUR an (§ 34 Abs. 5 GNotKG).

Aus der vorstehenden Schilderung wird deutlich, dass eine **sorgsame Unterscheidung** zwischen Beurkundungsverfahren und sonstigen notariellen Verfahren geboten ist. Dies gilt auch für die Beantwortung der Frage, ob eine **Vollzugstätigkeit** abgerechnet werden kann. 40

Eine **Vollzugsgebühr** für ein Beurkundungsverfahren kommt in Betracht, wenn der Notar eine Gebühr für das Beurkundungsverfahren oder die Entwurfsfertigung erhält. Wie vorstehend geschildert, erhält der Notar jedoch gerade keine entsprechende Gebühr, weil die Beurkundungsgebühr mit einer Gebühr für die eidesstattliche Versicherung abgegolten wird. Zudem kommt das Verfahren über die eidesstattliche Versicherung auch ohne den beurkundeten Antrag auf Erteilung des Erbscheins aus. Dieser Antrag kann auch vom Antragsteller oder Notar schriftlich gestellt werden. 41

Dann allerdings liegt kein Beurkundungsverfahren vor und ein Vollzug in besonderen Fällen kommt in Betracht. Nr. 22122 KV GNotKG sieht eine (0,5-)Vollzugsgebühr für den Fall vor, dass der Notar überprüft, ob die Urkunde bei Gericht eingereicht werden kann. Eine Abgeltungswirkung für das Beurkundungsverfahren mangels desselben würde ausscheiden, jedoch würde eine **unrichtige Sachbehandlung** vorliegen, sodass keine Vollzugsgebühr angesetzt werden darf (§ 21 GNotKG), denn der Notar könnte den gleichwertigen und für den Mandanten kostengünstigeren Weg wählen und den Erbscheinsantrag – wie üblich – mitbeurkunden.

Die Vollzugsgebühr Nr. 22122 KV GNotKG ist daher **nicht** zu berechnen.

Zur Berechnung der Dokumentenpauschale ist die Nr. 32001 Nr. 2 KV GNotKG nicht einschlägig, sodass die Sperrwirkung nach Anmerkung 1 zu Nr. 32000 KV GNotKG nicht gilt und damit 0,50 EUR gem. Nr. 32000 KV GNotKG für jede Seite DIN A4, schwarz-weiß, zu berechnen sind. 42

Soweit nach Erteilung des Erbscheins auch ein Grundbuch zu berichtigen ist, kann der Antrag auf **Grundbuchberichtigung** vom Notar entworfen werden, wenn er den Auftrag hierzu erhält. Für die Unterzeichnung des Grundbuchantrages genügt die Schriftform. 43

Der Entwurf ist dann mit der 0,5-Gebühr nach Nr. 24102 KV GNotKG gesondert abzurechnen, da die Gebühr für das Beurkundungsverfahren (0,5) betragen würde (Nr. 21201 KV GNotKG).

Der Rahmen der Entwurfsgebühr Nr. 24102 KV GNotKG beträgt 0,3 bis 0,5 und die Gebühr mind. 30 EUR. Der Notar hat den **höchsten Rahmen 0,5** anzusetzen, wenn er den Entwurf des Grundbuchantrages vollständig fertigt (§ 92 Abs. 2 GNotKG).

Soweit der Notar zusätzlich auf dem Entwurf des Grundbuchantrages die Unterschrift des Erben dennoch beglaubigt, entsteht hierfür keine Gebühr (Vorbem. 2.4.1 Abs. 2 KV GNotKG).

Für den Geschäftswert ist § 46 Abs. 1, 2 GNotKG maßgeblich. Eine Mitbeurkundung des Grundbuchberichtigungsantrages innerhalb des Protokolls über die eidesstattliche Versicherung ist zwar möglich, führt dann aber zu einem zusätzlichen Ansatz der Gebühr Nr. 21201 KV GNotKG und hat ggf. zur Folge, dass auch eine Vollzugsgebühr für eine Vollzugstätigkeit angesetzt werden kann, weil neben dem sonstigen notariellen Verfahren auch ein Beurkundungsverfahren vorliegt. Dann läge nicht mehr nur ein sonstiges Beurkundungsverfahren, sondern auch ein notarielles Beurkundungsverfahren vor.

b) Kostenberechnung

44 *Beispiel 1*

Z ist gesetzlicher Erbe seines verstorbenen Vaters.

Der Nachlasswert beträgt 200.000 EUR.

Der Notar beurkundet die eidesstattliche Versicherung mit dem Erbscheinsantrag. Der Notar fordert für den Mandanten eine Personenstandsurkunde an.

Abrechnung:

UVZ-Nr. (…)

Geschäftswert	§ 40 GNotKG	200.000,00 EUR
Eidesstattliche Versicherung	Nr. 23300 KV GNotKG	435,00 EUR
Dokumentenpauschale 12 Seiten s/w	Nr. 32000 KV GNotKG	6,00 EUR
Auslagenpauschale Post- und Telekommunikation	Nr. 32005 KV GNotKG	20,00 EUR
Zwischensumme		*461,00 EUR*
Umsatzsteuer 19 %	Nr. 32014 KV GNotKG	87,59 EUR
Rechnungsbetrag		**548,59 EUR**

45 *Beispiel 2*

Der Notar entwirft für den Erben den Grundbuchberichtigungsantrag.

Der Verkehrswert des unbelasteten Grundstücks beträgt 100.000 EUR.

Der Erbe unterzeichnet den Antrag privatschriftlich.

Abrechnung: Entwurfsfertigung

Geschäftswert	§ 46 Abs. 1, 2 GNotKG	100.000,00 EUR
Entwurf Grundbuchberichtigungsantrag	Nr. 24012 KV GNotKG	136,50 EUR
Dokumentenpauschale 6 Seiten s/w	Nr. 32001 KV GNotKG	0,90 EUR
Auslagenpauschale Post- und Telekommunikation	Nr. 32005 KV GNotKG	20,00 EUR
Zwischensumme		*157,40 EUR*
Umsatzsteuer 19 %	Nr. 32014 KV GNotKG	29,91 EUR
Rechnungsbetrag		**187,31 EUR**

c) Gebühren für das Europäische Nachlasszeugnis

Die eidesstattliche Versicherung zur Erlangung des Europäischen Nachlasszeugnisses (ENZ) löst die 1,0-Gebühr nach Nr. 23300 KV GNotKG aus. Der Geschäftswert bestimmt sich nach § 40 GNotKG. **46**

Hinsichtlich der Überschreitung des Verfalldatums des ENZ wird es oft zu Verlängerungen der Gültigkeitsdauer kommen, es sei denn, ausnahmsweise bestimmt das Gericht von vornherein eine über sechs Monate hinausgehende längere Frist. **47**

Die **Verlängerung der Gültigkeitsdauer** kann auch nach Ablauf der Frist beantragt werden, soweit sich keine Veränderungen ergeben haben und nur die Fristverlängerung beantragt wird. Eine Neubeantragung bei unveränderter Sachlage kann aus gebührenrechtlichen Gründen dem Antragsteller nicht abverlangt werden. Die Verlängerungsbeantragung ist formlos möglich (ohne Beurkundung).[14] Das Gericht wird dem Antragsteller voraussichtlich die Abgabe einer erneuten eidesstattlichen Versicherung erlassen (§ 36 Abs. 2 S. 2 GNotKG).

Es fällt für den Antrag, wenn der Notar den Entwurf gefertigt und die Unterschrift beglaubigt hat, die Gebühr nach Nr. 21201 Nr. 6 KV GNotKG an.

Der Geschäftswert richtet sich nach § 36 Abs. 1, 3 GNotKG, wobei **10–20 %** des nach § 103 GNotKG ermittelten Nachlassreinvermögens angemessen erscheinen.[15]

Für das Verfahren über den Antrag auf **Erteilung** eines Erbscheins, Zeugnisses oder Europäischen Nachlasszeugnisses erhebt **das Gericht** die 1,0-Gebühr nach Nr. 12210 KV GNotKG. **48**

14 *Elsing*, notarbüro 2015, 27.

15 Prüfungsabteilung der Ländernotarkasse A.d.ö.R., NotBZ 2015, 295.

49 Das Gericht erhebt für die **Verlängerung der Gültigkeitsfrist** des ENZ die Festgebühr gem. Nr. 12218 KV GNotKG i.H.v. 20 EUR.[16]

Das Verfahren über den **Widerruf** des ENZ löst die 0,5-Gebühr, höchstens 400 EUR beim Gericht aus (Nr. 12216 KV GNotKG).

Das Verfahren über die **Änderung** eines Europäischen Nachlasszeugnisses (mit Ausnahme nur der Verlängerung der Gültigkeitsdauer) löst die 1,0-Gebühr nach Nr. 12217 KV GNotKG aus.

III. Eigenurkunde

50 Ist der Notar von den Beteiligten bevollmächtigt, Erklärungen durch eine **notarielle Eigenurkunde** abzugeben, sodass die Beteiligten die Erklärung nicht persönlich in öffentlich beglaubigter Form abzugeben brauchen, kann die Gebühr gem. **Nr. 25204 KV GNotKG** abgerechnet werden, und zwar **in Höhe der für die Fertigung des Entwurfs der Erklärung zu erhebende Gebühr**.

51 Erhält der Notar für die Einholung einer Unterlage, die im Zusammenhang mit einer späteren Eigenurkunde des Notars steht, bereits eine Vollzugsgebühr, so entsteht die Gebühr für die Eigenurkunde nicht zusätzlich (Nr. 25204 S. 2 KV GNotKG); vielmehr ist die Gebühr der Eigenurkunde (z.B. für das Herbeiführen der Wirksamkeit aufgrund Doppelvollmacht gem. §§ 1828, 1829 BGB) dann mit der Vollzugsgebühr abgegolten.

Die Gebühr für die Eigenurkunde entsteht nicht, wenn der Notar eine Betreuungsgebühr erhält.

52 *Beispiel*

Der Notar beurkundet eine GmbH-Gesellschafterversammlung, durch die eine Bestimmung des Gesellschaftsvertrages (Geschäftsjahr) abgeändert wird.

Der Geschäftsführer, der die Veränderung des Gesellschaftsvertrages zur Eintragung in das Handelsregister anzumelden hätte, ist jedoch nicht anwesend.

Der Notar erledigt die Handelsregisteranmeldung für die Gesellschaft im Anschluss an die Beurkundung der GmbH-Gesellschafterversammlung anstelle des Geschäftsführers durch notarielle Eigenurkunde, die gesetzlich nach § 378 Abs. 2 FamFG vermutet wird.

Die Eigenurkunde wird gem. **Nr. 25204 KV GNotKG** so abgerechnet, wie die Gebühren, die für die Entwurfsfertigung der Handelsregisteranmeldung abzurechnen wären.

16 *Elsing*, notarbüro 2015, 27.

IV. Entwürfe

Für die **(isolierte) Entwurfstätigkeit** des Notars, also wenn der Notar einen Entwurf fertigt, der nicht im Zusammenhang mit einem Beurkundungsverfahren bei ihm steht, fällt eine **Rahmengebühr** nach **Nr. 24100 ff. KV GNotKG** an. 53

Die Rahmengebühr entsteht selbst dann, wenn der Notar (nur) einen ihm vorgelegten fremden Entwurf auftragsgemäß überprüft, ggf. ergänzt und/oder abändert. Die Überprüfung steht der Entwurfsfertigung gleich, siehe Vorbem. 2.4.1 Abs. 3 KV GNotKG.

Bei Rahmengebühren bestimmt der Notar die Gebühr im Einzelfall unter Berücksichtigung des Umfangs seiner erbrachten Leistung nach billigem Ermessen (**§ 92 Abs. 1 GNotKG**). 54

Soweit der Notar **einen Entwurf vollständig** erstellt oder auch vollständig überprüft hat, steht ihm stets die **höchste Rahmengebühr** zu (§ 92 Abs. 2 GNotKG). 55

Abzurechnende Gebühren für die Fertigung oder Prüfung von (isolierten) Entwürfen kommen bei vielen Urkunden, insbesondere bei **rechtsgeschäftlichen Erklärungen** und **Beschlüssen** vor, aber auch bei **Gesellschaftsverträgen** und **Satzungen**, **Tatsachenprotokollen** sowie bei **Gesellschafterlisten**, **Aufsichtsratslisten**, **Übernehmerlisten**, soweit der Notar dafür nicht eine Vollzugsgebühr erhält. 56

Wenn für die entworfenen Erklärungen oder Beschlüsse im Falle einer Beurkundung eine **2,0-Gebühr entstehen würde**, beträgt der Rahmen für die Entwurfstätigkeit des Notars **zwischen 0,5 und 2,0** und die Gebühr beträgt **mind. 120 EUR (Nr. 24100 KV GNotKG)**. 57

Wenn für die entworfenen Erklärungen im Falle einer Beurkundung eine **1,0-Gebühr entstehen würde**, beträgt der Rahmen für die Entwurfstätigkeit des Notars **zwischen 0,3 und 1,0** und die Gebühr beträgt **mind. 60 EUR (Nr. 24101 KV GNotKG)**. 58

Wenn für die entworfenen Erklärungen im Falle einer Beurkundung eine **0,5-Gebühr entstehen würde**, beträgt der Rahmen für die Entwurfstätigkeit des Notars **zwischen 0,3 bis 0,5** und die Gebühr beträgt **mind. 30 EUR (Nr. 24102 KV GNotKG)**. 59

Fertigt der Notar einen **Serienentwurf** für mehrere gleichartige Rechtsgeschäfte oder Erklärungen beträgt der Geschäftswert nach § 119 Abs. 2 GNotKG **die Hälfte des Wertes aller zum Zeitpunkt der Entwurfsfertigung beabsichtigten Einzelgeschäfte**. Es entsteht die Gebühr nach Nr. 24100 KV GNotKG. Die Gebühr darf der Notar dem Kostenschuldner max. **ein Jahr lang stunden**. Durch jede Verfahrensgebühr der einzelnen nachfolgenden Beurkundungen vermindert sich die Entwurfsgebühr. 60

61 *Beispiel: Serienentwurf*

Die Bauträgerin, Firma Z GmbH, bittet den Notar um die Fertigung eines Musterentwurfes für einen Bauträgerkaufvertrag, der nur die Käuferdaten und die konkrete Grundbuchbuchbezeichnung der zu kaufgegenständlichen Eigentumswohnung nicht enthält.

Dieser Musterkaufvertrag soll Grundlage für zehn Kaufverträge mit Kaufpreis von jeweils 200.000 EUR, insgesamt also 2.000.000 EUR, sein. Der Notar stundet dem Bauträger für ein Jahr die Gebühr.

Abrechnung:

2,0-Gebühr gem. Nr. 24100 KV GNotKG – Fertigung Entwurf, 1.000.000 EUR = 3.470 EUR

Hinweise:

Der Serienentwurf ist nach Nr. 24100 KV GNotKG mit der 2,0-Gebühr abzurechnen.

Geschäftswert des Serienentwurfs ist die **Hälfte des Werts aller** zum Zeitpunkt der Entwurfsfertigung **beabsichtigten Einzelgeschäfte** – § 119 Abs. 2 GNotKG. Im Beispiel sind Einzelgeschäfte i.H.v. insgesamt 2.000.000 EUR geplant. Der Geschäftswert beträgt somit 1/2 davon, 1.000.000 EUR.

Der Notar darf nach dem Gesetz die Gebühr der Bauträgerin stunden, längstens für ein Jahr. Dies ergibt sich aus der Vorbem. 2.4.1 Abs. 7 KV GNotKG.

62 Mit der Entwurfsgebühr werden auch Antragsübermittlungen und Erklärungen gegenüber Gerichten oder Behörden sowie die Stellung von Anträgen im Namen der Beteiligten abgegolten. Dies gilt auch für die Erledigung von Beanstandungen und Beschwerdeverfahren.

V. Erbbaurecht

63 Der **Geschäftswert** für die **Bestellung eines Erbbaurechts** bestimmt sich nach § 49 Abs. 2 GNotKG, wenn der so ermittelte Geschäftswert höher ist als der zu kapitalisierende Erbbauzins. Soweit der zu kapitalisierende Erbbauzins höher ist, ist dieser als Geschäftswert maßgebend (Austauschprinzip § 97 Abs. 3 GNotKG).

64 Gemäß § 49 Abs. 2 GNotKG beträgt der Wert eines Erbbaurechts **80 %** der Summe aus den **Werten des** belasteten **Grundstücks und der** darauf errichteten **Bauwerke**. Sofern die Ausübung des Rechts auf eine Teilfläche beschränkt ist, sind 80 % vom Wert dieser Teilfläche zugrunde zu legen.

65 Der vereinbarte Erbbauzins ist gem. § 52 GNotKG zu multiplizieren. Erbbaurechte werden häufig mit einer Laufzeit von 99 Jahren bestellt, aber auch mit kürzeren Laufzeiten. Bei der Bestellung eines Erbbaurechts ist dieses i.S.v. § 52 Abs. 2 S. 1

GNotKG auf eine bestimmte Zeit beschränkt. Deshalb ist der auf die Dauer des Rechts entfallende Wert maßgebend, beschränkt allerdings auf den Wert, der auf die ersten **20 Jahre** entfällt. 20 ist daher der höchste und regelmäßig vorkommende Multiplikator.

Künftige Veränderungen des Wertes haben keinen Einfluss auf die Geschäftswert- 66
bestimmung. Bei der Kapitalisierung des Erbbauzinses werden keine Preisklauseln berücksichtigt (§ 52 Abs. 7 GNotKG), sodass auch eine Wertsicherungsklausel keinen Zuschlag begründet.

Mit dem Geschäftswert, der für die Bestellung des Erbbaurechts maßgebend ist, 67
sind alle vertragsgemäßen Inhalte des Erbbaurechts erfasst, also auch die Verpflichtung eines Erbbauberechtigten, ein Bauwerk zu errichten.

Die **Bestellung eines Vorkaufsrechts am Erbbaurecht** zugunsten des Eigentü- 68
mers des Stammgrundstücks hat einen verschiedenen Gegenstand zur Erbbaurechtsbestellung. Der Wert des Vorkaufsrechts bestimmt sich gem. § 51 Abs. 1 S. 2 GNotKG mit der Hälfte des Werts des Gegenstandes, auf den sich dieses Recht bezieht.

Wenn der Notar bei der Bestellung oder bei der Veräußerung eines Erbbaurechts 69
behördliche Genehmigungen oder Löschungsunterlagen oder Vorrangeinräumungserklärungen anfordert, entsteht eine **Vollzugsgebühr**, die genauso wie für das Beurkundungsverfahren nach § 112 GNotKG zu berechnen ist.

Soweit das Erbbaurecht vertraglich vereinbart wird, beträgt die 0,5-Vollzugsgebühr nach Nr. 22110 KV GNotKG und wenn es sich um die Bestellung eines Eigentümererbbaurechts handelt, beträgt die 0,3-Gebühr nach Nr. 22111 KV GNotKG.

Beispiel 70

Die Kirche bestellt an ihrem Grundstück, das einen Verkehrswert von 90.000 EUR hat, für Herrn A ein Erbbaurecht auf die Dauer von 66 Jahren, auf dem der Erbbauberechtigte ein Einfamilienwohnhaus im Wert von 300.000 EUR errichten soll.

Der jährlich zu zahlende Erbbauzins beträgt für die ersten 20 Jahre 3.000 EUR und für die nachfolgenden restlichen Jahre 4.000 EUR. Der Erbbauzins ist durch eine Wertsicherungsklausel abgesichert. Falls sich die Lebenshaltungskosten um mehr als 5 % verändern, ändert sich im gleichen Verhältnis auch der Erbbauzins.

Der Erbbauberechtigte räumt der Kirche ein Vorkaufsrecht am Erbbaurecht ein und die Kirche räumt dem Erbbauberechtigten ein Vorkaufsrecht am Stammgrundstück ein. Der Notar wird beauftragt hinsichtlich eines im Grundbuch eingetragenen Leitungsrechts (beschränkte persönliche Dienstbarkeit) eine Rangrücktrittserklärung der Berechtigten einzuholen, damit das Erbbaurecht an erster Rangstelle eingetragen werden kann.

Abrechnung:

Nr. 21100 KV GNotKG Beurkundungsverfahren, Wert 444.000 EUR	1.770,00 EUR
Nr. 22110 KV GNotKG Vollzug	442,50 EUR
	2.212,50 EUR

Geschäftswertberechnung

- **Wert Erbbaurecht**: § 49 Abs. 2 GNotKG = **72.000 EUR** (80 % des Grundstückswerts i.H.v. 90.000 EUR)
- Vergleich § 43 S. 1 GNotKG: kapitalisierter Erbbauzins § 52 GNotKG, bestimmte Laufzeit, höchstens 20 Jahre gem. § 52 Abs. 2 GNotKG = 20 x 3.000 EUR = **60.000 EUR**

Der höhere Wert ist maßgebend, somit **72.000 EUR**

- Vorkaufsrecht am Erbbaurecht
  Wert des Erbbaurechts gem. § 49 Abs. 2 GNotKG = 372.000 EUR
  Davon 1/2 gem. § 51 Abs. 1 GNotKG
  (= 80 % vom Grundstücks- und Gebäudewert) 372.000 EUR

Der Gesamtwert des Beurkundungsverfahrens beträgt **444.000 EUR**

Hinweise:

Bei der Erbbaurechtsbestellung ist der höhere Wert der nach den §§ 43 und 49 Abs. 2 GNotKG zu vergleichenden Werten maßgebend, wobei das noch nicht errichtete Gebäude nicht berücksichtigt wird.

Bei der Vorkaufsrechtseinräumung (§ 49 Abs. 2 GNotKG) zählt das Gebäude mit, auch wenn es noch nicht errichtet ist.

Bei der Kapitalisierung des Erbbauzinses beträgt der höchste Multiplikator 20 gem. § 52 Abs. 2 GNotKG. Nur die ersten 20 Jahre werden berechnet und spätere Änderungen werden nicht berücksichtigt.

Die Wertsicherungsklausel bleibt unberücksichtigt (§ 52 Abs. 7 GNotKG).

Bei der Bewertung des Vorkaufsrechts ist der halbe Wert des Erbbaurechts (§ 49 Abs. 2 GNotKG) anzunehmen.

Die Einräumung des Vorkaufsrechts zugunsten des Eigentümers und die Bestellung des Erbbaurechts haben verschiedene Gegenstände.

Für die Einholung der Rangrücktrittserklärung der Berechtigten des vorrangig in Abt. II eingetragenen Leitungsrechts fällt eine Vollzugsgebühr ohne Begrenzung an (Nr. 22110 KV GNotKG). Soweit der Notar mehrere Vollzugstätigkeiten erledigt, fällt die Vollzugsgebühr nur einmal an.

VI. Erbvertrag

Siehe hierzu unter Teil L Rdn 9 ff. (*letztwillige Verfügung*). 71

F.

I. Fahrtkosten

Siehe hierzu Teil R Rdn 77 ff. (*Reisekosten*). 1

II. Fälligkeit der Notargebühren, Zinsen

Gemäß § 10 GNotKG werden die Gebühren des Notars erst mit der Beendigung des abzurechnenden notariellen Amtsgeschäfts fällig. 2

Die Auslagen, die Notargebühren für die Verwahrung von Geld (Nr. 25300 KV GNotKG) und auch die Notargebühren für die Verwahrung von Kostbarkeiten (Nr. 25301 KV GNotKG), werden hingegen jeweils sofort fällig (§ 10 GNotKG). 3

Zinsen darf der Notar erst nach Zugang der vollstreckbaren Ausfertigung der Kostenberechnung beim Kostenschuldner (§ 19 GNotKG) von diesem fordern (§ 88 S. 1 GNotKG). Die zugangsbedürftige vollstreckbare Ausfertigung hat Angaben über 4

- die Höhe der zu verzinsenden Forderung,
- den Verzinsungsbeginn und
- den jährlichen Zinssatz

zu enthalten (§ 88 S. 2 GNotKG). Der Zinsbeginn ist einen Monat nach der Zustellung der vollstreckbaren Ausfertigung (§ 88 S. 3 GNotKG).

Siehe hierzu auch Teil V Rdn 37 ff. (*vollstreckbare Kostenrechnung*).

Der jährliche Zinssatz gem. § 247 BGB beträgt 5 % über dem jeweiligen Basiszins. 5

III. Fremde Sprache

Erklärt wenigstens ein Beteiligter seinen Willen in einer **fremden Sprache** und wird zur Übersetzung **kein Dolmetscher** hinzugezogen, sondern übersetzt der Notar, löst dies die Gebühr nach Nr. 26001 KV GNotKG aus. 6

Beurkundet oder **beglaubigt** der Notar in fremder Sprache oder erteilt der Notar eine **Bescheinigung** in fremder Sprache, fällt die Gebühr nach Nr. 26001 KV GNotKG an. Unerheblich ist dabei, ob ein Dolmetscher hinzugezogen wird.[1] 7

Die Gebühr Nr. 26001 KV GNotKG fällt auch an, wenn die Urkunde des Notars in deutscher Sprache errichtet wird und der Notar für einen oder mehrere Beteiligte die Erklärungen in eine fremde Sprache übersetzt.

Die Zusatzgebühr Nr. 26001 KV GNotKG beträgt 30 % vom Wert des Beurkundungsverfahrens und bei einer Beglaubigung oder bei einer Bescheinigung beträgt

1 Vgl. Korintenberg/*Sikora*, Nr. 26001 Rn 9.

die Gebühr 30 % der zu erhebenden Gebühr. Die Gebühr Nr. 26001 KV GNotKG darf max. **5.000 EUR** betragen.

8 Fertigt der Notar den isolierten **Entwurf** einer Urkunde oder Erklärung in **fremder Sprache** an, wird die Zusatzgebühr Nr. 26001 KV GNotKG angewendet.[2] Ist der gefertigte Entwurf Teil eines Beurkundungsverfahrens und unterbleibt die Beurkundung, dann ist die Zusatzgebühr neben der Gebühr für die vorzeitige Beendigung des Beurkundungsverfahrens (Nr. 21302 ff. KV GNotKG) zu erheben.

9 Übersetzt der Notar für unterschiedliche Beteiligte die Urkunde sogar in verschiedene fremde Sprachen, so fällt die **Fremdsprachengebühr mehrfach** – nämlich für jede fremde Sprache – gesondert an. Auch die Höchstgebühr von 5.000 EUR kann dann gesondert anfallen.[3]

IV. Formwechsel

10 Der Geschäftswert des Formwechselbeschlusses bestimmt sich gem. § 108 Abs. 3 GNotKG nach dem Aktivvermögen des formwechselnden Rechtsträgers ohne Abzug der Schulden (§ 38 GNotKG). Der Geschäftswert ergibt sich aus der für den Formwechsel maßgeblichen Bilanz. Der Höchstwert für Beschlüsse **beträgt 5 Millionen EUR** nach § 108 Abs. 5 GNotKG.

11 Ist der formwechselnde Rechtsträger Immobilieneigentümer, ist im Anschluss an die Wirksamkeit des Formwechsels auch die **Berichtigung des betroffenen Grundbuchs** notwendig. Beim Formwechsel wahrt der Rechtsträger seine Identität, da er in der gewechselten Rechtsform weiterbesteht, wie es im Umwandlungsbeschluss bestimmt wird (§ 202 Abs. 1 Nr. 1 UmwG). Der Geschäftswert des Grundeigentums kann angemessen **mit 10–30 %** des Wertes des Immobilieneigentums nach § 36 Abs. 1 GNotKG bestimmt werden.[4]

12 Auch wenn die Willenserklärung des Grundbuchberichtigungsantrags in der Urkunde über den Formwechselbeschluss integriert wird, gilt: Der Grundbuchberichtigungsantrag ist zu bewerten, weil verschiedene Beurkundungsgegenstände nach § 110 Nr. 1 GNotKG vorliegen. **Beschluss** und **rechtsgeschäftliche Erklärung** haben stets einen **verschiedenen Gegenstand**.

13 Für die unterschiedlichen Beurkundungsgegenstände hat ein Vergleich nach § 94 Abs. 1 GNotKG zwischen dem Ergebnis, dass sich aus einer getrennten Berechnung ergibt, und dem Ergebnis einer Zusammenberechnung zu erfolgen. Der Weg, der danach für den Mandanten der kostengünstigere ist, ist dann zu beschreiten.

2 Ansatz kommt in Betracht, so: Korintenberg/*Sikora*, KV-Nr. 26001, Rn 20a; a.A. OLG München, Beschl. v. 15.10.2019 – 32 Wx 401/19; Streifzug Rn 1156.

3 Bormann/*Diehn*, KV Nr. 26001, Rn 2; a.A. Korintenberg/*Schwarz*, KV Nr. 26001, Rn 22.

4 Notarkasse München, Streifzug durch das GNotKG, Rn 1356; ähnlich Ländernotarkasse, Leipziger Kostenspiegel Teil 22, Rn 29.

Die Gebühr für den **Formwechselbeschluss** ist eine 2,0-Gebühr nach **Nr. 21100 KV GNotKG**. Sie beträgt mind. 120 EUR. 14

Der Grundbuchberichtigungsantrag löst die 0,5-Gebühr nach Nr. 21201 Nr. 4 KV GNotKG aus und beträgt mind. 30 EUR.

Die Verzichtserklärungen auf Erstellung eines Umwandlungsberichtes und auf die Anfechtung des Formwechselbeschlusses sind getrennt neben anderen Erklärungen und dem Beschluss zu berechnen.

Gegenstandsgleich sind die Verzichtserklärungen und die Grundbuchberichtigungserklärung, wenn sie in einer Urkunde aufgenommen sind (§ 86 Abs. 2 GNotKG). Der Wert der Verzichtserklärungen kann wie folgt ermittelt werden: Ausgangswert ist die Beteiligung des Verzichtenden nach § 36 Abs. 1 GNotKG.

Von der sich so ergebenden Aktivsumme kann ein **Teilwert von 10–20 %** angesetzt werden. Die Verzichtserklärung ist grundsätzlich nach **Nr. 21200 KV GNotKG** abzurechnen.

Beispiel 15

Die Z GmbH verfügt über ein Stammkapital i.H.v. 26.000 EUR, das von drei Gesellschaftern gehalten wird.

Das Beurkundungsverfahren des Notars enthält

- den **Formwechselbeschluss**,
- die **Verzichtserklärung** und
- den **Antrag auf Berichtigung des Grundbuchs** in Abt. I der Immobilie, die im Eigentum der Z GmbH steht,

alles in derselben Urkunde.

Der Notar entwirft die Handelsregisteranmeldung.

Bereits vor der Beurkundung des Formwechselbeschlusses war der Notar auftragsgemäß mit der Fertigung eines OHG-Gesellschaftervertrages befasst.

Die Bilanz weist ein Aktivvermögen des Rechtsträgers i.H.v. 500.000 EUR aus.

Das im Grundbuch verzeichnete Grundstück hat einen Verkehrswert von 200.000 EUR.

Abrechnung:

UVZ-Nr. (…) – Formwechselbeschluss

Geschäftswert Formwechselbeschluss	§ 108 Abs. 3 GNotKG	500.000,00 EUR
Geschäftswert Grundbuchberichtigung	20 % von 200.000 EUR	40.000,00 EUR
Geschäftswert Verzichtserklärungen	§ 36 Abs. 1 GNotKG – 10 % von 500.000 EUR	50.000,00 EUR

Geschäftswert des Beurkundungsverfahrens		**590.000,00 EUR**
Wert 500.000 EUR	Nr. 21100 KV GNotKG	1.870,00 EUR
Wert 40.000 EUR	Nr. 21200 KV GNotKG	145,00 EUR
Wert 50.000 EUR	Nr. 21201 KV GNotKG	82,50 EUR
Dokumentenpauschale 24 Seiten s/w	Nr. 32000 KV GNotKG	12,00 EUR
Dokumentenpauschale 4 Dateien/ Scanseiten	Nr. 32002 KV GNotKG	5,00 EUR
Auslagenpauschale Post- und Telekommunikation	Nr. 32005 KV GNotKG	20,00 EUR
Zwischensumme		*2.134,50 EUR*
Umsatzsteuer 19 %	Nr. 32014 KV GNotKG	405,56 EUR
Rechnungsbetrag		**2.540,06 EUR**

Hinweis:

Die getrennte Berechnung ist für den Mandanten günstiger, denn eine 2,0-Gebühr auf den Gesamtwert von 590.000 EUR hingegen ergibt im Vergleich mehr.

Die günstigere getrennte Abrechnung ist deshalb vorzunehmen.

16 Die Abrechnung der Handelsregisteranmeldung zu dem vorgenannten Formwechsel kann zusammen mit der Abrechnung des Entwurfes für den OHG-Gesellschaftsvertrag in einer Rechnung geschehen, und zwar wie folgt:

Beispiel: Handelsregisteranmeldung und Entwurf eines OHG-Gesellschaftsvertrags

Abrechnung:

UVZ-Nr. (…) – Beurkundungsverfahren Handelsregisteranmeldung und Entwurf OHG-Gesellschaftsvertrag

Geschäftswert OHG-Gesellschaftsvertrag	§§ 119 Abs. 1, 97 Abs. 1 GNotKG	500.000,00 EUR
Entwurf Rahmen 0,5 bis 2,0, Ansatz 2,0	Nr. 24100, 21100 KV GNotKG	1.870,00 EUR
UVZ-Nr. (…)		
Geschäftswert Handelsregisteranmeldung	§ 105 Abs. 3 Nr. 2 GNotKG	60.000,00 EUR
	Nr. 24102, 21201 Nr. 5 KV GNotKG	96,00 EUR

Geschäftswert elektronischer Vollzug, XML	§ 112 GNotKG	60.000,00 EUR
Elektronischer Vollzug, XML-Daten	Nr. 22114 KV GNotKG	38,40 EUR
Auslagenpauschale Post- und Telekommunikation	Nr. 32005 KV GNotKG	20,00 EUR

Hinweis:

Die Entwurfsfertigung des OHG-Gesellschaftsvertrages wird **nicht** mit dem Formwechselbeschluss abgegolten, da der Notar zuvor isoliert den Gesellschaftsvertrag gefertigt hatte.

G.

I. Gebührenvereinbarungsverbot und Gebührenvereinbarung

1 **Gebührenvereinbarungen** des Notars sind in der Regel **nichtig**, weil Vereinbarungen über die Höhe der Notargebühren gesetzlich **unzulässig** sind (§ 125 GNotKG). Damit sind Vereinbarungen des Notars, (wissentlich) einen Geschäftswert unzulässig zu niedrig anzunehmen, genauso verboten und nichtig, wie die Festsetzung eines zu hohen Geschäftswerts.[1] Der Notar ist verpflichtet, die gesetzlich angefallenen Gebühren in ordnungsgemäßer Höhe gem. § 17 Abs. 1 S. 1 BNotO zu erheben, und zwar in angemessener Zeit. Bleibt der Ausgleich der Gebühren aus, sind die Forderungen ggf. auch durchzusetzen.

2 Ob der Notar die bei ihm verwirklichten gebührenpflichtigen Tatbestände mit der erforderlichen Gebühr korrekt abrechnet, den Zahlungseingang überwacht und die entstandenen Gebühren ggf. auch vollstreckt, prüft die **Dienstaufsicht**, § 93 Abs. 2 S. 3, Abs. 3, S. 3 u. 4 BNotO.

3 Eine Ausnahme des Verbots die Höhe der Gebühren zu vereinbaren regelt § 126 GNotKG. Somit darf der Notar für eine **Schlichtung** oder eine **Mediation angemessene Gebühren vereinbaren**. Dies geschieht durch einen öffentlich-rechtlichen Vertrag, der schriftlich abgefasst sein muss, § 126 Abs. 2 GNotKG. Zum Inhalt dieses öffentlich-rechtlichen Vertrages gehört die **Angabe der Höhe des Gebührenbetrages**, der für die beschriebene Schlichtung/Mediation an den Notar danach zu zahlen ist. Der Betrag, der gezahlt werden soll, sollte weder zu niedrig noch zu hoch, sondern angemessen bestimmt sein (siehe im Übrigen unter Teil M Rdn 1 ff. [*Mediation und Schlichtung*]).

4 Ein Muster einer Gebührenvereinbarung zwischen Notar und Mandant (§ 126 GNotKG) siehe unter Teil M Rdn 7 (*Mediation und Schlichtung*).

5 Enthält das Gerichts- und Notarkostengesetz im Übrigen **keine Gebühr** zur Abgeltung einer notariellen Tätigkeit und soll der Notar eine derartige Tätigkeit leisten, die in **keinem Zusammenhang** mit einer anderen gebührenpflichtigen Tätigkeit desselben Notars steht, so kommt ebenfalls in Betracht, zulässig eine Gebührenvereinbarung durch den öffentlich-rechtlichen Vertrag zu schließen, § 126 Abs. 1 S. 1 u. 3 GNotKG.[2]

1 Streifzug, Rn 1168 mit Hinweis auf OLG Hamm DNotZ 1971, 125 = MittBayNot 1971, 104; OLG Hamm DNotZ 1974, 311 = Rpfleger 1973, 228.

2 Leipziger Kostenspiegel, 4. Aufl. Rn 1.63.

II. Geschäftsanteilskauf- und Abtretungsvertrag

6 Der Kaufpreis und die ggf. weiteren Gegenleistungen einer Vereinbarung über die Veräußerung und Abtretung eines GmbH-Geschäftsanteils bestimmen regelmäßig den Geschäftswert der Beurkundung, die gem. § 15 GmbHG nötig ist.

Der verkaufte Geschäftsanteil wird als Hauptleistung des Verkäufers an den Käufer durch Abtretung übereignet. Im Gegenzug dafür erhält der Verkäufer vom Käufer als Hauptleistung den vereinbarten Kaufpreis und/oder die weiteren Gegenleistungen. Somit liegt eine Vereinbarung über den **Austausch von Leistungen** i.S.v. § 97 Abs. 3 GNotKG vor. Damit ist **nur der Wert der Austauschleistungen der einen Vertragsseite** zu berechnen. Soweit die Leistungen unterschiedlich hoch sind, ist die **höhere Leistung** maßgeblich.

7 Liegen nicht genügend Anhaltspunkte für einen höheren Wert des Geschäftsanteils vor, bestimmt sich der Wert gem.§ 54 GNotKG nach dem bilanziellen **Eigenkapital** (§ 266 Abs. 3 HGB), das auf den betroffenen Geschäftsanteil entfällt.

Verwaltet die betroffene Gesellschaft überwiegend nur Vermögen, ist jedoch der **Anteil am Vermögen** zugrunde zu legen, **ohne dass ein Schuldenabzug** geschieht. Das folgt aus dem § 54 S. 3 GNotKG, der dafür regelt, dass die Sätze 1 und 2 des § 54 GNotKG nicht angewendet werden. Soweit ein höherer Wert feststehen sollte, ist dieser als Wert maßgeblich.

8 Die Beurkundung einer Vereinbarung über einen **Geschäftsanteilskauf** und der den Kauf erfüllenden Abtretung löst die 2,0-Gebühr nach **Nr. 21100 KV GNotKG** aus, und zwar aus dem **vollen Wert** des Beurkundungsverfahrens (§§ 54 S. 1, 97 Abs. 1 GNotKG).

9 Ein Erstellen und Einreichen der **Gesellschafterliste** ist gem. § 8 Abs. 1 Nr. 3 GmbHG im Zuge der Errichtung der Gesellschaft dem Handelsregister mit der Anmeldung der Gesellschaft zu übermitteln. Diese Liste dient dem Vollzug der GmbH-Errichtung, nicht dem Vollzug der Registeranmeldung.

Bei einer GmbH-Errichtung ist i.d.R. auch ein **Gesellschafterbeschluss** gefasst, der mit zu bewerten ist. Der Beschluss ist ein Teil des Beurkundungsverfahrens. Er unterliegt der 2,0-Gebühr Nr. 21100 KV GNotKG. Deshalb fällt für den **Vollzug der Errichtungsurkunde**, in der der Geschäftsführerbestellungsbeschluss enthalten ist, auch die 0,5-Vollzugsgebühr gem. Nr. 22110 KV GNotKG an (und nicht die 0,3-Vollzugsgebühr gem. Nr. 22111 KV GNotKG). Ausgelöst wird die Vollzugstätigkeit gem. Vorbem. 2.2.1.1 Abs. 1 Nr. 3 KV GNotKG.[3]

10 Bei einer **Geschäftsanteilsabtretung** wirkt der Notar durch seine Beurkundung entscheidend an der **Veränderung** in den Personen und/oder deren Beteiligungs-

3 Für die 0,3-Vollzugsgebühr gem. Nr. 22111 KV GNotKG siehe Leipziger Kostenspiegel, Rn 21.418, wonach auf die Registeranmeldung als Bezugsurkunde abgestellt wird; vollzogen wird jedoch mehr der Errichtungsvertrag, so nun BGH, Beschl. v. 4.6.2019 – II ZB 16/18.

verhältnissen i.S.d. § 40 Abs. 2 GmbHG mit. Auch in diesem Fall erhält der Notar für diese zu fertigende Liste der Gesellschafter die **Vollzugsgebühr** gem. Vorbem. 2.2.1.1 KV GNotKG, weil es dennoch grundsätzlich eine Aufgabe der Geschäftsführung ist, dem Notar den Listeninhalt zu liefern.

Neben dieser **Vollzugsgebühr**, die **max. 250 EUR** betragen darf, kommt dann, 11
wenn der Notar die Gesellschafterliste gem. § 40 Abs. 2 GmbHG bescheinigen muss und Umstände außerhalb der Geschäftsanteilsabtretung zu beachten sind, die **Betreuungsgebühr für die Listenbescheinigung** in Betracht. Kommt es zum Ansatz der Betreuungsgebühr, ist die Vollzugsgebühr daneben anzusetzen, weil der Vollzug und die Betreuung unterschiedliche einschlägige Gebührentatbestände sind.[4]

Wenn der Notar an einer Veränderung in den Personen der Gesellschafter oder ihrer 12
Beteiligungsverhältnisse mitgewirkt hat, muss er unverzüglich bei Wirksamkeit gem. **§ 40 Abs. 2 GmbHG auf der Gesellschafterliste bescheinigen**, dass die geänderten Eintragungen in der Liste denen entsprechen, die gem. seiner Urkunde beurkundet wurden und dass die übrigen Eintragungen mit der zuletzt im Handelsregister aufgenommenen Liste übereinstimmen.

Für die Bescheinigung der Gesellschafterliste nach der Beurkundung eines aufschiebend bedingten vereinbarten Geschäftsanteilskaufvertrages bzw. für die Betreuung/Überwachung des Notars fällt die (0,5) **Betreuungsgebühr** nach Nr. 22200 Nr. 6 KV GNotKG an. Die Gebühr wird auf den **vollen Wert des Beurkundungsverfahrens** angesetzt (§ 113 Abs. 1 GNotKG). Die Gebühr darf der Notar nur ansetzen, wenn er vor der Listenbescheinigung Umstände überprüfen muss, die **außerhalb des beurkundeten Abtretungsvertrages** liegen, z.B. die Überprüfung, ob die Kaufpreiszahlung und Gegenleistungen, die zu erbringen sind, erbracht wurden, sodass die Wirksamkeit der notariellen Urkunde auch eingetreten ist.

Beurkundet der Notar dagegen eine **sofort wirksame** Abtretung, z.B. eine Schen- 13
kung über einen GmbH-Geschäftsanteil, dann prüft er keine Wirksamkeitsumstände außerhalb seiner Vertragsurkunde. In diesem Fall kann die **Betreuungsgebühr Nr. 22200 KV GNotKG nicht anfallen**. Damit ist aber der Raum zur Anwendung der 1,0-Gebühr nach Nr. 25104 KV GNotKG[5] eröffnet. Hier heißt es:

> Erteilung von Bescheinigungen über Tatsachen oder Verhältnisse, die urkundlich nachgewiesen oder offenkundig sind, einschließlich der Identitätsfeststellung, wenn sie über die in § 10 Abs. 4 des Beurkundungsgesetzes hinaus eine selbstständige Bedeutung hat. Die Gebühr entsteht nicht, wenn die Erteilung der Bescheinigung eine Betreuungstätigkeit nach KV Nr. 22200 GNotKG darstellt.

4 Vgl. Korintenberg/*Tiedtke*, Vorbem. 2.2.1.1 Rn 36.

5 *Elsing*, notarbüro 2014, 19; *Elsing*, Fälle und Lösungen zur Abrechnung nach GNotKG, § 4 Rn 126.

Im Umkehrschluss ist der Anwendungsbereich der 1,0-Gebühr Nr. 25104 KV GNotKG also **eindeutig** eröffnet, wenn der Notar **keine Betreuungsgebühr** erhält, in Fällen also, in denen der Notar außerhalb seiner Urkunde keine Umstände zu überprüfen hat.[6]

14 Dem Notar steht es **nicht frei**, die Gebühr nach Nr. 25104 KV GNotKG einfach nicht anzusetzen. Der Gebührenansatz ist auch sinnvoll, denn die Bescheinigung des Notars und die Listentätigkeit i.S.d. §§ 40 und 16 GmbHG ist bedeutsamer als je zuvor.[7]

Mit den §§ 19, 20 GwG, dem geänderten § 40 Abs. 2 GmbHG sowie der Gesellschafterlistenverordnung sind die Anforderungen zur Gesellschafterliste hoch. Ein bestellter Geschäftsführer ist ggf. auch als wirtschaftlich Berechtigter der Gesellschaft aufzuzeichnen und dem Transparenzregister zu melden (§§ 19, 20 GwG), wenn keine natürliche Person mehr als 25 % an der Gesellschaft hält/kontrolliert. Ist der Beschluss über die Berufung eines Geschäftsführers mangels Gesellschafterlegitimation ggf. rückwirkend („*von Anfang an*") als unwirksam zu werten, könnte sich auch eine **Transparenzregistermeldung** als unrichtig erweisen (§§ 16, 40 GmbHG).

Verstöße gegen das Geldwäschegesetz (einfache Verstöße) können gem. § 56 GwG mit Bußgeldern i.H.v. 100.000 EUR geahndet werden.[8]

Der Geschäftswert kann nach § 36 GNotKG nach billigem Ermessen bestimmt werden. 20 % des Werts der Anteilsübertragung sind angemessen, weil der Notar dann etwas weniger Gebühren als bei einer sofort wirksamen Anteilsabtretung vereinnahmt. Bei einer Anteilsabtretung ist die Bescheinigung für den Notar weniger aufwendig.[9]

Dieser **Wertabschlag** überzeugte das LG Düsseldorf jedoch nicht,[10] das verkannte wohl die materielle Bedeutung der Gesellschafterliste. Folgt man der Auffassung des LG Düsseldorf, müsste der **Wertabschlag sogar unterbleiben**. Dann ist der volle Geschäftswert in Ansatz zu bringen.

6 Vgl. Wortlaut Nr. 22200 Nr. 6 KV GNotKG; *Elsing*, notarbüro 2014, 20; andere unrichtige Ansicht: Korintenberg/*Sikora*, Nr. 25104 KV GNotKG, Rn 8, wonach keinesfalls die Betreuungsgebühr eine Auffangnorm darstellen und die Bescheinigung gebührenfrei sein soll.

7 Zur Wertung der schuldhaften Zögerung einer Notarin bei der Listeneinreichung und den Unwirksamkeitsfolgen siehe z.B. OLG Schleswig, Beschl. v. 20.3.2023 – 2 Wx 56/22.

8 Siehe *Elsing*, notarbüro 2018, 35 ff. m.w.N.

9 *Elsing*, Fälle und Lösungen zur Abrechnung nach GNotKG, § 4 Rn 126; ähnlich, Bormann/Diehn/Sommerfeld/*Pfeiffer*, Nr. 25104 Nr. 4 KV GNotKG; Renner/Otto/Heinze/*Arnold*, Nr. 25104 KV GNotKG, Rn 15; a.A. Korintenberg/*Sikora*, Nr. 25104 KV GNotKG, Rn 8, wonach die Gebühr nicht anfällt, weil die Liste als solche nunmehr Vollzugstätigkeit sei (Vorbem. 2.2.1.1 Abs. 1 S. 2 Nr. 3 KV GNotKG).

10 LG Düsseldorf, Beschl. v. 19.11.2015 – 10 W 13/15, vorausgehend LG Düsseldorf RNotZ 2015, 531.

III. Gesellschaft bürgerlichen Rechts

Errichtet wird eine Gesellschaft bürgerlichen Rechts durch den Abschluss eines Gesellschaftsvertrages, in dem sich (mind.) zwei Gesellschafter verpflichten, die Erreichung eines gemeinsamen Zwecks, so wie im Gesellschaftsvertrag bestimmt, zu fördern (§ 705 Abs. 1 BGB). 15

Der Gesellschaftsvertrag kann einem **Beurkundungserfordernis** unterliegen, z.B. wenn ein Gesellschafter sich verpflichtet, in die Gesellschaft eine bestimmte **Immobilie** einzubringen und aufzulassen (§§ 311b BGB, 925 BGB). Auch die Verpflichtung, einen bestimmten GmbH-Geschäftsanteil in eine GbR einzubringen und abzutreten, bedarf der notariellen Beurkundung (§ 15 GmbHG). 16

Beurkundet der Notar die **Errichtung** der in das Gesellschaftsregister einzutragenden rechtsfähigen Gesellschaft bürgerlichen Rechts mit der Zugrundelegung des **Gesellschaftsvertrages**, so erhält er dafür die 2,0-Gebühr gem. Nr. 21100 KV GNotKG. 17

In § 92 Abs. 2 GNotKG ist bestimmt, dass aus dem vorgegebenen Gebühren-Rahmen (0,5 bis 2,0) stets der **höchste Satz** (2,0) anzuwenden ist.

Entwirft der Notar (isoliert) die Niederschrift über die Errichtung der in das Gesellschaftsregister einzutragenden Gesellschaft bürgerlichen Rechts mit der Zugrundelegung des **Gesellschaftsvertrages** (vollständig), so erhält er dafür die 2,0-Gebühr gem. Nr. 24100 KV GNotKG. 18

In § 92 Abs. 2 GNotKG ist bestimmt, dass aus dem vorgegebenen Gebühren-Rahmen (0,5 bis 2,0) stets der **höchste** Satz (2,0) anzuwenden ist.

Für die **Überprüfung** eines **Fremdentwurfs** über die Errichtung der in das Gesellschaftsregister einzutragenden Gesellschaft bürgerlichen Rechts mit der Zugrundelegung des **Gesellschaftsvertrages** (vollständig), fällt die 2,0-Gebühr gem. Nr. 21100 KV GNotKG an. 19

In § 92 Abs. 2 GNotKG ist bestimmt, dass aus dem vorgegebenen Rahmen (0,5 bis 2,0) stets der **höchste** Satz (2,0) anzuwenden ist.

Der **Geschäftswert des Gründungsvorgangs** mit Bestimmung des Gesellschaftsvertrages richtet sich nach dem Zweck des Gesellschaftsvertrages und den **Förderungsleistungen** der Gesellschafter. 20

Wird z.B. eine **Immobilie in die Gesellschaft überführt**, so ist der Verkehrswert der betroffenen Immobilie gem. §§ 93 Abs. 3, 46 Abs. 1 GNotKG für die Bewertung voll heranzuziehen; werden **GmbH-Geschäftsanteile überführt**, sind diese mit ihrem vollen Wert zu berücksichtigen.

Der **Geschäftswert für die Änderung** bestimmter Regelungen des Gesellschaftsvertrages ist nach dem Ermessen des Notars zu bestimmen, §§ 97 Abs. 1, 36 Abs. 1, 38 GNotKG. 21

Bei einer **Änderung des Gesellschaftsvertrages** erscheint angemessen, als Geschäftswert **20–50 % vom Gesellschaftsvermögen** anzusetzen.

Für Veränderungen ausschließlich zum Zweck der Gesellschaft und/oder zum Namen der Gesellschaft erscheinen **30 %** vom Gesellschaftsvermögen als angemessener Ansatz.[11] Schulden werden nicht abgezogen, § 38 GNotKG.

Erfolgen **umfangreichere Veränderungen**, z.B. bei den verschiedenen Gesellschafterkonten und hinsichtlich der erbrechtlichen Regelungen, dürften **50 %** vom Gesellschaftsvermögen ohne Abzug von Schulden angemessen sein.

Wird der Gesellschaftsvertrag **zu mehr als 50 %** verändert, liegt eine Neufassung des Gesellschaftsvertrages vor. In diesen Fällen sollte der **volle Wert** des Gesellschaftsvermögens (ohne Schuldabzug) nicht unterschritten werden.[12]

22 Soweit jedoch die Gesellschafter im Wege der **Beschlussfassung den Gesellschaftsvertrag verändern**, z.B. die Änderung beim Zweck (Erweiterung), dann beträgt der Geschäftswert gem. § 108 Abs. 4 GNotKG 30.000 EUR, losgelöst von der Höhe des betroffenen Gesellschaftsvermögens – der Beschluss hat **keinen bestimmten Geldwert**.[13]

Beschließen die Gesellschafter jedoch, dass die Gesellschafter verpflichtet sind, der Gesellschaft ein **Darlehen** zur Verfügung zu stellen, liegt ein **bestimmter Geldwert** vor. Die Summe des Darlehens bildet dann den Geschäftswert.

23 Scheidet der **vorletzte Gesellschafter** mit seiner bspw. 50 %-Beteiligung aus der GbR aus wird die Gesellschaft sofort **voll beendet**. Dem einzig übrigbleibenden Gesellschafter **wächst das gesamte Vermögen an**.

Grundbücher der beendeten GbR bedürfen dann der **Berichtigung**.

Besteht das Vermögen der GbR ausschließlich aus einer Immobilie, so ist ihr Verkehrswert (§ 46 GNotKG) für die Berichtigung der betroffenen Immobilie als Geschäftswert heranzuziehen.

24 *Beispiel: Vorletzter Gesellschafter scheidet aus der GbR aus*

Eine GbR ist Eigentümerin eines Grundstücks. Diese Immobilie hat einen Verkehrswert von 300.000 EUR (§ 46 GNotKG). Der vorletzte Gesellschafter scheidet aus der Gesellschaft bürgerlichen Rechts aus. Dem einzig verbleibenden Gesellschafter wächst der Anteil des Ausgeschiedenen an.

Der Notar entwirft den Grundbuchberichtigungsantrag wonach nicht mehr die GbR Eigentümerin ist, sondern die Person, der der Anteil des vorletzten Gesellschafters anwuchs. Die Eigentümerspalte wird entsprechend berichtigt.

11 Nach dem Leipziger Kostenspiegel sollten regelmäßig, je nach Ausmaß 30 % vom Gesellschaftsvermögen ohne Schuldabzug angenommen werden; Rn 21146.

12 Vgl. *Elsing*, notarbüro 2024, 11, 13.

13 Leipziger Kostenspiegel Rn 21147–21149.

Kosten:
- Wert: 300.000 EUR (§§ 119 Abs. 1, 46 Abs. 1, 38, 92 Abs. 2, 97 Abs. 1 GNotKG).
- 0,5-Gebühr nach Nr. 24102, 21201 Nr. 4 KV GNotKG.

Hinweis:

Der **volle Verkehrswert** der Immobilie wird bewertet (§ 46 GNotKG) und **nicht** etwa nur der 50 %ige-Anteil an der GbR. Schließlich hat ein Rechtsträgerwechsel auf eine natürliche Person stattgefunden, auf die das Grundbuch zu berichtigen ist.

Eine Teilwertbildung nach § 36 Abs. 1 GNotKG kommt nicht in Betracht.

§ 54 GNotKG gilt nicht.

Schulden werden nicht abgezogen, § 38 GNotKG.

Beispiel: Grundbuchrichtigstellung der Alt-GbR identitätswahrend auf eGbR 25

Im Grundbuch ist noch nach altem GbR-Recht (vor dem 1.1.2024) eingetragen: Herr A und Frau B mit dem Zusatz in Gesellschaft bürgerlichen Rechts.

Der Verkehrswert der Immobilie, § 46 GNotKG, beträgt **300.000 EUR**.

Herr A und Frau B sind je zur Hälfte an der GbR beteiligt.

Herr A und Frau B haben ihre GbR inzwischen zur Eintragung in das Gesellschaftsregister beim Amtsgericht angemeldet. Dort wurde die Gesellschaft auch eingetragen unter dem Namen Z-eGbR, Sitz: Hamburg.

Der Notar entwirft den **Antrag** auf die **identitätswahrende Grundbuchrichtigstellung**, die im Anschluss von Herrn A und Frau B bewilligt/unterzeichnet wird.

Die Z-eGbR, vertreten durch die Geschäftsführer Herr A und Frau B stimmen der Grundbuchrichtigstellung zu und der Notar beglaubigt die Unterschriften.

In diesem Zusammenhang bescheinigt der Notar gem. § 21 BNotO, nach Einsicht in das Gesellschaftsregister, dass Herr A und Frau B als geschäftsführende Gesellschafter zur Vertretung der Z-eGbR, Sitz: Hamburg, berechtigt sind.

Kosten:
- Wert: 150.000 EUR (§§ 119 Abs. 1, 97 Abs. 1, 36 Abs. 1, 46 Abs. 1, 92 Abs. 1 GNotKG).
- 0,5-Gebühr nach Nr. 24102, 21201 Nr. 4 GNotKG für die Grundbuchrichtigstellung.
- Gebühr nach Nr. 25200 GNotKG (Festgebühr 15 EUR) für die Vertretungsbescheinigung.

Ein Teilwert des Verkehrswerts der betroffenen Immobilie (§§ 36, 46 GNotKG) kann gebildet werden, weil das Grundbuch **nicht unrichtig** geworden ist. Vielmehr erfolgt eine Grundbuchrichtigstellung. Ein **Teilwert von 50 %** vom Wert der Immobilie ist angemessen.[14]

Der Ansatz des gesamten Verkehrswerts der Immobilie kommt nicht in Betracht. Es sollte auch kein Wert angenommen werden, der weniger als 50 % vom Verkehrswert beträgt.

26 *Beispiel: Grundbuchrichtigstellung nach Statuswechsel der eGbR zur OHG*

Im Grundbuch ist als Eigentümerin die Z-eGbR, Hamburg, eingetragen.

Inzwischen ist die eGbR in dem Gesellschaftsregister gelöscht worden, nachdem sie zuvor in das Handelsregister unter der Firma Z-OHG, Hamburg, eingetragen wurde.

Der Notar entwirft und beglaubigt den Antrag auf Grundbuch-Richtigstellung (identitätswahrend).

Der Verkehrswert der Immobilie (§ 46 GNotKG) beträgt 600.000 EUR.

Kosten:

- Wert: 180.000 EUR (§§ 119 Abs. 1, 97 Abs. 1, 36 Abs. 1, 46 Abs. 1, 92 Abs. 2 GNotKG).
- 0,5-Gebühr gem. Nr. 24102, 21201 Nr. 4 GNotKG.

Hinweis: **30 % des Verkehrswerts** sind angemessen für die identitätswahrende Grundbuch-Richtigstellung der eGbR, die als OHG fortgeführt wird.[15]

27 *Beispiel: Grundbuchrichtigstellung wegen des geänderten Namens der eGbR*

Im Grundbuch ist die Z-eGbR, Hamburg, eingetragen.

Nachdem diese eGbR weitere Immobilien gekauft hatte, wurde ihr Name geändert in Familie XY-Immobilien eGbR; Hamburg. Die Änderung des Namens ist in das Gesellschaftsregister bereits eingetragen.

Der Notar entwirft und beglaubigt den Antrag auf Grundbuchrichtigstellung, sodass die Eigentümerspalte berichtigt wird. Er bescheinigt, nach erfolgter Einsicht in das Gesellschaftsregister die Vertretungsberechtigung sowie die ersichtliche Namensberichtigung (§ 21 BNotO).

Der Verkehrswert der Immobilie, die von der Berichtigung betroffen ist (§ 46 GNotKG), beträgt 500.000 EUR.

Kosten:

- Wert: 150.000 EUR (§§ 119 Abs. 1, 97 Abs. 1, 36 Abs. 1, 46 Abs. 1, 92 Abs. 2 GNotKG).

14 Vgl. Leipziger Kostenspiegel 2024, Rn 8142.

15 Vgl. Leipziger Kostenspiegel, 4. Aufl. 2024, Rn 8162.

- 0,5-Gebühr nach Nr. 24102, 21201 Nr. 4 GNotKG.
- Festgebühr nach Nr. 25200 GNotKG 2 x 15 EUR = 30 EUR.

Hinweis: **30 % vom Verkehrswert** sind angemessen.[16]

IV. GmbH-Errichtung

1. GmbH-Errichtung durch mehrere Personen

Der **Geschäftswert für den Gesellschaftsvertrag** bestimmt sich gem. § 97 Abs. 1 GNotKG nach der Summe der Einlagen aller Gesellschafter. Der Geschäftswert beträgt nach § 107 Abs. 1 S. 2 GNotKG **mind. 30.000 EUR**. 28

Der **Geschäftsführerbestellungsbeschluss** ist einer ohne bestimmten Geldwert, sodass der **Geschäftswert** gem. § 108 Abs. 1 S. 1 GNotKG i.V.m.§ 105 Abs. 4 Nr. 1 GNotKG mit 1 % **des Stammkapitals – mind. jedoch 30.000 EUR –** zu berechnen ist. 29

Der Gesellschafterbeschluss über die Geschäftsführer und der Gesellschaftsvertrag haben **verschiedene** Beurkundungsgegenstände gem. § 110 Nr. 1 GNotKG. Die einzelnen Werte sind wegen des gleichen Gebührensatzes von 2,0 gem. § 35 GNotKG **zusammenzurechnen**. Die zusammengerechneten Werte ergeben die Summe, die den Wert des Beurkundungsverfahrens ergibt. 30

Der Geschäftswert der **Handelsregisteranmeldung** ergibt sich aus § 105 Abs. 1 S. 1 Nr. 1 GNotKG und ist damit der einzutragende Geldbetrag – mind. jedoch 30.000 EUR (§ 105 Abs. 1 S. 2 GNotKG). 31

Die Erzeugung der XML-Strukturdaten zur elektronischen Einreichung beim Handelsregister löst die 0,2-Vollzugsgebühr nach Nr. 22114 KV GNotKG aus. Die Gebühr beträgt max. 125 EUR und entsteht neben anderen Vollzugs- oder Betreuungsgebühren stets gesondert. 32

Die erste Anmeldung des Geschäftsführers gehört zur **Gründungsanmeldung** und wird deshalb gem. § 86 Abs. 1 GNotKG nicht zusätzlich bewertet; ebenso wird die Belehrung des Geschäftsführers (§ 53 Abs. 2 BZRG i.V.m. § 8 Abs. 3 S. 2 GmbHG) nicht gesondert bewertet. 33

Regelmäßig wird die Handelsregisteranmeldung mit der Geschäftsführerversicherung bereits nach Beurkundung des GmbH-Errichtungsprotokolls unterzeichnet. Der Notar darf die Registeranmeldung erst nach Leistung der Einlagen auf die Geschäftsanteile durch die Gründer zum Handelsregister einreichen, sodass für diese **Überwachung der Auflage** eine Gebühr nach Nr. 22200 Nr. 3 KV GNotKG entsteht. Dabei richtet sich der Wert nach dem Beurkundungsverfahren für die Handelsregisteranmeldung. 34

16 Vgl. Leipziger Kostenspiegel Rn 8196.

Wenn die Registeranmeldung zu früh, also vor ordnungsgemäßer Einzahlung des Stammkapitals auf ein Konto der Gesellschaft, beim Handelsregister eingereicht würde, wäre die Versicherung der Geschäftsführer falsch und dies mit strafrechtlichen Konsequenzen bedroht. Die Freigabe/Übermittlung der Registeranmeldung zum richtigen Zeitpunkt liegt damit im Interesse des Geschäftsführers, sodass der Einschlag der Betreuungsgebühr berechtigt ist.

35 *Beispiel: Abrechnung der Errichtung einer Mehr-Personen-GmbH*

M und B errichten die MB-GmbH. Es handelt sich um eine Bar-Gründung.

Das Errichtungsprotokoll enthält den Beschluss über die erste Geschäftsführerbestellung sowie als Anlage den Gesellschaftsvertrag.

Die Geschäftsführer melden die GmbH und ihre Bestellung zur Eintragung in das Handelsregister an. Sie weisen den Notar an, die Registeranmeldung erst nach Einzahlung des Stammkapitals an das Registergericht weiterzureichen und solange die Anmeldung treuhänderisch zu verwahren.

Der Notar entwirft für die Gesellschaft die erste Gesellschafterliste und übermittelt alle Gründungsunterlagen nach Kenntnis über die korrekte Einzahlung des Stammkapitals an das Registergericht.

Abrechnung:

Beurkundungsverfahren – **Geschäftswert**	§ 35 Abs. 1 GNotKG		**60.000,00 EUR**
Gesellschaftsvertrag	§§ 97 Abs. 1, 107 Abs. 1 GNotKG		30.000,00 EUR
Beschluss	§§ 108 Abs. 1, 105 Abs. 4 Nr. 1 GNotKG		30.000,00 EUR
2,0-Gebühr	Nr. 21100 KV GNotKG	=	384,00 EUR
Vollzugsgebühr (Gesellschafterliste) Vorbem. Nr. 2.2.1.1 Abs. 1 Nr. 3 KV GNotKG §§ 112, 97 Abs. 1, 107 Abs. 1, 108 Abs. 1, 105 Abs. 4 Nr. 1, 35 Abs. 1 GNotKG			**60.000,00 EUR**
0,5-Gebühr	Nr. 22110 KV GNotKG	=	96,00 EUR
Handelsregisteranmeldung	§§ 92 Abs. 2, 105 Abs. 1 S. 1 Nr. 1, 2 GNotKG		30.000,00 EUR

0,5-Gebühr	Nr. 24102, 21201 KV GNotKG	=	62,50 EUR
Betreuungsgebühr (Treuhandüberwachung Einreichung Registeranmeldung) – Geschäftswert	§ 113 Abs. 1 GNotKG		30.000,00 EUR
Prüfung der Einzahlung des Stammkapitals			
0,5-Gebühr	Nr. 22200 Nr. 3 KV GNotKG	=	62,50 EUR
Elektronische Einreichung (XML-Daten) – Geschäftswert	§ 112 GNotKG		30.000,00 EUR
0,2-Gebühr	Nr. 22114 KV GNotKG	=	25,00 EUR
Dokumentenpauschale elektronische Übermittlung (Gründungsurkunde, Gesellschafterliste, Registeranmeldung)			
Gebühr	Nr. 32001, Nr. 1, 2 KV GNotKG	=	4,50 EUR
Zwischensumme			*635,00 EUR*
19 % Umsatzsteuer		=	120,65 EUR
Gesamt:			**755.65 EUR**

Hinweise:

Der Geschäftswert des Gesellschaftsvertrags bestimmt sich gem. § 97 Abs. 1 GNotKG nach der Summe der Einlagen aller Gesellschafter; er beträgt jedoch nach § 107 Abs. 1 S. 2 GNotKG mind. 30.000 EUR.

Der Geschäftsführerbestellungsbeschluss in derselben Urkunde ist einer ohne bestimmten Geldwert, sodass der Geschäftswert gem. § 108 Abs. 1 S. 1 GNotKG i.V.m. § 105 Abs. 4 Nr. 1 GNotKG mit 1 % des Stammkapitals, mind. jedoch 30.000 EUR, berechnet wird.

Da der Gesellschafterbeschluss über die Geschäftsführerberufung und der Gesellschaftsvertrag **verschiedene** Beurkundungsgegenstände gem. § 110 Nr. 1 GNotKG sind, sind die einzelnen Werte wegen des gleichen Gebührensatzes von 2,0 gem. § 35 GNotKG **zusammenzurechnen**. Die zusammengerechneten Werte ergeben die Summe, die der Wert des Beurkundungsverfahrens ist.

Der Geschäftswert der Handelsregisteranmeldung ergibt sich aus § 105 Abs. 1 S. 1 Nr. 1 GNotKG und ist damit der einzutragende Geldbetrag, mind. 30.000 EUR (§ 105 Abs. 1 S. 2 GNotKG).

2. GmbH-Errichtung durch eine Person

36 Der Geschäftswert des Gesellschaftsvertrages bestimmt sich gem. § 97 Abs. 1 GNotKG nach der Summe der Einlagen aller Gesellschafter, beträgt jedoch nach § 107 Abs. 1 S. 2 GNotKG mind. 30.000 EUR.

37 Der Geschäftsführerbestellungsbeschluss ist einer ohne bestimmten Geldwert, sodass der Geschäftswert gem. § 108 Abs. 1 S. 1 GNotKG i.V.m. § 105 Abs. 4 Nr. 1 GNotKG mit 1 % des Stammkapitals, mind. jedoch 30.000 EUR, zu berechnen ist.

38 Der Gesellschafterbeschluss über die Geschäftsführerbestellung und der Gesellschaftsvertrag haben verschiedene Beurkundungsgegenstände gem. § 110 Nr. 1 GNotKG. Die einzelnen Werte sind deshalb zu addieren (§ 35 Nr. 1 GNotKG). Die zusammengerechneten Werte bilden die Summe, die der Wert des Beurkundungsverfahrens ist.

Gemäß § 93 Abs. 1 GNotKG wird die Gebühr für das Beurkundungsverfahren nur einmal erhoben. Zu berechnen ist die Gebühr nach dem höchsten in Betracht kommenden Gebührensatz, somit wird die 2,0-Gebühr nach Nr. 21100 KV GNotKG für den Beschluss angesetzt. Da für den Beschluss und für den Gesellschaftsvertrag verschiedene Gebührensätze in Betracht kommen (Errichtung Gesellschaftsvertrag 1,0-Gebühr und Beschluss über die Geschäftsführerbestellung 2,0-Gebühr) muss geprüft werden, ob die getrennte Berechnung nach § 94 Abs. 1 GNotKG für den Kostenschuldner günstiger und damit vorzunehmen ist.

Im Regelfall, wenn eine Person die GmbH errichtet, ergibt sich eine 2,0-Gebühr auf 60.000 EUR, sie beträgt 384 EUR.

Bei der **getrennten Berechnung** entstehen aber nur 375 EUR (1,0-Gebühr auf 30.000 EUR = 125 EUR und 2,0-Gebühr auf 30.000 EUR = 250 EUR).

39 *Beispiel*

GmbH-Errichtung durch eine Person, individueller Gesellschaftsvertrag, Stammkapital 25.000 EUR mit gleichzeitiger Geschäftsführerbestellung.

Der Notar fertigt die Registeranmeldung sowie die Gesellschafterliste und reicht die Unterlagen elektronisch zum Handelsregister.

Abrechnung: GmbH-Errichtungsurkunde/Gesellschafterbeschluss

Beurkundungsverfahren Geschäftswert			60.000,00 EUR
Errichtung der GmbH Geschäftswert			30.000,00 EUR
1,0-Gebühr	Nr. 21200 KV GNotKG	=	125,00 EUR

§§ 97 Abs. 1, 107 Abs. 1 GNotKG			
Beschluss Geschäftswert			30.000,00 EUR
	2,0-Gebühr Nr. 21100 KV GNotKG	=	250,00 EUR
Vollzugsgebühr Geschäftswert			60.000,00 EUR
	0,3-Gebühr Nr. 22111 KV GNotKG	=	57,60 EUR
Vorbem. 2.2.1.1 Abs. 1 Nr. 3 KV GNotKG			
§ 112 GNotKG			
Dokumentenpauschale s/w, 30 Seiten	Nr. 32001 Nr. 1, 2 KV GNotKG	=	4,50 EUR
Auslagenpauschale, Post- und Telekommunikation	Nr. 32005 KV GNotKG	=	20,00 EUR
Gesamt:			**457,10 EUR**

Beispiel 40

Die Registeranmeldung/elektronische Einreichung kann zu dem vorgenannten Beispiel wie folgt abgerechnet werden.

Abrechnung:

Handelsregisteranmeldung Geschäftswert			30.000,00 EUR
0,5-Gebühr	Nr. 24102, 21201 KV GNotKG	=	62,50 EUR
Elektronische Einreichung (XML-Daten) Geschäftswert			30.000,00 EUR
0,2-Gebühr	Nr. 22114 KV GNotKG	=	25,00 EUR
Dokumentenpauschale 3 Seiten s/w,	Nr. 32001, Nr. 1, 2 KV GNotKG	=	0,45 EUR
Dokumentenpauschale (elektronische Übermittlung 3 Dateien, 14 Scanseiten, Gründungsurkunde, Gesellschafterliste und Registeranmeldung)	Nr. 32002, 32000 KV GNotKG	=	7,00 EUR
Gesamt:			**107,45 EUR**

Hinweise:

Der **Entwurf** der Handelsregisteranmeldung wird mit der 0,5-Gebühr gem. Nr. 24102 KV GNotKG berechnet, weil der Notar den Entwurf vollständig gefertigt hat (§ 92 Abs. 2 GNotKG). Das Beurkundungsverfahren mit diesem Entwurf wird nach Nr. 21201 KV GNotKG berechnet.

Der **Geschäftswert** der Handelsregisteranmeldung ist gem. § 105 Abs. 1 S. 1 Nr. 1 GNotKG der einzutragende Geldbetrag, mind. jedoch 30.000 EUR, gem. § 105 Abs. 1 S. 1 Nr. 2 GNotKG.

Die erste Anmeldung des Geschäftsführers gehört zur **Gründungsanmeldung** und löst keine zusätzlichen Gebühren aus (§ 86 Abs. 1 GNotKG). Ebenso ist auch die Geschäftsführerbelehrung (§ 53 Abs. 2 BZRG i.V.m. § 8 Abs. 3 S. 2 GmbHG) nicht zu berechnen.

Die Erzeugung der **XML-Strukturdaten** zur elektronischen Einreichung beim Handelsregister löst die 0,2-Vollzugsgebühr nach Nr. 22114 KV GNotKG aus. Die Gebühr ist auf max. 125 EUR begrenzt. Die Gebühr entsteht neben anderen Vollzugs- und/oder Betreuungsgebühren immer gesondert.

Soweit der Notar die Einreichung der Registeranmeldung **überwacht** und erst nach Leistung der Stammeinlage durch die Gründer einreicht, erhält der Notar für diese Auflage eine Gebühr nach Nr. 22200 Nr. 3 KV GNotKG. Es liegt kein Fall vor, bei dem die Herausgabe von der Zustimmung eines Beteiligten abhängt. Die Herausgabe zum richtigen Zeitpunkt liegt im Interesse des Geschäftsführers, dessen Versicherung zum Zeitpunkt des Eingangs beim Handelsregister unbedingt stimmen muss.

Die berechnete **Dokumentenpauschale** betrifft schwarz-weiß-Kopien sowie die Übermittlung elektronisch gespeicherter Dateien.

3. Errichtung einer Unternehmergesellschaft (haftungsbeschränkt) mit gesetzlichem Musterprotokoll

41 Wenn eine UG (haftungsbeschränkt) durch das gesetzlich ermöglichte **Musterprotokoll** (§ 2 Abs. 1a GmbHG) errichtet wird, gilt der in § 107 Abs. 1 S. 1 GNotKG festgelegte Mindestwert von 30.000 EUR nicht (§ 107 Abs. 1 S. 2 GNotKG). Deshalb richtet sich in diesem Fall der Geschäftswert gem. §§ 97 Abs. 1, 107 Abs. 1 S. 2 GNotKG nach dem Wert der Gesellschaftereinlagen.

42 Die 1,0-Gebühr Nr. 21200 KV GNotKG beträgt mind. 60 EUR. Weil das gesetzliche Musterprotokoll zugleich fiktiv als Gesellschafterliste dient, kann für die Listenerstellung keine Gebühr erhoben werden.

43 Die **Bestellung der Geschäftsführer** fällt in den Aufgabenkreis der GmbH-Gesellschafter (§ 46 Nr. 5 GmbHG). Besteht die GmbH als juristische Person, liegt die Kompetenz zur Bestellung der Geschäftsführer regelmäßig bei der Gesellschafterversammlung (§ 46 Nr. 5 GmbHG). Dennoch ist die Gesellschafterversammlung auch für die Berufung der Geschäftsführer im Gründungsstadium zuständig, sodass alle gesetzlichen und satzungsrechtlichen Vorgaben über die Einberufung, Abstimmung und Beschlussfeststellung zu beachten sind.

Der Beschluss ist zudem dem Geschäftsführer bekannt zu geben. § 6 Abs. 3 S. 2 GmbHG erspart den Gesellschaftern allerdings ein mehrfaches Zusammenfinden in der Gründungsphase und ermöglicht den Gesellschaftern, die Bestellung des ersten Geschäftsführers **gleichzeitig** mit der Beurkundung des Gesellschaftsvertrages, die ohnehin ein Zusammentreten der Gesellschafter erfordert, vorzunehmen.

Im Unterschied zur Gesellschafterversammlung bedarf die Bestimmung in der Gründungsurkunde Einstimmigkeit aller Gesellschafter und nicht nur einer einfachen Mehrheit. Obwohl die GmbH als juristische Person bei der Erstbestellung noch nicht existiert, **liegt ein (Vorab-)Beschluss der Gesellschafterversammlung vor**, der auch dem Geschäftsführer bekanntgegeben werden muss.[17]

So erklärt es sich, dass trotz der Tatsache, dass die GmbH als juristische Person noch nicht existiert, dennoch ein Beschluss der Gesellschafterversammlung vorliegt und gebührenrechtlich zu würdigen ist.

Im Regelfall fällt bei einer GmbH-Gründung somit eine **2,0-Gebühr gem. Nr. 21100 KV GNotKG** für den ersten Geschäftsführerbestellungsbeschluss an.

Anders ist dies, wenn der **Gesellschaftsvertrag** selbst **satzungsgemäß** den Geschäftsführer bestimmt, was selten der Fall ist. Dann darf man keine Bestellung eines Geschäftsführers annehmen, sondern eine gegenstandsgleiche Bestimmung des Geschäftsführers mit dem Gesellschaftsvertrag. 44

Es ist dann **kein** Beschluss gem. Nr. 21100 KV GNotKG abzurechen.

Unrichtig ist die **gebührenrechtliche Praxis** nach hier vertretener Auffassung beim **gesetzlichen Musterprotokoll**. In Ziffer 4 dieses Protokolls ist die Bestimmung des ersten Geschäftsführers inklusive seiner Befreiung von den Beschränkungen des § 181 BGB enthalten. Hierin ist genauso ein Gesellschafterbeschluss zu sehen, wie bei der Errichtung einer UG (haftungsbeschränkt) mit individuellem Gesellschaftsvertrag gem. § 6 Abs. 3 S. 2 GmbHG.[18] 45

Die gebührenrechtliche Praxis berechnet hierfür dennoch oft keinen Beschluss und nimmt **unrichtig**[19] Gegenstandsgleichheit mit dem Gründungsvorgang an.[20] Die Unrichtigkeit zeigt sich auch daran, dass der im Musterprotokoll einzufügende Geschäftsführer durch einen privatschriftlich protokollierten Gesellschafterbeschluss

17 Vgl. Müko-GmbHG/*W. Goette*, § 6 Rn 65.

18 Siehe Müko-GmbHG/*Heinze*, § 2 Rn 226, der auf die Widersprüchlichkeit hinweist.

19 Müko-GmbHG/*Heinze*, § 2 Rn 226; siehe auch Bormann/Diehn/Sommerfeldt/*Bormann*, GNotKG, § 108 Rn 19.

20 OLG Celle, Beschl. v. 18.12.2009 – 2 W 350/09, ZNotP 2019, 199 m. Anm. *Tiedtke*.

abberufen werden kann und dass keine Satzungsänderung nötig ist. Die Geschäftsführerbestimmung ist somit keine satzungsmäßige.

46 Gebührenrechtlich liegt also **auch beim gesetzlichen Musterprotokoll** ein **Gesellschafterbeschluss** zugrunde, der mit einer **2,0-Gebühr gem. Nr. 21100 KV GNotKG** abgerechnet werden könnte.

Der Wert der Geschäftsführerbestellung ist als Beschluss ohne bestimmten Geldwert mit 1 % des Stammkapitals mind. 30.000 EUR anzunehmen (§§ 108 Abs. 1 S. 1, 105 Abs. 4 Nr. 1 GNotKG). Nach § 110 Nr. 1 GNotKG betreffen die Gründungserklärungen und der Beschluss verschiedene Beurkundungsgegenstände, sodass die Einzelwerte, wenn gleiche Gebührensätze vorliegen, zu addieren sind (§ 35 GNotKG).

Die Gebühren folgen nur dem materiellen Recht und sind nach diesem zu bewerten. Die bisherige Auffassung, dass die Geschäftsführerbestellung im Musterprotokoll nicht als Beschluss gebührenrechtlich zu würdigen ist, ist demzufolge aufzugeben.

47 *Beispiel: Musterprotokoll-Errichtung*

Errichtung einer UG (haftungsbeschränkt) durch eine Person unter Verwendung des gesetzlichen Musterprotokolls, Stammkapital 500 EUR.

Nach dem Musterprotokoll ist vorgegeben, dass ein Geschäftsführer alleinvertretungsberechtigt und von den Beschränkungen des § 181 BGB befreit ist. Da es sich hierbei um einen Beschluss handelt, ist auch ein Beschluss unbestimmten Geldwerts gem. § 108 GNotKG abzurechnen.

Der Notar entwirft die Registeranmeldung, überwacht den Einreichungszeitpunkt für den Geschäftsführer und fragt zuvor bei der Handelskammer die Firma und den Unternehmensgegenstand auftragsgemäß ab.

Abrechnung:

Beurkundungsverfahren Errichtung Musterprotokoll, Beschluss Geschäftsführer

Geschäftswert (500 EUR + 30.000 EUR)	§§ 97 Abs. 1, 107 Abs. 1 S. 2, 108, 105 Abs. 4, 110 GNotKG		30.500,00 EUR
2,0-Gebühr	Nr. 21100 KV GNotKG	=	270,00 EUR
Vollzugsgebühr IHK-Anfrage,	Nr. 22112 KV GNotKG	=	15,00 EUR
Dokumentenpauschale 20 Seiten s/w	Nr. 32001, Nr. 1, 2 KV GNotKG	=	3,00 EUR
Auslagenpauschale Post- und Telekommunikation		=	12,00 EUR

Abrechnung der Registeranmeldung und Überwachung des Einreichungszeitpunkts

Entwurf Handelsregisteranmeldung Geschäftswert			500,00 EUR
0,5-Gebühr	Nr. 24102, 21201 KV GNotKG		
§ 105 Abs. 1 S. 1 Nr. 1 GNotKG		=	30,00 EUR
Treuhandüberwachung Einreichung Registeranmeldung – Geschäftswert	§§ 113 Abs. 1, 34 Abs. 5 GNotKG		500,00 EUR
Prüfung der Einzahlung des Stammkapitals			
0,2-Gebühr	Nr. 22200 KV GNotKG	=	15,00 EUR
Elektronische Einreichung XML-Daten – Geschäftswert	§§ 112, 34 Abs. 5 GNotKG		500,00 EUR
0,2-Gebühr	Nr. 22114 KV GNotKG	=	15,00 EUR
Dokumentenpauschale 3 Seiten s/w		=	0,45 EUR
Dokumentenpauschale elektronische Übermittlung (Gründungsurkunde, Registeranmeldung und Einzahlungsbeleg Stammkapital) 3 Dateien, 14 Scanseiten	Nr. 32002, 32000 KV GNotKG	=	7,00 EUR
Auslagen (Post- und Telekommunikation)	Nr. 32004 KV GNotKG	=	7,00 EUR

Hinweise:

Die getrennte Berechnung einer 1,0-Gebühr für die Errichtung zusammen mit der 2,0-Gebühr für den Beschluss wären teurer für den Mandanten. Der günstigere Weg zugunsten des Mandanten ist zu beschreiten.

Der vom Notar vollständig gefertigte **Entwurf** der Registeranmeldung wird mit der 0,5-Gebühr nach Nr. 21201 i.V.m. Nr. 24102 KV GNotKG abgerechnet (§ 92 Abs. 2 GNotKG).

Der **Geschäftswert** der Handelsregisteranmeldung ist gem. § 105 Abs. 1 S. 1 Nr. 1, Abs. 6 GNotKG der einzutragende Geldbetrag.

Die Anmeldung des ersten Geschäftsführers gehört zur **Gründungsanmeldung** und wird nicht zusätzlich berechnet (§ 86 Abs. 1 GNotKG). Das gleiche gilt für die Geschäftsführerbelehrung nach § 53 BZRG i.V.m. § 8 Abs. 3 S. 2 GmbHG.

Die Erzeugung der **XML-Strukturdaten** zur elektronischen Einreichung beim Handelsregister löst die 0,2-Vollzugsgebühr nach Nr. 22114 KV GNotKG aus, max. 125 EUR. Diese Gebühr entsteht neben anderen Vollzugs- und/oder Betreuungsgebühren stets gesondert.

Der Notar **überwacht** für den Geschäftsführer die Einreichung und Einzahlung des Stammkapitals und überreicht erst danach die Registeranmeldung zum Handelsregister, sodass die 0,3-Betreuungsgebühr nach Nr. 22200 KV GNotKG anfällt, Geschäftswert nach § 113 Abs. 1 GNotKG.

Die IHK-Anfrage wird gem. Nr. 22112 KV GNotKG berechnet.

V. Grundbuchverkehr, elektronisch

48 Die Bedeutung des elektronischen Grundbuchverkehrs nimmt zu. Bei immer mehr Grundbuchämtern ist es geboten, die Grundbuchunterlagen und Anträge auf elektronischem Wege zu erledigen. Effektiv und einfach kann festgesellt werden, ob bei einem Grundbuchbezirk der elektronische Grundbuchverkehr bereits eingeführt ist oder ob die Einführung absehbar ist. Dies kann leicht auf der Homepage der Bundesnotarkammer auf www.notar.de unter der Rubrik „**Grundbuchamtssuche**“ geschehen.

Soweit der Notar dem Grundbuchamt elektronisch die Anträge übermittelt, stehen ihm hierfür Gebühren zu.

Auch ohne besonderen Auftrag muss der Notar für die Erledigung auf elektronischem Wege (XML-Datenstruktur) Gebühren erheben, und zwar:

- die 0,2-**Gebühr Nr. 22114 KV GNotKG** (max. 125 EUR), wenn der Einreichende den Entwurf gefertigt oder das Dokument beurkundet hat;
- die 0,5-**Gebühr Nr. 22125 KV GNotKG** (max. 250 EUR), wenn kein Entwurf oder keine Beurkundung des einreichenden Notars zugrunde liegen.

Die entsprechende Gebühr für die elektronische Einreichung entsteht **für jede Urkunde** des Notars **nur einmal**.

49 Der **Geschäftswert** richtet sich nach § 112 S. 1 GNotKG und ist damit genauso hoch, wie beim zugrunde liegenden notariellen Verfahren/Geschäft.

50 Fertigt der Notar wegen der Vorschrift des § 29 GBO in diesem Zusammenhang **elektronisch beglaubigte Ablichtungen**, entsteht für jede (nur nicht für die von eigenen Urkunden und von Vertretungsnachweisen) eine Gebühr nach Nr. 25102 KV GNotKG (1 EUR je Seite, mind. 10 EUR).

Für die Herstellung elektronisch beglaubigter Ablichtungen im Zuge einer Eigentumsumschreibung fällt diese Gebühr jeweils insbesondere für die Beglaubigung der Vorkaufsrechtsverzichtserklärung, Unbedenklichkeitsbescheinigung, Löschungsbewilligung usw. an.

Beispiel 51

Der Notar beglaubigt die Unterschrift des Eigentümers unter einem Löschungsantrag, der auf der Löschungsbewilligung vorgedruckt ist.

Der Wert des zu löschenden Grundpfandrechts beträgt 300.000 EUR.

Der Notar fertigt eine elektronisch beglaubigte Ablichtung der Löschungsunterlage; er übermittelt die beglaubigte Unterlage an das Grundbuchamt auf elektronischem Wege.

Abrechnung:

Unterschriftsbeglaubigung Löschungsantrag	Nr. 25101 Nr. 2 KV GNotKG	20,00 EUR
Antragsübermittlung	Nr. 22124 KV GNotKG	20,00 EUR
elektronisch beglaubigte Ablichtung Löschungsunterlage	Nr. 25102 KV GNotKG	10,00 EUR

VI. Grundschuldbestellung

1. Grundschuldbestellung (vollstreckbar)

Der **Geschäftswert** für die Grundschuldbestellung entspricht dem Nennbetrag des Grundpfandrechts gem. § 53 Abs. 1 GNotKG. 52

Die Grundschuldbestellung und das abstrakte Schuldversprechen sind gem. § 109 Abs. 2 Nr. 3 GNotKG gegenstandsgleich; ebenso ist gem. § 109 Abs. 1 S. 4 Nr. 4 GNotKG die mit beurkundete Zwangsvollstreckungsunterwerfung dinglich wie persönlich gegenstandsgleich. 53

Für die Beurkundung der vollstreckbaren Grundschuldbestellung fällt die 1,0-Gebühr gem. Nr. 21200 KV GNotKG an. 54

Erteilt der Notar eine **Rangbescheinigung (Notarbestätigung)**, erhält er zusätzlich für diese Bescheinigung eine 0,3-Gebühr gem. Nr. 25201 KV GNotKG, weil die Rangbescheinigung ein **sonstiges notarielles Geschäft** ist. 55

Beispiel 56

Der Notar bestellt eine Grundschuld über 250.000 EUR, vollstreckbar gem. § 800 ZPO. Außerdem erteilt der Notar der Gläubigerin eine Notarbestätigung (gutachtliche Äußerung) zum Rang des Grundpfandrechts.

Abrechnung:

Beurkundungsverfahren – Geschäftswert	§ 51 Abs. 1 GNotKG		250.000,00 EUR
1,0-Gebühr	Nr. 21200 KV GNotKG	=	535,00 EUR
Rangbescheinigung – Geschäftswert	§ 122 GNotKG		250.000,00 EUR
0,3-Gebühr	Nr. 25201 KV GNotKG	=	160,50 EUR

57 Erteilt der Notar innerhalb der Urkunde über die Grundschuldbestellung (für eine Internetbank) eine **Legitimationsprüfung nach § 15 Abs. 2 AO** mit der notwendigen Identifizierung der Person nach dem Geldwäschegesetz anhand des Personalausweises oder Reisepasses mit amtlicher Meldebescheinigung, so steht die Identifizierung der Person im Vordergrund. Ob der Anlass der Legitimationsprüfung ein konkretes Geldgeschäft oder ein ggf. künftiges Geschäft ist, rückt in den Hintergrund. Diese Legitimationsprüfung ist **zusätzlich zu bewerten**.

58 Der **Geschäftswert** der Legitimationsprüfung kann gem. **§ 36 Abs. 2 und 3 GNotKG** mit **5.000 EUR** angenommen werden, und zwar für **jede Prüfung eines Beteiligten gesondert**, wobei eine Addition der Werte unterbleibt.[21]

Die 1,0-Gebühr gem. **Nr. 25104 KV GNotKG** fällt bei einer Bescheinigung des Notars über die Legitimation mehrerer Beteiligter somit **für jeden Beteiligten gesondert** an.

59 *Beispiel: Grundpfandrecht mit Unterwerfungserklärung und Legitimationsprüfung*

Die beiden Eigentümer ihres Grundstücks lassen eine vollstreckbare Grundpfandrechtsbestellung über 100.000 EUR beurkunden.

Der Notar erledigte auftragsgemäß für die Gläubigerin, eine Internetbank, die Legitimationsprüfung beider Darlehensnehmer nach GwG.

Der Notar fertigte in derselben Urkunde der Grundschuldbestellung auch die Tatsachenbescheinigungen über die Legitimationsprüfungen

Abrechnung:

Beurkundungsverfahren Grundpfandrecht mit Unterwerfung – Geschäftswert	§§ 53 Abs. 1, 97 Abs. 1 GNotKG		**100.000,00 EUR**
	Nr. 21200 KV GNotKG	=	273,00 EUR

21 Vgl. Renner/Otto/Heinze/*Hüttinger*, Leipziger GNotKG, § 36 Rn 69.

Tatsachenbescheinigung über Legitimation des **einen** Miteigentümers – Geschäftswert	§ 36 Abs. 2, 3 GNotKG		**5.000,00 EUR**
	Nr. 25104 KV GNotKG	=	45,00 EUR
Tatsachenbescheinigung über Legitimation des **anderen** Miteigentümers – Geschäftswert	§ 36 Abs. 2, 3 GNotKG		**5.000,00 EUR**
	Nr. 25104 KV GNotKG	=	45,00 EUR

2. Grundschuldbestellung mit nur formellen Grundbucherklärungen (Entwurf mit Unterschriftsbeglaubigung)

Der Geschäftswert für die auftragsgemäße Fertigung des Entwurfs der Grundschuldbestellung bestimmt sich gem. § 119 Abs. 1 GNotKG nach den für die Beurkundung geltenden Vorschriften, sodass § 51 Abs. 1 GNotKG gilt und der Wert somit dem Nennbetrag des Grundpfandrechts entspricht. **60**

Der Entwurfstext der Grundschuldbestellung enthält nur formelle Grundbucherklärungen, sodass eine 0,5-Gebühr nach Nr. 24102 KV GNotKG i.V.m. Nr. 21201 Nr. 4 KV GNotKG anfällt. Weil der Notar den gesamten Text vollständig gefertigt hat, erhält er den Gebührensatz von 0,5 (§ 92 Abs. 2 GNotKG). **61**

Für die Beglaubigung des Eigentümers fällt gem. Vorbem. 2.4.1 Abs. 2 KV GNotKG keine weitere Gebühr an. **62**

Wenn der Notar eine Vollzugstätigkeit erledigt, z.B. die **sanierungsrechtliche Genehmigung** zur Grundschuld von der Behörde anfordert, weil das Grundstück in einem Sanierungsgebiet liegt, fällt auch bei einer Grundschuld die **Vollzugsgebühr** an. Es handelt sich um eine Vollzugstätigkeit nach Vorbem. 2.2.1.1 Abs. 1 S. 2 Nr. 1 KV GNotKG, sodass die Vollzugsgebühr gem. Nr. 22112 KV GNotKG mit max. 50 EUR entsteht. **63**

Beispiel **64**

Der Eigentümer F bestellt der XY-Bank AG eine Grundschuld i.H.v. 1.000.000 EUR. Die Grundschuldbestellung enthält nur formelle Grundbucherklärungen, also z.B. keine zusätzlichen Unterwerfungserklärungen. Der Notar fertigt den vollständigen Entwurf der Grundpfandrechtsurkunde und beglaubigt die Unterschrift des Eigentümers.

Da im Grundbuch des zu belastenden Grundstücks ein Sanierungsvermerk eingetragen ist, fordert der Notar auftragsgemäß die sanierungsrechtliche Genehmigung von der Sanierungsbehörde an.

Der Umfang der Grundschuldurkunde beträgt acht Seiten. Der Notar fertigt eine einfache Abschrift und zwei beglaubigte Abschriften, wovon eine zur Urkundenrollensammlung genommen wird.

Abrechnung:

Entwurfstätigkeit = Geschäftswert	§§ 119 Abs. 1, 53 Abs. 1, 92 Abs. 2 GNotKG		1.000.000,00 EUR
0,5-Gebühr	Nr. 24102, 21201 KV GNotKG	=	867,50 EUR
Vollzugsgebühr – Geschäftswert	§ 112 GNotKG, Vorbem. 2.2.1.1 Abs. 1 S. 2 Nr. 1 KV GNotKG		1.000.000,00 EUR
0,3-Gebühr	Nr. 22112 KV GNotKG	=	50,00 EUR
Dokumentenpauschale 16 Seiten s/w	Nr. 32001 KV GNotKG	=	2,40 EUR
Auslagenpauschale Post- und Telekommunikation	Nr. 32005 KV GNotKG	=	20,00 EUR

Hinweise:

Der **Geschäftswert** der auftragsgemäßen Entwurfsfertigung der Grundschuldbestellung wird durch § 119 Abs. 1 GNotKG nach den für die Beurkundung geltenden Vorschriften bestimmt, wobei der Nennbetrag des Grundpfandrechts gem. § 53 Abs. 1 GNotKG maßgebend ist.

Die **Grundschuldbestellung** enthält nur formelle Grundbucherklärungen, nicht z.B. eine darüberhinausgehende Zwangsvollstreckungsunterwerfung, sodass nur die 0,5-Gebühr nach Nr. 24102 i.V.m. Nr. 21201 Nr. 4 KV GNotKG anfällt. Weil der Notar die Grundschuld nicht nur ergänzt hat, erhält er den vollen 0,5-Gebührensatz nach § 92 Abs. 2 GNotKG.

Für die **Unterschriftsbeglaubigung** des Eigentümers fällt gem. Vorbem. 2.4.1 Abs. 2 KV GNotKG keine weitere Gebühr an.

Die Vollzugsgebühr fällt auch bei der Grundschuld an. Im Beispielsfall erledigt der Notar eine Vollzugstätigkeit nach Vorbem. 2.2.1.1 Abs. 1 S. 2 Nr. 1 KV GNotKG, sodass die Vollzugsgebühr gem. Nr. 22112 KV GNotKG mit höchstens 50 EUR anzunehmen ist.

Keine **Dokumentenpauschale** fällt für die beglaubigte Ablichtung an, die der Notar zu seiner Urkundenrollensammlung nimmt.

Der Notar kann die **Auslagenpauschale** ansetzen. Sollten ausnahmsweise die tatsächlichen Auslagen absehbar deutlich niedriger liegen als die Pauschale, wird der Notar in der Regel die geringeren tatsächlichen Gebühren berechnen.

3. Grundschuldbestellung mit nur formellen Grundbucherklärungen, Entwurf und Unterschriftsbeglaubigung, Rangrücktritt

Der **Geschäftswert** für die auftragsgemäße Fertigung des Entwurfs der Grundschuldbestellung bestimmt sich gem. § 119 Abs. 1 GNotKG nach den für die Beurkundung geltenden Vorschriften, sodass § 51 Abs. 1 GNotKG gilt und der Wert somit dem Nennbetrag des Grundpfandrechts entspricht. **65**

Der **Entwurfstext** der Grundschuldbestellung enthält nur formelle Grundbucherklärungen, sodass eine 0,5-Gebühr nach Nr. 24102 i.V.m. Nr. 21201 Nr. 4 KV GNotKG anfällt. Der Notar erhält den 0,5-Gebührenansatz, weil er den gesamten Text des Entwurfes (vollständig) gefertigt hat, § 92 Abs. 2 GNotKG. **66**

Für die **Beglaubigung** der Unterschrift des Eigentümers fällt gem. Vorbem. 2.4.1 Abs. 2 KV GNotKG keine weitere Gebühr an. **67**

Wenn der Notar eine Vollzugstätigkeit erledigt, z.B. die (behördliche) **sanierungsrechtliche Genehmigung** zur Grundschuld von der Behörde anfordert, weil das Grundstück in einem Sanierungsgebiet liegt, fällt auch bei einer Grundschuld die Vollzugsgebühr an. **68**

Im genannten Beispiel handelt es sich dann um eine Vollzugstätigkeit nach Vorbem. 2.2.1.1 Abs. 1 S. 2 Nr. 1 KV GNotKG, sodass die Vollzugsgebühr gem. Nr. 22112 KV GNotKG mit **höchstens 50 EUR** entsteht.

Soweit der Notar Vollzugstätigkeiten erledigt, z.B. eine sanierungsrechtliche Genehmigung einholt und eine Rangrücktrittsbewilligung auftragsgemäß entwirft und von einem Gläubiger einholt, entsteht eine einzige Vollzugsgebühr gem. § 112 GNotKG, Vorbem. 2.2.1.1 Abs. 1 Nr. 1 und Nr. 9 KV GNotKG. **69**

Beispiel **70**

Der Eigentümer F bestellt der XY-Bank AG eine Grundschuld i.H.v. 1.000.000 EUR.

Die Grundschuldbestellung enthält nur formelle Grundbucherklärungen, also z.B. keine zusätzlichen Unterwerfungserklärungen.

Der Notar fertigt den vollständigen Entwurf der Grundpfandrechtsurkunde und beglaubigt die Unterschrift des Eigentümers.

Da im Grundbuch des zu belastenden Grundstücks ein Sanierungsvermerk eingetragen ist, fordert der Notar auftragsgemäß die sanierungsrechtliche Genehmigung von der Sanierungsbehörde an. Außerdem entwirft der Notar auftragsgemäß eine Rangrücktrittserklärung und fordert diese Erklärung von einem vorrangig im Grundbuch eingetragenen Gläubiger an.

Der Umfang der Grundschuldurkunde beträgt acht Seiten. Der Notar fertigt eine einfache Abschrift und zwei beglaubigte Abschriften, wovon eine zur Urkundenrollensammlung genommen wird.

Abrechnung:

Entwurfstätigkeit Beurkundungsverfahren – Geschäftswert	§§ 119 Abs. 1, 53 Abs. 1, 92 Abs. 2 GNotKG		1.000.000,00 EUR
0,5-Gebühr	Nr. 24102, 21201 KV GNotKG	=	867,50 EUR
Vollzugsgebühr – Geschäftswert	§ 112 GNotKG, Vorbem. 2.2.1.1 Abs. 1 S. 2 Nr. 1 KV GNotKG		1.000.000,00 EUR
0,3-Gebühr	Nr. 22111 KV GNotKG	=	520,50 EUR
Dokumentenpauschale 16 Seiten s/w	Nr. 32001 KV GNotKG	=	2,40 EUR
Auslagenpauschale Post- und Telekommunikation	Nr. 32005 KV GNotKG	=	20,00 EUR

Hinweise:

Der **Geschäftswert** der auftragsgemäßen Entwurfsfertigung der Grundschuldbestellung wird durch § 119 Abs. 1 GNotKG nach den für die Beurkundung geltenden Vorschriften bestimmt, wobei der Nennbetrag des Grundpfandrechts gem. § 53 Abs. 1 GNotKG maßgebend ist.

Die Grundschuldbestellung enthält nur formelle Grundbucherklärungen, nicht z.B. eine darüberhinausgehende Zwangsvollstreckungsunterwerfung, sodass nur die 0,5-Gebühr nach Nr. 24102 i.V.m. Nr. 21201 Nr. 4 KV GNotKG anfällt. Weil der Notar die Grundschuld nicht nur ergänzt hat, erhält er den vollen 0,5-Gebührensatz nach § 92 Abs. 2 GNotKG.

Für die **Unterschriftsbeglaubigung** des Eigentümers fällt gem. Vorbem. 2.4.1 Abs. 2 KV GNotKG keine weitere Gebühr an.

Die in der Grundschuldbestellung enthaltene Zustimmungserklärung des Eigentümers und der Vollzugsantrag zum Rangrücktritt sind gem. § 109 Abs. 1 S. 5

Nr. 3 GNotKG **gegenstandsgleich** zur Grundschuldbestellung und nicht gesondert zu bewerten.

Die **Vollzugsgebühr** fällt auch bei der Grundschuld an.

Im Beispielsfall erledigt der Notar eine Vollzugstätigkeit nach Vorbem. 2.2.1.1 Abs. 1 S. 2 Nr. 1 KV GNotKG sowie eine Vollzugstätigkeit nach Nr. 9, sodass die 0,3-Vollzugsgebühr gem. Nr. 22111 KV GNotKG ohne Begrenzung zu erheben ist.

Der Notar erhält für die Fertigung der Rangrücktrittsbewilligung keine Gebühr (Vorbem. 2.2 Abs. 2 KV GNotKG).

Keine Dokumentenpauschale fällt für die beglaubigte Ablichtung, die der Notar zu seiner Urkundenrollensammlung nimmt, an.

Der Notar kann die **Auslagenpauschale** ansetzen. Sollten ausnahmsweise die tatsächlichen Auslagen absehbar deutlich niedriger liegen als die Pauschale, wird der Notar in der Regel die geringeren tatsächlichen Gebühren berechnen.

4. Grundschuldbestellung – nur Beglaubigung der Unterschrift, Einholen einer Löschungsbewilligung, Treuhandauflage

Der **Geschäftswert** für eine Unterschriftsbeglaubigung bestimmt sich gem. § 121 GNotKG nach den für die Beurkundung geltenden Vorschriften. Für die Grundschuldbestellung und die Löschungserklärungen des Eigentümers gilt § 53 Abs. 1 GNotKG. **71**

Enthält die Grundschuldbestellung, unter der der Notar die Unterschrift des Eigentümers beglaubigt, einen **Löschungsantrag** ist dieser gegenstandsverschieden zur Grundschuldbestellung. Für die Löschungszustimmung ist, unabhängig von einem Geschäftswert, nach Nr. 25101 Nr. 2 KV GNotKG bei reiner Unterschriftsbeglaubigung eine Festgebühr von 20 EUR zu erheben. Wertabhängige Gebühren und Festgebühren können somit nicht zusammengerechnet werden. Zu einer einheitlichen Gebühr kommt man nur über die Addition mehrerer Geschäftswerte. Deshalb ist die feste Gebühr von 20 EUR neben der Höchstgebühr für die Unterschriftsbeglaubigung unter der Grundschuldbestellung gesondert in Ansatz zu bringen. **72**

Beispiel **73**

Der Eigentümer bestellt eine Grundschuld über 400.000 EUR. Die Gläubigerbank hat das Formular vollständig erstellt. Die Grundschuld enthält nur formelle Grundbucherklärungen. Der Notar beglaubigt die Unterschrift unter der Urkunde. In der Grundschuldbestellung stimmt der Eigentümer der Löschung eines anderen Grundpfandrechts über 300.000 EUR zu und beantragt die Löschung in das Grundbuch einzutragen.

Der Notar ist beauftragt, von der Gläubigerin des zu löschenden Grundpfandrechts die Löschungsbewilligung anzufordern, mit der Fertigung eines Entwurfs der Löschungsbewilligung.

Die Löschungsbewilligung erhält der Notar mit einer Treuhandauflage, nur gegen Zahlung von 200 EUR darüber verfügen zu dürfen.

Abrechnung:

Beglaubigung der Unterschrift – Geschäftswert		§§ 121, 94 Abs. 1 GNotKG	400.000,00 EUR
Gegenstandswerte:			
Grundschuldbestellung		§ 53 Abs. 1 GNotKG	400.000,00 EUR
Löschungszustimmung		§ 53 Abs. 1 GNotKG	
Unterschriftsbeglaubigung unter Grundschuld	0,2-Gebühr	Nr. 25100 KV GNotKG	70,00 EUR
Löschungszustimmung	Festgebühr	Nr. 25101 KV GNotKG	20,00 EUR
Vollzugsgebühr – Geschäftswert		§ 112 S. 2 GNotKG, Vorbem. 2.2.1.2 Nr. 1 KV GNotKG	400.000,00 EUR
	0,5-Gebühr	Nr. 22121 KV GNotKG	392,50 EUR
Treuhandgebühr – Geschäftswert		§ 113 Abs. 2 GNotKG	200,00 EUR
	0,5-Gebühr	Nr. 22201 KV GNotKG	15,00 EUR
Einsicht in das elektronisch geführte Grundbuch (eine Einsicht 8 EUR)		Nr. 32011 KV GNotKG	8,00 EUR
Auslagenpauschale Post und Telekommunikation		Nr. 32005 KV GNotKG	20,00 EUR

Hinweise:

Der **Geschäftswert** der Unterschriftsbeglaubigung wird durch § 121 GNotKG nach den für die Beurkundung geltenden Vorschriften bestimmt.

Für die Grundschuldbestellung und die Löschungserklärungen des Eigentümers ist jeweils § 53 Abs. 1 GNotKG einschlägig.

Die in der Grundschuldbestellung enthaltene Zustimmung des Eigentümers zur Löschung samt Antrag hat zur Grundschuldbestellung (wie bei der Beurkundung) einen verschiedenen Gegenstand.

Für die Zustimmung des Eigentümers (Löschungszustimmung) samt Löschungsantrag ist, unabhängig von einem Geschäftswert, gem. Nr. 25101 Nr. 2 KV GNotKG **bei reiner Unterschriftsbeglaubigung** eine **Festgebühr** von 20 EUR anzusetzen.

Deshalb können Festgebühren nicht mit wertabhängigen Gebühren zusammengerechnet werden. Zu einer einheitlichen Gebühr kommt man nur über die Addition mehrerer Geschäftswerte. Im Beispielsfall ist deshalb die feste Gebühr von 20 EUR neben der Höchstgebühr für die Unterschriftsbeglaubigung unter der Grundschuldbestellung gesondert zu erheben.

Für das Einholen der **Löschungsbewilligung** ist gem. Vorbem. 2.2.1.1 Abs. 1 S. 2 Nr. 9 KV GNotKG die Vollzugsgebühr gem. Nr. 22121 KV GNotKG aus dem Wert der Unterschriftsbeglaubigung (400.000 EUR – § 112 S. 2 GNotKG) zu erheben. Der hierzu gefertigte Entwurf löst gem. Vorbem. 2.2. Abs. 2 KV GNotKG keine Entwurfsgebühr daneben aus.

Für die **Treuhandtätigkeit** fällt gem. Nr. 22201 KV GNotKG eine Treuhandgebühr aus dem Betrag der Auflage an, hier die Mindestgebühr nach § 34 Abs. 5 GNotKG.

Der Notar kann die **Auslagenpauschale** in Rechnung stellen, könnte anstelle der Pauschale aber auch die tatsächlich entstandenen Auslagen berechnen.

Die Vollzugsgebühr fällt auch bei der Grundschuld an. Im Beispielsfall erledigt der Notar eine Vollzugstätigkeit nach Vorbem. 2.2.1.1 Abs. 1 S. 2 Nr. 1 KV GNotKG sowie eine Vollzugstätigkeit nach Nr. 9, sodass die 0,3-Vollzugsgebühr gem. Nr. 22111 KV GNotKG ohne Begrenzung zu erheben ist. Der Notar erhält für die Fertigung der Rangrücktrittsbewilligung nichts (Vorbem. 2.2 Abs. 2 KV GNotKG).

Keine Dokumentenpauschale fällt für die beglaubigte Ablichtung an, die der Notar zu seiner Urkundenrollensammlung nimmt.

5. Vollzugsgebühren für Abwicklungsgeschäfte bei der Grundschuldbestellung

Wird der Notar zum Vollzug einer Grundschuldbestellungsurkunde tätig, erhält er eine 74
Vollzugsgebühr gem. Vorbem. 2.2.1.1 Abs. 1 S. 2 KV GNotKG. Die Vollzugsgebühr entsteht unabhängig davon, ob der Notar die Grundschuldbestellung beurkundet, ob er den Entwurf gefertigt hat oder ob er lediglich die Unterschrift unter dem Dokument

beglaubigt. Bei vielen Tätigkeiten rund um eine Grundschuldbestellung steht dem Notar somit die Vollzugsgebühr zu.

75 **Kostenpflichtige Vollzugstätigkeiten** sind z.B.:

- Einholung und Prüfung der **sanierungsrechtlichen Genehmigung** sowie sonstiger Bescheinigungen, die nach öffentlich-rechtlichen Vorschriften notwendig sind (Vorbem. 2.2.1.1 Abs. 1 S. 2 Nr. 1 KV GNotKG);
- Einholung und Prüfung der **Genehmigung** (bzw. Entscheidung) des **Betreuungsgerichts**, **Familiengerichts** oder **Nachlassgerichts** (Vorbem. 2.2.1.1 Abs. 1 S. 2 Nr. 4 KV GNotKG);
- Einholung von **Löschungsbewilligungen/Löschungserklärungen** (Vorbem. 2.2.1.1 Abs. 1 S. 2 Nr. 9 KV GNotKG);
- Einholung und Prüfung einer **Vollmachtbestätigung** oder privatrechtlichen **Zustimmungserklärung**, z.B. eines Erbbaurechtsausgebers (Vorbem. 2.2.1.1 Abs. 1 S. 2 Nr. 5 KV GNotKG);
- Einholung und Prüfung von **Rangrücktritts- oder Vorrangeinräumungserklärungen** (Vorbem. 2.2.1.1 Abs. 1 S. 2 Nr. 9 KV GNotKG);
- **Mitteilung** des Notars an einen Kaufpreisfinanzierungsgläubiger über die **Einschränkung der Sicherungszweckerklärung mit Einholung** einer Bestätigung des Gläubigers, dass dieser die Einschränkung beachtet.

6. Betreuungsgebühren bei der Grundschuldbestellung

76 Wird der Notar von der Gläubigerin eines Grundpfandrechts bevollmächtigt, für sie die Grundschuldurkunde entgegenzunehmen, damit die **Bindungswirkung** nach § 873 Abs. 2 BGB eintritt und nimmt der Notar die Grundschuldurkunde dann entgegen, fällt eine Betreuungsgebühr gem. Nr. 22200 Nr. 7 KV GNotKG an.

77 Damit der Käufer einer Immobilie die Vorwegbeleihung des Verkäufers zur Kaufpreisfinanzierung nicht derart nutzt, dass er sich etwas finanziert (aber nicht den Kaufpreis), vereinbaren die Beteiligten des Kaufvertrages, dass der Verkäufer bei einer Kaufpreisfinanzierung mitwirkt, soweit die **Sicherungsabrede** dahingehend eingeschränkt wird, dass der Kaufpreis damit bezahlt wird. Die Sicherungsabrede wird bereits im Kaufvertrag zum Schutz des Verkäufers vereinbart und hat **denselben Beurkundungsgegenstand (§ 109 GNotKG)**. Deshalb darf die vereinbarte Sicherungsabrede im Kaufvertrag nicht gesondert bewertet werden.

Zur Sicherheit des Verkäufers ist es üblich, dass der Notar bei der Abwicklung einer **Kaufpreisfinanzierungsgrundschuld** die Einschränkung der vereinbarten Sicherungsabrede auch in der Grundschuldurkunde dokumentiert und auftragsgemäß den Zugang der Abtretungsanzeige beim Gläubiger herbeiführt und überwacht.

Regelmäßig bestätigen die Kreditinstitute bereits beim Übersenden der Grundschuldbestellungsformulare ausdrücklich, dass die im Kaufvertrag des Notars mit der entsprechenden Urkundennummer vereinbarte Sicherungsabrede **beachtet** wird. Damit ist dann bereits der Erfolg der Sicherungsabrede herbeigeführt.

Eine vorsorglich dennoch vorgenommene Abtretungsanzeige des Notars darf dann nicht mehr mit einer Betreuungsgebühr bewertet werden.[22]

22 So auch Leipziger Kostenspiegel, Rn 648.

H.

I. Haftpflichtversicherung

Bei sehr hohen Geschäftswerten kann es vorkommen, dass die Haftpflichtversicherung des Notars eine Transaktion nicht vollständig haftungsrechtlich deckt. Wenn der Notar erkennt, dass eine Deckung durch seine **Vermögensschadenhaftpflichtversicherung** nicht genügt, um im Ernstfall einen hohen Schaden für eine anstehende Beurkundung abzusichern, so kann er ggf. für diesen Einzelfall bei seiner Versicherung eine einmalige Absicherung des Haftpflichtrisikos für die Transaktion vereinbaren. 1

Klärt der Notar im Vorfeld des Beurkundungsverfahrens mit seinem Kostenschuldner, dass dieser, um vollen Schutz zu haben, den **Abschluss der Haftpflichtversicherung schriftlich verlangt**, führt diese Veranlassung dazu, dass der Kostenschuldner des Notars die vom Notar an seine Versicherung gezahlte **Prämie** für die Einzelfallversicherung erstatten muss, und zwar in voller Höhe (Nr. 32012 KV GNotKG).

Ist der Tatbestand Nr. 32012 KV GNotKG nicht erfüllt, ist eine für den Einzelfall gezahlte Prämie für eine Beurkundung mit einem Wert von mehr als 60 Mio. EUR **zum Teil erstattungsfähig**. Dabei handelt es sich um den Teil der Prämie, der auf Haftungsbeträge oberhalb von 60 Mio. EUR entfällt. 2

Das Entstehen der Auslage Nr. 32013 KV GNotKG ist nicht davon abhängig, dass der Kostenschuldner einwilligt.[1] 3

Ist die Prämie des Vermögensschadenhaftpflichtversicherers nicht aufgeschlüsselt, ist die Versicherungssumme, die 60 Mio. EUR übersteigt, in das Verhältnis zur Gesamtversicherungssumme zu setzen und die Prämie ist entsprechend aufzuteilen. Auf die Höhe des Geschäftswerts der Beurkundung kommt es im Einzelfall nicht an.

II. Handelsregisteranmeldungen

Siehe unter Teil R Rdn 7 ff. (*Registeranmeldungen*). 4

III. Heterologe/Homologe Insemination

Die Vereinbarung eine künstliche Befruchtung im heterologen bzw. homologen Verfahren durchzuführen ist eine **nicht vermögensrechtliche Angelegenheit**, die mit einem Geschäftswert gem. § 36 Abs. 2, 3 GNotKG bewertet wird. Regelmäßig wird der Geschäftswert mit **5.000 EUR** angesetzt. 5

1 Korintenberg/*Tiedtke*, Nr. 32013 KV GNotKG, Rn 4.

6 Die Beurkundung über die Vereinbarung der Durchführung der künstlichen Befruchtung im heterologen bzw. homologen Verfahren löst die 2,0-Gebühr gem. Nr. 21100 KV GNotKG aus. Die Gebühr beträgt mind. 120 EUR.

7 Mitbeurkundete Verpflichtungen, Zahlungen oder Unterhaltszahlungen zu leisten, haben einen verschiedenen Gegenstand zur Vereinbarung über die künstliche Befruchtung, § 86 Abs. 2 GNotKG. Die Bewertung der wiederkehrenden Zahlungsbeträge erfolgt gemäß § 52 GNotKG unter Berücksichtigung der zeitlich vereinbarten Dauer der Zahlungen.[2]

8 Wird ein **Unterhaltsverzicht** mitbeurkundet, hat auch diese Vereinbarung einen verschiedenen Gegenstand zur Vereinbarung über die künstliche Befruchtung. Der Jahreswert des möglichen Unterhalts ist zu schätzen und wird gem. § 52 GNotKG vervielfältigt.[3]

2 Streifzug, Rn 2195.

3 Streifzug, Rn 2196.

I.

Identitätserklärung

1 Die Feststellung von Verkäufer und Käufer, dass die vom Käufer erworbene Teilfläche eines Grundstücks identisch ist mit dem Flurstück, das sich nach der erfolgten Vermessung amtlich ergeben hat, ist eine **Identitätserklärung**.

Dasselbe gilt, wenn eine Teilfläche mit einer Grundschuld belastet wird und die Identität des neuen Flurstücks nach Vermessung mit dem Belastungsgegenstand „Teilfläche" erklärt wird.

2 Liegt nach Vermessung **tatsächlich eine identische Fläche** vor, deren Größe und Lage exakt mit der im Kaufvertrag vereinbarten Fläche übereinstimmt, dann löst die Identitätserklärung **keine zusätzliche Gebühr** aus, da diese Tätigkeit des Notars mit der Beurkundungsgebühr für das Beurkundungsverfahren **abgegolten ist** (Vorbem. 2.1.1 KV GNotKG).

3 Auch die Betreuungsgebühr wird durch diesen Tatbestand dann nicht ausgelöst.[1] Die Betreuungsgebühr wird allerdings häufig ohnehin für einen anderen Tatbestand der Betreuung ausgelöst, der sich ohnehin verwirklicht, bspw. durch die Überwachung der Kaufpreisfälligkeit und die Überwachung der Kaufpreisüberweisungen.

4 Liegt eine **isolierte Identitätserklärung** vor, ohne dass der Notar den zugrundeliegenden Vertrag beurkundet hat, so kann als **Geschäftswert** für die Identitätserklärung **30 % des Grundstückswerts bzw. Kaufpreises** der betroffenen Fläche angesetzt werden.

5 Häufig wird in der notariellen Praxis über eine nachträglich **veränderte Fläche** mit abweichender Größe und Lage eine „Identitätserklärung" abgegeben. Die veränderte Fläche ist tatsächlich jedoch nicht identisch. Trotz der Überschrift „Identitätserklärung" liegt dabei eine **Kaufvertragsänderung vor**. Die Beurkundung der Auflassung über das neue Flurstück ist dann **neu zu erklären**, damit der grundbuchliche Vollzug auch gelingt.

Für die **Beurkundung der Änderung** fällt die 2,0-Gebühr gem. Nr. 21100 KV GNotKG zum Ansatz zu bringen. Als Geschäftswert können 30 % des betroffenen Flächenverkehrswerts, über die die Änderung vereinbart wird, angenommen werden.

6 Liegt der Identitätserklärung dagegen eine **Grundschuldbestellung** zugrunde, sind nach § 36 Abs. 1 GNotKG als Geschäftswert 30 % des Werts des Grundschuldbetrages angemessen. Wenn mit der Grundschuldbestellung über den Betrag wie üblich

1 Leipziger Kostenspiegel, Rn 1938 mit Hinweis auf LG Dresden, Beschl. v. 18.8.2015 – 2 OH 100/14, n.v.

dingliche Sicherungszinsen vereinbart werden, erhöht sich der Geschäftswert um **30 % der jährlichen dinglichen Sicherungszinsen für drei Jahre**.

7 *Beispiel*

Z bestellt eine Grundschuld über 100.000 EUR nebst 18 % p.a. dinglicher Zinsen. Nach Vorliegen des Vermessungsergebnisses erklärt Z die Identität des neuen Flurstücks mit dem Belastungsgegenstand.

Als Geschäftswert können nach § 36 Abs. 1 GNotKG angesetzt werden:

- 30 % des Grundschuldbetrages (= 30.000 EUR),
- **zuzüglich 30 % von dem Betrag, der auf die dinglichen Zinsen mal drei Jahre** angesetzt werden (18 % von 100.000 = 18.000 EUR pro Jahr x 3 = 54.000 EUR). Von diesem Betrag sind 30 % 16.200 EUR.

8 Hinweis: Es ergibt sich somit ein Betrag i.H.v. 46.200 EUR für die Identitätserklärung. Dies liegt auf der Hand, weil später nach Ablauf von drei oder mehr Jahren bei einer etwaigen Zwangsversteigerung die Bank nicht nur 100.000 EUR Grundschuldnennbetrag geltend machen kann, sondern darüber hinaus 46.200 EUR Zinsen.

Bei einem derartigen Missverhältnis zwischen Forderung und Zinsen liegen keine Zinsen in dem Sinne vor, sondern die Sicherung für die Bank liegt etwa 50 % über dem augenscheinlich intransparent hervorgehobenen Grundschuldbetrag von 100.000 EUR.

9 Für die Identitätserklärung fällt eine Gebühr nach Nr. 21200 KV GNotKG an.

K.

I. Kaufpreisverwahrung

1. Gebühr

Verwahrt ein Notar Geldbeträge (Kaufpreisbeträge) auf einem **Notaranderkonto** liegt eine Kaufpreisverwahrung vor, die begrifflich in der Praxis oft als „Kaufpreishinterlegung“ benannt wird, obwohl Hinterlegungen solche sind, die beim Gericht und nicht beim Notar erfolgen. 1

Für die Verwahrung eines Geldbetrages auf einem Notaranderkonto, z.B. ein Kaufpreis, entstehen **Verwahrungsgebühren**. Diese Gebühr nach Nr. 25300 KV GNotKG beträgt **je Auszahlungsbetrag** 1,0.

Übersteigt der Auszahlungsbetrag **13.000.000 EUR** beträgt die Gebühr **0,1 % des Auszahlungsbetrages**.

Etwa ab einem Betrag von 13.000.000 EUR führen 0,1 % des Auszahlungsbetrags zu einer höheren Gebühr als der Gebührensatz von 1,0 nach der Gebührentabelle B.

Eine Verwahrungsgebühr fällt auf jeden einzelnen Betrag, der vom Notaranderkonto ausgezahlt wird, gesondert an. 2

Der **Geschäftswert** jeder Verwahrgebühr **entspricht** dem Betrag, der **ausgezahlt** wird, § 124 S. 1 GNotKG. 3

Der allgemeine **Höchstwert** von 60 Mio. EUR (§ 35 Abs. 2 GNotKG) **gilt nicht für Kaufpreisverwahrungen**. Liegt ein Auszahlungsbetrag also einmal über 60 Mio. EUR, beträgt auch der Geschäftswert mehr als 60 Mio. EUR, da er auch dann dem Auszahlungsbetrag entspricht. Die hohen Gebühren des Notars tragen dem hohen Risiko des Notars in derartigen Verwahrungsfällen Rechnung. 4

Neben der Kaufpreisverwahrungsgebühr kann **zusätzlich** die Betreuungsgebühr nach Nr. 22200 KV GNotKG entstehen, wenn der Notar 5

- den Beteiligten die **Kaufpreisfälligkeit mitteilt** und/oder
- den **Vollzug überwacht** und/oder
- die **Vorlage der Eigentumsumschreibung gegenüber dem Grundbuchamt** überwacht.

Nicht mit der Kaufpreisverwahrungsgebühr abgegolten sind etliche der Betreuungstätigkeiten, z.B. nach Nr. 22201 KV GNotKG für das 6

- Überwachen von Gläubigerauflagen beim Beschaffen von Pfandhaftentlassungsurkunden,
- Übernahme von Treuhandauflagen der Gläubiger des Verkäufers (insbesondere von Grundpfandrechtsgläubigern),

- Übernahme von Treuhandauflagen der Kaufpreisfinanzierungsgläubiger des Käufers, wie die rangrichtige Eintragung der Grundschuld.[1]

7 Zahlt der Notar aus einem verwahrten Betrag vom Notaranderkonto an sich selbst einen Teilbetrag aus, um angefallene Notarkosten zu decken, steht dem Notar auch hierfür die Verwahrgebühr zu, ausgenommen aus der Verwahrgebühr selbst.[2]

2. Beispiel

8 *Beispiel: Kaufpreisverwahrung bis 13.000.000 EUR*

Ein Kaufpreis i.H.v. 1.225.000 EUR wird in drei Beträgen vom Notaranderkonto ausgezahlt: 1.000.000 EUR, 25.000 EUR und 200.000 EUR.

Abrechnung:

Verwahrgebühr – Geschäftswert	§ 124 S. 1 GNotKG		1.000.000 EUR
1,0-Gebühr	Nr. 25300 KV GNotKG	=	1.735 EUR
Verwahrgebühr – Geschäftswert	§ 124 S. 1 GNotKG		25.000 EUR
1,0-Gebühr	Nr. 25300 KV GNotKG	=	115 EUR
Verwahrgebühr – Geschäftswert	§ 124 S. 1 GNotKG		200.000 EUR
1,0-Gebühr	Nr. 25300 KV GNotKG	=	435 EUR

II. Kaufvertrag

9 Der Kaufvertrag ist eine Vereinbarung. Die Beurkundung wird nach **Nr. 21100 KV GNotKG** mit einer **2,0-Gebühr** abgerechnet. Diese Gebühr beträgt **mind. 120 EUR**.

10 Für die Überwachung und das Fälligstellen des Kaufpreises (**Kaufpreisfälligstellung**) und/oder für die **Umschreibungsüberwachung** erhält der Notar nach **Nr. 22200 KV GNotKG** eine **0,5-Gebühr** gem. § 93 Abs. 1 S. 1 GNotKG.

Diese Gebühr fällt in demselben Beurkundungsverfahren **nur einmal** an. Stellt der Notar also den Kaufpreis fällig und überwacht die Eigentumsumschreibung, erhält er nur einmal die Gebühr nach Nr. 22200 KV GNotKG nach dem Wert des Kaufpreises (§§ 113 Abs. 1, 47 GNotKG).

11 Holt der Notar im Zuge der Durchführung des Vertrages eine

- Vorkaufsrechtsverzichtserklärung nach BauGB,
- Genehmigung nach dem Naturschutzgesetz,
- Genehmigung nach dem Denkmalschutzgesetz,
- sanierungsrechtliche Genehmigung,

1 Vgl. Korintenberg/*Schwarz*, Nr. 25300, 25301 KV GNotKG, Rn 17 mit weiteren Beispielen.

2 Streifzug, Rn 2209.

- Genehmigung nach der Grundstücksverkehrsordnung (GVO),
- Genehmigung nach dem Grundstücksverkehrsgesetz (GrdstVG) oder eine
- sonstige behördliche Genehmigung oder Bescheinigung,

ein, hat sich der Tatbestand der Vollzugsgebühr nach Nr. 22112 i.V.m. Nr. 22110 KV GNotKG i.V.m. Vorbem. 2.2.1.1. Nr. 1 KV GNotKG verwirklicht: 50 EUR für jede behördliche Bescheinigung oder Genehmigung. Insgesamt darf jedoch nicht mehr als eine einzige 0,5-Vollzugsgebühr gem. Nr. 22110 KV GNotKG erhoben werden, und zwar auf den vollen Wert des Beurkundungsverfahrens.

Das Einholen der **Löschungsunterlagen** abzulösender Gläubiger im Zuge der Kaufvertragsabwicklung löst in der Regel die Vollzugsgebühr gem. Nr. 22110 KV GNotKG aus dem vollen Wert des Beurkundungsverfahrens (§ 112 GNotKG) aus, sodass weitere Vollzugstätigkeiten – mit Ausnahme der XML-Strukturdaten-Gebühren – nicht mehr berechnet werden, sondern mit der Vollzugsgebühr abgegolten sind. 12

Erhält der Notar die Löschungsunterlagen mit zu beachtenden Auflagen, so erhält er **für jede Überwachung** der Treuhandauflagen eine **0,5-Betreuungsgebühr** gem. **Nr. 22201 KV GNotKG**, jeweils aus dem vollen Betrag der Treuhandauflage (§ 113 Abs. 2 GNotKG). 13

Bei der Erhebung der Dokumentenpauschale werden alle Abschriften abgerechnet. **Freiexemplare gibt es nicht**. 14

Der **Geschäftswert** eines Kaufvertrages bestimmt sich gem. § 47 GNotKG nach dem Kaufpreis. 15

Beispiel 1: Kaufvertrag mit Auflassung und Kaufpreis i.H.v. 100.000 EUR 16

Fälligstellung des Kaufpreises nach Vormerkung und Vorliegen der eingeholten Vorkaufsrechtsverzichtserklärung gem. § 28 Abs. 1 BauGB. Überwachung der Eigentumsumschreibung.

Der Notar fertigt elf Abschriften mit je acht Seiten. Post und Telefonauslagen fielen i.H.v. 15 EUR an.

Abrechnung:

Beurkundung – Geschäftswert	§ 47 S. 1 GNotKG		100.000,00 EUR
2,0-Gebühr	Nr. 21100 KV GNotKG	=	546,00 EUR
Vollzugsgebühr – Geschäftswert (Einholung Vorkaufsrechtsverzichtserklärung)	§ 112 S. 1 GNotKG Vorbem. 2.2.1.1 Abs. 1 S. 2 Nr. 1 KV GNotKG		100.000,00 EUR

0,5-Gebühr	Nr. 22112, 22110 KV GNotKG	max. jedoch	50,00 EUR
Betreuungsgebühr – Geschäftswert (Fälligkeitsmitteilung/Umschreibungsüberwachung)	§ 113 Abs. 1 GNotKG		100.000,00 EUR
0,5-Gebühr	Nr. 22200 Nr. 2, 3 KV GNotKG	=	136,50 EUR
Dokumentenpauschale 11 Abschriften x 8 Seiten x 0,15 EUR = 88 Seiten x 0,15 EUR	Nr. 32001 Nr. 1, 2 KV GNotKG	=	13,20 EUR
Post und Telefon (Pauschale)	Nr. 32005 KV GNotKG		20,00 EUR

17 *Beispiel 2: Kaufvertrag mit Auflassung und Kaufpreis i.H.v. 100.000 EUR*

Fälligstellung des Kaufpreises nach eingetragener Vormerkung und Vorliegen vom Notar eingeholter Vorkaufsrechtsverzichtserklärung gem. § 28 Abs. 1 BauGB sowie Genehmigung nach dem Grundstücksverkehrsgesetz (GrdstVG). Überwachung der Eigentumsumschreibung.

Abrechnung:

Beurkundung – Geschäftswert	§ 47 S. 1 GNotKG		100.000,00 EUR
2,0-Gebühr	Nr. 21100 KV GNotKG	=	546,00 EUR
Vollzugsgebühr – Geschäftswert (Einholung Vorkaufsrechtsverzichtserklärung und Genehmigung GrdStVG/Vorkaufsrechtsverzichtserklärung)	§ 112 S. 1 GNotKG Vorbem. 2.2.1.1 Abs. 1 S. 2 Nr. 1 KV GNotKG		100.000,00 EUR
0,5-Gebühr	Nr. 22112, 22110 KV GNotKG,	jedoch (2x) 50 EUR =	100,00 EUR
Betreuungsgebühr – Geschäftswert (Fälligkeitsmitteilung/Umschreibungsüberwachung)	§ 113 Abs. 1 GNotKG		100.000,00 EUR

0,5-Gebühr	Nr. 22200 Nr. 2, 3 KV GNotKG	=	136,50 EUR
Dokumentenpauschale: 11 Abschriften x 8 Seiten = 88 Seiten x 0,15 EUR	Nr. 32001 Nr. 1, 2 KV GNotKG	=	13,20 EUR
Post- und Telefon (Pauschale)	Nr. 32005 KV GNotKG		20,00 EUR

Beispiel 3: Löschungsunterlagen, Treuhandauftrag, Überwachung 18

Kaufvertrag mit Auflassung und Kaufpreis 100.000 EUR. Fälligstellung des Kaufpreises nach eingetragener Vormerkung und Vorliegen der vom Notar eingeholter Vorkaufsrechtsverzichtserklärung gem. § 28 Abs. 1 BauGB sowie der Genehmigung nach dem Grundstücksverkehrsgesetz (GrdstVG).

Einholen von Löschungsunterlagen über ein Grundpfandrecht i.H.v. 200.000 EUR. Beachtung eines Treuhandauftrages der Bank, wonach nur gegen Zahlung von 50.000 EUR verfügt werden darf. Überwachung der Vorlage zur Eigentumsumschreibung.

Abrechnung:

Beurkundung – Geschäftswert	§ 47 S. 1 GNotKG		100.000,00 EUR
2,0-Gebühr	Nr. 21100 KV GNotKG	=	546,00 EUR
Vollzugsgebühr – Geschäftswert	§ 112 S. 1 GNotKG		100.000,00 EUR
(Einholung Vorkaufsrechtsverzichtserklärung, Genehmigung GrdstVG, Löschungsunterlagen zur Lastenfreimachung)	Vorbem. 2.2.1.1 Abs. 1 S. 2 Nr. 9 KV GNotKG		
0,5-Gebühr	Nr. 22110 KV GNotKG	=	136,50 EUR
Betreuungsgebühr – Geschäftswert	§ 113 Abs. 1 GNotKG		100.000,00 EUR
(Fälligkeitsmitteilung/Umschreibungsüberwachung)			
0,5-Gebühr	Nr. 22200 Nr. 2, 3 KV GNotKG	=	136,50 EUR
Treuhandauflage – Geschäftswert	§ 113 Abs. 2 GNotKG		50.000,00 EUR
0,5-Gebühr	Nr. 22201 KV GNotKG	=	82,50 EUR

Dokumentenpauschale: 11 Abschriften x 8 Seiten x 0,15 EUR = 88 Seiten x 0,15 EUR	Nr. 32001 Nr. 1, 2 KV GNotKG	=	13,20 EUR
Post und Telefon (Pauschale)	Nr. 32005 KV GNotKG	=	20,00 EUR

19 *Beispiel 4: Notaranderkonto*

Kaufvertrag mit Auflassung und Kaufpreis 100.000 EUR, zahlbar zur Verwahrung auf ein Notaranderkonto.

Fälligstellen des Kaufpreises erfolgt nach rangrichtiger Eintragung der Vormerkung zur Sicherung des Anspruchs auf Übertragung des Eigentums und nach Vorliegen der vom Notar eingeholten Löschungsunterlagen und der Vorkaufsrechtsverzichtserklärung gem. § 28 Abs. 1 BauGB.

Die abzulösenden Gläubiger erteilen dem Notar die Auflagen, über die Löschungsunterlagen nur gegen Erfüllung zweier Treuhandaufträge zu verfügen, und zwar gegen Zahlung von 70.000 EUR bzw. 20.000 EUR.

Der Notar überwacht die Eigentumsumschreibung.

Beurkundung – Geschäftswert	§ 47 S. 1 GNotKG		100.000,00 EUR
2,0-Gebühr	Nr. 21100 KV GNotKG	=	546,00 EUR
Vollzugsgebühr – Geschäftswert	§ 112 S. 1 GNotKG		100.000,00 EUR
(Einholung Vorkaufsrechtsverzichtserklärung, Genehmigung GrdstVG, Löschungsunterlagen zur Lastenfreimachung)	Vorbem. 2.2.1.1 Abs. 1 S. 2 Nr. 9 KV GNotKG		
0,5-Gebühr	Nr. 22110 KV GNotKG	=	136,50 EUR
Betreuungsgebühr – Geschäftswert	§ 113 Abs. 1 GNotKG		100.000,00 EUR
(Fälligkeitsmitteilung/Umschreibungsüberwachung)			
0,5-Gebühr	Nr. 22200 Nr. 2, 3 KV GNotKG	=	136,50 EUR
Treuhandauflage – Geschäftswert	§ 113 Abs. 2 GNotKG		70.000,00 EUR
0,5-Gebühr	Nr. 22201 KV GNotKG	=	109,50 EUR

Treuhandauflage	§ 113 Abs. 2 GNotKG		20.000,00 EUR
0,5-Gebühr	Nr. 22201 KV GNotKG	=	53,50 EUR
Verwahrgebühr – Geschäftswert	§ 124 S. 1 GNotKG		70.000,00 EUR
1,0-Gebühr	Nr. 25300 KV GNotKG	=	219,00 EUR
Verwahrgebühr	§ 124 S. 1 GNotKG		20.000,00 EUR
1,0-Gebühr	Nr. 25300 KV GNotKG	=	107,00 EUR
Verwahrgebühr – Geschäftswert	§ 124 S. 1 GNotKG		10.000,00 EUR
1,0-Gebühr	Nr. 25300 KV GNotKG	=	75,00 EUR

III. Kommanditgesellschaft

Für die Kommanditgesellschaft kann zunächst auf die Ausführungen unter Teil R Rdn 1 ff. (*Registeranmeldungen*) verwiesen werden. 20

Bei der **Erstanmeldung** einer Kommanditgesellschaft ist die Summe der Hafteinlagen maßgebend (§ 105 Abs. 1 S. 1 Nr. 5 GNotKG). Hinzuzurechnen sind **30.000 EUR für den ersten** und für **jeden weiteren persönlich haftenden Gesellschafter 15.000 EUR**. 21

Beispiel: Erstanmeldung 22

Es wird eine KG zur Eintragung in das Handelsregister angemeldet.

Die KG hat zwei persönlich haftende Gesellschafter.

Die KG hat drei Kommanditisten mit jeweils einer in das Handelsregister einzutragenden Hafteinlage i.H.v. 30.000 EUR (insgesamt 90.000 EUR).

Der Notar fertigt nur den Entwurf ohne Beurkundungsverfahren.

Abrechnung:

Der Geschäftswert von 90.000 EUR (die Summe aller Hafteinlagen) wird um 30.000 EUR für den ersten und 15.000 EUR für den zweiten persönlich haftenden Gesellschafter erhöht. Der **Geschäftswert** des Anmeldungs-Entwurfs beträgt somit insgesamt 135.000 EUR.

Der Notar hat die vollständige Anmeldung entworfen, sodass der 0,5-Gebührensatz voll angesetzt wird (§ 92 Abs. 2 GNotKG).

Ergebnis:

0,5-Gebühr nach Nr. 24102 KV GNotKG Handelsregisteranmeldung 135.000 EUR = 163,50 EUR.

23 **Spätere Anmeldungen** zu einer KG haben grundsätzlich einen Geschäftswert von 30.000 EUR (§ 105 Abs. 2, Abs. 4 Nr. 3 GNotKG). Wenn mehr als zwei persönlich haftende Gesellschafter (Komplementäre) eintreten oder ausscheiden, ist ab dem dritten Komplementär 15.000 EUR für jeden weiteren Komplementär dem Geschäftswert hinzuzurechnen (§ 105 Abs. 4 Nr. 3 Hs. 2 GNotKG).

24 *Beispiel: Anmeldung des Ausscheidens eines Komplementärs (ein weiterer ist noch vorhanden) und Änderung der Firma*

Zur Eintragung in das Handelsregister wird angemeldet, dass einer von zwei persönlich haftenden Gesellschaftern aus der KG ausgeschieden ist und dass die Firma der Gesellschaft geändert worden ist.

Abrechnung:

Geschäftswert § 105 Abs. 2, Abs. 4 Nr. 3 Hs. 1 GNotKG:	
Ausscheiden eines persönlich haftenden Gesellschafters	30.000 EUR
Änderung der Firma	30.000 EUR
= Wert des Beurkundungsverfahrens	**60.000 EUR**

0,5-Gebühr gem. Nr. 24102, 21201 KV GNotKG	Wert 60.000 EUR	= 96 EUR

Hinweise:

Ab dem dritten Gesellschafter, der angemeldet wird, werden nicht 30.000 EUR als Geschäftswert angenommen, sondern für jeden Gesellschafter 15.000 EUR, addiert nach § 35 Abs. 1 GNotKG = 45.000 EUR.

Der Gebührensatz beträgt 0,5 gem. Nr. 24102 KV GNotKG, weil die Beurkundung der Registeranmeldung eine 0,5-Gebühr auslösen würde (Nr. 21201 KV GNotKG).

Der Notar hat den Entwurf vollständig gefertigt, sodass der höchste Gebührensatz anzusetzen ist (§ 92 Abs. 2 GNotKG).

25 Soweit die Registeranmeldung zu einer KG nur eine Geschäftsanschrift betrifft oder die Anmeldung keine wirtschaftliche Bedeutung hat, ist gem. § 105 Abs. 5 GNotKG ein Geschäftswert von 5.000 EUR anzunehmen.

Wenn ein Kommanditist aus der Gesellschaft ausscheidet oder ein solcher eintritt, ergibt sich der Geschäftswert aus § 105 Abs. 1 S. 1 Nr. 6 GNotKG = Betrag der Hafteinlage. 26

Zu beachten ist jedoch der Mindestwert gem. § 105 Abs. 1 S. 2 GNotKG. Dieser beträgt mind. 30.000 EUR.

Beispiel: Kommanditistenwechsel durch Ein- und Austritt 27

Der Kommanditist A ist mit seiner Hafteinlage i.H.v. 1.000 EUR aus der Gesellschaft ausgeschieden.

Unabhängig davon ist B neu weiterer Kommanditist mit einer Hafteinlage i.H.v. 500 EUR in die Gesellschaft eingetreten.

Der Notar entwirft die Anmeldung und beglaubigt die Unterschriften.

Abrechnung:

Geschäftswert: 60.000 EUR – §§ 105 Abs. 1 S. 1 Nr. 6, 105 Abs. 1 S. 2 GNotKG

0,5-Gebühr – Nr. 24102, 21201 KV GNotKG = 96 EUR

Hinweise:

Die Hafteinlage des ausscheidenden Kommanditisten beträgt 1.000 EUR und die des (unabhängig) neu eintretenden Kommanditisten 500 EUR.

Für jede der Anmeldungen gilt aber der Mindestwert von 30.000 EUR (§ 105 Abs. 1 S. 2 GNotKG). Die beiden sich ergebenden Mindestwerte von je 30.000 EUR werden addiert und es ergibt sich der Geschäftswert i.H.v. 60.000 EUR.

Beispiel: Kommanditistenwechsel durch Sonderrechtsnachfolge 28

Der Kommanditist A überträgt im Wege der Sonderrechtsnachfolge auf B seine Hafteinlage i.H.v. 150.000 EUR.

Der Notar entwirft die Anmeldung, belehrt über die Abfindungsversicherung, die der persönlich haftende Gesellschafter und der ausscheidende Kommanditist erklären und beglaubigt die Unterschriften.

Abrechnung:

Geschäftswert: 150.000 EUR – § 105 Abs. 1 S. 1 Nr. 6 GNotKG

0,5-Gebühr – Nr. 24102, 21201 KV GNotKG = 177 EUR

IV. Kostenschuldner

29 Grundsätzlich wird der Notar gebührenpflichtig erst tätig, nachdem er einen Auftrag zum Tätigwerden erhalten hat. Der Auftrag ist verfahrensrechtlicher Natur,[3] sodass er auch per E-Mail erteilt werden kann.[4]

30 Kostenschuldner der Notargebühren ist derjenige, der den **Antrag für das Verfahren** gestellt hat oder der Auftraggeber, der dem Notar durch **Wort oder Schrift zu erkennen gegeben hat**, dass in seinem Interesse eine bestimmte Beurkundung bzw. Entwurfsfertigung vorgenommen werden soll (§ 29 Nr. 1 GNotKG).[5] Derjenige, der die **Kostenschuld gegenüber dem Notar übernommen hat** oder der für die **Kostenschuld eines anderen aufgrund gesetzlicher Bestimmung haftet**, kann ebenfalls als Kostenschuldner in Betracht kommen (§ 29 Nr. 3 GNotKG).

31 Der **Beurkundungsauftrag** kann auch durch **schlüssiges Verhalten** eines Beteiligten erteilt werden.[6] Dies kann z.B. der Fall sein, wenn der Beteiligte, der dem Notar nicht den Auftrag zur ersten Entwurfsfassung erteilt hat, solche Veränderungen von dem Notar verlangt, **die nicht lediglich unerlässlich sind**, ein **Zustandekommen der Beurkundung** zu ermöglichen. Durch das Verlangen, Veränderungswünsche in den Entwurf einzuarbeiten, die die bestehende Entwurfsunterlage des Entwurfs-Auftragsgebers nicht nur unwesentlich verändern, macht **der die Änderung verlangende Beteiligte sich den vorliegenden Entwurf des Notars zu eigen**. Daraus folgt dann, **dass auch er** neben dem (ersten) Auftraggeber des Entwurfs zu einem **Kostenschuldner wird**.

32 Wenn derjenige, der den Notar nicht beauftragt hat, jedoch nur **unerlässliche Angaben** gegenüber dem Notar macht, also seine **Personalien** angibt und zwecks Identifizierung seinen **Ausweis** dazu vorlegt, seine **Bankverbindung** oder seinen eherechtlichen Güterstand angibt, so liegt darin kein schlüssiges Verhalten zur Beurkundungsbeauftragung vor.

Auch ein Wunsch, einen bereits vorgeschlagenen **Termin für die Durchführung der Beurkundung zu verschieben**, stellt **kein schlüssiges Verhalten** dar, sich einen vorliegenden Entwurf mit kostenrechtlicher Folge zu eigen zu machen. Das Begehren einer Terminverschiebung dient lediglich der Ermöglichung der Beurkundung des Entwurfs. Der „Terminverleger“ wird damit nicht zum Kostenschuldner.[7]

33 Erteilt der **Vorstand** einer Aktiengesellschaft dem Notar den Auftrag für die Niederschrift der notariellen Hauptversammlung oder wird der Auftrag für die Nieder-

3 BGH, Urt. v. 19.1.2017 – VZB 79/16.

4 *Elsing*, notarbüo 2017, 22.

5 Korintenberg/*Gläser*, GNotKG, 22. Aufl. 2022, § 29 Rn 18.

6 BGH, Beschl. v. 19.1.2017 – V ZB 79/16, Rn 6, DNotZ 217, 394; Rohs/Wedewer/*Wudy*, GNotKG, § 29 Rn 2; OLG Celle, Beschl. v. 23.2.2015 – 2 W 37/15, NdsRpfl. 2015, 374 f. noch zur KostO.

7 BGH, Urt. v. 19.1.2017 – VZB 79/16; *Elsing*, notarbüro 2018, 6 ff.; und jüngst LG Karlsruhe, Urt. v. 19.9.2023 – 11 OH 9/22.

schrift einer Gesellschafterversammlung durch den **Geschäftsführer** einer GmbH erteilt, so ist jeweils nicht das Organ der Gesellschaft selbst Kostenschuldner. Der Notar darf weder dem Vorstandsmitglied noch dem Geschäftsführer die Kosten berechnen. Die Erteilung des Auftrags durch Vorstand oder Geschäftsführer geschieht jeweils aufgrund gesetzlicher Pflichten aus dem AktG bzw. aus dem GmbHG, sodass deshalb die vertretene Gesellschaft verpflichtet wird und nicht ihr Organ.[8] Der Vorstand oder der Geschäftsführer kann sich allerdings zum Kostenschuldner machen, in dem er ausdrücklich von vornherein erklärt, für die Notargebühren des Entwurfes einzustehen.

Grundsätzlich muss der Notar **nicht über die Entstehung** der gesetzlich bestimmten Notargebühren belehren,[9] es sei denn, er wird **nach den Kosten gefragt**. Die Frage erfordert dann eine sachlich zutreffende Antwort.[10] 34

Auch dann, wenn der Notar erkennt, dass einem unbedarften Beteiligten aufgrund mangelnder Kenntnis ein Bewusstsein für eine Gebührenfolge fehlt, kann ausnahmsweise eine Kostenauskunft geboten sein.[11]

Der **Kostenschuldner** des Notars ist zur **Mitwirkung** bei der Geschäftswertermittlung nach § 95 GNotKG **verpflichtet**. Die Mitwirkung ist **wahrheitsgemäß** und **vollständig** zu erledigen. 35

Aufträge der Mandanten an den Notar zur Fertigung von Entwürfen im Rahmen eines beabsichtigten Beurkundungsverfahrens (und auch außerhalb eines solchen) gibt es viele. Leider kommt es häufiger vor, dass nach Besprechung, Fertigung und Aushändigung des Entwurfes durch den Notar der Auftraggeber die angefallenen Gebühren nicht zahlen will. Manch ein Auftraggeber antwortet nicht einmal, wenn der Notar nachfragt, ob die Beurkundung noch stattfinden soll. Fragen zu Vermögenswerten zwecks Ermittlung des Geschäftswertes bleiben teilweise ebenso unbeantwortet.

Das ist ärgerlich, denn dem Notar **ist der gesetzlich vorgeschriebene Weg**, dem Auftraggeber eine Gebührenrechnung zu stellen, deutlich **erschwert** und dies trotz der Tatsache, dass in § 95 GNotKG sinnvollerweise die Pflicht für Mandanten, bei der Ermittlung eines Geschäftswerts wahrheitsgemäß und vollständig mitwirken zu müssen, verankert ist.

8 Vgl. zur GmbH: OLG Köln, Beschl. v. 18.9.2017 – 2 Wx 204/17; *Elsing*, notarbüro 2018, 6 ff.

9 BGH, Beschl. v. 20.10.2009 – VIII ZB f13/08 Tz 17, DNotZ 2010, 230.

10 OLG Köln, Beschl. v. 27.11.1998 – 2 Wx 52/98; BGH, Beschl. v. 1.10.2020 – V ZB 67/19 RZ 27; notar 2021, 58 m. Anm. *Wudy* = NotBZ 2021, 31 m. Anm. *Otto*.

11 Leipziger Kostenspiegel, Rn 1.65; OLG Dresden, Beschl. v. 12.9.2016 – 17 W 826–828/16; OLG Rostock, Beschl. v. 25.6.2019 – 5 W 39/18, OLG Brandenburg, Beschl. v. 25.8.2018 – 7 W 18/18; OLG Frankfurt, Beschl. v. 21.2.2017 – 20 W 327/15; OLG Celle, Beschl. v. 27.2.2004 – 8 W 145/04.

Zu üblichen dieser Fälle ergingen zwei Entscheidungen des LG Bremen,[12] die bestätigen, dass der Notar berechtigt war, mangels Mitwirkung des Kostenschuldners den Wert daraufhin nach billigem Ermessen zu bestimmen.

Beide Entscheidungen sind schon deshalb korrekt, weil der Notar andernfalls keine Möglichkeit hätte, die Mitwirkungspflicht der Mandanten durchzusetzen.[13] Eine Ermessensausübung des Notars, die dieser fehlerfrei erledigt hatte und die dazu führte, dass der Geschäftswert höher anzunehmen waren, war in den beurteilten Fällen nicht mehr zu korrigieren.[14]

12 LG Bremen, Beschl. v. 11.9.2018 – 4 T 524/17; LG Bremen, Beschl. v. 11.9.2018 – 4 T 525/17, vgl. ausführlich *Elsing*, notarbüro 2019, 20 f.

13 Vgl. *Heit/Genske*, Leipziger GNotKG, § 95 Rn 8.

14 OLG Düsseldorf, Beschl. v. 14.6.2018 – 10 W 29/18, JurBüro 1/2019, 35; LG Bremen, Beschl. v. 11.9.2018 – 4 T 525/17.

L.

I. Lebensbescheinigung

Um eine Rente aus dem Ausland zu beziehen oder weiter beziehen zu können wird Rentnern gelegentlich abverlangt, dem Rententräger einen Nachweis darüber zu erbringen, dass er, der Rentenbezieher, noch lebt. Insoweit spricht man von der **Lebensbescheinigung**, die ein typischer Anwendungsfall eines **einfachen notariellen Zeugnisses** (§§ 39 ff. BeurkG) ist. 1

Die Bescheinigung über das „*noch am Leben sein*" kann als eine **nicht vermögensrechtliche Angelegenheit** in der Praxis meistens eingeordnet werden, bei fehlenden Anhaltspunkten, sodass für die Kostenberechnung gem. § 36 Abs. 3 GNotKG der **Geschäftswert** der Lebensbescheinigung **5.000 EUR** beträgt.

Liegen ausnahmsweise Anhaltspunkte zur Höhe der Rentenzahlungen vor, kann gem.§ 36 Abs. 2 GNotKG der Jahresbetrag der Rentenzahlungen mit einem Wertabschlag i.H.v. 50 % angemessen angesetzt werden.[1]

Für die Lebensbescheinigung fällt die 1,0-Gebühr gem. Nr. 25104 KV GNotKG an. 2

II. Legalisation

Für die **Einholung einer Legalisation** entsteht die Festgebühr i.H.v. **25 EUR** gem. Nr. 25207 KV GNotKG. 3

Holt der Notar neben der Beglaubigung durch den Landesgerichtspräsidenten **eine weitere benötigte Beglaubigung** ein, z.B. eine durch das BMJ oder das Bundesverwaltungsamt, entsteht die Festgebühr i.H.v. **50 EUR** nach Nr. 25207 i.V.m. Nr. 25208 KV GNotKG.

Reicht der Notar die Urkunde, die zu legalisieren ist, **für den Mandanten zum Landgericht** ein, ist dies nach höchstrichterlicher Entscheidung Teil des Legalisationsverfahrens. Neben Gebühr für die Einholung der Legalisation fällt daher die **Vollzugsgebühr** Nr. 22124 KV GNotKG an, somit die Festgebühr i.H.v. 20 EUR **nicht** mehr an.[2] 4

III. Legitimationsprüfung nach dem Geldwäschegesetz

Kreditinstitute ohne oder mit nur wenigen Filialen fordern von Kreditnehmern eine **Legitimationsprüfung** (§ 154 Abs. 2 AO) und müssen den wirtschaftlich Berechtigten nach den Bestimmungen des Geldwäschegesetzes feststellen. 5

1 *Elsing*, Fälle und Lösungen zur Abrechnung nach GNotKG, § 1 Rn 119.

2 BGH, Beschl. v. 4.7.2019, V ZB 53/19.

Ersucht der Kostenschuldner einen Notar, zwecks Erledigung der Legitimationsprüfung für das Kreditinstitut eine Legitimationsprüfung zu bescheinigen, ist die Bescheinigung nachdem die Feststellung der Identität erledigt ist, wie folgt zu bewerten: Der **Geschäftswert** wird gem. § 36 Abs. 2, 3 GNotKG bestimmt. Abzustellen ist auf einen Geschäftswert von **5.000 EUR pro Person**, über die der Notar die Legitimationsprüfung erledigt. Der zugrundeliegende Wert des Rechtsgeschäfts ist irrelevant.

6 Erledigt der Notar Legitimationsprüfungen innerhalb der Urkunde über eine Grundpfandrechtsbestellung, fällt die Gebühr für **jede Legitimation einer Person gesondert** an. Eine Addition der Geschäftswerte findet nicht statt, auch kein Vergleich nach § 94 Abs. 1 GNotKG.[3]

7 Die Legitimationsprüfung für eine Person ist eine Bescheinigung, die nach **Nr. 25104 KV GNotKG** berechnet wird.

8 Die 1,0-Gebühr nach Nr. 25104 KV GNotKG wird für jede Bescheinigung einer Person gesondert berechnet. Sie fällt neben der Gebühr Nr. 21200 KV GNotKG für das Beurkundungsverfahren „*Grundpfandrechtsbestellung mit Unterwerfung*“ gesondert an.

IV. Letztwillige Verfügung

9 Das Beurkundungsverfahren eines notariellen **einseitigen Testaments** wird mit einer **1,0-Gebühr** gem. Nr. 21200 KV GNotKG abgegolten. Die Gebühr beträgt **mind. 60 EUR**.

10 **Berät der Notar auftragsgemäß isoliert** zum einseitigen Testament und ist damit kein Entwurfs- oder Beurkundungsverfahren verbunden ist, verwirklicht sich der Tatbestand einer gebührenpflichtigen Beratung.

Anzusetzen ist die **Beratungsgebühr Nr. 24201 KV GNotKG**: Diese Gebühr ist eine Rahmengebühr. Der **Rahmen** der Gebühr beträgt 0,3 bis 0,5. Im Gegensatz zu anderen Rahmengebühren hat der Notar hier einem Ermessensspielraum, welchen Gebührensatz des Rahmens er ansetzt.

11 Hat der Notar zwar beraten und wunschgemäß dem Beteiligten einen Entwurf für ein notarielles einseitiges Testament (vollständig) **entworfen**, ist die Beratung mit der Gebühr Nr. 21200 KV GNotKG für das **Beurkundungsverfahren** mit abgegolten.

12 Auch wenn die Beurkundung des Testaments im Anschluss ausbleibt, ist nicht die Beratung abzurechnen. In diesem Fall ist die Beratung mit der Gebühr Nr. 21303 KV GNotKG für die **vorzeitige Beendigung des Beurkundungsverfahrens** mit abgegolten.

3 Leipziger Kostenspiegel, Rn 13.58.

Die Gebühr Nr. 21303 KV GNotKG für die vorzeitige Beendigung des Beurkundungsverfahrens ist eine **Rahmengebühr**. Der Rahmen der Gebühr beträgt **0,3 bis 1,0**.

Nach **vollständiger Herstellung** des Entwurfs und der Aushändigung muss der Notar den **höchsten Gebührenrahmen** von 1,0 ansetzen, weil § 92 Abs. 2 GNotKG dies vorschreibt.

Hat der Notar den beauftragten Entwurf des Testaments noch nicht hergestellt und **13**
auch noch nicht beraten, entsteht bei **vorzeitiger Beendigung** des Beurkundungsverfahrens **nicht** die Gebühr nach Nr. 21303 KV GNotKG. Stattdessen kann lediglich die **Festgebühr** gemäß Nr. 21300 KV GNotKG i.H.v. **20 EUR** angesetzt werden.

Gemeinschaftliche Testamente sind Eheleuten und eingetragenen Lebenspartnern **14**
vorbehalten. Das Beurkundungsverfahren „**gemeinschaftliches Testament**" wird mit der **2,0-Gebühr** gem. Nr. 21100 KV GNotKG, die **mind. 120 EUR** beträgt, abgegolten.

Berät der Notar auftragsgemäß isoliert zum gemeinschaftlichen Testament, **15**
ohne dass ein Entwurfs- oder Beurkundungsverfahren damit verbunden ist, verwirklicht sich der Tatbestand einer Beratung.

Der Ansatz der **Beratungsgebühr Nr. 24200 KV GNotKG** kommt dann in Betracht. Der **Rahmen** dieser Gebühr beträgt 0,3 bis 1,0. Der Notar darf nach Ermessen und Aufwand der Beratungstätigkeit aus dem vorgegebenen Gebührenrahmen schöpfen.

Hat der Notar den Mandanten wunschgemäß das notarielle gemeinschaftliche Tes- **16**
tament **vollständig entworfen**, war damit ein **Beurkundungsverfahren** beabsichtigt. Hat der Notar den Beteiligten den Entwurf **ausgehändigt** und bleibt die Beurkundung aus, ist das Beurkundungsverfahren vorzeitig beendet. Anzusetzen ist die Gebühr Nr. 21302 KV GNotKG zu.

Die Gebühr Nr. 21302 KV GNotKG für die vorzeitige Beendigung des Beurkundungsverfahrens ist eine Rahmengebühr 0,5 bis 2,0. Nach vollständiger Herstellung und Aushändigung des Entwurfes muss der Notar den **höchsten Gebührenrahmen** von 2,0 ansetzen, weil § 92 Abs. 2 GNotKG dies vorschreibt.

Hat der Notar den Entwurf des gemeinschaftlichen Testaments noch nicht her- **17**
gestellt und erfolgte auch noch keine Beratung, entsteht die Gebühr Nr. 21303 KV GNotKG nicht. Anzusetzen ist in diesem Fall lediglich die Festgebühr gemäß Nr. 21300 KV GNotKG i.H.v. 20 EUR.

Der notarielle **Erbvertrag** wird mit einer **2,0-Gebühr** gem. Nr. 21100 KV **18**
GNotKG, die **mind. 120 EUR** beträgt, abgegolten.

Für die isolierte Entwurfsfertigung, Beratung, Rücknahme des Beurkundungsauftrages gelten die vorstehenden Ausführungen zum gemeinschaftlichen Testament entsprechend.

19 Die **Aufhebung eines Erbvertrages** löst die **1,0-Gebühr** gem. Nr. 21202 i.V.m. Nr. 21100 KV GNotKG aus, **mind. 60 EUR**.

20 Der **Geschäftswert** für erbrechtliche Angelegenheiten ist in § 102 GNotKG geregelt.

21 Wird in einem Testament über den ganzen Nachlass verfügt, ist auch das ganze Vermögen des Erblassers als Geschäftswert gem. § 102 Abs. 1 GNotKG zugrunde zu legen.

22 Wird nur über einen Bruchteil des Vermögenswerts verfügt, ist der Bruchteil als Wert zugrunde zu legen, wobei **jeweils gem. § 102 Abs. 1 S. 2 GNotKG Verbindlichkeiten nur bis zur Hälfte des Vermögens** des Erblassers **abgezogen** werden. Das hälftige Aktivvermögen darf nicht unterschritten werden.

23 Bei mehreren Erblassern werden deren Vermögenswerte getrennt ermittelt. Schulden, die auf dem Vermögen eines Erblassers lasten, werden **nur von seinem** Vermögen abgezogen, max. bis zur Hälfte (§ 108 Abs. 1 S. 2 GNotKG).

24 Ordnet der Erblasser ein **Vermächtnis** an, wird dieses **nicht zusätzlich** berechnet, wenn der Vermögenswert des Vermächtnisgegenstandes im **Geschäftswert eingespeist ist** (§ 102 Abs. 1 GNotKG).

Setzt also z.B. ein Erblasser jemanden zum alleinigen Erben ein und ordnet zudem an, dass aus dem gesamten Nachlass ein Vermächtnis i.H.v. 10.000 EUR zu erfüllen ist, wird das Vermächtnis nicht gesondert berechnet, weil der Betrag i.H.v. 10.000 EUR im Nachlasswert eingespeist ist.

25 Zusätzlich berechnet wird ein **Vermächtnis oder eine Auflage** jedoch, wenn der Erblasser über einen Bruchteil seines Nachlasses verfügt und **daneben einen anderen Vermögensgegenstand** als Vermächtnis oder Auflage anordnet (§ 102 Abs. 1 S. 3 GNotKG).

26 **Künftiges Vermögen**, über das konkret verfügt wird, ist mit seinem **vollen Wert hinzuzurechnen**.

Regelt das Testament die Zuwendung eines Vermögensanspruchs aus einer **Kapitallebensversicherung**, wird die Zuwendung nur beim Wert berücksichtigt, wenn der Erblasser mit der Lebensversicherungsgesellschaft vereinbart hat, dass die **Versicherungssumme in den Nachlass fällt**. Dann ist nicht die Versicherungssumme, sondern nur der zum Zeitpunkt der Beurkundung erreichte **Rückkaufswert** als Geschäftswert anzunehmen.

27 Gehört zum Vermögen des Erblassers ein **Geschäftsanteil an einer GmbH** oder ein **Kommanditanteil an einer KG**, ist der Geschäftsanteil und der Kommanditanteil jeweils mit dem wirtschaftlichen Wert anzusetzen, der auf ihn entfällt (§ 54 S. 1 GNotKG); auf das bilanzielle Eigenkapital darf dabei abgestellt werden (§ 266 Abs. 3 HGB).

Stille Reserven (wie der Buchwert einer Immobilie in der Bilanz) werden aus dem Eigenkapital herausgerechnet und ersetzt durch den regelmäßig höheren Verkehrswert (§ 46 Abs. 2 S. 2 GNotKG).

Aktien werden mit dem Kurswert berechnet, den sie am Beurkundungstag haben, § 36 Abs. 1 GNotKG. Rechnet der Notar nicht das Beurkundungsverfahren, sondern die vorzeitige Beendigung desselben ab, nachdem er den Entwurf fertiggestellt und dem Beteiligten ausgehändigt hat, ist der Tag des Kurswertes maßgeblich, an dem das Beurkundungsverfahren beendet wurde. **28**

Fertigt der Notar nur den Entwurf eines Testaments isoliert ohne Beurkundungsverfahren, werden die **Aktien mit dem Kurswert** berechnet, den sie an dem Tage haben, an dem der Notar den von ihm fertiggestellten Entwurf dem Beteiligten ausgehändigt hat. **29**

Fahrzeuge (Fahrräder, E-Bikes, Motorräder, Pkw, Lkw usw.) werden mit ihrem Zeitwert gem. § 36 Abs. 1 GNotKG berechnet. **30**

Grundeigentum wird gem. § 46 Abs. 2 und Abs. 3 GNotKG bewertet. In der Praxis wird nach § 46 Abs. 2 S. 2 GNotKG verfahren, sodass die Verkehrswertangabe der Beteiligten genügt. **31**

Hausrat: Der Geschäftswert wird gem. § 36 Abs. 1 GNotKG bewertet. **32**

Gehört zum Vermögen des Erblassers ein **landwirtschaftlicher Betrieb** mit Hofstelle oder ein **forstwirtschaftlicher Betrieb** samt Hofstelle, wird der Betrieb nicht mit dem Verkehrswert, sondern nur mit dem **vierfachen Einheitswert** berücksichtigt (§ 48 GNotKG), wenn ein Erbe den Hof (Betrieb) fortführt. **33**

Schulden können nicht in voller Höhe abgezogen werden, sondern nur in dem Verhältnis, das dem des vierfachen Einheitswertes zum Verkehrswert entspricht.

Seit 2012 bereits ist die **Bundesnotarkammer** auch **Registerbehörde** (§ 78 Abs. 2 BNotO) und führt das **Zentrale Testamentsregister** automatisiert und elektronisch. In das Zentrale Testamentsregister werden **Angaben über die Verwahrung erbfolgerelevanter Urkunden** aufgenommen. **34**

Die Mitteilung der erforderlichen Angaben obliegt dem Notar nach Beurkundung der erbfolgerelevanten Urkunde (§ 34a Abs. 1 S. 1 BeurkG).

Ausschlagungserklärungen, Anfechtungen von Ausschlagungserklärungen und Erbanteilsübertragungen sind nicht registrierfähig, weil sie keine Erklärungen des Erblassers sind. **35**

Erbfolgerelevante Urkunden sind **36**

- Testamente,
- Erbverträge,
- alle Urkunden mit Erklärungen, die die Erbfolge beeinflussen können, z.B.:
  - entsprechende Aufhebungsurkunden,
  - Widerrufstestamente,

- Widerruf eines gemeinschaftlichen Testaments,
- Rücktritts- und Anfechtungserklärungen,
- Erbverträge,
- Zuwendungsverzichtsverträge,
- Eheverträge mit Gütertrennung oder Aufhebung der Gütertrennung,
- Güterstandsschaukel,
- Lebenspartnerschaftsverträge mit Gütertrennung oder Aufhebung der Gütertrennung,
- Urkunden mit Rechtswahlen.

37 Die **Verwahrangaben** sind Angaben, die zum Auffinden erbfolgerelevanter Urkunden erforderlich sind. Sie werden durch § 1 der Verordnung über das ZTR näher bestimmt. Somit hat der Notar die Amtspflicht, die Angaben unverzüglich elektronisch zu melden. Durch die Meldung verletzt der Notar nicht seine Verschwiegenheitspflicht, § 18 BNotO, da § 34a BeurkG hiervon eine gesetzliche Ausnahme normiert.[4]

Vom Notar zu melden (§ 2 Abs. 2 ZTRV i.V.m. § 1 S. 1 ZTRV) sind folgende **Angaben**:

- Daten des Erblassers:
  - Familienname, Geburtsname, **alle Vornamen**, Geschlecht,
  - Tag und Ort der Geburt,
  - Geburtsstandesamt und Geburtenregisternummer (bei Inlandsgeburt),
  - Staat der Geburt, wenn der Erblasser im Ausland geboren,
- Bezeichnung und Anschrift der Verwahrstelle,
- Art und Datum der Errichtung der erbfolgerelevanten Urkunde sowie
- Name, Amtssitz und Urkundenrolle des Notars.

38 Der Notar hat dem Erblasser einen Ausdruck der Registrierungsbestätigung auszuhändigen, damit der Erblasser die Angaben auf Richtigkeit und Vollständigkeit überprüfen kann.

Fehlerhafte Angaben, insbesondere zur Person des Erblassers, können zur Unauffindbarkeit der Urkunde im Sterbefall führen.

Deshalb (bzw. nach § 20 Abs. 2 DONot) ist ein weiterer Ausdruck der Registrierungsbestätigung in der Urkundenrollensammlung bei der Urkunde oder dem Vermerkblatt aufzubewahren.

39 Nach erledigter Mitteilung vergibt die Bundesnotarkammer eine **Verwahrnummer**, die dem Notar in der Registrierungsbestätigung mitgeteilt wird (§ 3 Abs. 1, Abs. 2 S. 2 ZTRV).

Der Notar hat diese Verwahrnummer sodann dem Verwahrgericht mitzuteilen (§ 3 Abs. 3 S. 1 ZTRV).[5]

4 Armbrüster/Preuß/Renner/*Seger*, § 34a BeurkG Rn 3.

5 Vgl. Bös/Neie/Strangmüller/Jurkat/*Bös*, Praxishandbuch für Notarfachangestellte, Teil 1, 3. Kap. Rn 263.

Die Gebühren der Registrierung im ZTR erhebt die Bundesnotarkammer **vom Notar**; sie unterliegen **nicht der Umsatzsteuer**, weil die Bundesnotarkammer als Registerbehörde eine Körperschaft des öffentlichen Rechts (§ 77 Abs. 1 BNotO) und im Rahmen der Führung des ZTR nicht umsatzsteuerlicher Unternehmer (§ 2 Abs. 3 S. 1 UStG) ist. 40

Der Notar erbringt durch die **Weiterberechnung** der Registrierungsgebühr gegenüber dem Mandanten (§ 78e Abs. 5 BNotO) auch keine umsatzsteuerliche Leistung, weil die Registrierungsgebühr ausschließlich vom Erblasser geschuldet wird (§ 78e Abs. 2 S. 1 Nr. 2 BNotO).[6]

Die Gebühr für die Registrierung einer Person gemäß § 3 Abs. 1 S. 3 ZTR-GebS beträgt 12,50 EUR, **wenn sie über den Notar erhoben wird**. 41

Soweit die Gebühr andernfalls unmittelbar vom Erblasser erhoben wird, beträgt sie 15,50 EUR.

Bei der Registrierung von zwei Personen verdoppeln sich die Beträge, weil sie je Person erhoben werden.

Für die Registrierung einer Person im Testamentsregister zahlt der Erblasser dem Notar die vom Notar vorgenannten aufgewendeten Beträge somit **12,50 EUR nach Nr. 32015 KV GNotKG** (ohne Umsatzsteuer) für jede Person.

Beispiel 1 42

Testament, errichtet durch M, die über ein Vermögen i.H.v. 1.000.000 EUR verfügt, auf dem noch Verbindlichkeiten i.H.v. 800.000 EUR lasten. M setzt ihre Tochter zur Alleinerbin ein.

Abrechnung:

Geschäftswert	§ 102 GNotKG		500.000,00 EUR
1,0-Gebühr	Nr. 21200 KV GNotKG	=	935,00 EUR
Dokumentenpauschale (10 Seiten s/w)	Nr. 32001 KV GNotKG	=	1,50 EUR
Post- und Telekommunikation	Nr. 32004 KV GNotKG	=	5,00 EUR
Zwischensumme			*941,50 EUR*
Umsatzsteuer 19 %		=	179,07 EUR
Summe			*1.120,57 EUR*
Registrierung im ZTR Nr. 32015 KV GNotKG		=	12.50 EUR
Gesamt:			**1.133,07 EUR**

6 *Diehn*, Notarkostenberechnungen, Rn 1088.

Hinweise:

Die Registrierung beim ZTR unterliegt keiner Umsatzsteuer.

Die Erblasserin hat ein Vermögen von 1.000.000 EUR und Verbindlichkeiten von 800.000 EUR, die jedoch nur bis zur Hälfte des Aktivvermögens abzuziehen sind.

Somit ist der Geschäftswert nicht 200.000 EUR, sondern 500.000 EUR.

43 *Beispiel 2*

Erbvertrag, errichtet durch die Eheleute M und H, die in Gütertrennung leben. Das Vermögen des Ehemannes beträgt 1.000.000 EUR und ist mit Verbindlichkeiten i.H.v. 700.000 EUR belastet.

Das Vermögen der Ehefrau beträgt 220.000 EUR und ist mit 130.000 EUR belastet.

Beide Ehegatten setzen sich gegenseitig zu Erben ein.

Abrechnung:

Geschäftswert (Ehemann 500.000 EUR, Ehefrau 110.000 EUR)	§ 102 GNotKG		610.000,00 EUR
2,0-Gebühr	Nr. 21100 KV GNotKG	=	2.830,00 EUR
Dokumentenpauschale (30 Seiten)	Nr. 32001 KV GNotKG	=	4,50 EUR
Post- und Telekommunikation	Nr. 32005 KV GNotKG	=	20,00 EUR
Zwischensumme			*2.854,50 EUR*
Umsatzsteuer 19 %		=	542,35 EUR
Summe			*3.396,85 EUR*
Registrierung im ZTR	Nr. 32015 KV GNotKG	=	25,00 EUR
Gesamt:			**3.421,86 EUR**

Hinweise:

Die Registrierung beim ZTR unterliegt keiner Umsatzsteuer und beträgt für jede Person 12,50 EUR, insgesamt also 25 EUR.

Bei jedem Erblasser **einzeln** wird sein Vermögen seinen Verbindlichkeiten gegenübergestellt und **jeweils** nur bis zur Hälfte des Aktivvermögens abgezogen.

Somit ergibt sich ein Geschäftswert von 610.000 EUR.

Beispiel 3 44

Der Notar beurkundet auftragsgemäß das einseitige Testament des Erblassers am 20.1.2024.

Der Erblasser gibt folgende Vermögenswerte an:

- **Pkw** – Zeitwert 42.000 EUR,
- **Aktiendepot** – Kurswert per 31.12.2023: 161.000 EUR.

Der Notar ermittelt den Kurswert des Aktiendepots per 20.1.2024 mit 185.300 EUR, da es auf den **Zeitpunkt der Beurkundung** ankommt.

Weitere Vermögenswerte des Erblassers:

- **Hausratsgegenstände** – Zeitwert 18.000 EUR,
- **Kapitallebensversicherung** – Rückkaufswert 33.000 EUR,
- **Barvermögen** – 30.000 EUR,
- Immobilien
  - zwei Häuser im Wert insgesamt 900.000 EUR,
  - eine Eigentumswohnung, Wert 100.000 EUR,
- Gesellschaftsanteil an einer GbR 50 %-Beteiligung:
  - Die GbR hat nur eine lastenfreie Immobilie, Wert 1.000.000 EUR.

Der Erblasser hat noch **Bankschulden** i.H.v. 300.000 EUR.

Der Notar erledigt die Registrierung beim ZTR.

Abrechnung: Werte des Vermögens des Erblassers

Pkw (Zeitwert)	42.000,00 EUR
Aktiendepot (Kurswert **Beurkundungstag**)	185.300,00 EUR
Hausrat	18.000,00 EUR
Kapitallebensversicherung (**Rückkaufswert**)	33.000,00 EUR
Barvermögen	30.000,00 EUR
Immobilien 3 Häuser je 300.000 EUR und 1 Wohnung 100.000 EUR	1.000.000,00 EUR
GbR-Anteil 50 % vom Vermögenswert 1 Mio. EUR =	500.000,00 EUR
Vermögenswerte insgesamt	**1.808.300,00 EUR**

Die Risikolebensversicherung wird nicht bewertet.

Die **Schulden** i.H.v. 300.000 EUR sind voll zu berücksichtigen, weil sie weniger als die Hälfte des Vermögens ausmachen.

Der **Geschäftswert** des Testaments beträgt somit **1.508.300 EUR**.

Die 1,0-Gebühr für das Beurkundungsverfahren beträgt 2.615 EUR nach Nr. 21200 KV GNotKG.

Für die Registrierung beim ZTR erstattet der Mandant dem Notar 12,50 EUR nach Nr. 32015 KV GNotKG (hierauf wird keine Umsatzsteuer erhoben).

45 Der **Erbvertrag mit Pflichtteilsverzicht** löst die 2,0-Gebühr nach Nr. 21100 KV GNotKG aus.

Der **Geschäftswert des Erbvertrages und des Pflichtteilsverzichtsvertrages** wird nach § 102 GNotKG berechnet. Die Werte werden nach § 35 Abs. 1 GNotKG addiert und ergeben den Wert für das Beurkundungsverfahren.

Wechselseitige Pflichtteilsverzichte stehen in einem Austauschverhältnis (§ 97 Abs. 3 GNotKG). Berechnet wird nur der höherwertigere Verzicht.

46 *Beispiel 4*

Der Notar beurkundet einen Erbvertrag mit Pflichtteilsverzicht. Der Notar erledigt zudem die Registrierung im ZTR und verauslagt die entstehenden Gebühren.

Die in Gütertrennung lebenden Eheleute M und H setzen ihr einziges Kind, die Tochter, zur Alleinerbin ihres gesamten Nachlasses ein.

Zudem verzichten die Eheleute M und H wechselseitig darauf, Pflichtteilsansprüche am Nachlass des jeweils anderen Ehepartners geltend zu machen.

M hat Vermögenswerte i.H.v. 50.000 EUR.

M hat Schulden i.H.v. 30.000 EUR.

H hat Vermögenswerte i.H.v. 30.000 EUR.

H hat Schulden i.H.v. 20.000 EUR.

Abrechnung:

Der **Geschäftswert des Erbvertrages und des Pflichtteilsverzichtsvertrages** wird nach § 102 GNotKG berechnet. Die Werte werden nach § 35 Abs. 1 GNotKG addiert und ergeben den Wert für das Beurkundungsverfahren.

Für M ergibt sich nach dem Abzug seiner Schulden bis zur Hälfte seines Vermögens ein Betrag i.H.v. **25.000 EUR**.

Für H ergibt sich nach Abzug ihrer Schulden bis zur Hälfte ihres Vermögens ein Betrag i.H.v. **15.000 EUR**.

Beide Pflichtteilsverzichtsvereinbarungen stehen in einem **Austauschverhältnis** (§ 97 Abs. 3 GNotKG); berechnet wird nur der **höherwertigere Verzicht**.

Die Erbquote der H neben der einzigen Tochter beträgt $^1/_2$ und die Pflichtteilsquote somit die Hälfte davon ($^1/_4$). Vom Vermögen des M i.H.v. 25.000 EUR ist $^1/_4$, also ein Betrag i.H.v. **6.250 EUR**, anzusetzen.

Die addierten Werte 25.000 EUR, 15.000 EUR und 6.250 EUR ergeben **46.250 EUR** als Wert für das Beurkundungsverfahren.

In Ansatz zu bringen ist die 2,0-Gebühr nach Nr. 21100 KV GNotKG.

Für die Registrierung der zwei Personen im ZTR entsteht 25 EUR nach der ZTR-GebS, die der Notar mit dem Ansatz der Gebühr Nr. 32015 KV GNotKG i.H.v. 25 EUR weiterberechnet, ohne Ansatz einer Umsatzsteuer.

Anspruchsvoll ist die Tätigkeit des Notars, wenn die Mandanten innerhalb ihrer Familie sondieren, ob eine **lebzeitige Überlassung an die Kinder** sinnvoll ist. Zu klären ist, ob und wie der Schenker abgesichert werden muss. Ggf. durch: 47

- **Vorbehalt eines Nießbrauchs** für den übertragenden Eigentümer,
- **Zuwendung auch eines aufschiebend bedingten Nießbrauchs** für den Ehegatten des Eigentümers,
- **Vorbehalten eines Wohnrechts oder Wohnungsrechts**,
- **Absicherung des Schenkers durch Rückübertragungsvormerkung**, wenn sich bestimmte Szenarien verwirklichen, z.B.
  - Insolvenz des beschenkten Kindes,
  - Tod des beschenkten Kindes zu einem Zeitpunkt, in dem der Schenker noch lebt oder
  - Veräußerungs- und Belastungsverbote, soweit die Veräußerung und/oder Belastung ohne die Zustimmung des Schenkers stattfinden sollte.[7]

Überlegt wird oft, ob zusätzlich ein notarielles Testament oder ein Erbvertrag vorgenommen werden soll, um **Erbnachweise** später zügig zu erhalten und auch um Notar- und Gerichtsgebühren zu sparen (Notargebühren für die Eidesstattlichen Versicherungen zur Erlangung der Erbscheine und Gerichtsgebühren für die Erteilungen der Erbscheine).

Unrichtig ist hierzu eine Entscheidung aus Brandenburg.[8] Es ging dabei um die Beurteilung der Frage, wie der Geschäftswert eines Erbvertrages berechnet werden muss, wenn daneben auch ein Übertragungsvertrag zu bewerten ist. 48

Auf den ersten Blick könnte man die obergerichtliche Entscheidung für richtig halten, sodass bei der Berechnung des Geschäftswerts der Vermögenswert der (erst noch zu übereignenden Immobilie) außen vor zu bleiben hat. Zudem soll auch das vorbehaltene Vermögen nicht in die Wertberechnung einfließen, obwohl dies ein verwertbarer Vermögenswert ist, z.B. wenn später die Erwerber mit Zustimmung des Schenkers die Immobilie verkaufen sollten und in diesem Zuge der **Nießbrauch gelöscht** und vom **Schenker zu Geld gemacht wird**.

Das kann nicht richtig sein. Bekanntlich sind im weitesten Sinne die Bestimmungen über den Geschäftswert erbrechtlicher Angelegenheiten in § 102 GNotKG gefasst. Verfügt danach ein Erblasser in seinem Testament oder durch Erbvertrag über seinen Nachlass in Gänze, so ist gesetzlich bestimmt, dass auch das **Vermögen des** 49

7 Weitere Überlegungen siehe bei *Elsing*, notarbüro 2023, 110.

8 Brandenburgisches OLG, Beschl. v. 24.3.2023 – 7 W 90/22; siehe Anm. *Elsing*, notarbüro 2023, 110 ff.

Erblassers im Ganzen als Geschäftswert nach § 102 GNotKG zugrunde zu legen ist.

50 Verfügt der Erblasser lediglich über einen **Bruchteil** seines Vermögens, ist auch nur der Wert dieses Bruchteils maßgeblich, wobei auch hier gem. § 102 Abs. 1 S. 2 GNotKG der Abzug von Verbindlichkeiten in Betracht kommt, allerdings **höchstens bis zur Hälfte** des Vermögens.

51 Bei **mehreren Erblassern** werden deren Vermögenswerte getrennt ermittelt und die Schulden, die auf dem Vermögen eines Erblassers lasten, werden auch nur von seinem Vermögen abgezogen – max. bis zur Hälfte, § 102 Abs. 1 S. 2 GNotKG.

52 Bei den Angaben zu den Vermögensverhältnissen ist der Notar besonders auf die Mitwirkung der Beteiligten angewiesen, § 95 GNotKG,[9] und zwar, um **wahrheitsgemäße Angaben** zu erhalten und Schätzungen des Notars (und vor allem zeitliche Verluste) zu vermeiden; in einigen Beratungsfällen auch, um die Fragen des Erblassers klären zu können, wie die Gestaltung der Übergabeverträge oder letztwilligen Verfügungen sich erbschaftsteuerrechtlich auswirken.

Als Ergebnis derartiger **Willenserforschungen** des Notars (§ 17 BeurkG) entscheiden sich Mandanten oft für ein Beurkundungsverfahren „Übergabevertrag“ und/oder „Testament/Erbvertrag“.

Die Auffassung des Brandenburgischen OLG, dass bei der Beurkundung eines Testaments der Wert des Eigentums an der Immobilie außen vorbleibt, wenn zeitnah nach der Beurkundung des Testaments ein Übergabevertrag beurkundet wird, **ist nicht zu halten**, allein schon deshalb, weil der Schenker nach Vollendung der Testamentsbeurkundung noch versterben kann und noch keine Beurkundung oder Anwartschaft für die Person, die beschenkt werden soll, vorliegt.

Nach hier vertretener Auffassung ist das Immobilienvermögen bei der Beurkundung der letztwilligen Verfügung noch zu berücksichtigen, erst dann nicht mehr, wenn das Eigentum gewechselt hat.

53 Der **Widerruf eines einseitigen Testaments** durch notarielle Beurkundung kommt **selten** vor. Erklärt ein Erblasser durch notariell beurkundeten Widerruf seine letztwillige Verfügung (einseitiges Testament), bestimmt sich der Geschäftswert gem. § 102 Abs. 1 bis 3 GNotKG genauso, wie bei der Errichtung des Testaments.

54 Bei der Geschäftswertberechnung ist auf das Vermögen abzustellen, welches zum **Zeitpunkt der Beurkundung des Widerrufs** vorhanden ist und nicht auf das Vermögen im Zeitpunkt der Testamentserrichtung (§ 96 GNotKG).

55 Obwohl die Widerrufserklärung eines Testamentes eine einseitige Erklärung ist, wird keine volle Gebühr berechnet. Der **Widerruf einer letztwilligen Verfügung** ist nach **Nr. 21201 KV GNotKG privilegiert** und löst nur eine 0,5-Gebühr aus.

9 Zutreffend: *Zimmer/Otto*, Leipziger GNotKG, § 102 Rn 1.

Diese Begünstigung ist angemessen, weil auch die Beratung gegenüber dem Mandanten, dass er seine letztwillige Verfügung aus der amtlichen Verwahrung nehmen kann und wie sich dadurch die Beseitigung der Verfügung auf die Erbfolge auswirkt, andernfalls eine Beratungsgebühr nach Nr. 24202 KV GNotKG auslösen würde

Noch seltener kommt in der Praxis eine Beurkundung vor, mit der lediglich ein **gemeinschaftliches Testament widerrufen** wird. 56

Ein derartiger Widerruf ist zwar keine einseitige Erklärung, aber ein gleichgerichteter **Widerruf**. Auch hier kommt eine Gebührenbegünstigung in Betracht – entweder nach Nr. 21201 Nr. 1 KV GNotKG (beim Testament) oder nach Nr. 21102 Nr. 2 KV GNotKG (beim Erbvertrag).[10]

Berechnet wird auch der gemeinschaftlich vereinbarte Widerruf, der durch gemeinschaftliches Testament gleichgerichtet erklärt wird, nicht nach Nr. 21100 KV GNotKG, sondern mit der gebührenbegünstigten Nr. 21201 Nr. 1 KV GNotKG.[11] Hieran ändert auch die Vorbem. 2.1.2 KV GNotKG nichts, wonach sich die Gebühren für die Beurkundung eines gemeinschaftlichen Testaments nach Abschnitt 1 bestimmen.

Erklärt ein Erblasser durch gemeinschaftliches beurkundetes Widerrufstestament die letztwillige Verfügung (gemeinschaftliches Testament), bestimmt sich der Geschäftswert gemäß § 105 Abs. 5 S. 1 GNotKG nach § 102 Abs. 1 bis 3 GNotKG genauso, wie bei der Errichtung des Testaments (vgl. Abschnitt I Ziffer 1 GNotKG). 57

Bei der Geschäftswertberechnung ist auf das Vermögen abzustellen, welches zum **Zeitpunkt der Beurkundung des Widerrufs** vorhanden ist und nicht auf das Vermögen im Zeitpunkt der Testamentserrichtung (§ 96 GNotKG).

V. Liste der Aufsichtsratsmitglieder

Für die **Liste der Aufsichtsratsmitglieder**, die dem Registergericht gemäß § 106 AktG durch den Vorstand einzureichen ist, erhält der Notar, wenn er die Liste auftragsgemäß entwirft, eine Entwurfsgebühr nach Nr. 24101 KV GNotKG. 58

Die Rahmengebühr beträgt 0,3 bis 1,0. Erstellt der Notar die gesamte Liste bei der Gründung, fällt die volle 1,0-Gebühr – **mind. 60 EUR** – an.

Der **Geschäftswert** der **Aufsichtsratsliste** richtet sich nach dem Grundkapital; 10 % von diesem sind nach § 36 Abs. 1 GNotKG angemessen.

10 Anders aber *Diehn*, Notarkostenberechnungen Rn 1180.

11 Korintenberg/*Hey'l*, Nr. 21201 KV GNotKG, Rn 12; LK-GNotKG/*Deecke*, Nr. 21201 KV GNotKG, Rn 7; Streifzug, Rn 2154d.

VI. Liste der Übernehmer

59 Der Geschäftswert für die **Liste der Übernehmer** ist der volle Wert des Beurkundungsverfahrens der Kapitalerhöhungsurkunde (§ 112 S. 1 GNotKG).

Es entsteht die Gebühr nach Nr. 22111, 22113 KV GNotKG max. i.H.v. 250 EUR.

VII. Löschungsantrag und Löschungsbewilligung

60 Siehe hierzu unter Teil U Rdn 30 f. (*Unterschriftsbeglaubigung*).

M.

I. Mediation und Schlichtung

Für die Tätigkeit als **Mediator** oder **Schlichter** darf der Notar **angemessene Gebühren** in Geld vereinbaren (§ 126 Abs. 1 S. 1 GNotKG). Vereinbarungen über andere Gegenleistungen als Geld kommen im Umkehrschluss zur gesetzlichen Vorgabe nicht in Betracht. Je schwieriger die Tätigkeit, die der Notar ggf. zur Erledigung übernimmt, ist, desto höher kann die Gebühr bestimmt werden. 1

Eine zulässige Gebührenvereinbarung darf **nicht** solche Tätigkeiten treffen, für die das Gerichts- und Notarkostengesetz ausdrücklich eine gesetzliche Gebühr bestimmt. Würde eine solche Gebührenvereinbarung dennoch abgeschlossen, wäre sie **nichtig** bzw. gem. § 125 GNotKG **gesetzlich verboten**. 2

Für die Anfertigung eines **Gutachtens** durch den Notar kann dieser zuvor mit seinem Auftraggeber eine Gebührenvereinbarung abschließen; der Anwendungsbereich des § 126 GNotKG ist gegeben.[1] 3

§ 126 Abs. 2 GNotKG bestimmt, dass der **öffentlich-rechtliche Vertrag** über die angemessenen Gebühren des Notars **schriftlich** erfolgen muss. 4

Liegt der öffentlich-rechtliche Vertrag – geschlossen zwischen dem Notar und dem Kostenschuldner – vor, so muss der Notar die angemessen und zulässig vereinbarten Gebühren auch **erheben**. Der Notar darf auch im Falle der Gebührenvereinbarung nach § 126 GNotKG keinesfalls kostenlos tätig werden. Das Amt bringt die Pflicht für den Notar mit, auch die zulässig vereinbarten Gebühren nach § 17 Abs. 1 S. 1 BNotO zu erheben, sodass der Notar gebührenpflichtig tätig wird.[2] 5

Die Vereinbarung von Gebühren nach Stunden ist möglich, soweit die Gebühren angemessen vereinbart sind. Insbesondere kann sich bei Schlichtungen oder Mediationen ein längerer zeitlicher Einsatz für den Notar ergeben. 6

Der Auftrag mit der Gebührenvereinbarung kann folgenden Wortlaut haben: 7

▼

Muster M.1: Auftrag zur Erledigung eines notariellen Amtsgeschäfts und Vereinbarung über Gebühren in der Form eines öffentlich-rechtlichen Vertrages – § 126 GNotKG M.1

I. Auftragserteilung:

Herr

geb. am: in

1 *Renner*, in: Leipziger GNotKG, 3. Aufl. 2016, § 126 Rn 31.

2 Korintenberg/*Bormann*, § 126 Rn 13.

wohnhaft:

Staatsangehörigkeit:

legitimiert durch gültigen Bundespersonalausweis/Reisepass Nr.

– nachfolgend „der Auftraggeber“ genannt –

sowie

Frau

geb.

geb. am in

wohnhaft:

Staatsangehörigkeit:

legitimiert durch gültigen Bundespersonalausweis/Reisepass Nr.

– nachfolgend „die Auftraggeberin“ genannt –

beauftragen hiermit Herrn Notar/Frau Notarin mit dem Amtssitz in

zur Erledigung folgender Tätigkeit, nachdem dieser uns über die Speicherung unserer Daten im Sinne der Datenschutzgrundverordnung aufgeklärt hatte:

(*Beschreibung des Auftrags, für den laut GNotKG keine Gebühr vorgesehen ist*)

Wir, Auftraggeber und Auftraggeberin, streiten über folgenden Sachverhalt:

Wir, Auftraggeber und Auftraggeberin, wollen versuchen, eine gerichtliche Auseinandersetzung zu vermeiden und uns einvernehmlich über unseren Streit zu verständigen.

Zur Erreichung dieses Ziels werden wir in einem gemeinsamen Gespräch mit dem Notar/der Notarin unsere Auffassungen und Positionen vorbringen und ggf. im Anschluss jeweils einzeln mit dem Notar/der Notarin ein weiteres Gespräch führen.

Nach Abschluss der Gespräche soll der unparteiliche neutrale Notar/die unparteiliche neutrale Notarin ein schriftliches Protokoll über den Kern unseres vorgetragenen Streits erstellen und uns möglichst innerhalb von zwei Wochen ab heute einen Lösungsvorschlag zur Schlichtung unseres Streits unterbreiten.

Sofern wir uns innerhalb eines Monats nach dem notariellen Vorschlag geeinigt haben, soll der Notar/die Notarin die Einigung bzw. den Kompromiss durch notarielle Eigenurkunde dokumentieren und uns je zwei Exemplare dieser Eigenurkunde übermitteln.

Dieser Vertrag endet mit der Erzielung eines Befriedungsergebnisses oder soweit dieser in der vorgenannten Frist gescheitert ist, mit dem Scheitern.

Weigert sich der Auftraggeber oder die Auftraggeberin nachhaltig an der Erfüllung dieses Auftrages teilzunehmen und mitzuwirken, endet diese Vereinbarung durch schriftliche Mitteilung des Notars/der Notarin gegenüber dem Auftraggeber und der Auftraggeberin.

Verändern sich die dem Vertrag zugrunde liegenden vorgetragenen Verhältnisse so wesentlich, dass einem Auftraggeber das Festhalten an der ursprünglichen vertraglichen Regelung nicht mehr zuzumuten ist, so kann diese Vertragspartei eine Anpassung des Vertragsinhalts an die geänderten Verhältnisse verlangen. Ist eine Anpassung nicht möglich oder zumutbar, kann der Vertrag von jedem Auftraggeber gekündigt werden. Die Kündigung soll begründet und schriftlich zu Händen des Notars vorgenommen werden, der zum Empfang der Kündigung für jeden Auftraggeber auch berechtigt ist.

Sofern eine Bestimmung oder wenn mehrere Bestimmungen dieses Vertrages unwirksam sein sollten oder unwirksam werden, ist im Zweifel davon auszugehen, dass dieser Vertrag im Übrigen weiterhin gültig sein soll. An die Stelle der unwirksamen Bestimmung werden der Notar und die Auftraggeber dann eine wirksame Bestimmung vereinbaren, die dem Gewollten möglichst nahekommt.

II. Gebührenvereinbarung (öffentlich-rechtlicher Vertrag – § 126 GNoKG)

Schriftlich und in der Form eines öffentlich-rechtlichen Vertrages gem. § 126 GNotKG vereinbaren wir, Auftraggeber und Auftraggeberin mit dem Notar/der Notarin zur notariellen Vergütung für das notarielle Tätigwerden wie folgt:

Der Notar/Die Notarin erhält für die Erledigung der vorgenannten Tätigkeiten, die Besprechungen, Protokollierungen und ggf. für seinen Vorschlag zur Schlichtung eine Gebühr i.H.v. ______ EUR inkl. 19 % Umsatzsteuer, berechnet auf einen Geschäftswert i.H.v. ______ (*etwa 30 % des Geschäftswertgegenstandes*). Die so vereinbarte Gebühr ist angemessen und wir halten sie auch für angemessen.

(*Alternativ*): Für jede Stunde seiner Tätigkeit wird die Notarin/der Notar 400 EUR zzgl. 19 % Umsatzsteuer berechnen.

Die mit dieser Vereinbarung beauftragten Tätigkeiten stehen nicht in einem Zusammenhang mit einer anderen notariellen Amtstätigkeit des amtierenden Notars/der amtierenden Notarin.

Jeder von uns trägt eine Hälfte der vereinbarten Notargebühren. Jeder von uns ist verpflichtet, unverzüglich nach der Rechnungserstellung des Notars/der Notarin die Rechnung auszugleichen.

Wir sind von dem Notar/der Notarin darauf hingewiesen worden, dass wir für die Gebühren kraft Gesetzes gesamtschuldnerisch haften. Eine Kopie unserer Ausweise nimmt der Notar zur Aufbewahrung in seine Akte bzw. zur Einspeicherung in die elektronische Akte.

(*Ort, Datum, Unterschriften der Auftraggeber und des Notars*)[3]

▲

8 Wird die Gebührenrechnung des Notars durch einen der Kostenschuldner im Wege einer **Beschwerde** dem Landgericht vorgelegt, prüft das Landgericht nur, ob diese Gebührenerhebung auf einer angemessenen amtlichen Ausübung des Notars beruht.

9 Ist der Notar bereits als Mediator oder Schlichter tätig geworden, obwohl eine Gebührenvereinbarung noch nicht abgeschlossen ist, muss er die **Vereinbarung** unverzüglich **nachholen.**[4] Dem Notar ist jedoch zu empfehlen, stets vor Beginn seiner Tätigkeit eine schriftliche Gebührenvereinbarung nach § 126 GNotKG mit den Beteiligten zu treffen. Denkbar wäre andernfalls, dass die Beteiligten im Anschluss nicht mehr mitwirken und keine schriftliche Vereinbarung zustande kommt. Die schriftliche Vereinbarung ist in § 126 Abs. 2 GNotKG ausdrücklich vorgeschrieben.

10 **Änderungen und Anpassungen** der Gebührenvereinbarung dürfen die Beteiligten jederzeit vornehmen, da sie „*Herren ihres Verfahrens*" sind.[5] Dies gilt insoweit, als die abgeschlossene Vereinbarung unrichtig ist, weil der Notar sein Ermessen nicht richtig ausgeübt hatte. Besteht die Vereinbarung korrekt, darf bei der Änderung kein unerlaubtes „Gebührengeschenk" an den Kostenschuldner erfolgen (§ 125 GNotKG). Auch die Änderung bzw. Anpassung der Gebührenvereinbarung bedarf der Schriftform des § 126 Abs. 2 GNotKG. Die Schriftform ist aus Beweisgründen und wegen der kostenrechtlichen Transparenz gegenüber den beteiligten Kostenschuldnern sinnvoll.

11 Hat der Notar eine zulässige Gebührenvereinbarung mit den Beteiligten getroffen, gelten die Vorschriften der §§ 80–90 GNotKG. Demnach muss der Kostenschuldner die Kostenforderung **verzinsen,** wenn ihm nach § 19 GNotKG eine vollstreckbare Ausfertigung der Kostenberechnung, in der die Angaben über die Höhe der zu verzinsenden Forderung sowie über den Verzinsungsbeginn enthalten ist, zugestellt wird. Die Verzinsung beginnt einen Monat nach der Zustellung. Der jährliche Zinssatz beträgt 5 % über dem Basiszins nach § 247 BGB.

Der **vollstreckbaren Ausfertigung** ist eine beglaubigte Kopie oder ein beglaubigter Ausdruck des öffentlich-rechtlichen Vertrages beizufügen (§ 126 Abs. 3 GNotKG).

3 Die Unterschriften müssen in derselben Urkunde geleistet werden, Korintenberg/*Bormann*, § 126 Rn 16.

4 Korintenberg/*Bormann*, § 126 Rn 15 m.w.N.

5 Korintenberg/*Bormann*, § 126 Rn 17.

II. Mehrere Gegenstände

Grundsätzlich wird die Gebühr für ein Verfahren sowie jeweils die Gebühren der Vollzugs- und/oder Betreuungstätigkeiten in demselben notariellen Verfahren nur einmal erhoben (§ 93 Abs. 1 GNotKG). 12

Werden **ohne sachlichen Grund** mehrere Beurkundungsgegenstände in einer Urkunde zusammengefasst, gilt das Beurkundungsverfahren hinsichtlich jedes dieser Beurkundungsgegenstände als **besonderes Verfahren**. 13

Ein **sachlicher Grund** ist immer dann gegeben, wenn die Beurkundungsgegenstände als eine rechtliche Einheit (i.S.v. § 139 BGB) vereinbart sind. Dann stehen und fallen diese Beurkundungsgegenstände allesamt miteinander, wobei dieselben Personen an dem Verfahren beteiligt sind (§ 93 Abs. 2 GNotKG).

Stehen und fallen die Beurkundungsgegenstände dagegen nicht miteinander, dann bleibt ein Beurkundungsgegenstand wirksam auch in dem Fall, dass ein anderer unwirksam wird. In diesen Fällen können (bei entsprechend hohen Geschäftswerten) für die einzelnen unabhängig voneinander bestehenden Beurkundungsgegenstände die **Höchstwerte getrennt und somit mehrfach** zum Ansatz kommen.

Wenn in einem Verfahren **mehrere verschiedene Gegenstände** zusammentreffen und die Gegenstände **demselben Gebührensatz** unterliegen, sind die Werte gem. § 35 Abs. 1 GNotKG **zusammenzurechnen**. 14

Wenn in einem Verfahren **mehrere verschiedene Gegenstände** zusammentreffen und diese **einem unterschiedlichen Gebührensatz** unterliegen, entstehen grundsätzlich entsprechende **gesonderte Gebühren** (§ 94 Abs. 1 Hs. 1 GNotKG).

In diesem Fall ist eine Vergleichsberechnung vorzunehmen (§ 94 Abs. 2 GNotKG).

Ergibt die höchste in Betracht kommende Gebühr auf die nach § 35 Abs. 1 GNotKG zusammengerechneten Geschäftswerte **weniger oder mehr** als die unterschiedlichen **einzelnen Gebühren** auf die jeweiligen Geschäftswerte, so ist stets die für den Kostenschuldner günstigere Variante zu berechnen.

III. Mietvertrag und Pachtvertrag

Der Wert eines Miet- oder Pachtvertrages mit unbestimmter Dauer bestimmt sich nach § 99 Abs. 1 S. 2 GNotKG und somit **nach dem Wert aller Leistungen des Mieters oder Pächters während der ersten fünf Jahre**. 15

Falls die Kündigung des Miet- oder Pachtvertrages erst nach Ablauf von fünf Jahren zu einem späteren Zeitpunkt möglich ist, so ist der spätere Zeitpunkt maßgebend, max. bis zu dem Wert, der auf die ersten 20 Jahre des Vertrages entfällt.

Der Miet-/Pachtvertrag mit **bestimmter Dauer** hat einen Geschäftswert, der dem Wert aller Leistungen des Mieters/Pächters für die gesamte Laufzeit entspricht. Der 16 maximale Geschäftswert ist der auf die ersten 20 Jahre entfallende Wert (§ 99 Abs. 1 S. 1 GNotKG).

IV. Mindestgebühren

1. Allgemeine Mindestgebühr

17 Beträgt eine Gebühr weniger als 15 EUR, wird sie auf 15 EUR erhöht (Mindestgebühr nach § 34 Abs. 5 GNotKG). Der allgemeine Mindestbetrag einer Gebühr beträgt also 15 EUR.

2. Spezielle Mindestgebühren

18
- **Verträge/Vereinbarungen/Beschlüsse**
  Die Mindestgebühr für das Beurkundungsverfahren Nr. 21100 KV GNotKG beträgt 120 EUR.
- **Einseitige Erklärungen**
  Die Mindestgebühr für das Beurkundungsverfahren Nr. 21200 KV GNotKG beträgt 60 EUR.
- **Registeranmeldungen und Grundbucherklärungen**
  Die Mindestgebühr Nr. 21201 KV GNotKG beträgt 30 EUR.
- **Entwürfe**
  Auch wenn der Notar (nur) Entwürfe abrechnet, gelten die Mindestgebühren (Nr. 24100 ff. KV GNotKG). Das Gleiche gilt bei der vorzeitigen Beendigung (Nr. 21302 ff. KV GNotKG).
- **Unterschriftsbeglaubigung**
  Der Mindestbetrag einer Unterschriftsbeglaubigung beträgt nach Nr. 25100 KV GNotKG 20 EUR.
- **Beglaubigung von Dokumenten**
  Die Beglaubigung eines Dokuments löst mind. die Gebühr von 10 EUR aus (Nr. 25102 KV GNotKG). § 34 Abs. 5 GNotKG greift nicht, weil es sich bei der Gebühr Nr. 25102 KV GNotKG nicht um eine Wertgebühr handelt.

V. Miteigentümervereinbarung

19 Vereinbaren Miteigentümer den Ausschluss der Aufhebung ihrer Gemeinschaft, ist als Wert 30 % des Werts der betroffenen Immobilie nach § 51 Abs. 2 GNotKG anzusetzen.

Die Beurkundung der Vereinbarung löst eine 2,0-Gebühr nach Nr. 21100 KV GNotKG aus.

N.

I. Nachlassverzeichnis

Damit **pflichtteilsberechtigte Personen**, die nach Eintritt eines Erbfalls **nicht Erbe geworden sind**, ihren Pflichtteil geltend machen können, sind diese darauf angewiesen, den Wert des Nachlassvermögens in Erfahrung zu bringen. Deshalb ist der Erbe verpflichtet, auf Verlangen des Pflichtteilsberechtigten ein sog. **einfaches Nachlassverzeichnis** zu erstellen und vorzulegen, § 2314 Abs. 1 Satz 2 BGB. Die Kosten dafür trägt der Nachlass, § 2314 Abs. 2 BGB. 1

Einigkeit besteht zwischen einem Erben und einem Pflichtteilsberechtigten, der nicht Erbe geworden ist, jedoch oft nicht. Der Pflichtteilsberechtigte kann von dem Erben auch verlangen, dass ein **notarielles Nachlassverzeichnis** aufzunehmen ist, § 2314 Abs. 1 letzter Satz BGB.

In der notariellen Praxis werden Notare deshalb häufig mit der **arbeitsintensiven Aufgabe** beauftragt, ein notarielles Nachlassverzeichnis zu erstellen: So gut wie möglich ist zu ermitteln, welche Vermögensgegenstände zum Zeitpunkt des Todes des Erblassers vorhanden waren. Um auch Pflichtteilsergänzungsansprüche, die den Wert des Pflichtteils erhöhen, zu ermitteln, ist der Erbe verpflichtet, Schenkungen, die der Erblasser vor seinem Tode vorgenommen hat, soweit diese nicht länger als zehn Jahre zurücklagen, anzugeben.

Hat der Notar ein **Nachlassverzeichnis erstellt**, enthält die Protokollierung dieses Verzeichnisses die eigenen Feststellungen des Notars.

Der Notar muss die **2,0-Gebühr** gem. Nr. 25300 KV GNotKG in Ansatz bringen.

Das **Nachlassverzeichnisprotokoll** ist keine Niederschrift, die von den betroffenen Beteiligten ausverhandelt wird. Der Notar protokolliert seine Feststellungen und ggf. die Erklärungen von den Beteiligten, die diese ggf. über einen Vermögensgegenstand abgeben.

Sollte die Aufnahme des Nachlassverzeichnisses ein Teil eines beurkundeten Vertrages sein, entsteht die Gebühr Nr. 23500 KV GNotKG nicht, vgl. Anmerkung zu Nr. 23500 KV GNotKG.

Der **Geschäftswert** wird durch die **verzeichneten Gegenstände und deren Wert** bestimmt (§ 115 GNotKG). Soweit in dem Nachlassverzeichnis auch Gegenstände verzeichnet sind, die bereits veräußert wurden, sind diese Gegenstände mit ihrem **Wert zum Zeitpunkt der Veräußerung** zu berücksichtigen.[1] 2

1 Streifzug durch das GNotKG, Rn 2312; Muster eines Nachlassverzeichnisses bei *Elsing*, notarbüro 2014, S. 3 ff.; *Elsing*, RENOpraxis 2014, 251–254.

3 Die **Zusatzgebühr Nr. 26002 KV GNotKG** fällt für die auswärtig stattfindende Tätigkeit des Notars, z.B. zur Sichtung von zu verzeichnenden Gegenständen in der Wohnung des Verstorbenen gem. Vorbem. 2.3.5 KV GNotKG **nicht an**.

4 Anfallen kann aber die Zusatzgebühr Nr. 26000 KV GNotKG, wenn die Aufnahme des Vermögensverzeichnisses **außerhalb der Geschäftszeiten** des Notars erledigt werden muss.

II. Nießbrauchrechtsbestellung

5 Zur Ermittlung des **Geschäftswerts** eines Nießbrauchs wird der Jahreswert des Nießbrauchs vervielfältigt (§ 52 GNotKG).

6 Die Vereinbarung eines Nießbrauchs (vertragliche Bestellung) löst die 2,0-Gebühr nach Nr. 21100 KV GNotKG aus.

Nur der Antragung auf Eintragung eines Nießbrauchrechts löst die 0,5-Gebühr nach Nr. 21201 Nr. 4 KV GNotKG aus.

7 Verpflichtet sich jemand einseitig ein Nießbrauchrecht zu bestellen, löst diese **einseitige Verpflichtung** die 1,0-Gebühr nach Nr. 21200 KV GNotKG aus.

8 *Beispiel*

Im Rahmen des Beurkundungsverfahrens „Überlassungsvertrag" wird ein Haus vom 47-jährigen Veräußerer übereignet und aufgelassen, unter Vorbehalt des Nießbrauchs.

Das Haus hat einen Verkehrswert (§ 46 GNotKG) i.H.v. 400.000 EUR.

Der Veräußerer behält sich den Nießbrauch vor.

Das Nießbrauchrecht hat einen Jahreswert von 40.000 EUR.

Abrechnung:

Der höhere Wert der Austauschleistung ist anzusetzen.

Verkehrswert der Immobilie	400.000 EUR
Jahreswert Nießbrauch	40.000 EUR
15-facher Jahreswert gem. § 52 Abs. 4 GNotKG	600.000 EUR

Der höhere Wert der Austauschleistung nach § 97 Abs. 3 GNotKG ist somit als Geschäftswert anzusetzen, also 600.000 EUR (§§ 97 Abs. 3, 46 Abs. 1, 52 Abs. 1 Nr. 1–4, 36 Abs. 1 GNotKG).

O.

Offene Handelsgesellschaft (OHG)

Handelsregisteranmeldungen für die OHG können im Allgemeinen so bewertet werden, wie unter Teil R Rdn 35 ff. (*Registeranmeldungen*) dargestellt. 1

Die **Erstanmeldung einer OHG** mit zwei persönlich haftenden Gesellschaftern beträgt 45.000 EUR (§ 105 Abs. 2, Abs. 3 Nr. 2 GNotKG). 2

Soweit eine OHG **mit mehr als zwei persönlich haftenden Gesellschaftern** angemeldet wird, **erhöht sich der Geschäftswert** von 45.000 EUR **um jeweils 15.000 EUR für jeden weiteren persönlich haftenden Gesellschafter**.

> *Beispiel* 3
>
> Es wird eine OHG zur Eintragung in das Handelsregister angemeldet.
>
> Die OHG hat fünf persönlich haftende Gesellschafter.
>
> Der Notar fertigt ausschließlich (isoliert) den Entwurf der Handelsregisteranmeldung, die von einem anderen Notar zum Registergericht eingereicht werden soll.
>
> *Abrechnung:*
>
> Der Geschäftswert für die OHG-Anmeldung von 45.000 EUR erhöht sich um 3 x 15.000 EUR (für den 3., 4. und 5. Gesellschafter). Bei fünf persönlich haftenden Gesellschaftern der OHG beträgt der Geschäftswert somit 90.000 EUR.
>
> Der Notar hat die gesamte Anmeldung entworfen, sodass der 0,5-Gebührensatz voll angesetzt wird (Vorgabe aus § 92 Abs. 2 GNotKG).
>
> Es entsteht somit die 0,5-Gebühr gem. Nr. 24102 KV GNotKG für das „Entwurfsverfahren Handelsregisteranmeldung" auf den Geschäftswert von 90.000 EUR = 123 EUR.

Spätere Anmeldungen zu einer OHG haben grundsätzlich einen Geschäftswert von **30.000 EUR** (§ 105 Abs. 2, Abs. 4 Nr. 3 GNotKG). 4

Falls die Anmeldung **mehr als das Eintreten oder Ausscheiden von zwei persönlichen haftenden Gesellschaftern** beinhaltet, sind für jeden eintretenden oder ausscheidenden persönlich haftenden Gesellschafter jedoch 15.000 EUR als Geschäftswert anzunehmen (§ 105 Abs. 4 Nr. 3 Hs. 2 GNotKG).

> *Beispiel* 5
>
> Zur Eintragung in das Handelsregister wird angemeldet, dass der persönlich haftende Gesellschafter A aus der OHG ausgeschieden und dass B und C als weitere persönlich haftende Gesellschafter eingetreten sind.

Abrechnung:

Für jeden persönlich haftenden Gesellschafter, der eingetreten bzw. ausgeschieden ist, werden 15.000 EUR als Wert angenommen (§ 105 Abs. 4 Nr. 3 Hs. 2 GNotKG). Bei drei Gesellschaftern = 3 x 15.000 EUR = 45.000 EUR.

0,5-Gebühr gem. Nr. 24102, 21201 KV GNotKG Wert 45.000 EUR = 77,50 EUR.

Hinweise:

Ab dem dritten Gesellschafter werden nicht 30.000 EUR als Geschäftswert angenommen, sondern für jeden Gesellschafter 15.000 EUR – addiert nach § 35 Abs. 1 GNotKG – berechnet, im Beispielsfall also 45.000 EUR.

Der Gebührensatz beträgt 0,5 gem. Nr. 24102 KV GNotKG, weil die Beurkundung der Registeranmeldung eine 0,5-Gebühr auslöst (Nr. 21201 KV GNotKG).

Der Notar hat den Entwurf vollständig gefertigt, sodass der höchste Gebührensatz anzusetzen ist (vorgegeben in § 92 Abs. 2 GNotKG).

6 Soweit die Registeranmeldung zu einer OHG **eine Geschäftsanschrift** betrifft oder aus anderen Gründen wie eine Registeranmeldung ohne wirtschaftliche Bedeutung gebührenrechtlich zu bewerten ist (z.B., wenn sich der Name eines Gesellschafters durch eine Heirat geändert hat), ist gem. § 105 Abs. 5 GNotKG ein **Geschäftswert von 5.000 EUR** für die Anmeldetatsache anzusetzen.

7 Wenn die OHG beendet wird, stellen die OHG-Gesellschafter den Geschäftsbetrieb der OHG ein und melden **das Erlöschen der OHG** zur Eintragung in das Handelsregister an.

Der **Geschäftswert** der Anmeldung beträgt 30.000 EUR (§§ 119, 105, 106 GNotKG).

Es entsteht die Gebühr gem. Nr. 24102 KV GNotKG, falls der Notar den Entwurf isoliert herstellt, andernfalls entsteht wie üblich die Gebühr Nr. 21201 Nr. 5 KV GNotKG.

Zudem wird für die elektronische Übermittlung, da es sich nicht nur um eine Unterschriftsbeglaubigung handelt, die 0,2-Gebühr gem. Nr. 22114 KV GNotKG (XML-Daten) erhoben.

Weitere Abrechnungsbeispiele siehe in Teil R Rdn 35 ff. (*Registeranmeldungen*).

P.

I. Patientenverfügung

Die **Gebühr** für eine beurkundete Patientenverfügung ist die 1,0-Gebühr gem. 21200 KV GNotKG. Der **Geschäftswert** für den isoliert gefertigten Entwurf einer schriftlich abzufassenden **Patientenverfügung** (§ 1827 S. 1 BGB) oder für die Beurkundung einer Patientenverfügung beträgt gem. § 36 Abs. 2, 3 GNotKG **stets 5.000 EUR**. 1

Eine Abweichung des Geschäftswerts nach unten oder oben ist nicht möglich. 2

Wird die **Patientenverfügung** in einer Urkunde über eine **Vollmacht** mit dieser **zusammen beurkundet**, liegen verschiedene Beurkundungsgegenstände i.S.v. § 110 GNotKG vor. 3

Die **Patientenverfügung** und die **Vorsorgevollmacht** dagegen haben **denselben Gegenstand** (§ 109 Abs. 2 S. 1 Nr. 1 GNotKG). 4

II. Pfandhaftentlassung

Die **Pfandhaftentlassung** wird wie folgt abgerechnet: Der Wert ist der **Verkehrswert** der aus der Pfandhaft entlassenen Immobilie, **max. jedoch der Wert des Nennbetrages des Grundpfandrechts** (§ 44 Abs. 1 S. 1 GNotKG). 5

Angesetzt wird die 0,5-Gebühr gem. Nr. 24102, 21201 KV GNotKG.

III. Pflichtteilsverzichtsvertrag

Siehe hierzu unter Teil L Rdn 45 ff. (*letztwillige Verfügung*). 6

IV. Post- und Telekommunikationsentgelt

Entgelte für Post- und Telekommunikationsdienstleistungen sind in den Nr. 32004 und 32005 KV GNotKG geregelt. Hierzu gehören insbesondere die Kosten für: 7

- Porto für Briefe, Einschreiben, Einschreiben/Rückschein, förmliche Zustellungen, Pakete,
- Expressgut, Boten,
- Telegramme,
- Telefongespräche, Telefaxe.

Der Notar hat die Wahl zwischen dem Einzelansatz aller Post- und Telekommunikationsdienstleistungen nach Nr. 32004 KV GNotKG und dem pauschalierten Ansatz gem. Nr. 32005 KV GNotKG. 8

Sind dem Notar höhere Kosten entstanden, als er durch den pauschalierten Ansatz in Rechnung stellen kann, hat er die Möglichkeit, die höheren Einzelkosten abzurechnen. Andernfalls darf der Notar nach Nr. 32005 KV GNotKG **20 % der Gebühren, höchstens 20 EUR**, berechnen.

9 Für das Beurkundungsverfahren, den Vollzug und die Betreuung fallen jeweils Gebühren an. Die Gebühr i.S.v. Nr. 32005 KV GNotKG ist die addierte Gebühr des insoweit einheitlichen Verfahrens.

10 *Beispiel: Kaufvertragsbeurkundung*

Der Kaufpreis beträgt 4.000 EUR.

Der Notar holt eine Negativbescheinigung über das gesetzliche Vorkaufsrecht nach § 28 Abs. 1 BauGB ein.

Außerdem stellt der Notar nach Eintritt bestimmter Bedingungen den Kaufpreis auftragsgemäß fällig und überwacht den Vollzug der Auflassung, die erst nach Zahlung des Kaufpreises erfolgen darf.

Im Zuge der Abwicklung des Beurkundungsverfahrens fallen Auslagen an.

Abrechnung:

Geschäftswerte der Kaufvertragsbeurkundung (§§ 97 Abs. 1, 47 GNotKG), des Vollzuges (§ 112 GNotKG) und der Betreuung (§ 113 Abs. 1 GNotKG) sind jeweils 4.000 EUR.

Gebühr **Nr. 21100 KV GNotKG** (Beurkundungsverfahren)	=	120,00 EUR
Gebühr **Nr. 22112 KV GNotKG** (Vollzugsgebühr)	=	15,00 EUR
Gebühr **Nr. 22200 KV GNotKG** (Betreuungsgebühr)	=	15,00 EUR
Nr. 32005 KV GNotKG Auslagenpauschale	=	20,00 EUR

Hinweis:

Für das Beurkundungsverfahren, den Vollzug und die Betreuung fallen jeweils die Mindestgebühren an.

Gebühr i.S.v. Nr. 32005 KV GNotKG ist die addierte Gebühr des insoweit einheitlichen Verfahrens. Die addierten Mindestgebühren (120 EUR + 15 EUR + 15 EUR) ergeben in diesem Fall die Gebühr i.S.v. Nr. 32005 KV GNotKG = 150 EUR. 20 % hieraus ergeben **30 EUR**.

Da 30 EUR mehr als die Auslagenpauschale von 20 EUR ist, wird der Notar meistens die tatsächlichen angefallenen Gebühren i.H.v. 30 EUR anstelle der pauschalierten Gebühr berechnen.

R.

I. Rangbescheinigung

Erteilt der Notar auftragsgemäß eine Rangbescheinigung über die beantragte Eintragung eines Grundpfandrechts, entsteht die 0,3-Gebühr nach Nr. 25201 KV GNotKG. 1

Der Geschäftswert ist gem. § 122 GNotKG mit dem Wert des beantragten Rechts zu bestimmen.

Bescheinigt der Notar für mehrere beantragte Rechte gutachtlich, liegen **verschiedene Gegenstände** i.S.v. § 86 Abs. 2 GNotKG vor. Die Gebühr nach Nr. 25201 KV GNotKG ist dann für **jede Rangbestätigung gesondert** zu erheben.

Die Werte der verschiedenen Rechte werden **nicht** nach § 35 GNotKG **addiert**.[1]

II. Rechtswahlen

Aus § 104 GNotKG ergibt sich: Der Geschäftswert für eine beurkundete **Rechtswahl** betreffend die allgemeinen und/oder güterrechtlichen Wirkungen der Ehe beträgt **30 % des Wertes**, der für den abzuschließenden Vertrag nach § 100 GNotKG berechnet wird. 2

Wenn eine **Rechtswahl** nach der Europäischen Güterrechtsverordnung (EuGüVO) bzw. nach dem internationalen Privatrecht vereinbart wird, bestimmt § 111 Nr. 4 GNotKG, dass diese Rechtswahl **stets einen gesonderten Gegenstand** hat. 3

Wird also z.B. eine Rechtswahl ausländischer Staatsangehöriger vereinbart, wird die Rechtswahl gesondert bewertet. Geschäftswert ist 30 % des Vermögens.

> *Beispiel: Kaufvertrag mit Rechtswahl* 4
>
> Zwei ausländische Staatsangehörige kaufen ein Haus in Deutschland und vereinbaren in der Kaufvertragsurkunde zugleich die Rechtswahl des deutschen Rechts für ihre Ehewirkungen (eine Rechtswahl nur über das unbewegliche Grundstück ist seit der EuGüVO nicht mehr möglich).
>
> Der Kaufpreis, wie auch das Vermögen der Eheleute, beträgt 500.000 EUR.
>
> Der Notar überwacht die Fälligkeit des Kaufpreises und die Vorlage der Auflassung.
>
> Außerdem fordert er die Löschungsunterlage einer Gläubigerin über 200.000 EUR an; das Recht valutiert noch i.H.v. 80.000 EUR.

1 Korintenberg/*Fackelmann*, Nr. 25201 KV GNotKG, Rn 3.

Abrechnung:

Nr. 21100 KV GNotKG	Beurkundungsverfahren	575.000,00 EUR	=	2.190,00 EUR
Nr. 22110 KV GNotKG	Vollzug § 112 GNotKG	575.000,00 EUR	=	547,50 EUR
Nr. 22200 KV GNotKG	Betreuungstätigkeit § 113 Abs. 1 GNotKG	575.000,00 EUR	=	547,50 EUR
Nr. 22201 KV GNotKG	Treuhandgebühr § 113 Abs. 2 GNotKG	80.000,00 EUR	=	53,50 EUR

Hinweise:

Der Geschäftswert des Kaufvertrages bestimmt sich nach den §§ 97 Abs. 1, 47 GNotKG.

Ausgangswert für die Rechtswahl ist nach § 100 Abs. 2 GNotKG der Wert des Grundstücks, gem. § 38 GNotKG ohne Schuldenabzug (= 500.000 EUR).

Der maximale Wert nach § 100 Abs. 1 GNotKG ist hier jedoch 250.000 EUR. Hiervon sind 30 % anzunehmen. (= 75.000 EUR).

Insgesamt beträgt der Geschäftswert der Urkunde somit 575.000 EUR.

Die Gebühren des Vollzuges und der Betreuung richten sich jeweils auf den vollen Wert des Beurkundungsverfahrens.

5 Bei Beurkundung einer Rechtswahl betreffend eine Rechtsnachfolge von Todes wegen beträgt der Geschäftswert **30 %** des Wertes, der sich nach § 102 GNotKG ergibt.

6 Bei sonstigen Rechtswahlen beträgt der Geschäftswert 30 % für die Beurkundung des sonstigen Rechtsgeschäfts.

III. Registeranmeldungen

1. Registeranmeldungen mit einem bestimmten Geldwert

7 Aus § 105 Abs. 1 GNotKG geht abschließend hervor, dass bei einer Anmeldung zum Handelsregister, wenn diese **einen bestimmten Geldbetrag** betrifft, als Geschäftswert der in das Handelsregister einzutragende Geldbetrag anzunehmen ist. Soweit ein eingetragener Geldbetrag geändert wird, ist der Unterschiedsbetrag anzusetzen. In beiden Fällen beträgt der Geschäftswert **mind. 30.000 EUR**.

8 Registeranmeldungen mit einem bestimmten Geldwert sind:

- **Erstanmeldung einer Kapitalgesellschaft** (§ 105 Abs. 1 Nr. 1 GNotKG): Geschäftswert ist das einzutragende Stammkapital (oder Grundkapital).

Soweit ein genehmigtes Kapital im Gesellschaftsvertrag (oder in der Satzung) bestimmt ist, ist der Betrag des genehmigten Kapitals dem Stamm- bzw. Grundkapital hinzuzurechnen.

- **Erstanmeldung eines Versicherungsvereins auf Gegenseitigkeit** (§ 105 Abs. 1 Nr. 2 GNotKG).
- **Anmeldung einer Kapitalerhöhung oder Kapitalherabsetzung bei einer GmbH** – auch bei der UG (haftungsbeschränkt) (§ 105 Abs. 1 Nr. 3 GNotKG).
- **Anmeldungen betreffend Kapitalmaßnahmen einer Aktiengesellschaft** oder einer Kommanditgesellschaft auf Aktien (§ 105 Abs. 1 Nr. 4 GNotKG).
- **Erstanmeldung einer Kommanditgesellschaft** (§ 105 Abs. 1 Nr. 5 GNotKG): Hier sind alle Hafteinlagen zu addieren und 30.000 EUR für den ersten persönlich haftenden Gesellschafter sowie 15.000 EUR für jeden weiteren persönlich haftenden Gesellschafter hinzuzurechnen.
- **Handelsregisteranmeldung über den Eintritt oder auch Austritt eines Kommanditisten** in eine Personengesellschaft (§ 105 Abs. 1 Nr. 6 GNotKG): Geschäftswert ist die Hafteinlage des Kommanditisten. Dies gilt auch dann, wenn die Stellung eines Komplementärs (persönlich haftenden Gesellschafters) in die eines Kommanditisten geändert wird.
- **Anmeldung der Erhöhung oder der Herabsetzung einer Hafteinlage** (§ 105 Abs. 1 Nr. 7 GNotKG): Der Geschäftswert beträgt mind. 30.000 EUR. Der Geschäftswert beträgt bei der Erstanmeldung des Versicherungsvereins auf Gegenseitigkeit mind. 60.000 EUR.

2. Registeranmeldungen ohne bestimmten Geldwert

Sonstige Registeranmeldungen, bei denen **kein Geldbetrag** in das Handels-, Genossenschafts-, Gesellschafts- oder Partnerschaftsregister eingetragen wird, sind in § 105 Abs. 2–5 GNotKG geregelt. Bei diesen sonstigen Anmeldungen wird zwischen den **Erstanmeldungen** (§ 105 Abs. 3 GNotKG) und den **späteren Anmeldungen** (§ 105 Abs. 4 GNotKG) unterschieden. 9

§ 105 Abs. 2 GNotKG regelt, dass Erstanmeldungen ohne bestimmten Geldwert nach § 105 Abs. 3 bis 5 GNotKG abgerechnet werden. Hierdurch wird deutlich, dass die in § 105 Abs. 1 GNotKG bestimmten Registeranmeldungen mit einem bestimmten Geldwert abschließend bestimmt sind. 10

Registeranmeldungen ohne bestimmten Geldwert sind die Anmeldungen, die nicht abschließend in § 105 Abs. 1 GNotKG als Anmeldungen mit einem bestimmten Geldwert geregelt sind, somit: 11

- **Erstanmeldung eines einzelkaufmännischen Unternehmens** (§ 105 Abs. 3 Nr. 1 GNotKG): Der Geschäftswert beträgt 30.000 EUR.
- **Erstanmeldung einer eGbR, OHG oder einer Partnerschaft** (§ 105 Abs. 3 Nr. 2 GNotKG): Der Geschäftswert beträgt bei zwei Gesellschaftern

45.000 EUR und für jeden weiteren Gesellschafter erhöht sich dieser Betrag um weitere 15.000 EUR.

- **Erstanmeldung einer Genossenschaft oder einer juristischen Person** (§ 33 HGB) (§ 105 Abs. 3 Nr. 3 GNotKG): Der Geschäftswert beträgt 60.000 EUR.
- **Spätere Anmeldung bei einer Kapitalgesellschaft** (§ 105 Abs. 4 Nr. 1 GNotKG): Der Geschäftswert beträgt 1 % des Stammkapitals bzw. des Grundkapitals, mind. 30.000 EUR.
- **Spätere Anmeldung bei einem Versicherungsverein auf Gegenseitigkeit** (§ 105 Abs. 4 Nr. 2 GNotKG): Der Geschäftswert beträgt 60.000 EUR.
- **Spätere Anmeldung bei einer Personengesellschaft oder Partnerschaft** (§ 105 Abs. 4 Nr. 3 GNotKG): Der Geschäftswert beträgt 30.000 EUR.
  Treten mehr als zwei persönlich haftende Gesellschafter (oder Partner) aus oder ein, so ist für jeden eintretenden oder ausscheidenden Gesellschafter/Partner ein Betrag von 15.000 EUR als Geschäftswert anzunehmen.
- **Spätere Anmeldung eines einzelkaufmännischen Unternehmens, einer Genossenschaft oder einer juristischen Person** (§ 33 HGB) (§ 105 Abs. 4 Nr. 4 GNotKG): Der Geschäftswert beträgt 30.000 EUR.

3. Registeranmeldungen, die nur eine Anschrift betreffen oder die ohne wirtschaftliche Bedeutung sind

12 Nach § 105 Abs. 5 GNotKG ist der Geschäftswert einer Registeranmeldung, die nur eine Geschäftsanschrift betrifft, mit 5.000 EUR zu bestimmen. Soweit der Notar also z.B. die Anmeldung der Änderung einer inländischen Geschäftsanschrift entwirft und/oder beglaubigt, fällt die Mindestgebühr von 30 EUR nach Nr. 24102, 21201 KV GNotKG an.

13 Der Geschäftswert für Anmeldungen ohne wirtschaftliche Bedeutung (z.B. Namensänderung eines Inhabers/Gesellschafters/Geschäftsführers oder eine rein rechnerische Umstellung des Kapitals von DM auf EUR) beträgt 5.000 EUR.

Die Gebühr beträgt mind. 30 EUR nach Nr. 24102, 21201 KV GNotKG.

4. Beispiele zu Registeranmeldungen

a) Geschäftswerte Registeranmeldungen ohne wirtschaftliche Bedeutung

14 Wird **nur die Änderung der inländischen Geschäftsanschrift** einer Kapital- oder Personengesellschaft zur Eintragung in das Handelsregister angemeldet, ist der Geschäftswert gem. § 105 Abs. 5 GNotKG mit **5.000 EUR** anzunehmen.

Trifft die Anmeldetatsache „*inländische Geschäftsanschrift*" mit weiteren „*eintragungspflichtigen Tatsachen*" zusammen, handelt es sich um verschiedene Anmeldegegenstände (§ 86 Abs. 2 GNotKG).

Beispiel

Angemeldet wird die Befreiung von den Beschränkungen des § 181 BGB für einen Geschäftsführer sowie die neue inländische Geschäftsanschrift der GmbH.

Befreiung von § 181 BGB	Mindestwert § 105 Abs. 1 GNotKG	30.000,00 EUR
inländische Geschäftsanschrift	§ 105 Abs. 5 GNotKG	5.000,00 EUR

Der Geschäftswert der Anmeldung beträgt insgesamt 35.000 EUR.

Anmeldungen von **Namensänderungen oder Veränderungen des Wohnorts eines Geschäftsführers**, Inhabers, Komplementärs oder Kommanditisten sind Anmeldungen ohne wirtschaftliche Bedeutung; ihr Geschäftswert beträgt nur 5.000 EUR (§ 105 Abs. 5 GNotKG). 15

b) Geschäftswerte Registeranmeldungen e.K., eGbR, OHG, KG, GmbH, UG, AG

aa) Erste Anmeldung eines einzelkaufmännischen Unternehmens

Meldet der Inhaber sein einzelkaufmännisches Unternehmen zur Eintragung in das Handelsregister an, ist der **Geschäftswert** (§ 105 Abs. 2, 3 Nr. 1 GNotKG) stets 30.000 EUR. 16

Für ein „*Beurkundungsverfahren Handelsregisteranmeldung*" entsteht die 0,5-Gebühr nach Nr. 21201 Nr. 5 KV GNotKG.

Wird ein eingeleitetes Beurkundungsverfahren **vorzeitig beendet**, ist zu diesem Zeitpunkt meistens der vollständig gefertigte Entwurf der Registeranmeldung dem Kostenschuldner bereits ausgehändigt worden. In diesen Fällen ist zwar ein Entwurf gefertigt worden, nicht jedoch isoliert, sondern als dem Beurkundungsverfahren zugehörig. 17

Der Kostenschuldner hatte nie die Absicht auf eine isolierte Entwurfsfertigung.

Dementsprechend ist abzurechnen: die **vorzeitige Beendigung des Beurkundungsverfahrens**. Anzusetzen ist die (Rahmen-)Gebühr nach Nr. 21304 KV GNotKG.

Immer dann, wenn der Notar den Entwurf **vollständig gefertigt** hat (dies gilt also auch für eine Entwurfsfertigung innerhalb eines Beurkundungsverfahrens), muss der **höchste Rahmen** der in Betracht kommenden Gebühr ausgeschöpft werden. Es fällt somit nach Aushändigung der vollständig entworfenen Registeranmeldung der höchste Rahmen von 0,5 der Gebühr Nr. 21304 KV GNotKG an, vorgegeben durch § 92 Abs. 2 GNotKG.

18 Ist bei vorzeitiger Beendigung des Beurkundungsverfahrens der Entwurf nicht gefertigt und dem Kostenschuldner nicht ausgehändigt worden, kann nur die **Festgebühr** i.H.v. 20 EUR gem. Nr. 21300 KV GNotKG angesetzt werden.

19 Soweit der Notar den Mandanten zuvor allerdings beraten hat, kommt der Ansatz der 0,3-Gebühr gem. Nr. 24202 KV GNotKG in Betracht.

20 Hat der Notar tatsächlich die **Registeranmeldung isoliert** im Auftrag gefertigt, ohne dass der Mandant die Absicht hatte, die Anmeldung bei dem Entwurfsnotar beglaubigen zu lassen (ggf., weil die Anmeldung in einer Botschaft unterzeichnet werden soll), fällt die **Entwurfsgebühr** nach Nr. 24102 KV GNotKG an.

Der Rahmen der Entwurfsgebühr beträgt 0,3–0,5. Die Gebühr beträgt mind. 30 EUR. Bei vollständiger Fertigung und Aushändigung des isolierten Entwurfes ist stets der höchste Rahmen der Gebühr und somit 0,5 anzusetzen (§ 92 Abs. 2 GNotKG).

21 *Beispiel: Beurkundungsverfahren zur Neuanmeldung eines e.K.*

UVZ-Nr. (…)

Beurkundungsverfahren: Handelsregisteranmeldung

Geschäftswert	§§ 105, 106, 112 GNotKG	**30.000,00 EUR**
Beurkundungsverfahren, Registeranmeldung	Nr. 21201 Nr. 5 KV GNotKG	67,50 EUR
XML-Strukturdaten – elektronischer Vollzug	Nr. 22114 KV GNotKG	25,00 EUR
Dokumentenpauschale, 5 Seiten	Nr. 32001 KV GNotKG	0,75 EUR
Dokumentenpauschale, 3 Dateien	Nr. 32000 KV GNotKG	4,50 EUR
Auslagenpauschale Post- und Telekommunikation	Nr. 32005 KV GNotKG	20,00 EUR
Zwischensumme		*117,75 EUR*
Umsatzsteuer 19 %	Nr. 32014 KV GNotKG	22,37 EUR
Rechnungsbetrag		**140,12 EUR**

22 *Beispiel: Vorzeitige Beendigung eines Beurkundungsverfahren sowie der Neuanmeldung eines e.K.*

Vorzeitige Beendigung „*Beurkundungsverfahren Handelsregisteranmeldung*". Entwurf vollständig gefertigt und ausgehändigt.

Geschäftswert	§§ 105, 106 GNotKG	**30.000,00 EUR**
Vorzeitiges Beenden Beurkundungsverfahren	Nr. 21304 i.V.m. Nr. 21201 Nr. 5 KV GNotKG	

	Rahmengebühr 0,3 bis 0,5 gem. § 92 Abs. 2 GNotKG; höchster Rahmen 0,5	67,50 EUR
Dokumentenpauschale, 5 Seiten	Nr. 32001 KV GNotKG	0,75 EUR
Auslagenpauschale Post- und Telekommunikation	Nr. 32005 KV GNotKG	13,50 EUR
Zwischensumme		*81,75 EUR*
Umsatzsteuer 19 %	Nr. 32014 KV GNotKG	15,53 EUR
Rechnungsbetrag		**97,28 EUR**

Beispiel: Isoliert gefertigter Entwurf zur Neuanmeldung eines e.K. 23

Isolierte Entwurfsfertigung Handelsregistererstanmeldung e.K. Entwurf wurde vollständig gefertigt und ausgehändigt.

Geschäftswert	§§ 119, 105, 106 GNotKG	**30.000,00 EUR**
Isolierte Entwurfsfertigung Registerneuanmeldung e.K.	Nr. 24102 KV GNotKG	
	Rahmengebühr 0,3 bis 0,5; gem. § 92 Abs. 2 GNotKG höchster Rahmen 0,5	67,50 EUR
Dokumentenpauschale, 5 Seiten	Nr. 32001 KV GNotKG	0,75 EUR
Auslagenpauschale Post- und Telekommunikation	Nr. 32005 KV GNotKG	13,50 EUR
Zwischensumme		*81,75 EUR*
Umsatzsteuer 19 %	Nr. 32014 KV GNotKG	15,53 EUR
Rechnungsbetrag		**97,28 EUR**

bb) Folgeanmeldungen zum einzelkaufmännischen Unternehmen

Beispiel: Beurkundungsverfahren der Anmeldung 24

UVZ-Nr. (…)

Beurkundungsverfahren „*Anmeldung zwei Prokuren/Änderung inländische Geschäftsanschrift*"

Geschäftswert: Für jeden Prokuristen 30.000 EUR + für die Änderung der inländische Geschäftsanschrift 5.000 EUR = **insgesamt 65.000 EUR** (§§ 105, 106, 112 GNotKG).

Beurkundungsverfahren, Registeranmeldung	Nr. 21201 Nr. 5 KV GNotKG	96,00 EUR

XML-Strukturdaten – elektronischer Vollzug	Nr. 22114 KV GNotKG	38,40 EUR
Dokumentenpauschale, 5 Seiten	Nr. 32001 KV GNotKG	0,75 EUR
Dokumentenpauschale (Datei, 5 Scanseiten	Nr. 32000 KV GNotKG	2,50 EUR
Auslagenpauschale Post- und Telekommunikation	Nr. 32005 KV GNotKG	20,00 EUR
Zwischensumme		*157,65 EUR*
Umsatzsteuer 19 %	Nr. 32014 KV GNotKG	29,95 EUR
Rechnungsbetrag		**187,60 EUR**

25 *Beispiel: Vorzeitiges Beenden des Beurkundungsverfahrens*

Vorzeitiges Beenden Beurkundungsverfahren „*Registeranmeldung zwei Prokuren + Änderung inländische Geschäftsanschrift*".

Geschäftswert: zwei Prokuristen je 30.000 EUR + inländische Geschäftsanschrift 5.000 EUR = **insgesamt 65.000 EUR** (§§ 92 Abs. 2, 105, 106 GNotKG).

(vorzeitiges Beenden des Beurkundungsverfahrens)	Nr. 21304 i.V.m. Nr. 21201 Nr. 5 KV GNotKG, § 92 Abs. 2 GNotKG	96,00 EUR
Dokumentenpauschale, 5 Seiten	Nr. 32001 KV GNotKG	0,75 EUR
(Auslagenpauschale Post- und Telekommunikation)	Nr. 32005 KV GNotKG	19,20 EUR
Zwischensumme		*115,95 EUR*
(Umsatzsteuer 19 %)	Nr. 32014 KV GNotKG	22,03 EUR
Rechnungsbetrag		**137,98 EUR**

26 *Beispiel: Isolierter Entwurf einer Registeranmeldung*

Zwei Prokuren und Änderung inländische Geschäftsanschrift; isolierter Entwurf „*Anmeldung zwei Prokuren + inländische Geschäftsanschrift*".

Geschäftswert: zwei Prokuristen je 30.000 EUR + inländische Geschäftsanschrift 5.000 EUR = **insgesamt 65.000 EUR** (§§ 119, 105, 106 GNotKG).

Isolierter Entwurf Registeranmeldung	Nr. 24102 KV GNotKG, § 92 Abs. 2 GNotKG	96,00 EUR
Dokumentenpauschale, 5 Seiten	Nr. 32001 KV GNotKG	0,75 EUR
Pauschale Post- u. Telekommunikation	Nr. 32005 KV GNotKG	19,20 EUR
Zwischensumme		*115,95 EUR*

Umsatzsteuer 19 %	Nr. 32014 KV GNotKG	22,03 EUR
Rechnungsbetrag		**137,98 EUR**

Beispiel: Beurkundungsverfahren einer Registeranmeldung 27

UVZ-Nr. (…)

„*Beurkundungsverfahren Anmeldung*“ Inhaberwechsel mit Haftungsausschluss ohne Firmenfortführung, Firma wird gelöscht + Änderung inländische Geschäftsanschrift.

Geschäftswert: Inhaberwechsel 30.000 EUR + Löschung Firmierung 30.000 EUR + Änderung inländische Geschäftsanschrift 5.000 EUR = **insgesamt 65.000 EUR** (§§ 105, 106, 112 GNotKG).

Beurkundungsverfahren, Registeranmeldung	Nr. 21201 Nr. 5 KV GNotKG	96,00 EUR
XML-Strukturdaten – elektronischer Vollzug	Nr. 22114 KV GNotKG	38,40 EUR
Dokumentenpauschale, 5 Seiten	Nr. 32001 KV GNotKG	0,75 EUR
Dokumentenpauschale (Datei, 5 Scanseiten)	Nr. 32000 KV GNotKG	2,50 EUR
Auslagenpauschale Post- und Telekommunikation	Nr. 32005 KV GNotKG	20,00 EUR
Zwischensumme		*157,65 EUR*
Umsatzsteuer 19 %	Nr. 32014 KV GNotKG	29.95 EUR
Rechnungsbetrag		**187,60 EUR**

Hinweise:

1. Die Anmeldung „*Neueintragung Erwerber*“ ist die **erste Anmeldung**:
   Wert gem. § 105 Abs. 2, 3 GNotKG = 30.000 EUR.
2. Die „*Löschung der Firma*“ des Verkäufers ist eine **Folgeanmeldung**:
   Wert gem. § 105 Abs. 2, 4 GNotKG = 30.000 EUR.
3. Die „*Änderung der inländischen Geschäftsanschrift*“ ist eine **Folgeanmeldung**:
   Wert gem. § 105 Abs. 5 GNotKG = 5.000 EUR.

Die drei Anmeldetatsachen haben gem. § 86 Abs. 2 GNotKG verschiedene Gegenstände.

Nach Wertaddition (§ 35 Abs. 1 GNotKG) 30.000 EUR + 30.000 EUR + 5.000 EUR ergibt sich der Geschäftswert von insgesamt 65.000 EUR.

cc) Erste Anmeldung einer eingetragenen Gesellschaft bürgerlichen Rechts (eGbR)

28 *Beispiel: Beurkundungsverfahren*

UVZ-Nr. (…)

Beurkundungsverfahren einer Gesellschaftsregisteranmeldung „*eGbR Anmeldung mit drei Gesellschaftern*“

Geschäftswert	§§ 105, 119, 112, 92 GNotKG	60.000,00 EUR
Beurkundungsverfahren, Registeranmeldung	Nr. 21201 Nr. 5 KV GNotKG	96,00 EUR
XML-Strukturdaten – elektronischer Vollzug	Nr. 22114 KV GNotKG	38,40 EUR
Dokumentenpauschale, 5 Seiten	Nr. 32001 KV GNotKG	0,75 EUR
Dokumentenpauschale (Datei, 5 Scanseiten)	Nr. 32000 KV GNotKG	2,50 EUR
Auslagenpauschale Post- und Telekommunikation	Nr. 32005 KV GNotKG	20,00 EUR
Zwischensumme		*157,65 EUR*
Umsatzsteuer 19 %	Nr. 32014 KV GNotKG	29,95 EUR
Rechnungsbetrag		**187,60 EUR**

Hinweis:

Der Geschäftswert einer eGbR-Anmeldung mit zwei Gesellschaftern beträgt stets 45.000 EUR.

Für den dritten Gesellschafter wird der Betrag um 15.000 EUR erhöht (§ 105 Abs. 2, 3 S. 2 GNotKG).

Die Anmeldung der mit drei Gesellschaftern hat damit einen Geschäftswert von insgesamt 60.000 EUR.

29 *Beispiel: Vorzeitiges Beenden eines Beurkundungsverfahrens*

Vorzeitiges Beenden eines Beurkundungsverfahrens und einer Gesellschaftsregisteranmeldung „*eGbR mit vier Gesellschaftern nach vollständiger Entwurfsfertigung + Aushändigung*“.

Geschäftswert	§§ 119, 105, 92 GNotKG	75.000,00 EUR
Vorzeitiges Beenden Beurkundungsverfahren	Nr. 21304 i.V.m. Nr. 21201 Nr. 5 KV GNotKG, § 92 Abs. 2 GNotKG	109,50 EUR

Dokumentenpauschale, 5 Seiten	Nr. 32001 KV GNotKG	0,75 EUR
Auslagenpauschale Post- und Telekommunikation	Nr. 32005 KV GNotKG	20,00 EUR
Zwischensumme		*130,25 EUR*
Umsatzsteuer 19 %	Nr. 32014 KV GNotKG	24,75 EUR
Rechnungsbetrag		**155,00 EUR**

Hinweise:

Der Geschäftswert der eGbR-Anmeldung mit zwei Gesellschaftern liegt stets bei 45.000 EUR.

Der Betrag wird für den dritten und vierten Gesellschafter (§ 105 Abs. 2, 3 S. 2 GNotKG) um je 15.000 EUR erhöht. Bei vier Gesellschaftern ist der Wert 75.000 EUR.

Nr. 21304 KV GNotKG ist eine Rahmengebühr (0,3 bis 0,5). Wegen der Vorgabe in § 92 Abs. 2 GNotKG ist der höchste Rahmen von 0,5 anzusetzen, wenn der Notar den Entwurf vollständig gefertigt und ausgehändigt hat.

dd) Folgeanmeldungen bei der eingetragenen Gesellschaft bürgerlichen Rechts (eGbR)

Beispiel: Beurkundungsverfahren einer Anmeldung 30

UVZ-Nr. (…)

Beurkundungsverfahren einer Gesellschaftsregisteranmeldung „*Eintritt eines Gesellschafters, Austritt eines Gesellschafters*".

Geschäftswert	§§ 119, 105, 112 GNotKG	30.000,00 EUR
Beurkundungsverfahren, Registeranmeldung	Nr. 21201 Nr. 5 KV GNotKG	62,50 EUR
XML-Strukturdaten – elektronischer Vollzug	Nr. 22114 KV GNotKG	25,00 EUR
Dokumentenpauschale, 5 Seiten	Nr. 32001 KV GNotKG	0,75 EUR
Dokumentenpauschale (Datei, 5 Scanseiten)	Nr. 32000 KV GNotKG	2,50 EUR
Auslagenpauschale Post- und Telekommunikation	Nr. 32005 KV GNotKG	20,00 EUR
Zwischensumme		*110,75 EUR*
Umsatzsteuer 19 %	Nr. 32014 KV GNotKG	21,04 EUR
Rechnungsbetrag		**131,79 EUR**

Hinweis:

Das Anmelden des Gesellschafterwechsels betrifft zwei Gesellschafter. Dennoch wird dies nur mit 30.000 EUR bewertet (§ 105 Abs. 4 Nr. 3 GNotKG). Soweit die Anmeldung mehr als zwei Gesellschafter betrifft, sind für jeden Gesellschafter 15.000 EUR anzunehmen, § 105 Abs. 4 Nr. 3 GNotKG.

31 *Beispiel: Vorzeitiges Beenden eines Beurkundungsverfahren*

Anmeldung „*Eintritt eines eGbR-Gesellschafters und Austritt eines eGbR-Gesellschafters*".

Geschäftswert	§§ 119, 105, 106, 92 GNotKG	30.000,00 EUR
Vorzeitiges Beenden Beurkundungsverfahren	Nr. 21304 i.V.m. Nr. 21201 Nr. 5 KV GNotKG, § 92 Abs. 2 GNotKG	62,50 EUR
Dokumentenpauschale, 5 Seiten	Nr. 32001 KV GNotKG	0,75 EUR
Auslagenpauschale Post- und Telekommunikation	Nr. 32005 KV GNotKG	12,50 EUR
Zwischensumme		*75,75 EUR*
Umsatzsteuer 19 %	Nr. 32014 KV GNotKG	14,39 EUR
Rechnungsbetrag		**90,14 EUR**

Hinweise:

Die Anmeldung des Gesellschafterwechsels wird gem. § 105 Abs. 4 Nr. 3 GNotKG mit 30.000 EUR bewertet.

Jeder weitere Gesellschafter würde mit zusätzlich 15.000 EUR bewertet.

32 *Beispiel: Beurkundungsverfahren einer Registeranmeldung*

Auflösung einer eGbR mit vier Gesellschaftern; nur zwei Liquidatoren werden bestimmt.

UVZ-Nr. (...)

Geschäftswert	§§ 119, 105, 106, 112 GNotKG	90.000,00 EUR
Beurkundungsverfahren, Registeranmeldung	Nr. 21201 Nr. 5 KV GNotKG	123,00 EUR
XML-Strukturdaten – elektronischer Vollzug	Nr. 22114 KV GNotKG	49,20 EUR
Dokumentenpauschale, 5 Seiten	Nr. 32001 KV GNotKG	0,75 EUR

Dokumentenpauschale (Datei, 5 Scanseiten)	Nr. 32000 KV GNotKG	2,50 EUR
Auslagenpauschale Post- und Telekommunikation	Nr. 32005 KV GNotKG	20,00 EUR
Zwischensumme		*195,45 EUR*
Umsatzsteuer 19 %	Nr. 32014 KV GNotKG	37,14 EUR
Rechnungsbetrag		**229,59 EUR**

Hinweise:

Bei Registeranmeldungen zur Auflösung ist zwingend zu unterscheiden, ob die Liquidatoren **geboren** oder **gekoren** werden.

Geboren bedeutet, dass alle Gesellschafter durch den Auflösungsbeschluss automatisch Liquidatoren werden. In diesen Fällen liegt eine notwendige **Erklärungseinheit** vor, sodass nur 30.000 EUR als Geschäftswert anzusetzen sind.[2]

In dem vorliegenden Fall liegt jedoch eine **Anmeldung ausgesuchter Gesellschafter** (gekoren) vor, denn nicht alle Gesellschafter, die das Gesetz vorsieht, werden Liquidatoren. Deshalb sind im Beispiel die Anmeldungen eines jeden Liquidators und die der Auflösung verschiedene Gegenstände (§ 86 Abs. 2 GNotKG). Der Wert jeder Tatsache beträgt 30.000 EUR gem. § 105 Abs. 2, 4 Nr. 3 GNotKG.

Die Werte sind nach § 35 Abs. 1 GNotKG zu **addieren** und ergeben den Geschäftswert (90.000 EUR).

Beispiel: Vorzeitige Beendigung eines Beurkundungsverfahren 33

UVZ-Nr. (…)

Vorzeitiges Beenden des Beurkundungsverfahrens zur Gesellschaftsregisteranmeldung „*Änderung des Namens der eGbR, Auflösung der eGbR, zwei Liquidatoren werden bestimmt (gekoren)*".

Geschäftswert	§§ 119, 105, 106, 92 GNotKG	120.000,00 EUR
Beurkundungsverfahren, Registeranmeldung	Nr. 21304 i.V.m. Nr. 21201 Nr. 5 KV GNotKG, § 92 Abs. 2 GNotKG	150,00 EUR
Dokumentenpauschale, 5 Seiten	Nr. 22114 KV GNotKG	2,50 EUR
Auslagenpauschale Post- und Telekommunikation	Nr. 32005 KV GNotKG	20,00 EUR

2 BGH, Beschl. v. 18.10.2016 – II ZB 18/15.

Zwischensumme		*172,50 EUR*
Umsatzsteuer 19 %	Nr. 32014 KV GNotKG	32,78 EUR
Rechnungsbetrag		**205,28 EUR**

Hinweise:

Die Änderung des Namens, die Auflösung sowie die Anmeldung von zwei gekorenen Liquidatoren sind verschiedene Gegenstände (§ 86 Abs. 2 GNotKG). Der Wert jeder Tatsache beträgt 30.000 EUR gem. § 105 Abs. 2, 4 Nr. 3 GNotKG.

Die Werte sind nach § 35 Abs. 1 GNotKG zu addieren und ergeben den Geschäftswert (120.000 EUR).

34 *Beispiel: Beurkundungsverfahren zur Anmeldung und Beendigung der Liquidation der eGbR und Erlöschen*

UVZ-Nr. (…)

Beurkundungsverfahren „*Anmeldung Beendigung Liquidation mit Erlöschen des Namens*"

Geschäftswert	§§ 119, 105, 106, 112 GNotKG	30.000,00 EUR
Beurkundungsverfahren, Registeranmeldung	Nr. 21201 Nr. 5 KV GNotKG	62,50 EUR
XML-Strukturdaten – elektronischer Vollzug	Nr. 22114 KV GNotKG	25,00 EUR
Dokumentenpauschale, 5 Seiten	Nr. 32001 KV GNotKG	0,75 EUR
Dokumentenpauschale (Datei, 5 Scanseiten)	Nr. 32000 KV GNotKG	2,50 EUR
Auslagenpauschale Post- und Telekommunikation	Nr. 32005 KV GNotKG	20,00 EUR
Zwischensumme		*110,75 EUR*
Umsatzsteuer 19 %	Nr. 32014 KV GNotKG	21,04 EUR
Rechnungsbetrag		**131,79 EUR**

ee) Erste Anmeldung einer offenen Handelsgesellschaft (OHG)

35 *Beispiel: Beurkundungsverfahren*

UVZ-Nr. (…)

Beurkundungsverfahren Handelsregisteranmeldung, „*OHG-Anmeldung mit vier Gesellschaftern*".

Geschäftswert	§§ 105, 106, 112 GNotKG	75.000,00 EUR
Beurkundungsverfahren, Registeranmeldung	Nr. 21201 Nr. 5 KV GNotKG	109,50 EUR
XML-Strukturdaten – elektronischer Vollzug	Nr. 22114 KV GNotKG	43,80 EUR
Dokumentenpauschale, 5 Seiten	Nr. 32001 KV GNotKG	0,75 EUR
Dokumentenpauschale (Datei, 5 Scanseiten)	Nr. 32000 KV GNotKG	2,50 EUR
Auslagenpauschale Post- und Telekommunikation	Nr. 32005 KV GNotKG	20,00 EUR
Zwischensumme		*176,55 EUR*
Umsatzsteuer 19 %	Nr. 32014 KV GNotKG	33,54 EUR
Rechnungsbetrag		**210,09 EUR**

Hinweis:

Der Geschäftswert einer OHG-Anmeldung mit zwei Gesellschaftern beträgt stets 45.000 EUR.

Für den dritten und auch für den vierten Gesellschafter wird der Betrag um jeweils 15.000 EUR erhöht (§ 105 Abs. 2, 3 S. 2 GNotKG).

Die Anmeldung der OHG mit vier Gesellschaftern hat damit einen Geschäftswert von insgesamt 75.000 EUR.

Beispiel: Vorzeitiges Beenden eines Beurkundungsverfahrens 36

UVZ-Nr. (…)

Vorzeitiges Beenden eines Beurkundungsverfahren und der Handelsregisteranmeldung einer OHG mit vier Gesellschaftern nach vollständiger Entwurfsfertigung und Aushändigung.

Geschäftswert	§§ 119, 105, 106, 112 GNotKG	75.000,00 EUR
Vorzeitiges Beenden Beurkundungsverfahren	Nr. 21304 i.V.m. Nr. 21201 Nr. 5 KV GNotKG, § 92 Abs. 2 GNotKG	109,50 EUR
Dokumentenpauschale, 5 Seiten	Nr. 32001 KV GNotKG	0,75 EUR
Auslagenpauschale Post- und Telekommunikation	Nr. 32005 KV GNotKG	20,00 EUR
Zwischensumme		*130,25 EUR*
Umsatzsteuer 19 %	Nr. 32014 KV GNotKG	24,75 EUR
Rechnungsbetrag		**155,00 EUR**

Hinweise:

Der Geschäftswert der OHG-Anmeldung mit zwei Gesellschaftern liegt stets bei 45.000 EUR.

Der Betrag wird für den dritten und vierten Gesellschafter (§ 105 Abs. 2, 3 S. 2 GNotKG) um je 15.000 EUR erhöht. Bei vier Gesellschaftern ist der Wert 75.000 EUR.

Nr. 21304 KV GNotKG ist eine Rahmengebühr (0,3–0,5). Wegen der Vorgabe in § 92 Abs. 2 GNotKG ist der höchste Rahmen von 0,5 anzusetzen, wenn der Notar den Entwurf vollständig gefertigt und ausgehändigt hat.

ff) Folgeanmeldungen bei der offenen Handelsgesellschaft (OHG)

37 *Beispiel: Beurkundungsverfahren einer Anmeldung*

UVZ-Nr. (…)

Beurkundungsverfahren einer Handelsregisteranmeldung, OHG-Anmeldung „*Eintritt eines Gesellschafters, Austritt eines Gesellschafters*“.

Geschäftswert	§§ 119, 105, 106, 112 GNotKG	30.000,00 EUR
Beurkundungsverfahren, Registeranmeldung	Nr. 21201 Nr. 5 KV GNotKG	62,50 EUR
XML-Strukturdaten – elektronischer Vollzug	Nr. 22114 KV GNotKG	25,00 EUR
Dokumentenpauschale, 5 Seiten	Nr. 32001 KV GNotKG	0,75 EUR
Dokumentenpauschale (Datei, 5 Scanseiten)	Nr. 32000 KV GNotKG	2,50 EUR
Auslagenpauschale Post- und Telekommunikation	Nr. 32005 KV GNotKG	20,00 EUR
Zwischensumme		*110,75 EUR*
Umsatzsteuer 19 %	Nr. 32014 KV GNotKG	21,04 EUR
Rechnungsbetrag		**131,79 EUR**

Hinweis:

Das Anmelden des Gesellschafterwechsels betrifft zwei Gesellschafter. Dennoch wird dies nur mit 30.000 EUR bewertet (§ 105 Abs. 4 Nr. 3 GNotKG).

38 *Beispiel: Vorzeitiges Beenden eines Beurkundungsverfahrens*

Anmeldung „*Eintritt eines OHG-Gesellschafters und Austritt eines OHG-Gesellschafters*“.

Vorzeitiges Beenden eines Beurkundungsverfahrens und einer Handelsregisteranmeldung, Ausscheiden eines OHG-Gesellschafters, Eintritt eines OHG-Gesellschafters.

Geschäftswert	§§ 119, 105, 106 GNotKG	30.000,00 EUR
Vorzeitiges Beenden Beurkundungsverfahren	Nr. 21304 i.V.m. Nr. 21201 Nr. 5 KV GNotKG, § 92 Abs. 2 GNotKG	62,50 EUR
Dokumentenpauschale, 5 Seiten	Nr. 32001 KV GNotKG	0,75 EUR
Auslagenpauschale Post- und Telekommunikation	Nr. 32005 KV GNotKG	12,50 EUR
Zwischensumme		*75,75 EUR*
Umsatzsteuer 19 %	Nr. 32014 KV GNotKG	14,39 EUR
Rechnungsbetrag		**90,14 EUR**

Hinweise:

Die Anmeldung des Gesellschafterwechsels wird gem. § 105 Abs. 4 Nr. 3 GNotKG mit 30.000 EUR bewertet.

Jeder weitere Gesellschafter wird mit zusätzlich 15.000 EUR bewertet.

Die Auslagenpauschale Nr. 32005 KV GNotKG darf nur max. 20 % der Gebühren betragen, und zwar 20 % von allen Gebühren (insbesondere Gebühren für das Beurkundungsverfahren, ggf. XML-, Vollzugs- und Betreuungsgebühren), nicht jedoch von den Auslagen.

Beispiel: Beurkundungsverfahren einer Registeranmeldung 39

UVZ-Nr. (…)

Auflösung einer OHG mit vier Gesellschaftern; nur drei Liquidatoren werden bestimmt.

Beurkundungsverfahren der Handelsregisteranmeldung „*Auflösung OHG mit vier Gesellschaftern*“; nur drei Liquidatoren werden bestimmt.

Geschäftswert	§§ 119, 105, 106, 112 GNotKG	120.000,00 EUR
Beurkundungsverfahren, Registeranmeldung	Nr. 21201 Nr. 5 KV GNotKG	150,00 EUR
XML-Strukturdaten – elektronischer Vollzug	Nr. 22114 KV GNotKG	60,00 EUR
Dokumentenpauschale, 5 Seiten	Nr. 32001 KV GNotKG	0,75 EUR
Dokumentenpauschale (Datei, 5 Scanseiten)	Nr. 32000 KV GNotKG	2,50 EUR

Auslagenpauschale Post- und Telekommunikation	Nr. 32005 KV GNotKG	20,00 EUR
Zwischensumme		*233,25 EUR*
Umsatzsteuer 19 %	Nr. 32014 KV GNotKG	44,32 EUR
Rechnungsbetrag		**277,57 EUR**

Hinweise:

Bei Registeranmeldungen zur Auflösung ist zwingend zu unterscheiden, ob die Liquidatoren **geboren** oder **gekoren** werden.

Geboren bedeutet, dass alle Gesellschafter durch den **Auflösungsbeschluss** automatisch Liquidatoren werden. Nach den gesetzlichen HGB-Bestimmungen sind alle Gesellschafter Liquidatoren. In derartigen Fällen (geborene Liquidatoren) liegt eine notwendige Erklärungseinheit vor, sodass nur 30.000 EUR als Geschäftswert anzusetzen sind.[3]

Im vorliegenden Fall liegt jedoch eine Anmeldung ausgesuchter Gesellschafter (gekoren) vor, denn nicht alle vier Gesellschafter, die das Gesetz vorsieht, werden Liquidatoren. Deshalb sind im Beispiel die die Anmeldungen jedes Liquidators und die der Auflösung verschiedene Gegenstände (§ 86 Abs. 2 GNotKG). Der Wert jeder Tatsache beträgt 30.000 EUR gem. § 105 Abs. 2, 4 Nr. 3 GNotKG.

Die Werte sind nach § 35 Abs. 1 GNotKG zu addieren und ergeben den Geschäftswert (120.000 EUR).

40 *Beispiel: Vorzeitiges Beenden eines Beurkundungsverfahren*

Vorzeitiges Beenden des Beurkundungsverfahren zur Handelsregisteranmeldung „*Auflösung der OHG, drei Liquidatoren werden bestimmt*".

Geschäftswert	§§ 119, 105, 106 GNotKG	120.000,00 EUR
Beurkundungsverfahren, Registeranmeldung	Nr. 21304 i.V.m. Nr. 21201 Nr. 5 KV GNotKG, § 92 Abs. 2 GNotKG	150,00 EUR
Dokumentenpauschale, 5 Seiten	Nr. 22114 KV GNotKG	2,50 EUR
Auslagenpauschale Post- und Telekommunikation	Nr. 32005 KV GNotKG	20,00 EUR
Zwischensumme		*172,50 EUR*
Umsatzsteuer 19 %	Nr. 32014 KV GNotKG	32,78 EUR
Rechnungsbetrag		**205,28 EUR**

3 BGH, Beschl. v. 18.10.2016 – II ZB 18/15.

Hinweise:

Bei dem Entwurf der Registeranmeldung zur Auflösung ist zwingend zu unterscheiden, ob die Liquidatoren **geboren** oder **gekoren** werden sollen.

Geboren bedeutet, dass alle Gesellschafter durch den Auflösungsbeschluss automatisch Liquidatoren werden. Nach den gesetzlichen HGB-Bestimmungen sind alle Gesellschafter die Liquidatoren. In derartigen Fällen (geborene Liquidatoren) liegt dann eine notwendige Erklärungseinheit vor, sodass nur 30.000 EUR als Geschäftswert anzusetzen sind.[4]

Vorstehend liegt eine Anmeldung ausgesuchter Gesellschafter (gekoren) vor, denn nicht alle vier Gesellschafter, die das Gesetz vorsieht, werden Liquidatoren. Deshalb hat hier die Anmeldung jedes Liquidators und die der Auflösung verschiedene Gegenstände (§ 86 Abs. 2 GNotKG). Der Wert jeder Tatsache beträgt 30.000 EUR gem. § 105 Abs. 2, 4 Nr. 3 GNotKG.

Die Werte sind nach § 35 Abs. 1 GNotKG zu addieren und ergeben den Geschäftswert (120.000 EUR).

Beispiel: Beurkundungsverfahren zur Anmeldung, Beendigung, Liquidation der OHG und Erlöschen der Firma 41

UVZ-Nr. (…)

Beurkundungsverfahren „*Anmeldung Beendigung Liquidation mit Erlöschen der Firma*".

Geschäftswert	§§ 119, 105, 106, 112 GNotKG	30.000,00 EUR
Beurkundungsverfahren, Registeranmeldung	Nr. 21201 Nr. 5 KV GNotKG	62,50 EUR
XML-Strukturdaten – elektronischer Vollzug	Nr. 22114 KV GNotKG	25,00 EUR
Dokumentenpauschale, 5 Seiten	Nr. 32001 KV GNotKG	0,75 EUR
Dokumentenpauschale (Datei, 5 Scanseiten)	Nr. 32000 KV GNotKG	2,50 EUR
Auslagenpauschale Post- und Telekommunikation	Nr. 32005 KV GNotKG	20,00 EUR
Zwischensumme		*110,75 EUR*
Umsatzsteuer 19 %	Nr. 32014 KV GNotKG	21,04 EUR
Rechnungsbetrag		**131,79 EUR**

4 BGH, Beschl. v. 18.10.2016 – II ZB 18/15.

gg) Erstanmeldung einer Kommanditgesellschaft

42 *Beispiel: Erstanmeldung der KG (ein Komplementär, ein Kommanditist mit Hafteinlage 100 EUR)*

UVZ-Nr. (…)

Beurkundungsverfahren zur Handelsregisteranmeldung (ein Komplementär, ein Kommanditist mit Hafteinlage 100 EUR).

Geschäftswert	§§ 119, 105, 106, 112 GNotKG	30.100,00 EUR
Beurkundungsverfahren, Registeranmeldung	Nr. 21201 Nr. 5 KV GNotKG	67,50 EUR
XML-Strukturdaten – elektronischer Vollzug	Nr. 22114 KV GNotKG	27,00 EUR
Dokumentenpauschale, 5 Seiten	Nr. 32001 KV GNotKG	0,75 EUR
Dokumentenpauschale (Datei, 5 Scanseiten)	Nr. 32000 KV GNotKG	2,50 EUR
Auslagenpauschale Post- und Telekommunikation	Nr. 32005 KV GNotKG	20,00 EUR
Zwischensumme		*117,75 EUR*
Umsatzsteuer 19 %	Nr. 32014 KV GNotKG	22,37 EUR
Rechnungsbetrag		**140,12 EUR**

Hinweise:

Die KG hat einen persönlich haftenden Gesellschafter, der mit 30.000 EUR bewertet wird (§ 105 Abs. 1 S. 1 Nr. 5 GNotKG). Gäbe es weitere Komplementäre, würde jeder weitere mit je 15.000 EUR zusätzlich bewertet.

Die Summe der einzutragenden Hafteinlage des Kommanditisten wird hinzugerechnet.

43 *Beispiel: Vorzeitige Beendigung des Beurkundungsverfahrens*

Anmeldung einer KG mit einem Komplementär und einem Kommanditisten, KG-Einlage 100 EUR. Vorzeitige Beendigung des Beurkundungsverfahren „*Erste KG-Anmeldung, ein Komplementär, ein Kommanditist mit 100 EUR KG-Einlage*".

Geschäftswert	§§ 119, 105, 106 GNotKG	30.100,00 EUR
Beurkundungsverfahren, Registeranmeldung	Nr. 21304 i.V.m. Nr. 21201 Nr. 5 KV GNotKG, § 92 Abs. 2 GNotKG	67,50 EUR

Dokumentenpauschale, 5 Seiten	Nr. 32001 KV GNotKG	0,75 EUR
Auslagenpauschale Post- und Telekommunikation	Nr. 32005 KV GNotKG	13,50 EUR
Zwischensumme		*81,75 EUR*
Umsatzsteuer 19 %	Nr. 32014 KV GNotKG	15,53 EUR
Rechnungsbetrag		**97,28 EUR**

Hinweise:

Die KG hat einen persönlich haftenden Gesellschafter, der mit 30.000 EUR (§ 105 Abs. 1 S. 1 Nr. 5 GNotKG) bewertet wird (jeder weitere Komplementär würde mit jeweils 15.000 EUR zusätzlich bewertet). Hinzugerechnet wird die Summe der KG-Einlage (bei mehreren Einlagen die Summe aller KG-Einlagen).

Wegen der vollständigen Entwurfsfertigung/Aushändigung greift § 92 Abs. 2 GNotKG und der höchste Rahmen aus der 0,3–0,5-Gebühr nach Nr. 21304 KV GNotKG ist anzusetzen.

Die Auslagenpauschale Nr. 32005 KV GNotKG darf max. 20 % aller Gebühren (nicht Auslagen) betragen.

hh) Folgeanmeldungen einer Kommanditgesellschaft

Beispiel: Beurkundungsverfahren Anmeldung 44

Übertragung eines Teilbetrags i.H.v. 100 EUR der KG-Einlage auf einen neu eintretenden Kommanditisten: Der Notar bescheinigt nach Einsicht in die notariellen Kommanditistenvollmachten zwölf Vertretungsbefugnisse (§ 21 Abs. 3 BNotO).

UVZ-Nr. (…)

Beurkundungsverfahren „*Anmeldung Übertragung 100 EUR KG-Einlage*" und 12 x Bescheinigung § 21 Abs. 3 BNotO

Geschäftswert	§§ 119, 105, 106, 112 GNotKG	30.000,00 EUR
Beurkundungsverfahren, Registeranmeldung	Nr. 21201 Nr. 5 KV GNotKG	62,50 EUR
XML-Strukturdaten – elektronischer Vollzug	Nr. 22114 KV GNotKG	37,50 EUR
12 x Festbetrag 15 EUR für 12 Bescheinigungen	Nr. 22125 KV GNotKG	180,00 EUR
Dokumentenpauschale, 5 Seiten	Nr. 32001 KV GNotKG	0,75 EUR

Dokumentenpauschale (Datei, 5 Scanseiten)	Nr. 32000 KV GNotKG	2,50 EUR
Auslagenpauschale Post- und Telekommunikation	Nr. 32005 KV GNotKG	20,00 EUR
Zwischensumme		*303,25 EUR*
Umsatzsteuer 19 %	Nr. 32014 KV GNotKG	57,62 EUR
Rechnungsbetrag		**360,87 EUR**

Hinweise:

Grundsätzlich ist der einfache Betrag der übertragenden KG-Einlage der Geschäftswert, wobei aber der Mindestgeschäftswert gem. § 105 Abs. 1 S. 2 GNotKG (30.000 EUR) greift.

Die Festgebühr i.H.v. 15 EUR nach Nr. 22125 KV GNotKG (Bescheinigung § 21 Abs. 3 BNotO) fällt 12 x gesondert an (für jede Bescheinigung aus beurkundeter/beglaubigter Vollmacht extra, da der Notar hierzu jede Vollmachtberechtigung einzeln überprüfen muss).[5]

45 *Beispiel: Vorzeitiges Beenden Beurkundungsverfahren Anmeldung*

Übertragung Teilbetrag 100 EUR der Hafteinlage des Kommanditisten auf den neu eintretenden Kommanditisten. Vorzeitiges Beenden des Beurkundungsverfahrens „*Anmeldung Übertragung 100 EUR Hafteinlage*".

Geschäftswert	§§ 119, 105, 106 GNotKG	30.000,00 EUR
Vorzeitiges Beenden des Beurkundungsverfahrens	Nr. 21304 i.V.m. Nr. 21201 Nr. 5 KV GNotKG, § 92 Abs. 2 GNotKG	62,50 EUR
Dokumentenpauschale, 5 Seiten	Nr. 32001 KV GNotKG	0,75 EUR
Auslagenpauschale Post- und Telekommunikation	Nr. 32005 KV GNotKG	12,50 EUR
Zwischensumme		*75,75 EUR*
Umsatzsteuer 19 %	Nr. 32014 KV GNotKG	14,39 EUR
Rechnungsbetrag		**90,14 EUR**

Hinweis:

Grundsätzlich ist der Betrag der übertragenen Hafteinlage der Geschäftswert, jedoch mind. 30.000 EUR gem. § 105 Abs. 1 S. 2 GNotKG.

5 Vgl. *Elsing*, Fälle und Lösungen zur Abrechnung nach GNotKG, § 1 Rn 17; BGH, Beschl. v. 22.9.2016, V ZB 177/15.

Beispiel: Beurkundungsverfahren einer Anmeldung 46

Wechsel der Kommanditisten (Eintritt und Austritt, keine Sonderrechtsnachfolge): Kommanditist 1 scheidet mit einer Hafteinlage i.H.v. 6.000 EUR aus; Kommanditist 2 tritt mit einer Hafteinlage i.H.v. 40.000 EUR ein. Der Notar bescheinigt nach Prüfung/Einsicht in 30 notarielle Kommanditisten-Vollmachten die Vertretungsbefugnisse auf den jeweiligen Komplementär (§ 21 Abs. 3 BNotO).

UVZ-Nr. (...)

Beurkundungsverfahren „*Anmeldung Übertragung 100 EUR KG-Einlage*"

Bescheinigung § 21 Abs. 3 BNotO 30 x

Geschäftswert	§§ 119, 105, 106, 112 GNotKG	46.000,00 EUR
Beurkundungsverfahren, Registeranmeldung	Nr. 21201 Nr. 5 KV GNotKG	82,50 EUR
XML-Strukturdaten – elektronischer Vollzug	Nr. 22114 KV GNotKG	33,00 EUR
30 x Festbetrag 15 EUR für 30 Bescheinigungen	Nr. 25214 KV GNotKG	450,00 EUR
Dokumentenpauschale, 5 Seiten	Nr. 32001 KV GNotKG	0,75 EUR
Dokumentenpauschale (Datei, 5 Scanseiten)	Nr. 32000 KV GNotKG	2,50 EUR
Auslagenpauschale Post- und Telekommunikation	Nr. 32005 KV GNotKG	20,00 EUR
Zwischensumme		*588,75 EUR*
Umsatzsteuer 19 %	Nr. 32014 KV GNotKG	111,86 EUR
Rechnungsbetrag		**700.61 EUR**

Beispiel: Beurkundungsverfahren der Anmeldung eines Kommanditistenwechsel 47

Kommanditist 1 überträgt eine Hafteinlage i.H.v. 1.000 EUR auf Kommanditist 2 im Wege der Sonderrechtsnachfolge.

UVZ-Nr. (...)

Beurkundungsverfahren „*Anmeldung Kommanditistenwechsel mit Hafteinlage 1.000 EUR (Sonderrechtsnachfolge)*"

Geschäftswert	§§ 119, 105, 106, 112 GNotKG	30.000,00 EUR
Beurkundungsverfahren, Registeranmeldung	Nr. 21201 Nr. 5 KV GNotKG	62,50 EUR
XML-Strukturdaten – elektronischer Vollzug	Nr. 22114 KV GNotKG	25,00 EUR

Dokumentenpauschale, 4 Seiten	Nr. 32001 KV GNotKG	0,60 EUR
Dokumentenpauschale (Datei, 4 Scanseiten)	Nr. 32000 KV GNotKG	2,00 EUR
Auslagenpauschale Post- und Telekommunikation	Nr. 32005 KV GNotKG	20,00 EUR
Zwischensumme		*109,60 EUR*
Umsatzsteuer 19 %	Nr. 32014 KV GNotKG	20,82 EUR
Rechnungsbetrag		**130,42 EUR**

Hinweis:

Der Wechsel der Kommanditisten (Übertragung der Hafteinlage im Wege der Sonderrechtsnachfolge) wird wie ein einziger Anmeldevorgang behandelt.

Geschäftswert ist der Betrag der Hafteinlage, mind. 30.000 EUR gem. § 105 Abs. 1 S. 2 GNotKG.

48 *Beispiel: Beurkundungsverfahren Registeranmeldung nur inländische Geschäftsanschrift*

UVZ Nr. (…)

Beurkundungsverfahren „*Anmeldung nur inländische Geschäftsanschrift*".

Geschäftswert	§§ 119, 105, 112 GNotKG	5.000,00 EUR
Beurkundungsverfahren, Registeranmeldung	Nr. 21201 Nr. 5 KV GNotKG	22,50 EUR
XML-Strukturdaten – elektronischer Vollzug	Nr. 22114 KV GNotKG	15,00 EUR
Dokumentenpauschale, 3 Seiten	Nr. 32001 KV GNotKG	0,45 EUR
Dokumentenpauschale (Datei, 3 Scanseiten)	Nr. 32000 KV GNotKG	1,50 EUR
Auslagenpauschale Post- und Telekommunikation	Nr. 32005 KV GNotKG	7,50 EUR
Zwischensumme		*46,95 EUR*
(Umsatzsteuer 19 %)	Nr. 32014 KV GNotKG	8,92 EUR
Rechnungsbetrag		**55,87 EUR**

Hinweise:

Es wird nur die Änderung der inländischen Geschäftsanschrift der KG angemeldet, sodass der Geschäftswert gem. § 105 Abs. 5 GNotKG 5.000 EUR beträgt.

Praxistipp: Vermeidung von Verzögerungen

Die Anmeldung lediglich der inländischen Geschäftsanschrift braucht nur von der Gesellschaft (einer Komplementärin mit Vertretungsbefugnis) gem. § 106 Abs. 7 HGB angemeldet werden. Trifft bei einer Kommanditgesellschaft die Anmeldung einer inländischen Geschäftsanschrift mit anderen Anmeldetatsachen zusammen, so sollten die anderen von sämtlichen Gesellschaftern zu bewirkenden Anmeldetatsachen in einer **gesonderten Registeranmeldung** erledigt werden.

Die Registeranmeldung nur der inländischen Geschäftsanschrift, die nur von der Komplementärin zu bewirken ist, sollte gesondert geschehen, damit es nicht zu Verzögerungen bei der Eintragung der neuen Anschrift kommt und der Notar nicht in die Haftung gerät.

Beispiel: Beurkundungsverfahren zur Anmeldung, Erhöhung der Hafteinlagen der Kommanditisten 49

Kommanditist 1 erhöht um 1.000 EUR und Kommanditist 2 um 32.000 EUR.

UVZ-Nr. (…)

Beurkundungsverfahren „*Registeranmeldung Erhöhung Hafteinlagen*".

Geschäftswert	§§ 119, 105, 106, 112 GNotKG	62.000,00 EUR
Beurkundungsverfahren, Registeranmeldung	Nr. 21201 Nr. 5 KV GNotKG	96,00 EUR
XML-Strukturdaten – elektronischer Vollzug	Nr. 22114 KV GNotKG	38,40 EUR
Dokumentenpauschale, 3 Seiten	Nr. 32001 KV GNotKG	0,45 EUR
Dokumentenpauschale (Datei, 3 Scanseiten)	Nr. 32000 KV GNotKG	1,50 EUR
Auslagenpauschale Post- und Telekommunikation	Nr. 32005 KV GNotKG	20,00 EUR
Zwischensumme		*156,35 EUR*
Umsatzsteuer 19 %	Nr. 32014 KV GNotKG	29,71 EUR
Rechnungsbetrag		**186,06 EUR**

Hinweis:

Für jeden Erhöhungsbetrag einer Hafteinlage gilt der Mindestwert 30.000 EUR (§ 105 Abs. 1 S. 2 GNotKG).

Der Einlagenerhöhungsbetrag von 1.000 EUR des Kommanditisten 1 wird deshalb mit 30.000 EUR bewertet. Dieser Betrag wird addiert nach § 35 Abs. 1

GNotKG mit dem Erhöhungsbetrag 32.000 EUR des Kommanditisten 2. Der addierte Betrag ist der Geschäftswert (62.000 EUR).

50 *Beispiel: Vorzeitige Beendigung des Beurkundungsverfahrens zur Anmeldung*

Erhöhung der KG-Einlagen: Kommanditist 1 erhöht um 1.000 EUR, Kommanditist 2 um 32.000 EUR. Beendet wird das Verfahren nach Fertigung bzw. Aushändigung des Entwurfs.

UVZ-Nr. (…)

Vorzeitige Beendigung Beurkundungsverfahren „*Registeranmeldung Erhöhung*", Kommanditeinlagen nach Fertigung und Aushändigung des Entwurfs.

Geschäftswert	§§ 119, 105, 106 GNotKG	62.000,00 EUR
vorzeitige Beendigung Beurkundungsverfahren	Nr. 21304 i.V.m. Nr. 21201 Nr. 5 KV GNotKG, § 92 Abs. 2 GNotKG	96,00 EUR
Dokumentenpauschale, 5 Seiten	Nr. 32001 KV GNotKG	0,75 EUR
Auslagenpauschale Post- und Telekommunikation	Nr. 32005 KV GNotKG	19,20 EUR
Zwischensumme		*115,95 EUR*
Umsatzsteuer 19 %	Nr. 32014 KV GNotKG	10,44 EUR
Rechnungsbetrag		**126,39 EUR**

51 *Beispiel: Beurkundungsverfahren zur Anmeldung des Eintritts eines neuen Komplementärs sowie des Austritts des vorherigen Komplementärs*

Der Notar bescheinigt fünf Vertretungsbefugnisse der Kommanditisten gem. § 21 Abs. 3 BNotO.

UVZ-Nr. (…)

Beurkundungsverfahren „*Eintritt eines Komplementärs und Austritt eines Komplementärs*", Bescheinigung § 21 Abs. 3 BNotO, 5 x.

Geschäftswert	§§ 119, 105, 106, 112 GNotKG	60.000,00 EUR
Beurkundungsverfahren, Registeranmeldung	Nr. 21201 Nr. 5 KV GNotKG	96,00 EUR
XML-Strukturdaten – elektronischer Vollzug	Nr. 22114 KV GNotKG	38,40 EUR
5 x Festbetrag 15 EUR für 5 Bescheinigungen	Nr. 25214 KV GNotKG	75,00 EUR
Dokumentenpauschale, 10 Seiten	Nr. 32000 KV GNotKG	5,00 EUR

Auslagenpauschale Post- und Telekommunikation	Nr. 32005 KV GNotKG	20,00 EUR
Zwischensumme		*234,40 EUR*
Umsatzsteuer 19 %	Nr. 32014 KV GNotKG	44,54 EUR
Rechnungsbetrag		**278,94 EUR**

Beispiel: Beurkundungsverfahren zur Anmeldung des Ausscheidens eines Kommanditisten 52

Hafteinlage 2 Mio. EUR.

UVZ-Nr. (…)

Beurkundungsverfahren „*Ausscheiden Kommanditist Hafteinlage 2 Mio. EUR*“.

Geschäftswert	§§ 119, 105, 106 S. 1 GNotKG	1.000.000,00 EUR
Beurkundungsverfahren, Registeranmeldung	Nr. 21201 Nr. 5 KV GNotKG	867,50 EUR
XML-Strukturdaten – elektronischer Vollzug	Nr. 22114 KV GNotKG	125,00 EUR
Dokumentenpauschale, 5 Seiten	Nr. 32001 KV GNotKG	0,75 EUR
Dokumentenpauschale (Datei, 5 Scanseiten)	Nr. 32000 KV GNotKG	2,50 EUR
Auslagenpauschale Post- und Telekommunikation	Nr. 32005 KV GNotKG	20,00 EUR
Zwischensumme		*1.015,75 EUR*
Umsatzsteuer 19 %	Nr. 32014 KV GNotKG	192,99 EUR
Rechnungsbetrag		**1.208,74 EUR**

Hinweise:

Für die Registeranmeldung ist der Höchstwert von 1. Mio. EUR gem. § 106 S. 1 GNotKG i.V.m. § 105 GNotKG zu beachten.

Die XML-Strukturdatengebühr Nr. 22114 KV GNotKG ist auf max. 125 EUR in der Höhe begrenzt.

Beispiel: Beurkundungsverfahren zur Anmeldung der Auflösung (Liquidation) der KG 53

Der persönlich haftende Gesellschafter wird hierbei Liquidator.

UVZ-Nr. (…)

Beurkundungsverfahren „*Auflösung (Liquidation) der KG*".

Geschäftswert	§§ 119, 105 GNotKG	30.000,00 EUR
Beurkundungsverfahren, Registeranmeldung	Nr. 21201 Nr. 5 KV GNotKG	62,50 EUR
XML-Strukturdaten – elektronischer Vollzug	Nr. 22114 KV GNotKG	25,00 EUR
Dokumentenpauschale, 5 Seiten	Nr. 32001 KV GNotKG	0,75 EUR
Dokumentenpauschale (Datei, 5 Scanseiten)	Nr. 32000 KV GNotKG	2,50 EUR
Auslagenpauschale Post- und Telekommunikation)	Nr. 32005 KV GNotKG	20,00 EUR
Zwischensumme		*110,75 EUR*
Umsatzsteuer 19 %	Nr. 32014 KV GNotKG	21,04 EUR
Rechnungsbetrag		**131,79 EUR**

Hinweis:

Die Anmeldung der Auflösung wird nach § 105 Abs. 4 Nr. 3 GNotKG bewertet.

Nicht gesondert wird die Veränderung bewertet, wonach der bisherige persönlich haftende Gesellschafter fortan Liquidator der KG ist; es liegt eine Erklärungseinheit vor.[6]

54 *Beispiel: Beurkundungsverfahren zur Anmeldung der Beendigung einer KG und Erlöschen der Firma*

UVZ-Nr. (…)

Beurkundungsverfahren „*Beendigung der KG mit Firmenerlöschen*".

Geschäftswert	§§ 119, 105 GNotKG	30.000,00 EUR
Beurkundungsverfahren, Registeranmeldung	Nr. 21201 Nr. 5 KV GNotKG	62,50 EUR
XML-Strukturdaten – elektronischer Vollzug	Nr. 22114 KV GNotKG	25,00 EUR
Dokumentenpauschale, 5 Seiten	Nr. 32001 KV GNotKG	0,75 EUR
Dokumentenpauschale (Datei, 5 Scanseiten)	Nr. 32000 KV GNotKG	2,50 EUR
Auslagenpauschale Post- und Telekommunikation	Nr. 32005 KV GNotKG	20,00 EUR
Zwischensumme		*110,75 EUR*

6 BGH, Beschl. v. 22.9.2016 – V ZB 177/15.

Umsatzsteuer 19 %	Nr. 32014 KV GNotKG	21,04 EUR
Rechnungsbetrag		**131,79 EUR**

Hinweis:

Die Anmeldung der Vollbeendigung der KG und das Erlöschen der KG haben denselben Gegenstand. Der Geschäftswert wird gem. § 105 Abs. 4 Nr. 3 GNotKG berechnet.

Beispiel: Beurkundungsverfahren zur Registeranmeldung der Anwachsung der KG auf verbleibenden Kommanditisten 55

UVZ-Nr. (…)

Beurkundungsverfahren „*Registeranmeldung – Ausscheiden des einzigen Komplementärs*“; Kommanditist übernimmt als einzig verbleibender Gesellschafter die Gesellschaft.

Der Kommanditist führt die Gesellschaft fortan in der Rechtsform eines einzelkaufmännischen Unternehmens fort.

Die KG kann nicht existieren, ohne mind. einen Kommanditisten und einen Komplementär zu haben, deshalb ist die KG beendet.

Geschäftswert	§§ 119, 105 GNotKG	60.000,00 EUR
Beurkundungsverfahren, Registeranmeldung	Nr. 21201 Nr. 5 KV GNotKG	96,00 EUR
XML-Strukturdaten – elektronischer Vollzug	Nr. 22114 KV GNotKG	38,40 EUR
Dokumentenpauschale, 5 Seiten	Nr. 32001 KV GNotKG	0,75 EUR
Dokumentenpauschale (Datei, 5 Scanseiten)	Nr. 32000 KV GNotKG	2,50 EUR
Auslagenpauschale Post- und Telekommunikation	Nr. 32005 KV GNotKG	20,00 EUR
Zwischensumme		*157,65 EUR*
Umsatzsteuer 19 %	Nr. 32014 KV GNotKG	31,37 EUR
Rechnungsbetrag		**189,02 EUR**

Hinweise:

Das Ausscheiden des Komplementärs wird mit 30.000 EUR bewertet (§ 105 Abs. 4 Nr. 3 GNotKG) und hat die Beendigung der KG zur Folge.

Das Geschäft führt der Kommanditist als einzelkaufmännisches Unternehmen fort.

Die Anmeldetatsache „*Fortführung als e.K.*“ ist eine Neuanmeldung und mit 30.000 EUR zu bewerten (§ 105 Abs. 3 Nr. 1 GNotKG).

Beide Werte (je 30.000 EUR) werden nach § 35 Abs. 1 GNotKG addiert; es ergibt sich der Geschäftswert der Anmeldung mit 60.000 EUR.

ii) Beurkundungsverfahren zur ersten Anmeldung einer GmbH

56 *Beispiel: Beurkundungsverfahren zur Erstanmeldung einer GmbH*

Das Stammkapital beträgt 25.000 EUR und es liegt ein individueller Gesellschaftsvertrag vor.

UVZ-Nr. (…)

Beurkundungsverfahren „*Registeranmeldung Erstanmeldung GmbH*“.

Geschäftswert	§§ 105 Abs. 1 Nr. 1, 113 Abs. 1 GNotKG	30.000,00 EUR
Beurkundungsverfahren Registeranmeldung	Nr. 21201 Nr. 5 KV GNotKG	62,50 EUR
XML-Strukturdaten – elektronischer Vollzug	Nr. 22114 KV GNotKG	25,00 EUR
Überwachung Einzahlung Stammkapital	Nr. 22200 Nr. 3 KV GNotKG	62,50 EUR
Dokumentenpauschale, 5 Seiten	Nr. 32001 KV GNotKG	0,75 EUR
Dokumentenpauschale (Datei, 5 Scanseiten)	Nr. 32000 KV GNotKG	2,50 EUR
Auslagenpauschale Post- und Telekommunikation	Nr. 32005 KV GNotKG	20,00 EUR
Zwischensumme		*173,25 EUR*
Umsatzsteuer 19 %	Nr. 32014 KV GNotKG	32,92 EUR
Rechnungsbetrag		**206,17 EUR**

Hinweise:

Die Anmeldung der GmbH hat einen bestimmten Geldwert – das einzutragende Stammkapital (§ 105 Abs. 1 S. 1 Nr. 1 GNotKG). Die Anmeldung unterliegt jedoch dem Mindestwert von 30.000 EUR nach § 105 Abs. 1 S. 2 GNotKG.

Sowohl die Anmeldung als auch die Belehrung des ersten Geschäftsführers sind Teil der GmbH-Anmeldung und nicht zusätzlich zu bewerten (§ 86 Abs. 1 GNotKG).

Die Erzeugung der XML-Strukturdaten löst die 0,3-Vollzugsgebühr nach Nr. 22114 KV GNotKG aus – auch neben anderen Vollzugsgebühren und ohne Auftrag.[7]

Die auftragsgemäße (treuhänderische) Überwachung der Einreichung der Registeranmeldung (erst nach Prüfung, dass die Leistung auf die Stammeinlagen erfolgt ist) ist bedeutsam. Hierdurch wird die korrekte Einzahlung der Einlagen überwacht. Einzahlungsfehler können vor Einreichung der Anmeldung noch **schadlos** korrigiert werden. Der Notar muss hierfür die Betreuungsgebühr Nr. 22200 Nr. 3 KV GNotKG ansetzen.

Die Hinausgabe der Urkunde hängt nicht von der Zustimmung eines Beteiligten ab, sondern die Überwachung liegt im Interesse des Geschäftsführers, der vor einer falschen Versicherung bewahrt wird. Außerdem nützt die Tätigkeit dem Geschäftsführer, der sich einen späteren weiteren Notarbesuch nach Einzahlung der Einlagen ersparen kann.

Nach § 113 Abs. 1 GNotKG ist der Geschäftswert genauso wie der bei der Beurkundung. Die Betreuungsgebühr ist auf den vollen Geschäftswert des Beurkundungsverfahrens der Handelsregisteranmeldung zu berechnen.

Beispiel: Beurkundungsverfahren zur Erstanmeldung einer GmbH und Sachgründung 57

Das Stammkapital beträgt 50.000 EUR.

UVZ-Nr. (…)

Beurkundungsverfahren „*Registeranmeldung Erstanmeldung GmbH*“.

Geschäftswert	§§ 105, 113 Abs. 1 GNotKG	50.000,00 EUR
Beurkundungsverfahren Registeranmeldung	Nr. 21201 Nr. 5 KV GNotKG	82,50 EUR
XML-Strukturdaten – elektronischer Vollzug	Nr. 22114 KV GNotKG	33,00 EUR
Überwachung Einzahlung Stammkapital	Nr. 22200 Nr. 3 KV GNotKG	82,50 EUR
Dokumentenpauschale, 5 Seiten	Nr. 32001 KV GNotKG	0,75 EUR
Dokumentenpauschale (Datei, 5 Scanseiten)	Nr. 320010 KV GNotKG	2,50 EUR
Auslagenpauschale Post- und Telekommunikation	Nr. 32005 KV GNotKG	20,00 EUR
Zwischensumme		*221,15 EUR*

7 A.A. offenbar Rohs/Wedewer/*Waldner*, § 21 GNotKG Rn 45.

Umsatzsteuer 19 %	Nr. 32014 KV GNotKG	42,11 EUR
Rechnungsbetrag		**263,76 EUR**

Zur Betreuungsgebühr siehe den Hinweis zur Betreuungsgebühr in nachstehender Rdn 58.

58 *Beispiel: Beurkundungsverfahren zur Anmeldung einer UG, Musterprotokoll*

Das Stammkapital beträgt 300 EUR.

UVZ-Nr. (…)

Beurkundungsverfahren „*Registeranmeldung Erstanmeldung GmbH*".

Geschäftswert	§§ 105, 113 Abs. 1 GNotKG	300,00 EUR
Beurkundungsverfahren Registeranmeldung	Nr. 21201 Nr. 5 KV GNotKG	30,00 EUR
XML-Strukturdaten – elektronischer Vollzug	Nr. 22114 KV GNotKG	15,00 EUR
Überwachung Einzahlung Stammkapital	Nr. 22200 Nr. 3 KV GNotKG	15,00 EUR
Dokumentenpauschale, 5 Seiten	Nr. 32001 KV GNotKG	0,75 EUR
Dokumentenpauschale (Datei, 5 Scanseiten)	Nr. 32000 KV GNotKG	2,50 EUR
Auslagenpauschale Post- und Telekommunikation	Nr. 32005 KV GNotKG	12,00 EUR
Zwischensumme		*75,25 EUR*
Umsatzsteuer 19 %	Nr. 32014 KV GNotKG	14,30 EUR
Rechnungsbetrag		**89,55 EUR**

Hinweise:

Bei einer Musterprotokollverwendung gilt der Mindestwert von 30.000 EUR nicht. Die Mindestgebühr nach Nr. 21201 Nr. 5 KV GNotKG liegt bei 30 EUR und zu beachten.

Geschäftswert der Anmeldung ist das einzutragende Stammkapital.

Die auftragsgemäße Überwachung der Einreichung erst nach Leistung auf die Einlagen ist von Bedeutung. Die korrekte Einzahlung wird überwacht und aufgedeckte Einzahlungsfehler können noch schadlos korrigiert werden. Hierfür hat der Notar die **Betreuungsgebühr** nach Nr. 22200 Nr. 3 KV GNotKG anzusetzen. Es handelt sich nicht um die Hinausgabe der Urkunde unter Abhängigkeit der Zustimmung eines Beteiligten. Die Überwachung liegt im Interesse des Geschäftsführers, der vor einer falschen Versicherung bewahrt wird. Zudem kann sich der Geschäftsführer einen weiteren Notarbesuch nach Einzahlung der Einlagen ersparen.

Nach § 113 Abs. 1 GNotKG ist der Wert wie bei der Beurkundung zu bestimmen. Die Betreuungsgebühr ist auf den vollen Geschäftswert der Handelsregisteranmeldung zu berechnen.

Beispiel: Beurkundungsverfahren zur Anmeldung einer UG, Musterprotokoll für Videobeurkundung 59

Das Stammkapital beträgt 600 EUR.

UVZ-Nr. (…)

Beurkundungsverfahren „*Registeranmeldung Erstanmeldung GmbH*“.

Geschäftswert	§§ 105, 108, 113 Abs. 1 GNotKG	30.000,00 EUR
Beurkundungsverfahren Registeranmeldung	Nr. 21201 Nr. 5 KV GNotKG	62,50 EUR
XML-Strukturdaten – elektronischer Vollzug	Nr. 22114 KV GNotKG	25,00 EUR
Überwachung Einzahlung Stammkapital	Nr. 22200 Nr. 3 KV GNotKG	62,50 EUR
Dokumentenpauschale, 5 Seiten	Nr. 32001 KV GNotKG	0,75 EUR
Dokumentenpauschale (Datei, 5 Scanseiten)	Nr. 32000 KV GNotKG	2,50 EUR
Auslagenpauschale Post- und Telekommunikation	Nr. 32005 KV GNotKG	12,00 EUR
Zwischensumme		*165,25 EUR*
Umsatzsteuer 19 %	Nr. 32014 KV GNotKG	31,40 EUR
Rechnungsbetrag		**196,65 EUR**

Hinweise:

Bei neuen Musterprotokollvarianten für die Videobeurkundung (Anlage 2 zu § 2 Abs. 3 GmbHG) gilt der Mindestwert von 30.000 EUR.

Die auftragsgemäße Überwachung der Einreichung erst nach Leistung auf die Einlagen ist von Bedeutung. Die korrekte Einzahlung wird überwacht und aufgedeckte Einzahlungsfehler können noch schadlos korrigiert werden. Hierfür hat der Notar die **Betreuungsgebühr** nach Nr. 22200 Nr. 3 KV GNotKG anzusetzen. Es handelt sich nicht um die Hinausgabe der Urkunde unter Abhängigkeit der Zustimmung eines Beteiligten. Die Überwachung liegt im Interesse des Geschäftsführers, der vor einer falschen Versicherung bewahrt wird. Zudem kann sich der Geschäftsführer einen weiteren Notarbesuch nach Einzahlung der Einlagen ersparen.

Nach § 113 Abs. 1 GNotKG ist der Wert wie bei der Beurkundung zu bestimmen. Die Betreuungsgebühr ist auf den vollen Geschäftswert der Handelsregisteranmeldung zu berechnen.

60 *Beispiel: Beurkundungsverfahren zur Anmeldung einer UG, individueller Gesellschaftsvertrag*

Das Stammkapital beträgt 1.000 EUR.

UVZ-Nr. (…)

Beurkundungsverfahren „*Registeranmeldung Erstanmeldung UG*“, individueller Gesellschaftsvertrag, Stammkapital 1.000 EUR.

Geschäftswert	§§ 105, 113 Abs. 1 GNotKG	30.000,00 EUR
Beurkundungsverfahren Registeranmeldung	Nr. 21201 Nr. 5 KV GNotKG	62,50 EUR
XML-Strukturdaten – elektronischer Vollzug	Nr. 22114 KV GNotKG	25,00 EUR
Überwachung Einzahlung Stammkapital	Nr. 22200 Nr. 3 KV GNotKG	62,50 EUR
Dokumentenpauschale, 5 Seiten	Nr. 32001 KV GNotKG	0,75 EUR
Dokumentenpauschale (Datei, 5 Scanseiten)	Nr. 32000 KV GNotKG	2,50 EUR
Auslagenpauschale Post- und Telekommunikation	Nr. 32005 KV GNotKG	20,00 EUR
Zwischensumme		*173,25 EUR*
(Umsatzsteuer 19 %)	Nr. 32014 KV GNotKG	32,92 EUR
Rechnungsbetrag		**206,17 EUR**

Hinweise:

Der Mindestwert von 30.000 EUR für die Anmeldung der UG-Errichtung ist zu beachten, weil die UG mit einem individuellen Gesellschaftsvertrag errichtet wurde. Der Mindestwert ist gem. § 105 Abs. 6 GNotKG nur dann unbeachtlich, wenn ein Musterprotokoll zugrunde liegt.

Die auftragsgemäße treuhänderische Überwachung des Notars zur Einreichung der Registeranmeldung erst nach Leistung auf die Stammeinlagen ist von Bedeutung, weil die korrekte Einzahlung des Stammkapitals überwacht wird und sich aufgedeckte Einzahlungsfehler noch korrigieren lassen. Hierfür hat der Notar die **Betreuungsgebühr** nach Nr. 22200 Nr. 3 KV GNotKG anzusetzen. Es handelt sich nicht um einen Fall, dass die Hinausgabe der Urkunde von der Zustimmung eines Beteiligten abhängt. Die Überwachung liegt im Interesse des Geschäftsführers, der vor einer falschen Versicherung bewahrt wird und der sich einen späteren weiteren Notarbesuch (nach Einzahlungen der Einlagen) erspart.[8]

Nach § 113 Abs. 1 GNotKG ist der Geschäftswert wie bei der Beurkundung zu bestimmen. Daher berechnet sich die Betreuungsgebühr auf den **vollen Geschäftswert** des Beurkundungsverfahrens der Handelsregisteranmeldung.

Beispiel: Beurkundungsverfahren zur Registeranmeldung einer Kapitalerhöhung bei der GmbH 61

Das Kapital wird um 70.000 EUR erhöht.

UVZ-Nr. (…)

Beurkundungsverfahren „*Registeranmeldung Kapitalerhöhung GmbH*“

Geschäftswert	§§ 105, 113 Abs. 1 GNotKG	70.000,00 EUR
Beurkundungsverfahren Registeranmeldung	Nr. 21201 Nr. 5 KV GNotKG	109,50 EUR
XML-Strukturdaten – elektronischer Vollzug	Nr. 22114 KV GNotKG	43,80 EUR
Überwachung Einzahlung Stammkapital	Nr. 22200 Nr. 3 KV GNotKG	109,50 EUR
Dokumentenpauschale, Datei, 10 Scanseiten	Nr. 32000 KV GNotKG	5,00 EUR
Auslagenpauschale Post- und Telekommunikation	Nr. 32005 KV GNotKG	20,00 EUR
Zwischensumme		*287,80 EUR*
Umsatzsteuer 19 %	Nr. 32014 KV GNotKG	54,68 EUR
Rechnungsbetrag		**342,68 EUR**

Hinweis:

Die auftragsgemäße treuhänderische Überwachung des Notars zur Einreichung der Registeranmeldung erst nach Leistung auf die Stammeinlagen ist von Bedeutung, weil die korrekte Einzahlung des Stammkapitals überwacht wird und rechtzeitig aufgedeckte Einzahlungsfehler noch korrigierbar sind. Hierfür hat der Notar die **Betreuungsgebühr** nach Nr. 22200 Nr. 3 KV GNotKG anzusetzen.

8 A.A. offenbar Rohs/Wedewer/*Waldner*, § 21 GNotKG Rn 45, der davon ausgeht, dass die Registeranmeldung auch zu einem späteren Zeitpunkt geschehen kann.

Es handelt sich nicht um einen Fall, dass die Hinausgabe der Urkunde von der Zustimmung eines Beteiligten abhängt. Die Überwachung liegt im Interesse des Geschäftsführers. Dieser wird vor einer falschen Versicherung bewahrt. Zudem kann sich der Geschäftsführer einen späteren weiteren Notarbesuch (nach Einzahlungen der Einlagen) ersparen.[9]

Nach § 113 Abs. 1 GNotKG ist der Geschäftswert wie bei der Beurkundung zu bestimmten.

62 *Beispiel: Beurkundungsverfahren zur Anmeldung einer Satzungsänderung (Firma)*

Änderung inländische Geschäftsanschrift, Abberufung eines Geschäftsführers.

Das Stammkapital der GmbH beträgt 25.000 EUR.

UVZ-Nr. (...)

Beurkundungsverfahren „*Registeranmeldung Satzungsänderung und Änderung inländische Geschäftsanschrift sowie Geschäftsführerabberufung*“.

Geschäftswert	§§ 105, 106 GNotKG	65.000,00 EUR
Beurkundungsverfahren Registeranmeldung	Nr. 21201 Nr. 5 KV GNotKG	109,50 EUR
XML-Strukturdaten – elektronischer Vollzug	Nr. 22114 KV GNotKG	38,40 EUR
Dokumentenpauschale, 5 Seiten	Nr. 32001 KV GNotKG	0,75 EUR
Dokumentenpauschale (Datei, 5 Scanseiten)	Nr. 32000 KV GNotKG	2,50 EUR
Auslagenpauschale Post- und Telekommunikation	Nr. 32005 KV GNotKG	20,00 EUR
Zwischensumme		*171,15 EUR*
(Umsatzsteuer 19 %)	Nr. 32014 KV GNotKG	32,52 EUR
Rechnungsbetrag		**203,67 EUR**

Hinweise:

Der Geschäftswert wird durch § 105 Abs. 2, 4 Nr. 1 und Abs. 5 GNotKG bestimmt.

Die Anmeldetatsache Satzungsänderung der Firma (30.000 EUR) und die Änderung der inländischen Geschäftsanschrift (5.000 EUR) sind **keine Erklärungseinheit**, weil der Sitz nach dem Gesellschaftsvertrag von der eingetragenen Geschäftsanschrift abweichen darf.[10] Daran ändert auch die Entscheidung

9 A.A. offenbar Rohs/Wedewer/*Waldner*, § 21 Rn 45, der davon ausgeht, dass die Registeranmeldung auch zu einem späteren Zeitpunkt erfolgen kann.

10 Siehe auch *Diehn*, Notarkostenberechnungen, Rn 860a.

des BGH (notwendige Erklärungseinheit) nichts, denn es liegt gerade hier keine notwendige Erklärungseinheit vor.[11]

Die Anmeldetatsache „Geschäftsführerabberufung" (30.000 EUR) hat zu anderen Anmeldetatsachen einen verschiedenen Gegenstand (§ 86 Abs. 2 GNotKG). Die Werte werden addiert, § 35 Abs. 1 GNotKG.

Beispiel: Beurkundungsverfahren zur Registeranmeldung eines Gewinn- und Beherrschungsvertrag zwischen zwei GmbHs 63

UVZ-Nr. (…)

Beurkundungsverfahren „*Registeranmeldung Gewinn- und Beherrschungsvertrag*", Anmeldung bei der beherrschten GmbH.

Geschäftswert	§§ 105, 106 GNotKG	30.000,00 EUR
Beurkundungsverfahren Registeranmeldung	Nr. 21201 Nr. 5 KV GNotKG	62,50 EUR
XML-Strukturdaten – elektronischer Vollzug	Nr. 22114 KV GNotKG	25,00 EUR
Dokumentenpauschale, 5 Seiten	Nr. 32001 KV GNotKG	0,75 EUR
Dokumentenpauschale (Datei, 5 Scanseiten)	Nr. 32000 KV GNotKG	2,50 EUR
Auslagenpauschale Post- und Telekommunikation	Nr. 32005 KV GNotKG	20,00 EUR
Zwischensumme		*110,75 EUR*
Umsatzsteuer 19 %	Nr. 32014 KV GNotKG	21,04 EUR
Rechnungsbetrag		**131,79 EUR**

Hinweise:

Die Anmeldung der Eintragung des Unternehmensvertrages bei der beherrschten GmbH ist eine Anmeldung ohne bestimmten Geldwert. Das Registergericht trägt nur das **Bestehen des geschlossenen Unternehmensvertrages als Tatsache** ein.

Der Geschäftswert bestimmt sich nach den §§ 105, 106 GNotKG mit 30.000 EUR.

Der Zustimmungsbeschluss zum Unternehmensvertrag wird im Gegensatz dazu als ein **Beschluss zu einer Vereinbarung** mit bestimmtem Geldwert behandelt. § 52 Abs. 3 S. 2 GNotKG wird für die Bewertung (§ 108 GNotKG) angewandt.

Addiert werden die Gewinne des Geschäftsjahres für die letzten zehn Jahre (falls ein Jahr Verluste und keine Gewinne ausweist, wird die Verlustsumme

11 BGH, Beschl. v. 18.10.2016 – II ZB 18/15.

wie eine Gewinnsumme behandelt). Alle Summen werden – **ohne Verrechnung** – addiert.

64 *Beispiel: Beurkundungsverfahren zur Anmeldung einer Auflösung/Liquidation*

Abberufung des Geschäftsführers und Neubestellung eines anderen Liquidators.

UVZ-Nr. (...)

Beurkundungsverfahren „*Registeranmeldung Auflösung/Liquidation, Abberufung Geschäftsführer und Bestellung Liquidator*".

Geschäftswert	§§ 105, 106, 35 Abs. 1 GNotKG	90.000,00 EUR
Beurkundungsverfahren Registeranmeldung	Nr. 21201 Nr. 5 KV GNotKG	123,00 EUR
XML-Strukturdaten – elektronischer Vollzug	Nr. 22114 KV GNotKG	49,20 EUR
Dokumentenpauschale, 5 Seiten	Nr. 32001 KV GNotKG	0,75 EUR
Dokumentenpauschale (Datei, 5 Scanseiten)	Nr. 32000 KV GNotKG	2,50 EUR
Auslagenpauschale Post- und Telekommunikation	Nr. 32005 KV GNotKG	20,00 EUR
Zwischensumme		*195,45 EUR*
Umsatzsteuer 19 %	Nr. 32014 KV GNotKG	37,14 EUR
Rechnungsbetrag		**232,59 EUR**

Hinweise:

Die Anmeldetatsachen „*Auflösung*", „*Abberufung Geschäftsführer*" und „*Neubestellung eines anderen Liquidators*" sind i.d.R. verschiedene Anmeldetatsachen (§ 86 Abs. 2 GNotKG); jede ist mit 30.000 EUR zu bewerten.

Nach einer Addition gem. § 35 Abs. 1 GNotKG ergibt sich der Geschäftswert (90.000 EUR).

Anders ist es, falls ausnahmsweise der gesetzlich „geborene Liquidator" in das Register eingetragen wird. Beim geborenen Liquidator ergibt sich sein Amt als Folge des Beschlusses der Auflösung. Der bisherige Geschäftsführer wird dann kraft GmbHG automatisch Liquidator. Es liegt eine notwendige Erklärungseinheit vor, sodass der Geschäftswert dann nur 30.000 EUR beträgt.[12]

12 BGH, Beschl. v. 18.10.2016 – V ZB 18/15.

Beispiel: Beurkundungsverfahren zur Anmeldung der Beendigung/Liquidation mit Erlöschen 65

UVZ-Nr. (…)

Beurkundungsverfahren „*Registeranmeldung Beendigung Liquidation mit Erlöschen der Firma*“.

Geschäftswert	§§ 105, 106 GNotKG	30.000,00 EUR
Beurkundungsverfahren Registeranmeldung	Nr. 21201 Nr. 5 KV GNotKG	62,50 EUR
XML-Strukturdaten – elektronischer Vollzug	Nr. 22114 KV GNotKG	25,00 EUR
Dokumentenpauschale, 5 Seiten	Nr. 32001 KV GNotKG	0,75 EUR
Dokumentenpauschale (Datei, 5 Scanseiten)	Nr. 32000 KV GNotKG	2,50 EUR
Auslagenpauschale Post- und Telekommunikation	Nr. 32005 KV GNotKG	20,00 EUR
Zwischensumme		*110,75 EUR*
Umsatzsteuer 19 %	Nr. 32014 KV GNotKG	21,04 EUR
Rechnungsbetrag		**131,79 EUR**

Hinweise:

Die Anmeldetatsache „*Beendigung der Liquidation*“ hat die Löschung der Firma zur Folge; es handelt sich um eine einzige spätere Anmeldungstatsache.

Sollte der Notar den Gläubigeraufruf für den Liquidator im Bundesanzeiger (elektronisch) veröffentlichen, liegt eine Betreuungstätigkeit vor und die **Betreuungsgebühr** nach Nr. 22200 Nr. 5 KV GNotKG ist anzusetzen.

Beispiel: Beurkundungsverfahren zur Neuanmeldung einer Aktiengesellschaft 66

Grundkapital 50.000 EUR + genehmigtes Kapital 25.000 EUR.

UVZ-Nr. (…)

Beurkundungsverfahren „*Registeranmeldung Anmeldung der AG mit Grundkapital 50.000 EUR und genehmigtem Kapital 25.000 EUR*“.

Geschäftswert	§§ 105, 106, 35 Abs. 1 GNotKG	75.000,00 EUR
Beurkundungsverfahren Registeranmeldung	Nr. 21201 Nr. 5 KV GNotKG	109,50 EUR
XML-Strukturdaten – elektronischer Vollzug	Nr. 22114 KV GNotKG	43,80 EUR
Dokumentenpauschale, 5 Seiten	Nr. 32001 KV GNotKG	0,75 EUR

Dokumentenpauschale (Datei, 5 Scanseiten)	Nr. 32000 KV GNotKG	2,50 EUR
Auslagenpauschale Post- und Telekommunikation	Nr. 32005 KV GNotKG	20,00 EUR
Zwischensumme		*176,55 EUR*
Umsatzsteuer 19 %	Nr. 32014 KV GNotKG	33,54 EUR
Rechnungsbetrag		**210,09 EUR**

Hinweise:

Geschäftswert der Registeranmeldung ist 75.000 EUR, denn das einzutragende Grundkapital (50.000 EUR) wird nach § 35 Abs. 1 GNotKG mit dem einzutragenden genehmigten Kapital (25.000 EUR) addiert.

67 *Beispiel: Beurkundungsverfahren zur Anmeldung einer Barkapitalerhöhung bei der AG*

Das Barkapital wird um 3.000.000 EUR erhöht.

UVZ-Nr. (...)

Beurkundungsverfahren „*Registeranmeldung Barkapitalerhöhung 3 Mio. EUR bei der AG*".

Geschäftswert	§§ 105, 106, 35 Abs. 1 GNotKG	1.000.000,00 EUR
Beurkundungsverfahren Registeranmeldung	Nr. 21201 Nr. 5 KV GNotKG	867,50 EUR
XML-Strukturdaten – elektronischer Vollzug	Nr. 22114 KV GNotKG	125,00 EUR
Dokumentenpauschale, 5 Seiten	Nr. 32001 KV GNotKG	0,75 EUR
Dokumentenpauschale (Datei, 5 Scanseiten)	Nr. 32000 KV GNotKG	2,50 EUR
Auslagenpauschale Post- und Telekommunikation	Nr. 32005 KV GNotKG	20,00 EUR
Zwischensumme		*1.015,75 EUR*
Umsatzsteuer 19 %	Nr. 32014 KV GNotKG	192,99 EUR
Rechnungsbetrag		**1.208,74 EUR**

Hinweis:

Der **Höchstwert** der Registeranmeldung ist nach § 106 GNotKG 1.000.000 EUR.

Beispiel: Beurkundungsverfahren zur Anmeldung der Auflösung mit Bestellung von zwei Abwicklern 68

Das Stammkapital beträgt 10.000.000 EUR.

UVZ-Nr. (…)

Beurkundungsverfahren „*Registeranmeldung Auflösung AG*“, Bestellung von zwei Abwickler (gekoren), Grundkapital der AG ist 10 Mio. EUR.

Geschäftswert	§§ 105, 106, 35 Abs. 1 GNotKG	300.000,00 EUR
Beurkundungsverfahren Registeranmeldung	Nr. 21201 Nr. 5 KV GNotKG	317,50 EUR
XML-Strukturdaten – elektronischer Vollzug	Nr. 22114 KV GNotKG	125,00 EUR
Dokumentenpauschale, 5 Seiten	Nr. 32001 KV GNotKG	0,75 EUR
Dokumentenpauschale (Datei, 5 Scanseiten)	Nr. 32000 KV GNotKG	2,50 EUR
Auslagenpauschale Post- und Telekommunikation	Nr. 32005 KV GNotKG	20,00 EUR
Zwischensumme		*465,75 EUR*
Umsatzsteuer 19 %	Nr. 32014 KV GNotKG	88,49 EUR
Rechnungsbetrag		**554,24 EUR**

Hinweise:

Die Anmeldung der Auflösung und die Anmeldung jedes Abwicklers sind jeweils verschiedene Anmeldegegenstände (§ 86 Abs. 2 GNotKG). Würden die Abwickler nach gesetzlichen Bestimmungen geboren, läge eine notwendige Erklärungseinheit vor.[13] Dann wäre nur die Auflösung abzurechnen.

Hier werden für die gekorenen Abwickler und den Auflösungstatbestand je 1 % vom Grundkapital (mind. 30.000 EUR) angesetzt.

Im Beispielsfall ergibt sich somit für jeden Anmeldetatbestand ein Betrag von 100.000 EUR. Die drei Werte (3 x 100.000 EUR) werden nach § 35 Abs. 1 GNotKG addiert: Es ergibt sich ein Geschäftswert i.H.v. 300.000 EUR.

13 BGH, Beschl. v. 18.10.2016 – II ZB 18/15.

5. § 10 GmbHG: Mehrere Anmeldungen sind verschiedene Anmeldetatsachen

69 Die konkreten Angaben, die bei Entstehung der GmbH **stets** in das Handelsregister **einzutragen sind**, ergeben sich aus § 10 GmbHG. In § 10 GmbHG bestimmt Abs. 1, dass anzugeben/einzutragen sind:

- die Firma der Gesellschaft,
- der Sitz der Gesellschaft,
- eine inländische Geschäftsanschrift,
- der Gegenstand des Unternehmens,
- die Höhe des Stammkapitals,
- der Tag des Abschlusses des Gesellschaftsvertrages,
- die Personen, die Geschäftsführer sind.

70 Ist der Antrag auf Eintragung der GmbH mit diesen Angaben in das Handelsregister erfolgreich, trägt der zuständige Richter[14] die gegründete Gesellschaft mit beschränkter Haftung in Abteilung B des Handelsregisters ein und zwar mit den vorstehenden stets anzugebenden Angaben.

Sollte im Gesellschaftsvertrag eine Bestimmung über die Zeitdauer, also eine Befristung bzw. ein Zeitpunkt, an dem die Gesellschaft automatisch in Auflösung fällt, enthalten sein, so ist auch diese Tatsache anzugeben und im Handelsregister einzutragen (§ 10 Abs. 2 GmbHG).

Zwingend in das Handelsregister einzutragen ist ein im Gesellschaftsvertrag enthaltenes **genehmigtes Kapital** (§ 10 GmbHG Abs. 2).

Der Gesellschaft steht es nach § 10 Abs. 2 S. 2 GmbHG frei, eine Person zur Eintragung in das Handelsregister anzumelden, die Willenserklärungen und Zustellungen in Empfang nehmen darf.[15]

71 **Mehrere Anmeldungen** zum Handelsregister sind zwingend nach § 111 GNotKG Nr. 3 **gegenstandsverschieden** im Verhältnis untereinander und im Verhältnis zu in derselben Urkunde niedergelegten Erklärungen und Beschlüssen.

Mehrere Änderungen in einem Gesellschaftsvertrag einer GmbH, die angemeldet und keinen bestimmten Geldwert haben, sind im Grundsatz **gegenstandsgleich**, denn sie können nicht anders, als eine einzige Änderung dieses Gesellschaftsvertrages behandelt werden. Gebührenrechtlich ist also z.B. die Anmeldung der Änderung des Geschäftsjahres und der Änderung einer Einziehungsregelung nur ein einheitlicher Vorgang, der nur einmal mit 1 % des Stammkapitals, mind. aber 30.000 EUR Geschäftswert berechnet wird.

14 § 17 Nr. 1a RPflG.

15 Müko-GmbHG/*Herrler*, 3. Aufl. 2018, § 10 Rn 2; *Elsing*, notar*büro* 2019, 23 ff.

Wenn allerdings solche Tatsachen, wie die vorgenannten in § 10 Abs. 1 GmbHG angemeldet werden, liegen aufgrund der ausdrücklichen Vorgabe des GmbH-Gesetzes konkrete **verschiedene Anmeldungen** vor, die **anzugeben und einzutragen** sind. 72

Hieraus folgt, dass anlässlich der Beurkundung von Satzungsänderungen die Registeranmeldung anders zu berechnen ist.

Beispiel

Der Notar beurkundet eine Gesellschafterversammlung mit Änderung des Gesellschaftsvertrages. Geändert werden: Die Firma der Gesellschaft und der Gegenstand des Unternehmens.

Die GmbH verfügt über ein Stammkapital i.H.v. 25.000 EUR.

Der Notar entwirft die Registeranmeldung, in der die Anmeldungen gem. § 10 Abs. 1 GmbHG zur Firmenänderung und zur Änderung des Gegenstandes des Unternehmens konkret anzugeben sind und eingetragen werden müssen.

Geschäftswertermittlung:

Geschäftswert der Gesellschafterversammlung (1 % des Stammkapitals und mind. 30.000,00 EUR)	§§ 97 Abs. 1, 108 Abs. 1 S. 2 GNotKG	30.000,00 EUR
Geschäftswert der Registeranmeldung		60.000,00 EUR

Hinweis:

Für jede Anmeldetatsache nach § 10 Abs. 1 GmbHG werden 30.000 EUR angesetzt, also 30.000 EUR für die Anmeldetatsache „*Firmenänderung*“ und 30.000 EUR für die Anmeldetatsache „*Gegenstand des Unternehmens*“

6. Vereinsregisteranmeldungen

Eine ausdrückliche Regelung zu Geschäftswerten für eine Vereinsregisteranmeldung ist dem GNotKG nicht zu entnehmen. Der Geschäftswert bestimmt sich daher gem. § 36 GNotKG. 73

Für Vereinsregisteranmeldungen, namentlich solche, die einen eingetragenen Verein (Idealverein) betreffen, dessen Zweck in der Hauptsache nicht auf Gewinnerzielung ausgerichtet ist, kann der Geschäftswert nach § 36 Abs. 2 GNotKG nach eigenem Ermessen unter Berücksichtigung der Umstände des Einzelfalles (also auch der Einkommensverhältnisse, Vermögensverhältnisse der Beteiligten) bestimmt werden, **höchstens mit 1.000.000 EUR**. Der Höchstwert ergibt sich aus § 36 Abs. 2 GNotKG und auch § 106 S. 1. und S. 2 GNotKG bestimmt, dass der Höchstwert von 1.000.000 EUR auch dann gilt, wenn mehrere Vereinsregisteranmeldungen in einem Beurkundungsverfahren zusammengefasst sind. 74

75 Für die Vielzahl von Vereinsregisteranmeldungen dürfte jedoch ein **Geschäftswert i.H.v. 5.000 EUR nach § 36 Abs. 3 GNotKG** angemessen sein, auch wenn Beschlüsse über Gegenstände ohne einen bestimmten Geldwert angemeldet werden.

76 Höhere Geschäftswerte sind aber möglich (siehe Teil V Rdn 8 [*Vereinsrecht*]).

IV. Reisekosten

77 Reisekosten sind in den Nr. 32006–32009 KV GNotKG geregelt. Unternimmt der Notar im Auftrag eines Beteiligten eine Geschäftsreise, um eine Amtshandlung vorzunehmen, außerhalb der Gemeinde, in der der Notar seinen Amtssitz oder seine Wohnung hat, liegt eine Geschäftsreise vor (vgl. Vorbem. 3.2 Abs. 2 KV GNotKG).

78 Zur Abgeltung von Reisekosten erhält der Notar bei der Benutzung eines Kraftfahrzeugs 0,42 EUR für jeden gefahrenen Kilometer nach Nr. 32006 KV GNotKG. Zwar werden durch diese Kilometerpauschale die Anschaffungs-, Unterhaltungs- und Betriebskosten sowie sonstige Kosten des Notars abgegolten, allerdings genügt dies wirtschaftlich betrachtet nicht.

79 Wenn der Notar allerdings andere Verkehrsmittel benutzt, kann er Kosten in der tatsächlichen Höhe geltend machen, wenn sie angemessen sind (Nr. 32007 KV GNotKG).

80 Sonstige Reisekosten, wie Parkgebühren oder Übernachtungsgebühren kann der Notar gem. Nr. 32009 KV GNotKG in voller Höhe geltend machen, wenn sie angemessen sind.

81 *Beispiel 1*

Der Notar Z aus Hamburg sucht seinen Mandanten mit dem Pkw in dessen Wohnung auf. Der Notar wird dort ein Testament beurkunden. Die Wohnung des Mandanten liegt 30 km von der Notarstelle entfernt, aber noch in Hamburg. Der Notar Z verlässt sein Büro um 10.00 Uhr und trifft nach Erledigung der Beurkundung um 14.00 Uhr wieder in seinem Notariat ein.

Berechnung der Reisekosten:

Weder die Fahrtkosten mit dem eigenen Pkw noch die Parkgebühren kann der Notar abrechnen, weil keine Geschäftsreise vorliegt, denn die Wohnung des Mandanten befindet sich innerhalb des Amtssitzes des Notars.

Der Notar kann nur die Auswärtsgebühr nach Nr. 26002 KV GNotKG oder Nr. 26003 KV GNotKG berechnen (siehe Teil Z Rdn 13 [*Zusatzgebühren, dort Auswärtsgebühr*]).

82 *Beispiel 2*

Der Notar Z aus München sucht seinen Mandanten mit dem Pkw in dessen Wohnung zur Testamentsbeurkundung auf. Die Wohnung des Mandanten befindet sich 25 km von der Notarstelle entfernt, in Kirchheim. Der Notar verlässt sein Notariat um 9.00 Uhr und kehrt nach Beurkundung um 13.00 Uhr wieder im Notariat ein. Der Notar hat Parkgebühren i.H.v. 12 EUR entrichtet.

Berechnung der Reisekosten:

Nr. 32006 KV GNotKG	Fahrtkosten 25 km hin + 25 km zurück = 50 km x 0,42 EUR	=	21,00 EUR
Nr. 32009 KV GNotKG	Parkgebühren (Sonstige Auslagen) in voller Höhe	=	12,00 EUR

Hinweise:

Weil die Reise nach außerhalb Münchens eine Geschäftsreise i.S.d. Vorbem. 3.2. Abs. 2 KV GNotKG ist, darf der Notar die Reisekosten abrechnen.

Neben der Auswärtsgebühr nach Nr. 26002 KV GNotKG oder Nr. 26003 KV GNotKG wird kein Tage- und Abwesenheitsentgelt erhoben (Anm. Nr. 32008 KV GNotKG). Ein solches Tage- und Abwesenheitsentgelt kann nur erhoben werden, wenn eine Zusatzgebühr nicht erhoben werden kann, z.B. wenn der Notar zur Vorbesprechung den Mandanten aufsucht und später im Notariat eine Beurkundung erledigt wird.

S.

I. Schenkungsverträge

Vereinbarungen, die unentgeltliche Zuwendungen enthalten, kommen in der notariellen Praxis häufig vor, teilweise als reine Schenkungsverträge, teilweise als Vereinbarungen mit Gegenleistungen und unentgeltlichen Zuwendungen. Meistens gilt es, Vereinbarungen zu entwerfen und zu beurkunden, bei denen Eltern ihrem Kind oder ein Ehegatte dem anderen Ehegatten eine Immobilie schenkweise überträgt. 1

Für den **Geschäftswert** des Schenkungsvertrages über eine Immobilie ist der **Verkehrswert** der Immobilie nach § 46 GNotKG maßgeblich.

Der Verkehrswert ist der Wert, der gewöhnlich im Geschäftsverkehr am Markt für die Immobilie erzielt werden kann, dem Grunde nach also der marktüblich erzielbare Kaufpreis, den nicht miteinander verwandte Personen vereinbaren

Das notarielle Beurkundungsverfahren „Schenkungsvertrag“ löst die 2,0-Gebühr gem. Nr. 21100 KV GNotKG aus. 2

Soweit zur Durchführung des Schenkungsvertrages ein gebührenpflichtiger **Vollzug** stattfindet, ist die dafür im GNotKG geregelte **Vollzugsgebühr** anzusetzen, die im Grundsatz nur einmal anfällt (§§ 93 Abs. 1 S. 1, 86 GNotKG). 3

Die **Vollzugsgebühren** sind katalogisiert und **abschließend geregelt**. Zu den Vollzugsgebühren zählt bereits das Einholen einer Unterlage, so der

- Genehmigung nach dem **Grundstücksverkehrsgesetz** (behördliche Genehmigung, Vorbem. 2.2.1.1 Abs. 1 S. 2 Nr. 1 KV GNotKG),
- Genehmigung nach der **Grundstücksverkehrsordnung** (behördliche Genehmigung, Vorbem. 2.2.1.1 Abs. 1 S. 2 Nr. 1 KV GNotKG),
- **sanierungsrechtlichen Genehmigung** (behördliche Genehmigung, Vorbem. 2.2.1.1 Abs. 1 S. 2 Nr. 1 KV GNotKG),
- Entscheidung über die Erteilung der **familienrechtlichen Genehmigung** (Vorbem. 2.2.1.1 Abs. 1 S. 2 Nr. 4 KV GNotKG),
- **privatrechtliche Zustimmungserklärung** oder privatrechtliche **Vollmachtsbestätigung** (Vorbem. 2.2.1.1 Abs. 1 S. 2 Nr. 5 KV GNotKG),
- **Schuldübernahmegenehmigung** oder **Schuldhaftentlassungserklärung** (Vorbem. 2.2.1.1 Abs. 1 S. 2 Nr. 8 KV GNotKG),
- **Löschungsbewilligung** und/oder Grundpfandrechtsbrief für im Grundbuch eingetragene abzulösende oder umzuschuldende Rechte (Vorbem. 2.2.1.1 Abs. 1 S. 2 Nr. 9 KV GNotKG).

Beispiel

M ist seit 50 Jahren Eigentümer der im Osten der Bundesrepublik liegenden Immobilie, die er seiner Tochter J schenkt. M hat weitere Immobilien, sodass für die von der Schenkung betroffenen Immobilie keinerlei Gegenleistung vereinbart wird.

Die Immobilie, die aufgelassen wird, hat einen Verkehrswert i.H.v. 300.000 EUR.

Der Notar holt auftragsgemäß die Genehmigung nach der Grundstücksverkehrsordnung (GVO) ein.

Abrechnung:

Nr. 21100 KV GNotKG Beurkundungsverfahren Schenkungsvertrag	300.000 EUR (§ 46 Abs. 1 GNotKG)	=	1.270 EUR
Nr. 22112 KV GNotKG Vollzugsgebühr	300.000 EUR	=	50 EUR

Hinweise:

Der Geschäftswert ist der Verkehrswert der geschenkten Immobilie (§ 46 Abs. 1 GNotKG).

Für das Einholen der GVO-Genehmigung fällt die 0,5-Gebühr nach Nr. 22110 ff. KV GNotKG an.

Die Vollzugsgebühr ist durch Nr. 22112 GNotKG jedoch auf 50 EUR beschränkt, weil es sich bei der eingeholten GVO-Genehmigung um eine behördliche Genehmigung handelt.

4 Bei **gemischten Schenkungen** erhält der Schenker im Gegenzug für die von ihm zu übereignende Immobilie einen teilweisen Ausgleich. Wenn der Ausgleichswert wie üblich unter dem Wert der Immobilie liegt, wird als Geschäftswert der **höhere Wert** der überlassenen Immobilie, also der Verkehrswert nach § 46 Abs. 1 GNotKG, angesetzt.

5 Bei den **Schenkungs- oder Überlassungsverträgen** (Übergabeverträgen), die als gemischte Schenkungen einzuordnen sind, kommen häufig vereinbarte Teilgegenleistungen vor:

- **Vorbehalten eines Nießbrauchs** für den Veräußerer,
- Zuwenden eines Nießbrauchs für den Ehegatten des Veräußerers,
- Wohnungsrecht für den Veräußerer und seinen Ehegatten.

(Zur Bewertung von Dienstbarkeiten siehe Teil D Rdn 1 ff. [*Dienstbarkeiten*]).

6 Erfolgt eine gemischte Schenkung mit Vereinbarung eines Teilkaufpreises als Gegenleistung und überwacht der Notar auftragsgemäß die Auflassung, die er erst nach Bestätigung des Erhalts der überwiesenen Gegenleistung zum Grundbuchamt einreicht werden darf, so ist die Betreuungsgebühr gem. Nr. 22200 KV GNotKG zum Ansatz zu bringen.

Denselben Gegenstand i.S.v. § 109 GNotKG hat der Schenkungsvertrag (Überlassungsvertrag/Übergabevertrag) mit 7

- einer Erklärung der Zustimmung eines Ehegatten gem. § 1365 BGB zu der Veräußerung des anderen Ehegatten,
- einer Vollmacht des Erwerbers auf den Veräußerer zur Belastung oder Revalutierung der betr. Immobilie,
- Vormerkungen zur Sicherung begründeter Pflichten, die gegenüber dem Veräußerer vereinbart werden,
- Zwangsvollstreckungsunterwerfungen des Erwerbers gegenüber dem Veräußerer zur Absicherung der vereinbarten Gegenleistungen, die der Erwerber zu leisten hat.

Verschiedene Beurkundungsgegenstände liegen in jedem Fall, wenn Kettenschenkungen beurkundet werden. Zur Optimierung der Ausnutzung der Freibeträge zur Schenkungsteuer wird ein Ehegatte zunächst einen Anteil an der Immobilie seinem Ehegatten schenken. In einer späteren weiteren Schenkungsurkunde verschenken dann beide Ehegatten einem Kind die Immobilie. 8

Verschiedene Gegenstände hat der Schenkungsvertrag (Überlassungsvertrag/Übergabevertrag) auch zu folgenden Vereinbarungen: 9

- Schuldanerkennung mit Zwangsvollstreckungsunterwerfung des Erwerbers gegenüber dem Gläubiger, der auf der betr. Immobilie dinglich gesichert ist und wenn das Grundpfandrecht nicht valutiert,
- Schuldübernahme mit Zwangsvollstreckungsunterwerfung des Erwerbers gegenüber dem Gläubiger bei noch valutierendem Grundpfandrecht,
- die Gründung einer Personengesellschaft der Erwerber, z.B. einer eGbR.

Beispiel 10

M überlässt I eine Immobilie. Auf der Immobilie ist ein Grundpfandrecht i.H.v. 200.000 EUR eingetragen. Das Darlehen, das dem Grundpfandrecht zugrunde lag, ist bereits getilgt. Um den Altbau auf der Immobilie zu beseitigen und um auf der überlassenen Immobilie ein neues Haus errichten zu lassen, benötigt der Erwerber ein Darlehen einer Gläubigerin. Für diese Zwecke erkennt der Erwerber gegenüber der Gläubigerin an, ihr 200.000 EUR zu schulden. Die persönliche und dingliche Zwangsvollstreckungsunterwerfung wird erklärt. Der Verkehrswert der überlassenen Immobilie beträgt 500.000 EUR.

Abrechnung:

Der Verkehrswert der Immobilie, § 46 GNotKG, i.H.v. 500.000 EUR bildet den Geschäftswert für die anzusetzende 2,0-Gebühr des Überlassungsvertrages.

Der Wert des Schuldanerkenntnisses mit der Zwangsvollstreckungsunterwerfung für die anzusetzende 1,0-Gebühr des Schuldanerkenntnisses richtet sich nach dem Forderungsbetrag i.H.v. 200.000 EUR, § 97 GNotKG.

Beurkundungsverfahren (§§ 86 Abs. 2, 94 Abs. 1 GNotKG): Für die Überlassung §§ 97 Abs. 1, 46 Abs. 1 GNotKG und für das Schuldanerkenntnis § 97 Abs. 1 GNotKG.

II. Schiffsregisteranmeldung

11 Geschäftswert ist der Verkehrswert des Schiffs (§ 46 GNotKG).

Es entsteht die 0,5-Gebühr nach Nr. 24102 KV GNotKG für den isolierten Entwurf einer Schiffsregisteranmeldung (außerhalb des Beurkundungsverfahrens).

Für das Beurkundungsverfahren der Schiffsregisteranmeldung inkl. Entwurf der Registeranmeldung entsteht die 0,5-Gebühr gem. Nr. 21201 Nr. 4. KV GNotKG.

Schiffsregisteranmeldungen unterliegen **nicht dem Höchstwert** nach § 106 GNotKG,[1] deshalb gilt für sie der **allgemeine Höchstwert von 60 Mio. EUR** (§ 35 Abs. 2 GNotKG).

12 *Beispiel*

Der Notar entwirft und beglaubigt eine Schiffsregisteranmeldung. Das betroffene Schiff hat einen Verkehrswert i.H.v. 3.000.000 EUR.

Geschäftswert: 3.000.000 EUR, §§ 119 Abs. 1, 97 Abs. 1, 46 Abs. 1 GNotKG.

Anzusetzen ist die 0,5-Gebühr gem. Nr. 24102, 21202 Nr. 5 GNotKG (= 2.467,50 EUR).

III. Schuldanerkenntnis

13 Der Geschäftswert eines isoliert erklärten Schuldanerkenntnisses bestimmt sich nach § 53 Abs. 2 GNotKG und somit nach dem Betrag der Forderung.

14 Die Beurkundung eines isolierten abstrakten Schuldanerkenntnisses löst die 1,0-Gebühr nach Nr. 21200 KV GNotKG aus.

15 Wird zugleich eine Zwangsvollstreckungserklärung mit beurkundet, hat diese **denselben Beurkundungsgegenstand** i.S.v. § 109 Abs. 1 GNotKG zum Gegenstand des Schuldanerkenntnisses, weil die Rechtsverhältnisse zueinander im **Abhängigkeitsverhältnis** stehen.

Der Geschäftswert bestimmt sich gem. § 53 Abs. 1 GNotKG nach dem geschuldeten Betrag.

1 Leipziger Kostenspiegel, Teil 26 Rn 8.

Praxistipp:

Meistens ist es sinnvoll, dass der Notar sein Tätigwerden davon abhängig macht, ob der Kostenschuldner, der das Schuldanerkenntnis abgeben will (muss), einen Kostenvorschuss vor der Fertigung des Entwurfes leistet. Andernfalls ist die Gefahr, dass die Gebühren nicht ausgeglichen werden, hoch. Dem Kostenschuldner könnte die nötige Solvenz für die Begleichung der Gebühren fehlen.

Eine andere Möglichkeit des Notars in der Praxis ist, die Übersendung der vollstreckbaren Ausfertigung an die Gläubigerin davon abhängig zu machen, ob die Notargebühren ausgeglichen werden.

Der Notar kann sich mit diesen Vorgehensweisen Zahlungserinnerungen, Mahnungen, Zustellung der vollstreckbaren Ausfertigung der Kostenrechnung und ggf. ergebnislose Vollstreckung der angefallenen Gebühren sparen.

T.

Teilungserklärung

1. Aufteilung in Wohnungs- und/oder Teileigentum

Soweit die Aufteilung eines Grundstücks in Wohnungs- und/oder Teileigentum **vertraglich** nach **§§ 3 und 4 WEG** geschieht, entsteht für die Beurkundung der Teilungserklärung die 2,0-Gebühr gem. Nr. 21100 KV GNotKG. 1

Erfolgt die Aufteilung durch **einseitige Erklärung** des Eigentümers gem. **§ 8 WEG**, entsteht die 1,0-Gebühr gem. Nr. 21200 KV GNotKG. 2

Denkbar wäre zwar die Erklärung der Aufteilung lediglich durch den Eigentümerantrag, falls die Aufteilung nur **formelle Grundbucherklärungen** enthielte. Dann würde lediglich eine 0,5-Gebühr gem. Nr. 21201 Nr. 4 KV GNotKG anfallen. 3

Praktisch kommt dieses Prozedere jedoch nicht vor, weil es der Bewilligung dann an der Regelung der Gemeinschaftsordnung mangeln würde.

Enthält die **Teilungserklärung** eine **Gemeinschaftsordnung**, löst das bereits die Festlegung der 1,0-Gebühr gem. Nr. 21200 KV GNotKG aus.

Erledigt der Notar zum **grundbuchlichen Vollzug**, gleichgültig, ob vor oder nach der Beurkundung, die Einholung einer oder mehrerer der nachfolgenden Unterlagen 4

- Abgeschlossenheitsbescheinigung,
- Pläne zur Aufteilung,
- behördliche Genehmigung, z.B. die sanierungsrechtliche Genehmigung nach § 144 BauGB oder ein landesrechtliches Vorkaufsrecht,

entsteht eine **Vollzugsgebühr**.

Diese Vollzugsgebühr beträgt grundsätzlich:

- 0,5 nach Nr. 22110 KV GNotKG, wenn es sich um eine vertragliche Aufteilung gem. §§ 3, 4 WEG handelt und
- nur 0,3 nach Nr. 22111 KV GNotKG, wenn es sich um eine einseitige Aufteilung nach § 8 WEG handelt.

Die Vollzugsgebühr berechnet sich jeweils auf den vollen Wert des Beurkundungsverfahrens (§ 112 GNotKG). 5

Beschränkt sich die Vollzugstätigkeit des Notars darauf, Pläne für die Aufteilung oder die Abgeschlossenheitsbescheinigung oder eine **behördliche Genehmigung** anzufordern, ist die Vollzugsgebühr für **jede Einholung auf 50 EUR beschränkt** (Nr. 22112 KV GNotKG). 6

Nimmt der Notar neben den Einholungen jedoch auch **Einzeichnungen** von Ziffern in die Pläne vor, ist die Vollzugsgebühr **nicht auf 50 EUR begrenzt**, sondern entsteht auf den vollen Wert des Beurkundungsverfahrens nach § 112 GNotKG. 7

8 Die Einräumung eines **gegenseitigen Vorkaufsrechts** an neu gebildeten Wohnungs- und/oder Teileigentumseinheiten ist ein Austauschvertrag nach § 97 Abs. 3 GNotKG. Es wird nur ein Vorkaufsrecht berechnet, bei unterschiedlich hohen Werten wird der höhere Wert angesetzt.

Die Beurkundung eines gegenseitigen Vorkaufsrechts hat einen von der Teilungserklärung unterschiedlichen Beurkundungsgegenstand (§ 86 Abs. 2 GNotKG).

9 Der **Geschäftswert** einer Aufteilung in Wohnungs- und/oder Teileigentum bestimmt sich nach dem **vollen Grundstückswert** gem. §§ 42 Abs. 1, 46 Abs. 2, 3 GNotKG. Die **Baukosten** sind **hinzuzurechnen** (§ 42 Abs. 1 S. 2 GNotKG); maßgeblicher Zeitpunkt ist der für die Beabsichtigung der Bauwerkserrichtung.

10 *Beispiel 1*

Die Eigentümerin F-GmbH, Hamburg, teilt gem. § 8 WEG ihr unbebautes Grundstück (Verkehrswert 300.000 EUR) in 20 Wohneinheiten auf.

Die Kosten der beabsichtigten Baumaßnahmen sind dem Notar mit 1.200.000 EUR angegeben. Der Notar erledigt keine Betreuungs- oder Vollzugstätigkeiten.

Abrechnung:

Geschäftswert	300.000 EUR für das Grundstück (§ 42 Abs. 1, § 46 Abs. 2, 3 GNotKG) + 1.200.000 EUR für die Baukosten (§ 42 Abs. 1 S. 2 GNotKG)	=	1.500.000 EUR
1,0-Gebühr	gem. Nr. 21200 KV GNotKG	=	2.535 EUR

11 *Beispiel 2*

Der Eigentümer F teilt gem. § 8 WEG sein unbebautes Grundstück (Verkehrswert 300.000 EUR) in 20 Wohneinheiten auf.

Die Kosten der beabsichtigten Baumaßnahmen sind dem Notar mit 1.200.000 EUR angegeben. Der Notar fordert lediglich Pläne zur Aufteilung an. Weitere Vollzugstätigkeiten erledigt der Notar nicht, auch keine Betreuungstätigkeiten.

Abrechnung:

Geschäftswert	300.000 EUR für das Grundstück (§§ 42 Abs. 1, § 46 Abs. 2, 3, 112 GNotKG) + 1.200.000 EUR für die Baukosten (§ 42 Abs. 1 S. 2 GNotKG)	=	1.500.000 EUR
1,0-Gebühr	gem. Nr. 21200 KV GNotKG (Beurkundungsverfahren)	=	2.535 EUR

0,3-Gebühr	gem. Nr. 22111 KV GNotKG (Vollzugsgebühr), (höchstens aber 50 EUR gem. Nr. 22112 KV GNotKG)	=	50 EUR

Beispiel 3 12

Die Eigentümer F und H teilen gem. §§ 3, 4 WEG ein bebautes Grundstück (Verkehrswert 500.000 EUR) in zwei Wohneinheiten auf.

Der Notar fordert Pläne zur Aufteilung an und nimmt anschließend die Einzeichnungen von Ziffern in die Pläne vor.

Weitere Vollzugstätigkeiten erledigt der Notar nicht, auch keine Betreuungstätigkeiten.

Abrechnung:

Geschäftswert	für das bebaute Grundstück (§ 42 Abs. 1, § 46 Abs. 2, 3 GNotKG, für die Vollzugsgebühr § 112 GNotKG)	=	500.000,00 EUR
1,0-Gebühr	Nr. 21200 KV GNotKG (Beurkundungsverfahren)	=	1.870,00 EUR
0,3-Gebühr	Nr. 22110, 22111 KV GNotKG (Vollzug)	=	467,50 EUR

(Vollzugsgebühr Vorbem. 2.2.1.1 Abs. 1 Nr. 11 KV GNotKG).

2. Aufhebung von Wohnungs- und/oder Teileigentum

§ 42 GNotKG ist auch bei der **Aufhebung von Wohnungs- und/oder Teileigentum** zu beachten. Als Geschäftswert ist der Verkehrswert des Grundstücks mit dem Bauwerk im Zeitpunkt der Aufhebungsvereinbarung anzusetzen (§ 96 GNotKG). 13

Sollte zum Zeitpunkt der Aufhebungsvereinbarung das Bauwerk noch nicht errichtet sein, ist der Wert des Bauwerks gem. § 42 Abs. 1 S. 2 GNotKG hinzuzurechnen.

Soweit die Aufhebung durch eine Vereinbarung (vertraglich) geschieht, fällt die 1,0-Gebühr nach Nr. 21102 KV GNotKG an. 14

Wenn dagegen die Aufteilung nach § 8 WEG durch den Alleineigentümer erfolgte und dieser allein nun die Aufhebung erklärt, fällt nur die 0,5-Gebühr gem. **Nr. 21201 KV GNotKG** an. 15

Stehen sämtliche Wohn- und Teileigentumsrechte im Eigentum eines Eigentümers, so fällt bei der Aufhebung des Wohnungs- und Teileigentums ebenfalls nur die 0,5-Gebühr nach Nr. 21201 KV GNotKG an. 16

3. Vollzugsgebühren für Vollzugstätigkeiten bei der Veräußerung von Wohnungs- und/oder Teileigentum

17 Holt der Notar eine **Verwalterzustimmung** (Verwaltergenehmigung) zur Veräußerung des Wohnungs- und/oder Teileigentumsrechts ein, erhält er die 0,5-Gebühr gem. Vorbem. 2.2.1.1 Abs. 1 S. 2 Nr. 5 Nr. 22110 KV GNotKG.

18 Holt der Notar eine **sanierungsrechtliche Genehmigung** zur Veräußerung des Wohnungs- und/oder Teileigentums ein, fällt die 0,5-Gebühr gem. Vorbem. 2.2.1.1 Abs. 1 S. 2 Nr. 1 Nr. 22110 KV GNotKG i.V.m. Nr. 22112 KV GNotKG – max. 50 EUR – an.

U.

I. Überlassungsverträge

Wird eine Immobilie nicht verkauft oder (voll) verschenkt, sondern im Austausch (auch) gegen vom Erwerber zu erbringende Gegenleistungen überlassen, liegt ein Austauschvertrag gem. § 97 Abs. 3 GNotKG vor. Die **höhere** der vom Veräußerer oder Erwerber zu erbringende Leistung ist als Geschäftswert anzusetzen. 1

Als Gegenleistung für eine Immobilie kommen insbesondere in Betracht: 2

- Wohnrecht, Wohnungsrecht oder Nießbrauchrecht (Jahreswert, multipliziert gem. § 52 Abs. 4 GNotKG),
- Veräußerungsverbot und Belastungsverbot (10 % vom Verkehrswert gem. § 50 Abs. 1 GNotKG),
- Pflichtteilsverzicht (Quote des Pflichtteils des Erwerbers ist maßgebend – § 102 Abs. 4 GNotKG und der Ausgangswert nach § 102 Abs. 1 GNotKG ist zu ermitteln),
- Schuldübernahme (Valuta der Schuld ist maßgebend, § 97 Abs. 1 GNotKG),
- Zahlung eines Geldbetrages, oft deutlich unter der Höhe des Verkehrswerts der veräußerten Immobilie.

Beispiel 3

Z, 70 Jahre alt, überlässt dem Erwerber sein Grundstück.

Das Grundstück hat einen Verkehrswert, § 46 GNotKG, i.H.v. 500.000 EUR.

Z behält sich ein Nießbrauchrecht am gesamten Grundstück vor.

Der Jahreswert des Nießbrauchrechts beträgt 12.000 EUR.

Abrechnung:

Die überlassene Immobilie und der vorbehaltene Nießbrauch stehen im Austauschverhältnis nach § 97 Abs. 3 GNotKG.

Der Geschäftswert des Nießbrauchrechts beträgt 120.000 EUR (Jahreswert 12.000 EUR nach § 54 Abs. 4 GNotKG multipliziert mit 10) und ist niedriger als der Verkehrswert der Immobilie gem. § 46 GNotKG. Der höhere Wert ist maßgebend und somit Geschäftswert.

Es entsteht die 2,0-Gebühr gem. Nr. 21100 KV GNotKG, Wert 500.000 EUR = 1.870 EUR.

Hinsichtlich der Vollzugsgebühren siehe Teil V Rdn 46 ff. (*Vollzugsgebühren*). Siehe im Übrigen auch bei Teil S Rdn 3 (*Schenkungsverträge*). 4

II. Umschreibung der Vollstreckungsklausel

5 Wird der Notar gebeten, für einen Grundschuldgläubiger eine vollstreckbare Ausfertigung einer Grundschuldbestellung umzuschreiben, prüft der Notar, ob die Tatsachen bzw. die Rechtsnachfolge für die Umschreibung der Vollstreckungsklausel ordnungsgemäß gegeben sind.

Gleichgültig, ob der Notar die Umschreibung der Vollstreckungsklausel nach seiner amtlichen Prüfung im Ergebnis **ablehnt** oder ob das Endergebnis die Erteilung der umgeschriebenen Klausel zur Folge hat, für das **Prüfverfahren „Umschreibung der Vollstreckungsklausel"** fällt die 0,5-Gebühr gem. **Nr. 23803 KV GNotKG** an. Fehlen dem Notar zur ordnungsgemäßen Beurteilung noch Unterlagen, fordert er diese von dem Antragsteller (Grundschuldgläubiger) an.

6 Mit einer Ablehnung der Umschreibung der Vollstreckungsklausel ist das Verfahren abgeschlossen. Kommt es nach einer Ablehnung des Notars zu einem **neuen** Prüfverfahren zur „Umschreibung der Vollstreckungsklausel" mit der Vorlage anderer oder weiterer Unterlagen, so liegt darin ein **neues Umschreibungsklauselverfahren** vor, dass wiederum mit der Gebühr Nr. 23803 KV GNotKG abzugelten ist.

7 Der Geschäftswert bestimmt sich gem. § 118 GNotKG nach den Ansprüchen, die der Gegenstand der Vollstreckbarkeitserklärung sind.

8 *Beispiel*

Die A-Bank übersendet dem Notar die vollstreckbare Ausfertigung der vom Notar seinerzeit beurkundeten Brief-Grundschuldbestellungsurkunde über 200.000 EUR zu. Die A-Bank bittet den Notar, die Vollstreckungsklausel, die noch zugunsten der B-Sparkasse ausgestellt ist, auf die A-Bank umzuschreiben.

Als Nachweis der Rechtstatsachen sind der Bitte der A-Bank eine öffentlich beglaubigte Abtretungserklärung sowie der Grundschuldbrief beigelegt.

Der Notar prüft die eingetretenen Tatsachen (Urkunden) und sendet der A-Bank im Anschluss die vollstreckbare Ausfertigung mit der neu erteilten/umgeschriebenen Vollstreckungsklausel zu.

Abrechnung:

Geschäftswert	§ 118 GNotKG	=	200.000,00 EUR
0,5-Gebühr	Nr. 23803 KV GNotKG Umschreibung Vollstreckungsklausel	=	217,50 EUR
Dokumentenpauschale (10 Seiten s/w)	Nr. 32000 KV GNotKG	=	5,00 EUR
Auslagenpauschale Post und Telefon	Nr. 32004 KV GNotKG	=	4,30 EUR

III. Umwandlungen

1. Allgemein

Umwandlungen i.S.d. Umwandlungsgesetzes können erfolgen durch 9

- die Abspaltung,
- die Aufspaltung,
- die Ausgliederung,
- den Formwechsel,
- die Spaltung,
- die Vermögensübertragung und
- die Verschmelzung.

Bei der **Abspaltung** wird ein **Vermögensteil** des übertragenden Rechtsträgers auf einen anderen Rechtsträger übertragen. 10

Bei der **Aufspaltung** wird das **gesamte Vermögen** des übertragenden Rechtsträgers, der damit ohne Abwicklung beendet wird, aufgespalten und auf mehrere Rechtsträger übertragen. 11

Bei der **Ausgliederung** wird ein Vermögensteil als Ganzes aus dem Vermögen des übertragenden Rechtsträger ausgegliedert und auf einen anderen Rechtsträger übertragen. 12

Bei der **Verschmelzung** wird ein übertragender Rechtsträger auf einen anderen, aufnehmenden Rechtsträger verschmolzen. 13

2. Gebühr

Abspaltung, Aufspaltung und **Ausgliederung** durch **Neugründung** werden mit einer 1,0-Gebühr gem. Nr. 21200 KV GNotKG berechnet. 14

Wird eine **Abspaltung, Aufspaltung** oder **Ausgliederung** auf einen bestehenden Rechtsträger vereinbart, liegt ein Vertrag vor, der die **2,0-Gebühr** gem. Nr. 21100 KV GNotKG auslöst. 15

Vermögensübertragungen, Verschmelzungen und **Formwechselbeschlüsse** lösen jeweils die 2,0-Gebühr gem. Nr. 21100 KV GNotKG aus. 16

3. Geschäftswert

Der Geschäftswert eines Formwechsels wird durch § 108 Abs. 3 GNotKG bestimmt. Geschäftswert ist somit der Wert des Vermögens des formwechselnden Rechtsträgers. 17

Grundlage einer Verschmelzung, Spaltung oder eines Formwechsels ist die zugrunde gelegte **Bilanz**. 18

Schulden und/oder **Rückstellungen** werden **nicht abgezogen**.

Grundstücke werden mit ihrem Verkehrswert berücksichtigt, § 46 GNotKG. Auch Unternehmensbeteiligungen werden mit dem Verkehrswert, § 46 GNotKG, angesetzt. Dabei wird jeweils der **Buchwert aus der Bilanz herausgerechnet** und **durch den Verkehrswert ersetzt**. Dadurch erhöht sich folglich regelmäßig der Geschäftswert.

Ein **nicht gedeckter Fehlbetrag** auf der Aktivseite der Bilanz ist keine Vermögensposition, sodass der nicht gedeckte Fehlbetrag **vom Geschäftswert abzuziehen** ist.

19 Der Geschäftswert für **Beschlüsse nach dem Umwandlungsgesetz** wird nach § 108 Abs. 3 GNotKG bestimmt. Geschäftswert ist somit **der Wert des übertragenden Vermögens** oder des formwechselnden Rechtsträgers.

Bei Abspaltung, Aufspaltung oder Ausgliederung ist der **Wert des übertragenden Vermögens** ohne Schuldenabzug nach § 38 GNotKG maßgebend.

20 Die Urkunde der Verschmelzungsvereinbarung enthält oft bereits auch die Gesellschafterversammlung mit den **Beschlussfassungen** der **übertragenden** und auch die der **übernehmenden Rechtsträger**.

Diese Beschlüsse haben dann **denselben Beurkundungsgegenstand**, § 109 Abs. 2 S. 1 Nr. 4 lit g) GNotKG. Zum Verschmelzungs- oder Spaltungsvertrag haben die Beschlüsse jedoch einen **verschiedenen Gegenstand** nach § 110 Nr. 1 GNotKG.

21 Erfolgt beim übernehmenden Rechtsträger **zugleich eine Kapitalerhöhung**, hat der Kapitalerhöhungsbeschluss **nicht denselben Gegenstand** wie der Beschluss über die Zustimmung. Der Nominalbetrag der Kapitalerhöhung ist dann hinzuzurechnen.

22 Der **Höchstwert** jeder Verschmelzung liegt bei 10.000.000 EUR (§ 107 Abs. 1 S. 1 GNotKG).

23 *Beispiel: Verschmelzung zweier GmbHs*

Verschmelzung einer GmbH im Wege der Aufnahme einer anderen GmbH.

Die übertragende Gesellschaft hat ein Stammkapital i.H.v. 25.000 EUR.

Auch die übernehmende Gesellschaft hat ein Stammkapital i.H.v. 25.000 EUR.

Als Gegenleistung erhalten die Gesellschafter A und B der übertragenden GmbH jeweils einen Geschäftsanteil i.H.v. 1.000 EUR an der aufnehmenden GmbH, die ihr Stammkapital zu diesem Zweck um 2.000 EUR erhöht.

Das Aktivvermögen der übertragenden Gesellschafter beträgt 11.000.000 EUR nach der Bilanz. Abzugsposten und Grundeigentum sind in der Bilanz nicht ausgewiesen.

Die Gesellschafterversammlungen der übernehmenden und übertragenden Gesellschaft sind in der Urkunde über die Verschmelzung mit enthalten.

Die Gesellschafter erklären den Verzicht auf Klageerhebung nach dem UmwG ebenfalls in der Urkunde.

Der Notar fertigt den Entwurf der Gesellschafterliste und nimmt die Bescheinigung gem. § 40 Abs. 2 GmbHG vor, unverzüglich nach Wirksamkeit der Verschmelzung.

Abrechnung:

Geschäftswert berechnet gem. §§ 97 Abs. 1 und 3, 38 GNotKG nach dem Aktivvermögen laut Bilanz ohne Schuldenabzug.

Der Höchstwert gem. § 107 Abs. 1 GNotKG ist einschlägig und der Geschäftswert des Verschmelzungsvertrages beträgt somit **10.000.000 EUR**.

Die Beschlüsse zur Zustimmung des Verschmelzungsvertrages sind Beschlüsse mit bestimmtem Geldwert.

Nach § 108 Abs. 2 GNotKG wird derselbe Wert wie für den Verschmelzungsertrag angenommen, außerdem der Wert der Kapitalerhöhung. Der so ermittelte Wert liegt mit 10.000.000 EUR über dem zulässigen Höchstwert für Beschlüsse nach § 108 Abs. 5 GNotKG. **Geschäftswert aller Beschlüsse = 5.000.000 EUR**.

Alle Werte des Beurkundungsverfahrens sind zusammenzurechnen (§ 35 GNotKG), sodass sich ein gesamter Wert von **15.000.000 EUR** ergibt.

Gebühr Nr. 21100 KV GNotKG Beurkundungsverfahren	15.000.000 EUR	=	28.770,00 EUR
Gebühr Nr. 22110 KV GNotKG Vollzug	15.000.000 EUR	=	250,00 EUR
Gebühr Nr. 22200 KV GNotKG Betreuung	15.000.000 EUR	=	7.192,00 EUR

Hinweise:

Die Erstellung der Gesellschafterliste dient dem Vollzug des Verschmelzungsvertrages.

Es gilt der Verfahrenswert der Verschmelzungsurkunde, wobei die Höchstgebühr von 250 EUR zu beachten ist.

Die Wirksamkeitsbescheinigung auf der aktualisierten Gesellschafterliste nach § 40 Abs. 2 GmbHG ist durch den Notar erst bei Wirksamkeit der Verschmelzung vorzunehmen; sie löst die Betreuungsgebühr nach Nr. 22200 KV GNotKG aus, da der Notar die Gründe der Wirksamkeit auch außerhalb seiner Urkunde prüft.

Die **Ausgliederung** des von einem Einzelkaufmann betriebenen **einzelkaufmännischen Unternehmens** kann mit allen Aktiva und Passiva auf eine neu errichtete GmbH oder auf eine bestehende GmbH erfolgen. 24

Treffen dabei Beschlüsse auf rechtsgeschäftliche Erklärungen, so haben die Beschlüsse gem. § 110 Nr. 1 GNotKG stets einen **verschiedenen Gegenstand**, auch dann, wenn sie in derselben Urkunde protokolliert werden, unabhängig davon, ob zwischen den Erklärungen und den Beschlüssen ein Abhängigkeitsverhältnis nach § 109 Abs. 1 GNotKG vorliegt.

25 Unterliegen dabei die einzelnen Gegenstände der Beurkundung verschiedenen Gebührensätzen, wenn z.B. der Ausgliederungsplan mit einer 1,0-Gebühr gem. Nr. 21200 KV GNotKG zu bewerten ist und der Beschluss über die Bestellung eines Geschäftsführers mit einer 2,0-Gebühr gem. Nr. 21100 KV GNotKG, muss ein Vergleich gem. § 94 Abs. 1 GNotKG stattfinden. Je nachdem, welche Berechnung für den Kostenschuldner günstiger ausfällt, der günstigere Kostenansatz hat zu erfolgen.

Im Einzelfall kann damit ggf. eine getrennte Berechnung der Gebühren günstiger für den Kostenschuldner sein als ein Ansatz des höchsten Gebührensatzes auf den höchsten in Betracht kommenden Wert.

26 Die Erklärungen des Ausgliederungsplans gibt ganz allein der Einzelkaufmann/die Einzelkauffrau ab, sodass eine konkrete Zustimmungserklärung des Einzelkaufmanns/der Einzelkauffrau unnötig ist.[1] Erklärt der Einzelkaufmann/die Einzelkauffrau dennoch die konkrete Zustimmung, bleibt diese **gebührenrechtlich unberücksichtigt** (§ 21 GNotKG).

Ohnehin hätten die Erklärungen des Einzelkaufmanns/der Einzelkauffrau insoweit denselben Beurkundungsgegenstand (§ 109 Abs. 1 S. 1–3, 5 GNotKG).

27 Der Geschäftswert des beurkundeten Ausgliederungsvorgangs wird nach § 97 Abs. 1 GNotKG berechnet, und zwar nach dem Vermögenswert, der übergeht bzw. ausgegliedert wird.

Schulden werden nicht abgezogen (§ 38 GNotKG).

Wird mit dem Ausgliederungsplan auch der Gesellschaftsvertrag der neu errichteten GmbH beurkundet, so ist dieser zwingend ein Inhalt des Ausgliederungsplans. Es liegt also kein gesondertes eigenständiges Rechtsverhältnis vor, sodass auch keines zu berechnen ist,[2] selbst dann nicht, wenn der Notar den Entwurf des Gesellschaftsvertrages der neuen GmbH entwirft. Er erhält dafür auch nicht die Entwurfsgebühr gem. Nr. 24100 KV GNotKG.

28 Da auf der Seite des Einzelkaufmanns/der Einzelkaufrau durch ein Fehlen von Anteilsinhabern eine Zustimmung zum Ausgliederungsplan ebenso entbehrlich ist, wie ein Ausgliederungsbericht (§ 125 S. 2 UmwG) ist ein **Zustimmungsbeschluss entbehrlich**.

1 Vgl. *Limmer*, Handbuch der Unternehmensumwandlung, Teil 3 Rn 674 m.w.N.

2 Vgl. Leipziger Kostenspiegel, Rn 22.236.

Auch beim neuen Rechtsträger der GmbH in Gründung, ist kein Zustimmungsbeschluss erforderlich. Mit dieser GmbH in Gründung wird kein Vertrag abgeschlossen, sodass auch keinem zuzustimmen ist und zudem wird die Gesellschaft ja erst durch diesen Ausgliederungsvorgang gegründet.

Erfolgt vorsorglich dennoch ein Zustimmungsbeschluss, bleibt dieser nach § 21 GNotKG unbewertet, denn es liegt eine kostenrechtlich unrichtige Sachbehandlung vor.[3]

Beispiel 29

Die Beurkundung einer Ausgliederung des vom Einzelkaufmann betriebenen einzelkaufmännischen Unternehmens im Ganzen mit den gesamten Aktiva und Passiva gemäß den Vorschriften des Umwandlungsgesetzes (UmwG) auf die neu gegründete GmbH ist abzurechnen. Der Beschluss über die Geschäftsführerbestellung der neuen GmbH ist in der Urkunde dokumentiert. Der Notar berechnet bei einem Aktivvermögen des ausgegliederten einzelkaufmännischen Unternehmens (Einzelkaufmann) i.H.v.100.000 EUR:

Beurkundungsverfahren „*Ausgliederungsplan (Zustimmung) und Beschluss*“

Geschäftswert für Ausgliederung	§§ 97 Abs. 1, 107 Abs. 1, 38 GNotKG	**100.000,00 EUR**
1,0-Gebühr	Nr. 21200 KV GNotKG	273,00 EUR
Geschäftswert für den Beschluss Geschäftsführerbestellung	§§ 108 Abs. 1, 105 Abs. 4 Nr. 1 GNotKG	**30.000,00 EUR**
2,0-Gebühr	Nr. 21100 KV GNotKG	250,00 EUR
Wert des Beurkundungsverfahrens insgesamt		**130.000,00 EUR**

Die **Registeranmeldung** beim **einzelkaufmännischen Unternehmen** wird nach einem Geschäftswert von 30.000 EUR berechnet (§§ 119 Abs. 1, 105 Abs. 4 Nr. 4, 92 Abs. 2 GNotKG). Die 0,5-Gebühr gem. Nr. 24102, 21201 Nr. 5 KV GNotKG beträgt 62,50 EUR.

Für den **Vollzug** und das Fertigen der **XML-Strukturdaten** wird eine 0,2-Gebühr gem. Nr. 22114 KV GNotKG, max. 125 EUR, angesetzt.

Die **Registeranmeldung** der **gegründeten GmbH** wird auf den Geschäftswert des einzutragenden Stammkapitals, mind. jedoch mit 30.000 EUR, berechnet (§ 105 Abs. 1 Nr. 1. GNotKG). Der Wert beträgt höchstens 1.000.000 EUR.

3 Leipziger Kostenspiegel, Rn 2238.

Hinweise:

Der Geschäftsführer der errichtenden GmbH wird notwendigerweise bestimmt und nicht in einer ausdrücklichen Gesellschafterversammlung bestellt.

Trotz der Tatsache, dass die Gesellschaft als juristische Person noch gar nicht existiert, behandelt die kostenrechtliche Literatur dies als einen Vorabbeschluss über die Geschäftsführerbestellung, sodass der Geschäftswert gem. §§ 108 Abs. 1 S. 1, 105 Abs. 4 Nr. 1 GNotKG mit 1 % der Summe des Stammkapitals, mind. 30.000 EUR bewertet wird. Die Eintragung des notwendigen ersten Geschäftsführers bleibt bei der Registeranmeldung unberücksichtigt.

Bei der Ausgliederung eines einzelkaufmännischen Unternehmens zur Aufnahme auf eine bestehende GmbH unter Gewährung von Anteilen oder Mitgliedschaften liegt gebührenrechtlich ein Austauschvertrag vor (§ 97 Abs. 3 GNotKG).

Angesetzt wird in diesem Fall eine 2,0-Gebühr gem. Nr. 21100 KV GNotKG.

Geschäftswert ist der Wert der Aktivsumme des übertragenden einzelkaufmännischen Vermögens zuzüglich etwaiger angesprochener immaterieller Vermögensgegenstände, wie z.B. Internet-Domain.[4]

IV. Unterschriftsbeglaubigung

30 Beglaubigt der Notar die Unterschrift oder ein Handzeichen erhält er die 0,2-Gebühr gem. Nr. 25100 KV GNotKG, höchstens jedoch 70 EUR und mindestens 20 EUR.

31 Für die Beglaubigung der Unterschrift unter dem Nachweis der Verwaltereigenschaft erhält der Notar eine wertunabhängige Festgebühr von 20 EUR gem. Nr. 25101 KV GNotKG.

32 Für die Zustimmungserklärung des Eigentümers zur Löschung einer Hypothek, Grundschuld oder Rentenschuld nach § 27 GBO erhält der Notar ebenfalls die wertunabhängige **Festgebühr** von 20 EUR gem. Nr. 25101 KV GNotKG.

33 Dasselbe gilt für die Beglaubigung unter einer **Erklärung, für die nach den Staatsschuldbuchgesetzen eine öffentliche Beglaubigung vorgesehen ist**.

34 Für **mehrere Zustimmungserklärungen des Eigentümers** zur Löschung von Grundpfandrechten entsteht die Festgebühr für jeden Löschungsantrag gesondert, auch wenn es sich um eine Unterschriftsbeglaubigung handelt. Der Wortlaut Nr. 25101 Nr. 2 KV GNotKG stellt beim Anfall der 20 EUR-Gebühr nicht auf eine Unterschriftsbeglaubigung, sondern auf eine Zustimmung zur Löschung ab.

4 Vgl. Leipziger Kostenspiegel, Rn 22246.

Löschungsanträge für Nießbrauchrechte, Wohnungsrechte, Dienstbarkeiten und ähnliches sind **keine Löschungszustimmungen i.S.v. Nr. 25101 Nr. 2 KV GNotKG** (keine Grundpfandrechte). Deshalb fällt nicht die Gebühr von 20 EUR fest an, sondern die wertabhängige Beglaubigungsgebühr Nr. 25100 KV GNotKG, max. 70 EUR. 35

Für die Beglaubigung **mehrerer** Unterschriften oder Handzeichen in einem Beglaubigungsvermerk erhält der Notar **nur einmal** die Beglaubigungsgebühr. Auf die Anzahl der beglaubigten Unterschriften kommt es nicht an. 36

Der Geschäftswert für die Beglaubigung einer Unterschrift oder eines Handzeichens bestimmt sich nach den geltenden Vorschriften für die Beurkundung der zugrundeliegenden Erklärung (§ 121 GNotKG). 37

Fertigt der Notar seinen Beglaubigungsvermerk in **fremder Sprache**, fällt die Zusatzgebühr Nr. 26001 KV GNotKG an. Sie beträgt 30 % der Gebühr für die Beglaubigung. 38

Berät der Notar im Rahmen der Beglaubigung den Mandanten auftragsgemäß, kann sich neben der Beglaubigungsgebühr der Tatbestand für eine Beratungsgebühr verwirklichen. 39

Beglaubigt der Notar z.B. eine Vereinsregisteranmeldung, so hat er nicht die Pflicht, die Vereinsgründungsunterlagen zu überprüfen und die Mandanten inhaltlich oder über die Einreichung aller Unterlagen zu beraten.[5] Kommt der Notar der Bitte des Mandanten zur Beratung aber nach, kommt der Ansatz einer separaten Gebühr für die Beratung nach Nr. 24200 ff. KV GNotKG in Betracht.[6]

Prüft der Notar im Zuge der Unterschriftsbeglaubigung den Inhalt des Entwurfs des zugrundeliegenden Rechtsgeschäfts, wird dadurch eine weitere Gebühr ausgelöst, und zwar eine nach Nr. 24100 ff. KV GNotKG. In Betracht kommt die Gebühr für die Überprüfung des fremden Entwurfs, den der Notar nicht fertigte. 40

Gebühren für Nr. 24100 ff. KV GNotKG sind Rahmengebühren. Welche Gebühr der Notar aus dem vorgegebenen Rahmen ansetzt bzw. ausschöpft, kann im Einzelfall schwierig sein.[7] Letztlich liegt die Ausschöpfung innerhalb des Rahmens im Ermessen des Notars.[8]

> *Beispiel* 41
>
> Der Notar beglaubigt die Unterschrift unter einem Fremdtext, einer Vollmacht zum Abschluss eines Kaufvertrages, Kaufpreis 100.000 EUR.

5 Korintenberg/*Fackelmann*, KV Nr. 24200–24002, Rn 30.

6 *Elsing*, RENOpraxis 3/2015, 56 ff.

7 Korintenberg/*Sikora*, KV Nr. 25100, Rn 10.

8 *Elsing*, RENOpraxis 3/2015, 56, 57.

Der Unterzeichner bittet den Notar, den Entwurf des abzuschließenden Kaufvertrages zu überprüfen.

Der Notar sieht das Grundbuch ein und stellt fest, dass der Kaufvertragsentwurf in mehreren Punkten verändert werden muss.

Abrechnung:

Beglaubigung und Entwurfsprüfung

Unterschriftsbeglaubigung Vollmacht

Geschäftswert	§§ 121, 98 Abs. 1 GNotKG (1/2 des Kaufvertragswerts)	50.000 EUR
Überprüfen Kaufvertragsentwurf	Nr. 25100 KV GNotKG	33,00 EUR
Geschäftswert	§§ 119, 47 GNotKG	100.000,00 EUR
Rahmen 0,5–2,0, angesetzt 1,0	Nr. 24100 KV GNotKG	273,00 EUR
Auslagen Grundbucheinsicht	Nr. 32011 KV GNotKG	8,00 EUR
Auslagen Post- und Telekommunikation	Nr. 32005 KV GNotKG	20,00 EUR
Zwischensumme		*334,00 EUR*
Umsatzsteuer 19 %	Nr. 32014 KV GNotKG	63,46 EUR
Rechnungsbetrag		**397,46 EUR**

42 Hat der Notar bei einer Unterschriftsbeglaubigung, die er zum Register oder Grundbuchamt reichen sollte, im Nachhinein für den Mandanten **eine Beanstandung** zu beheben, entsteht, wenn nicht zuvor eine Vollzugsgebühr Nr. 22120, 22121 oder 22122 KV GNotKG erhoben wurde, die **Gebühr Nr. 22123 KV GNotKG**.[9]

9 *Elsing*, RENOpraxis 3/2015, 56, 59.

V.

I. Vaterschaftsanerkennung

Eine **Vaterschaftsanerkennung** (§ 1594 BGB) ist eine freiwillige Willenserklärung. Erfolgt sie vor dem (auch) zuständigen Notar, ist die Erklärung nach Vorbem. 2 Abs. 3 KV GNotKG i.V.m. § 67 Abs. 1 BeurkG **gebührenfrei**. 1

Auslagen (Dokumentenpauschale und Entgelte für Post und Telekommunikation bzw. sonstige Auslagen) darf der Notar jedoch abrechnen. 2

II. Vereinsrecht

Vereine sind bedeutsam für das Allgemeinwohl: Wirtschaftlich schwache, benachteiligte oder Bürger mit Behinderungen können im Einzelfall von mildtätigen Vereinen Hilfen erhalten, die so ihren Vereinszweck verwirklichen. Tafeln, als gemeinnützige Vereine organisiert, stellen Bedürftigen bspw. Nahrungsmittel zur Verfügung. Vereine organisieren Obdachlosen Unterkünfte. Um die Seelsorge kümmern sich kirchliche Vereine, die Menschen in seelischer Not beraten. Ein buntes Vereinsleben ermöglicht zudem vielen Menschen im Zuge ihrer Vereinsmitgliedschaft an einem geregelten und geselligen Vereinsleiben teilhaben zu können. 3

In Deutschland gibt es massenhaft Vereine und damit auch eine große Anzahl vereinsrechtlicher Mandate, die Notare trotz geringer Gebühren bewältigen.

Mit ihrem Wirken leisten die Notare einen wichtigen Beitrag für das Allgemeinwohl. Sie unterstützen die Vereine oder deren Vorstände bei der Bewältigung ihrer **Vereinsregisteranmeldungen**. Nicht selten werden darüber hinaus **Beratungsleistungen** erbracht, Entwürfe gefertigt oder überprüft. Dabei werden nicht selten, wegen der Überforderung der Beteiligten, große Anstrengungen unternommen. 4

Das GNotKG regelt insoweit keine angemessenen, sondern nur geringe Notargebühren.

1. Anmeldung zum Vereinsregister und Gründung des Vereins

Die beratende Unterstützung bei der Vereinsgründung und/oder die Prüfung der Gründungsniederschrift und der Gründungssatzung sowie die Bewältigung der ersten Vereinsregisteranmeldung verläuft häufig mit Problemen. Bereits die anspruchsvolle Vereinsgründung überfordert viele Vereinsgründer. Der Notar wird als günstiger Rechtsberater gefordert und soll die Satzung rechtssicher abfassen oder Regeln der Gemeinnützigkeit treffend formulieren. 5

Folgende notarielle Gebühren können anlässlich der Gründung eines Vereins anfallen.

a) Erstanmeldung eines kleineren Vereins

6 Im Zuge des Beurkundungsverfahrens „*Erstanmeldung des Vereins*“ fertigt der Notar die Vereinsregisteranmeldung. Er beglaubigt im Anschluss die Unterschriften der Vorstandsmitglieder und fertigt den Beglaubigungsvermerk.

Auch prüft der Notar für das Vereinsregister die Eintragungsfähigkeit (§ 378 Abs. 3 FamFG).

Der Notar reicht die Unterlage mit den XML-Dateien elektronisch zum Vereinsregister.

7 *Beispiel*

Der betroffene, errichtete Verein ist ein kleiner mit gerade mal sieben Gründungsmitgliedern.

Der Geschäftswert der Anmeldung wird nach § 36 Abs. 1 und 3 GNotKG bestimmt.

Da es sich bei dem Verein um einen durchschnittlich kleinen Verein handelt, ist es angemessen, nur einen Geschäftswert von 5.000 EUR nach § 36 Abs. 1 und 3 GNotKG anzusetzen.

Abrechnung:

Entwurf Vereinsregisteranmeldung	Geschäftswert: 5.000,00 EUR (**§§ 36 Abs. 1, 3 GNotKG**)	Nrn. 24102, 21201 KV GNotKG	0,5-Gebühr	30,00 EUR
XML-Daten	Geschäftswert: 5.000,00 EUR (**§ 112 GNotKG**)	Nr. 22114 KV GNotKG	0,2-Gebühr	15,00 EUR
Entgelt Post/ Telekom		Nr. 32005 KV GNotKG		9,00 EUR
Auslagenpauschale		Nr. 32001 KV GNotKG	12 Seiten x 0,15 EUR	1,80 EUR
Zwischensumme				*55,80 EUR*
Umsatzsteuer		Nr. 32014 KV GNotKG	19 %	10,60 EUR
Rechnungsbetrag				**66,50 EUR**

b) Erstanmeldung eines größeren Vereins

8 Der Sachverhalt ist der gleiche, wie oben (Teil V Rdn 7) beschrieben. Allerdings hat der Verein viele Gründungsmitglieder – 30 an der Zahl – und unter diesen Mitgliedern sind auch andere bereits eingetragene Vereine.

Damit handelt es sich **nicht** um die Errichtung eines nur durchschnittlichen kleineren Vereins, denn die höhere Vereinsmitgliederzahl und ein höheres Mitgliedsbeitragsaufkommen rechtfertigen es, von dem Hilfswert i.H.v. 5.000 EUR abzuweichen.[1]

Es ist angemessen, für den Entwurf der Vereinsregisteranmeldung als Geschäftswert 30.000 EUR anzusetzen, in Anlehnung an die Vorschriften des § 105 GNotKG.[2]

Beispiel

30 Gründungsmitglieder, hohes Mitgliedsbeitragsaufkommen, Geschäftswert 30.000 EUR.

Abrechnung:

Entwurf Vereinsregisteranmeldung	Geschäftswert: 30.000,00 EUR (**§§ 36 Abs. 1, 3 GNotKG**)	Nr. 24102, 21201 KV GNotKG	0,5-Gebühr	62,50 EUR
XML-Daten	Geschäftswert: 30.000,00 EUR (**§ 112 GNotKG**)	Nr. 22114 KV GNotKG	0,2-Gebühr	25,00 EUR
Entgelt Post/Telekom		Nr. 32005 KV GNotKG		20,00 EUR
Auslagenpauschale		Nr. 32001 KV GNotKG	12 Seiten x 0,15	1,80 EUR
Zwischensumme				*109,30 EUR*
Umsatzsteuer		Nr. 32014 KV GNotKG	19 %	20,77 EUR
Rechnungsbetrag				**130,07 EUR**

2. Überprüfung des Gründungsprotokolls mit der Satzung eines größeren Vereins

Der Notar hat im Vorfeld der Gründung vollständig das Gründungsprotokoll mit der Satzung überprüft und auf verschiedene Fehler hingewiesen. 9

Wegen der vollständigen Entwurfsüberprüfung steht dem Notar gem. § 92 Abs. 2 GNotKG der höchste Rahmen der Entwurfsgebühr Nr. 24100 KV GNotKG i.V.m. Nr. 21100 KV GNotKG zu, somit eine 2,0-Gebühr. Ein Ermessen hat der Notar nicht.

1 Leipziger Kostenspiegel, Rn 21.365.

2 Leipziger Kostenspiegel, Rn 21.363; *Elsing*, notarbüro 2018, 54, 55.

Gemäß §§ 97 Abs. 1, 36 Abs. 1 und 107 Abs. 1 GNotKG kann der Geschäftswert i.H.v. **30.000 EUR** angenommen werden.

Die Wahl der Vorstandsmitglieder für den Verein stellt einen **Beschluss** dar.

Bei einem kleinen Verein könnten 5.000 EUR nach § 36 Abs. 3 GNotKG angesetzt werden.

Hier, bei dem größeren Verein mit dementsprechend höheren Mitgliedsbeitragsaufkommen, ist es gerechtfertigt, in Anlehnung an § 105 GNotKG einen Geschäftswert von mind. **30.000 EUR** anzunehmen.

10 *Beispiel*

Verein mit 30 Mitgliedern, Überprüfung des Gründungprotokolls mit Satzung, Beschluss: Wahl des Vorstands.

Abrechnung:[3]

Vollständige Entwurfsüberprüfung Vereinsgründung	Geschäftswert: 30.000,00 EUR **§§ 97 Abs. 1, 107 Abs. 1 S. 1**			
Wahl Vorstand	Geschäftswert: 30.000,00 EUR (**§§ 36 Abs. 1, 105 GNotKG**)			
Wert des Beurkundungsverfahrens	60.000,00 EUR (**§ 35 Abs. 1 GNotKG**)	Nr. 24100, 21100 KV GNotKG	2,0-Gebühr	384,00 EUR
XML-Daten	Geschäftswert: 60.000,00 EUR (**§ 112 GNotKG**)	Nr. 22114 KV GNotKG	0,2-Gebühr	38,40 EUR
Entgelt Post/Telekom		Nr. 32005 KV GNotKG		20,00 EUR
Auslagenpauschale		Nr. 32001 KV GNotKG	12 Seiten	1,80 EUR
Zwischensumme				*464,20 EUR*
Umsatzsteuer		Nr. 32014 KV GNotKG	19 %	88,20 EUR
Rechnungsbetrag				**552,40 EUR**

3 *Elsing*, notarbüro 2018, 56.

3. Beratung zur Satzungsgestaltung und/oder zum Inhalt des Gründungsprotokolls

Berät der Notar (meistens den künftigen Vorstand) bei der Abfassung der Satzung und/oder der Protokollierung des Errichtungsvorgangs, so steht ihm eine **Beratungsgebühr** zu. Solche aufwendigen Beratungsleistungen kommen in den Notariaten häufiger vor. 11

Bei einem **kleinen Verein** kann der Notar den Regelwert i.H.v. 5.000 EUR gem. § 36 Abs. 1 GNotKG ansetzen. 12

Bei einem **größeren Verein** kann der Notar einen Wert i.H.v. 30.000 EUR ansetzen, in Anlehnung an § 105 GNotKG.[4]

Die gebührenrechtliche Beratungstätigkeit des Notars ist in den Nr. 24200–24202 KV GNotKG geregelt.

Beispiel 13

Der Notar hat den Vorstand eines größeren Vereins zu einzelnen Satzungsbestimmungen und zu den Vorstandswahlen beraten.

Abrechnung:

Beratung Satzungsbestimmung	Geschäftswert: 30.000,00 EUR (**§§ 97 Abs. 1, 107 Abs. 1 S. 1 GNotKG**)			
Wahl Vorstand	Geschäftswert: 30.000,00 EUR (**§§ 36 Abs. 1, 105 GNotKG**)			
Wert des Beurkundungsverfahrens	60.000,00 EUR (**§ 35 Abs. 1 GNotKG**)	Nr. 24100, 21100 KV GNotKG	2,0-Gebühr	384,00 EUR
Entgelt Post/Telekom		Nr. 32005 KV GNotKG		20,00 EUR
Auslagenpauschale		Nr. 32001 KV GNotKG	12 Seiten	1,80 EUR
Zwischensumme				*405,80 EUR*
Umsatzsteuer		Nr. 32014 KV GNotKG		77,10 EUR
Rechnungsbetrag				**482,90 EUR**

4 *Elsing*, notarbüro 2018, 56.

Hinweis:

Wenn der Notar nur zur Wahl oder nur zur Satzung berät, können nur 30.000 EUR als Geschäftswert angenommen werden.

4. Beratung anlässlich einer Mitgliederversammlung

14 Für die notarielle Protokollierung der Mitgliederversammlung erhält der Notar die Gebühr Nr. 21100 KV GNotKG ggf. i.V.m. Nr. 24100 KV GNotKG.

15 Berät der Notar bei der Vorbereitung oder Durchführung der Mitgliederversammlung über den Inhalt des Beurkundungsverfahrens hinaus, steht ihm die Beratungsgebühr Nr. 24203 KV GNotKG zu. Der Rahmen dieser Gebühr beträgt 0,5–2,0. Der Notar hat Ermessen beim Schöpfen des Rahmens.

16 Typische Beratungsleistungen in diesem Zusammenhang sind:

- Die Beratung des Vorstands bei der **Gestaltung der Einberufung** zur Mitgliederversammlung.

  Der Geschäftswert wird genauso bestimmt, wie der Wert für das Beurkundungsverfahrens.
- Die Beratung bei der **Gestaltung des Inhalts des Leitfadens**, den der Vorstand für die Mitgliederversammlung nutzen will.

  Der Geschäftswert kann i.d.R. genauso bestimmt werden, wie der Wert für das Beurkundungsverfahrens.
- Die Fertigung eines **Teilnehmerverzeichnisses**.

  Der Wert kann i.d.R. genauso bestimmt werden, wie der Wert für die Mitgliederversammlung, auf die sich das Teilnehmerverzeichnis bezieht.
- Die **Prüfung/**Ermittlung des **Abstimmungsergebnisses**.

  Der Wert kann i.d.R. genauso bestimmt werden, wie der Wert des Beurkundungsverfahrens über das abgestimmt wird.

Jede dieser Beratungsleistungen geht über den üblichen Rahmen einer Beratung im Zuge eines Beurkundungsverfahrens hinaus, sodass eine zusätzliche Abrechnung stattfinden kann.[5]

III. Vertretungsbescheinigung

17 Siehe hierzu Teil B Rdn 24 ff. (*Bescheinigung des Notars*).

5 *Elsing*, notarbüro 2018, 57.

IV. Verwahrung von Wertpapieren und Kostbarkeiten

Die Verwahrungsgebühr kann der Notar in Ansatz bringen, wenn er bei Vorliegen eines berechtigten Sicherungsinteresses Geld auf einem Notaranderkonto verwahrt (siehe Teil K Rdn 1 ff. [*Kaufpreisverwahrung*]). 18

Soweit der Notar **Kostbarkeiten**, wie z.B. Schmuck, Edelmetall oder Edelsteine verwahrt, fällt ebenso die Verwahrungsgebühr an. 19

Wenn der Notar **Wertpapiere**, z.B. Aktien, Bar- und Verrechnungsschecks, Inhaberschuldverschreibungen, Pfandbriefe oder Wechsel verwahrt, entsteht ebenfalls die Verwahrungsgebühr. 20

Bürgschaftsurkunden, Sparbücher, Grundschuldbriefe und Hypothekenbriefe sind **keine echten** Wertpapiere. Soll der Notar sie **isoliert** verwahren, ist er hierzu nicht verpflichtet, er kann es jedoch, wenn er mit den Beteiligten eine schriftliche Verwahrung mit einer öffentlich-rechtlichen Vereinbarung über angemessene Notargebühren abschließt (§ 126 GNotKG). 21

Das Muster eines öffentlich-rechtlichen Auftrags mit Gebührenvereinbarung ist unter Teil M Rdn 7 (*Mediation*) abgedruckt.

Erledigt der Notar eine Verwahrung eines **Grundschuld- oder eines Hypothekenbriefes** und steht diese Verwahrung im Zusammenhang mit einem anderen gebührenpflichtigen Amtsgeschäft des Notars, löst die Verwahrung keine Gebühr aus. In diesem Fall darf der Notar auch keine öffentlich-rechtliche Vereinbarung schließen, weil ein Zusammenhang mit einem anderen gebührenpflichtigen Geschäft besteht (§ 126 Abs. 1 S. 2 GNotKG). 22

Der **Geschäftswert** der Verwahrung von Wertpapieren und Kostbarkeiten ist der Wert der Wertpapiere oder Kostbarkeiten (§ 124 S. 2 GNotKG). 23

Die Gebühr entsteht bereits **mit dem Antrag zur Verwahrung** von Wertpapieren/Kostbarkeiten und wird fällig, sobald der Notar die Wertpapiere/Kostbarkeiten entgegennimmt. Auf den Zeitpunkt der Herausgabe der Gegenstände kommt es nicht an. 24

Nimmt der Notar Geld, echte Wertpapiere oder Kostbarkeiten **isoliert** entgegen, fällt eine 1,0-**Verwahrgebühr** gem. Nr. 25300 KV GNotKG **bis** zu einem Geschäftswert von **13.000.000 EUR** an. 25

Die Verwahrgebühr Nr. 25300 KV GNotKG beträgt bei Beträgen **über 13.000.000 EUR** nur noch **0,1 % des Auszahlungsbetrages**.

Der allgemeine Höchstwert nach § 35 Abs. 2 GNotKG gilt für den Geschäftswert nicht; er kann also durchaus über 60. Mio. EUR liegen.

V. Vollmachten

1. Gebühr

26 Die Erteilung einer Vollmacht ist regelmäßig eine **einseitige Erklärung** und löst die **1,0-Gebühr nach Nr. 21200 KV GNotKG** aus, **mind.** i.H.v. **60 EUR**.

27 Soweit eine Vollmacht **vertraglich vereinbart** wird, liegt eine Vereinbarung vor, die die **2,0-Gebühr nach Nr. 21100 KV GNotKG** auslöst.

2. Höchster Geschäftswert

28 Jede Vollmacht hat höchstens einen Geschäftswert von **1.000.000 EUR** (§ 98 Abs. 4 GNotKG). Bei zwei Vollmachtgebern in einer Vollmacht beträgt der Höchstwert für jede der Vollmachten 1.000.000 EUR, insgesamt dann 2.000.000 EUR.

3. Spezialvollmachten

29 Spezialvollmachten sind Vollmachten zum Abschluss bestimmter Rechtsgeschäfte. Nach § 98 Abs. 1 GNotKG ist dann **die Hälfte des Wertes des abzuschließenden Rechtsgeschäfts** als Wert für die Vollmacht anzunehmen.

So hat z.B. eine Vollmacht zum Abschluss eines Kaufvertrages mit Kaufpreis von 600.000 EUR einen Geschäftswert von 300.000 EUR.

30 Wenn die Vollmacht sich auf eine **bestehende oder auch künftige Mitberechtigung** bezieht, ist der Geschäftswert nach § 98 Abs. 2 S. 1 GNotKG mit dem Bruchteil anzusetzen, der dem Anteil der Mitberechtigung entspricht.

Erteilt also bspw. jemand eine Vollmacht zum Abschluss eines Kaufvertrages mit Kaufpreis von 600.000 EUR und ist mit $^1/_2$ beteiligt, beträgt der Geschäftswert 150.000 EUR.

4. Allgemeine Vollmachten

31 Zu den allgemeinen Vollmachten zählt die **Generalvollmacht.** Auch die **Vorsorgevollmacht** ist wie die Generalvollmacht zu bewerten.

Der **Geschäftswert** bestimmt sich gem. § 98 Abs. 3 GNotKG nach billigem Ermessen. Das Aktivvermögen des Vollmachtgebers ist ohne Schuldenabzug (§ 38 GNotKG) zu berücksichtigen.

Der Geschäftswert hat **die Hälfte des Aktivvermögens des Vollmachtgebers** allerdings **nicht** zu **übersteigen**.

32 *Beispiel: Generalvollmacht*

Z, der über ein Aktivvermögen i.H.v. 500.000 EUR verfügt, erteilt seiner Ehefrau eine Generalvollmacht.

Geschäftswert nach § 98 Abs. 3 S. 1 und S. 2 GNotKG: 250.000 EUR (voller Aktivwert des Vermögens, jedoch ist der Höchstwert nach § 98 Abs. 3 S. 2 GNotKG zu beachten, somit $^1/_2$).

Gebühr Nr. 21200 KV GNotKG Beurkundungsverfahren mit Wert 250.000 = 535 EUR.

Häufig werden mit der Generalvollmacht zugleich eine **Patientenverfügung** und eine **Betreuungsverfügung** erklärt. Untereinander haben die Patientenverfügung und die Betreuungsverfügung denselben Gegenstand (§ 109 Abs. 2 S. 1 Nr. 1 GNotKG). 33

Der **Geschäftswert** einer Patienten- und/oder Betreuungsverfügung wird gem. § 36 Abs. 2 und Abs. 3 GNotKG berechnet, somit meistens mit dem Auffangwert i.H.v. 5.000 EUR (bei Beurkundung der Patienten- und der Betreuungsverfügung bleibt es bei dem einmaligen Auffangwert von 5.000 EUR). 34

Dieser **Auffangwert** hat einen verschiedenen Gegenstand zur Generalvollmacht (§ 110 Nr. 3 GNotKG); er kann mit 5.000 EUR angesetzt werden.

Die Geschäftswerte werden nach § 35 GNotKG zusammengerechnet, weil die Gebühr für die Vollmacht und die Patienten- bzw. Betreuungsverfügung jeweils eine 1,0-Gebühr ist. § 94 GNotKG kommt nicht zur Anwendung.

Beispiel: Abrechnung einer Generalvollmacht mit Patienten- und Betreuungsverfügung

Z, der über ein Aktivvermögen i.H.v. 495.000 EUR verfügt, erteilt seiner Ehefrau eine Generalvollmacht. Zudem erklärt er eine Patientenverfügung sowie eine Betreuungsverfügung.

Geschäftswert der Vollmacht nach § 98 Abs. 3 S. 1 und S. 2 GNotKG	= **247.500 EUR**
(Voller Aktivwert des Vermögens, jedoch ist der Höchstwert nach § 98 Abs. 3 S. 2 GNotKG zu beachten ist, somit $^1/_2$).	
Geschäftswert der Betreuungs- und Patientenverfügung	= 5.000 EUR
Gebühr Nr. 21200 KV GNotKG Beurkundungsverfahren Wert 252.500 EUR	= 535 EUR

5. Kommanditistenvollmacht

Durch **Kommanditisten erteilte Handelsregisteranmeldungen** werden regelmäßig nicht nur für einen Anmeldevorgang erteilt, sondern für viele Anmeldungen. Somit betrifft die Registervollmacht nicht nur die eingetragene Haftsumme des Kommanditisten, die nicht unterschritten werden darf, es sein denn, die Hafteinlage liegt über 1.000.000 EUR und der Höchstwert nach § 98 Abs. 4 GNotKG greift und begrenzt den Geschäftswert auf 1.000.000 EUR. 35

Der Geschäftswert der Registervollmacht ist gem. § 98 Abs. 3 GNotKG nach billigem Ermessen zu bestimmen.

Zu beachten ist auch der **Mindestgeschäftswert** von 30.000 EUR nach § 105 Abs. 1 S. 2 GNotKG, weil die Vorschrift auch für Registeranmeldungen gilt, die einen bestimmten Geldbetrag betreffen.

36 *Beispiel: Unterschriftsbeglaubigung einer Kommanditistenvollmacht*

Der mit einer Hafteinlage von 100 EUR im Handelsregister eingetragene Kommanditist erteilt dem persönlich haftenden Gesellschafter eine Vollmacht für künftige Handelsregisteranmeldungen. Der Notar beglaubigt die Unterschrift unter der ihm vorgelegten Vollmacht.

Abrechnung:

Gebühr Nr. 25100 KV GNotKG Unterschriftsbeglaubigung = 25 EUR (Geschäftswert 30.000 EUR, §§ 98 Abs. 3, 105 Abs. 1 S. 2 GNotKG).

VI. Vollstreckbare Kostenrechnung

37 Wenn der Notar im Zuge der Ausübung seines Amtes Gebühren, nachdem er vergeblich mahnte, eintreiben will, kann er sich selbst einen Titel i.S.v. § 724 ZPO schaffen. Hierzu verbindet er seine Kostenberechnung mit einer von ihm selbst unterschriebenen Vollstreckungsklausel, die wie folgt lauten kann:

38 ▼

Muster V.1: Vollstreckungsklausel ohne Berücksichtigung von Zinsen

V.1 Die vorstehende Ausfertigung stimmt mit meiner mir vorliegenden Kostenrechnung Nr. vom über EUR überein und wird mir,

Notarin Dr.

Amtssitz in , (*Adresse*)

erteilt und zwar zum Zwecke der Zwangsvollstreckung gegen meinen Kostenschuldner

Herrn

geb. am

wohnhaft:

, den

(*Unterschrift der Notarin und Siegel*)

▲

▼ 39

Muster V.2: Vollstreckungsklausel mit Berücksichtigung von Zinsen

Die vorstehende Ausfertigung stimmt mit meiner Urschrift der Kostenrechnung Nr. vom über EUR überein, mit Ausnahme jedoch der Zinsbestimmungen und wird mir,

Notarin Dr.

Amtssitz in , (*Adresse*),

erteilt und zwar zum Zwecke der Zwangsvollstreckung gegen meinen Kostenschuldner

Herrn

geb. am

wohnhaft:

, den

(*Unterschrift der Notarin und Siegel*)

▲

Soweit **mehrere Kostenschuldner** vorhanden sind, darf der Notar die Vollstreckungsklausel gegen alle Kostenschuldner erteilen oder zunächst gegen nur einen von ihnen. Bleibt die Vollstreckung erfolglos, kann der Notar im Anschluss auch gegen den anderen Kostenschuldner vorgehen und diesem eine neue vollstreckbare Kostenberechnung erteilen. Der Notar kann aber auch die bestehende Vollstreckungsklausel auf den weiteren Kostenschuldner erstrecken. 40

Nach Zustellung der vollstreckbaren Kostenrechnung durch den Gerichtsvollzieher muss noch eine angemessene Frist von etwa 14 Tagen abgewartet werden, bevor der Notar vollstrecken lässt. Die Frist ist nötig, weil der Schuldner die Gelegenheit haben muss, nach der Zustellung unverzüglich die Rechnung auszugleichen. Außerdem bietet die Frist dem Kostenschuldner die Gelegenheit, rechtlich gehört zu werden. 41

Eine Gebühr für die Beitreibung der notariellen Kosten steht dem Notar nicht zu. Entstehende Auslagen der Zustellung und Vollstreckungsaufträge sind dem Notar vom Kostenschuldner aber zu erstatten. 42

Erst nach Zugang der vollstreckbaren Ausfertigung der Kostenberechnung (§ 19 GNotKG) ist die Kostenforderung des Notars vom Kostenschuldner zu verzinsen (§ 88 S. 1 GNotKG). Zinsbeginn ist einen Monat nach der Zustellung der vollstreckbaren Ausfertigung (§ 88 S. 2 GNotKG). 43

44 Der jährliche Zinssatz beträgt gem. § 247 BGB 5 % über dem jeweiligen Basiszins.

45 Es genügt für die Vollstreckung der Zinsen nach § 88 GNotKG, wenn der Betrag sich deutlich aus den Angaben der vollstreckbaren Kostenberechnung errechnen lässt. Hierbei sind der zu verzinsende Rechnungsbetrag, der Zinssatz sowie der Verzinsungsbeginn (ein Monat nach Zustellung) anzugeben, z.B. wie folgt:

> *Formulierungsbeispiel:*
>
> *Auf den Rechnungsbetrag von (...) EUR fallen folgende Zinsen gem. § 88 GNotKG an: Jährlich 5 % über dem Basiszinssatz nach § 247 BGB, beginnend ein Monat nach der Zustellung der vollstreckbaren Kostenberechnung (§ 19 GNotKG).*

VII. Vollzugsgebühren

1. Vollzugsgebühr allgemein

46 Anders als noch in der Zeit, als die gesetzliche Kostenordnung galt, beschränkt sich die Vollzugsgebühr nicht auf die Abwicklung von Grundstücksverträgen und auf unterschriftsbeglaubigte Grundpfandrechte. Die Vollzugsgebühr nach GNotKG ist mit der alten Vollzugsgebühr nicht mehr vergleichbar. Grundsätzlich kommt nun der Ansatz der Vollzugsgebühr bei **allen Beurkundungsverfahren und Amtsgeschäften** des Notars in Betracht. Dies gilt sogar auch, wenn eine Vollzugstätigkeit **vor der Beurkundung** erledigt wird (siehe Hauptabschnitt 1, Abschnitt 2 Vorbem. 2.2.1.1 Abs. 1 letzter Satz KV GNotKG).

47 Dem Notar steht die Vollzugsgebühr nur zu, wenn er die Vollzugstätigkeit für ein zugrunde liegendes Beurkundungsverfahren oder für einen von ihm gefertigten oder überprüften Entwurf erhält (Vorbem. 2.2.1.1 Abs. 1 KV GNotKG).

48 Die Vollzugstätigkeiten, für die der Notar eine Gebühr erhalten kann, sind in Vorbem. 2.2.1.1 Abs. 1 Nr. 1–11 KV GNotKG aufgeführt.

49 Liegt der notariellen Vollzugstätigkeit ein Beurkundungsverfahren zugrunde, für das eine 2,0-Gebühr anfällt, beträgt die Vollzugsgebühr **0,5** gem. **Nr. 22110 KV GNotKG**.

50 Soweit jedoch der Vollzugstätigkeit des Notars ein Beurkundungsverfahren zugrunde liegt, für das eine Gebühr anfällt, die **weniger als 2,0** ausmacht, beträgt die Vollzugsgebühr Nr. 22110 KV GNotKG i.V.m. **Nr. 22111 KV GNotKG** nur **0,3**.

2. Vollzugsgebühr nach Vorbem. 2.2.1.1 Abs. 1 S. 2 Nr. 1 KV GNotKG

51 Wenn, von der Unbedenklichkeitsbescheinigung abgesehen, der Notar **Erklärungen oder Bescheinigungen nach öffentlichen Vorschriften** einholt, ist die Höhe

der 0,3-Vollzugsgebühr gem. Nr. 22111 KV GNotKG wie auch die der 0,5-Vollzugsgebühr gem. Nr. 22110 KV GNotKG **jeweils auf max. 50 EUR** beschränkt (Vorbem. 2.2.1.1 Abs. 1 S. 2 Nr. 1 KV GNotKG).

Fordert der Notar z.B. auftragsgemäß

- eine Genehmigung nach dem **Grundstücksverkehrsgesetz**,
- eine Genehmigung nach der **Grundstücksverkehrsordnung**,
- eine Erklärung/Bescheinigung wegen des **gesetzlichen Vorkaufsrechts** nach § 28 BauGB,
- eine Erklärung/Bescheinigung hinsichtlich eines **landesrechtlichen Vorkaufsrechts**,
- eine **sanierungsrechtliche Genehmigung** gem. § 144 BauGB,

an, fällt jeweils die 0,3 oder 0,5 Vollzugsgebühr an, begrenzt auf die Höhe von **50 EUR**, gem. Vorbem. 2.2.1.1 Abs. 1 S. 2 Nr. 1 KV GNotKG.

3. Vollzugsgebühr nach Vorbem. 2.2.1.1 Abs. 1 Nr. 2 KV GNotKG

Holt der Notar eine andere gerichtliche Entscheidung oder Bescheinigung als die in **52** Vorbem. 2.2.1.1 Abs. 1 Nr. 4 KV GNotKG geregelten ein oder ermittelt der Notar den Inhalt eines ausländischen Registers, so erhält er nach Vorbem. 2.2.1.1 Abs. 1 Nr. 2 KV GNotKG die ihm zustehende Vollzugsgebühr (0,3, wenn die Gebühr des zugrunde liegenden Geschäfts weniger als 2,0 beträgt, und 0,5, wenn die Gebühr des zugrunde liegenden Geschäfts 2,0 ausmacht), allerdings in der Höhe auf 50 EUR beschränkt.

Eine Vollzugsgebühr nach Vorbem. 2.2.1.1 Abs. 1 Nr. 2 KV GNotKG, max. i.H.v. **53** 50 EUR kann somit insbesondere anfallen, wenn die gerichtliche Entscheidung über

- einen **Erbscheinsantrag**,
- das **Zeugnis über das Amt des Testamentsvollstreckers**,
- das Europäische Nachlasszeugnis (ENZ),
- **Bescheinigungen nach den §§ 32 und 33 GBO**,
  (wenn der Notar also insbesondere zwecks Nachweises bezüglich einer Vertretungsberechtigung, Sitzverlegung, Firmen oder Namensänderung sowie das Bestehen juristischer Personen und Gesellschaften als Nachweis vom Gericht einen amtlichen Registerausdruck beschafft oder eine beglaubigte Registerabschrift anfordert oder einsieht und ggf. hierzu eine Bescheinigung gem. § 21 Abs. 1 BNotO fertigt, steht ihm die Vollzugsgebühr zu (§ 32 GBO), ebenso wenn er ein Zeugnis des Gerichts über die Eintragung eines güterrechtlichen Verhältnisses im Güterrechtsregister anfordert, § 33 GBO),
- die **Entscheidung** des Amtsgerichts über die Erteilung einer weiteren **vollstreckbaren Ausfertigung** eines Grundpfandrechts, z.B. wenn die vollstreckbare Ausfertigung versehentlich verloren ging oder zerstört wurde,

angefordert wird.

4. Vollzugsgebühr nach Vorbem. 2.2.1.1 Abs. 1 S. 2 Nr. 3 KV GNotKG

54 Soweit der Notar als einzige Vollzugstätigkeit eine solche nach Vorbem. 2.2.1.1 Abs. 1 S. 2 Nr. 3 KV GNotKG erledigt, bleibt es bei der 0,3- oder 0,5-Vollzugsgebühr, die allerdings max. 250 EUR betragen darf.

55 Als Vollzugstätigkeiten in diesem Sinne sind geregelt:

- Fertigung oder Änderung der **Gesellschafterliste gem. § 8 GmbHG** anlässlich der Errichtung einer GmbH oder UG (haftungsbeschränkt),
- Fertigung oder Änderung der **Gesellschafterliste** anlässlich der Veränderung in den Personen der Gesellschafter oder ihrer Beteiligungsverhältnisse **gem. § 40 GmbHG** (z.B., wenn der Notar anlässlich einer Kapitalerhöhung oder Geschäftsanteilsabtretung, Kapitalherabsetzung eine Gesellschafterliste für die Gesellschaft fertigt),
- Fertigung oder Änderung der **Übernehmerliste** anlässlich einer Kapitalerhöhung **gem. § 57 Abs. 3 Nr. 2 GmbHG**.

56 Weil die Vollzugsgebühr **nur einmal** anfallen darf, erhält der Notar, der mehrere Listen anfertigt (z.B. die Gesellschafterliste nach § 40 GmbHG und die Übernehmerliste nach § 57 Abs. 3 Nr. 2 GmbHG anlässlich einer Kapitalerhöhung), nur eine Vollzugsgebühr, die insgesamt nicht höher sein darf als der **zweimalige Höchstbetrag nach Nr. 22113 KV GNotKG**.

57 *Beispiel*

Die Gesellschafterversammlung der ABC-GmbH beschließt das Stammkapital der GmbH um 500.000 EUR zu erhöhen und Herrn X zur Übernahme des Geschäftsanteils i.H.v. 500.000 EUR zuzulassen.

Die Übernahmeerklärung des X wird in derselben Urkunde mit erklärt.

Der Notar fertigt sowohl die Gesellschafterliste wie auch die Übernehmerliste.

Geschäftswert des Kapitalerhöhungsbeschlusses	500.000 EUR
Geschäftswert der Übernahmeerklärung	500.000 EUR
Geschäftswert des Beurkundungsverfahrens	1.000.000 EUR

Gebühren:

– Beschluss, Geschäftswert 500.000 EUR, 2,0-Gebühr Nr. 21100 KV GNotKG	=	1.870 EUR
– Übernahmeerklärung, Geschäftswert 500.000 EUR, 1,0 Gebühr Nr. 21200 KV GNotKG	=	935 EUR
Gesamtbetrag		**2.805 EUR**

Vergleichsberechnung:

Geschäftswert: 1.000.000 EUR, 2,0-Beurkundungsgebühr Nr. 21100 KV GNotKG = 3.470 EUR

Die für den Kostenschuldner günstigere Gebührenberechnung mit 2.085 EUR ist maßgebend.

Geschäftswert für die Vollzugsgebühr	=	1.000.000 EUR
Gebühr Vollzug Nr. 22110, 22113 KV GNotKG	=	500 EUR

Hinweis:

Die 0,5-Vollzugsgebühr aus dem Wert des Beurkundungsverfahrens würde 867,50 EUR betragen, ist jedoch begrenzt auf zwei Mal 250 EUR, insgesamt 500 EUR.

5. Vollzugsgebühr nach Vorbem. 2.2.1.1 Abs. 1 S. 2 Nr. 4–11 KV GNotKG

Unter die Nr. 4–11 fallen insbesondere die folgenden typischen Vollzugstätigkeiten, für die die **ungedeckelten Vollzugsgebühren 0,5** anzusetzen sind und, wenn für das Beurkundungsverfahren eine Gebühr von weniger als 2,0 anfällt, die ungedeckelte **Vollzugsgebühr 0,3**: 58

- Anfordern einer **familiengerichtlichen Genehmigung**
  Die Vollzugsgebühr schließt auch die Herbeiführung der Wirksamkeit aufgrund einer sog. Doppelvollmacht (§§ 1828, 1829 BGB), also die Entgegennahme der Genehmigung, das Gebrauchmachen der Genehmigung namens des gesetzlichen Vertreters sowie der Empfang namens des Vertragspartners sowie die Eigenurkunde über die namens der Beteiligten ausgeübten Tätigkeiten, also die Erteilung der Wirksamkeitsbescheinigung (Vorbem. 2.2.1.1 Abs. 1 S. 2 Nr. 4 KV GNotKG) ein.
- Anforderung einer **betreuungsgerichtlichen Genehmigung**
  Die Vollzugsgebühr schließt auch die Herbeiführung der Wirksamkeit aufgrund einer sog. Doppelvollmacht (§§ 1828, 1829 BGB) einschließlich der Erteilung der Wirksamkeitsbescheinigung ein (Vorbem. 2.2.1.1 Abs. 1 S. 2 Nr. 4 KV GNotKG).
- Anforderung einer **Genehmigung durch das Nachlassgericht** (Vorbem. 2.2.1.1 Abs. 1 S. 2 Nr. 4 KV GNotKG)
- Anforderung und Prüfung einer **Vollmachtbestätigung** oder **privatrechtlichen Zustimmungserklärung**, losgelöst davon, ob diese von einem unmittelbaren oder mittelbaren Beteiligten abgegeben wird (Vorbem. 2.2.1.1 Abs. 1 S. 2 Nr. 5 KV GNotKG)
  Unter diese Nr. 5 fallen auch Genehmigungserklärungen vollmachtlos vertretener Beteiligter sowie Zustimmungserklärungen Dritter, wie z.B. die des Ehegatten

nach § 1365 BGB, des Verwalters bei Veräußerung eines Wohnungs- und/oder Teileigentumsrechts oder des Eigentümers bei Veräußerung eines Erbbaurechts.

- Anforderung und Prüfung einer **privatrechtlichen Verzichtserklärung** (Vorbem. 2.2.1.1 Abs. 1 S. 2 Nr. 6 KV GNotKG)

  Hierunter fallen insbesondere Verzichtserklärungen über die Ausübung eines Ankaufsrechtes oder einer sonstigen Option, wie z.B. der Verzicht auf die Ausübung eines Rücktrittsrechtes oder einer bedingten Rückübertragungsverpflichtung.

- Anforderung und Prüfung einer Erklärung über die **Ausübung oder Nichtausübung eines privatrechtlichen Vorkaufs- oder Wiederkaufsrechts** (Vorbem. 2.2.1.1 Abs. 1 S. 2 Nr. 7 KV GNotKG)

  Dies betrifft in erster Linie Erklärungen über die Nichtausübung eines Vorkaufsrechtes, wenn das Grundstück im Grundbuch mit einem Vorkaufsrecht belastet ist, aber auch die Verzichtserklärung eines vorkaufsberechtigten Mieters. Die Erklärung nach § 28 Abs. 1 BauGB (gemeindliches Vorkaufsrecht) ist von Vorbem. 2.2.1.1 Abs. 1 S. 2 Nr. 1 KV GNotKG erfasst.

- Anforderung und Prüfung einer Erklärung über die **Zustimmung zu einer Schuldübernahme** oder einer **Entlassung aus der Schuldhaft** sowie Anforderung einer **Nichtvalutierungserklärung** beim Gläubiger (Vorbem. 2.2.1.1 Abs. 1 S. 2 Nr. 8 KV GNotKG)

  Diese Vollzugstätigkeit betrifft z.B. Verträge, in denen der Erwerber Verbindlichkeiten des Veräußerers schuldbefreiend übernimmt und der Notar die Gläubigergenehmigung einholt. Das Gleiche gilt, wenn sich die Tätigkeit des Notars darauf beschränkt, eine Erklärung des Gläubigers einzuholen, wonach ein Schuldner aus der Haftung freigestellt werden soll (z.B. im Rahmen einer Scheidungsfolgenvereinbarung bei Freistellung eines Ehegatten).

- Anforderung und **Prüfung von Erklärungen zur Lastenfreistellung** eines Vertragsobjekts, insbesondere die Anforderung von Löschungs- und Freigabebewilligungen (Vorbem. 2.2.1.1 Abs. 1 S. 2 Nr. 9 KV GNotKG). Aber auch die Anforderung einer Nichtvalutierungserklärung fällt hierunter.

  Die Voraussetzungen für den Ansatz der Vollzugsgebühr nach Nr. 9 sind bereits gegeben, wenn der Notar zur Löschung einer Eigentümergrundschuld auftragsgemäß den Grundschuldbrief anfordert. Die Vollzugsgebühr nach Nr. 9 entsteht auch für die Anforderung einer Rangrücktrittserklärung, z.B. im Zusammenhang mit einer Grundschuldbestellung (siehe nachfolgend Teil V Rdn 61 [*Vollzugsgebühren für Abwicklungsgeschäfte bei der Grundschuldbestellung*]).

- Anforderung und Prüfung einer **Verpflichtungserklärung** betreffend eine in Vorbem. 2.2.1.1 Abs. 1 S. 2 Nr. 9 KV GNotKG genannte Verfügung oder einer Erklärung über die **Nichtausübung eines Rechts** (Vorbem. 2.2.1.1 Abs. 1 S. 2 Nr. 10 KV GNotKG).

  Dies betrifft z.B. die Beschaffung einer Verpflichtungserklärung beim Grundpfandrechtsgläubiger des Bauträgers zur Freistellung einer verkauften Eigentumswohnung, wenn der Kaufpreis auf einem bestimmten Konto eingegangen ist oder das Anfordern einer Stillhalteerklärung des Eigentümers, wenn das Grundstück mit einem Erbbaurecht belastet ist.

- Anforderung und Prüfung einer über die in Vorbem. 2.2.1.1 Abs. 1 S. 2 Nr. 1 und 2 KV GNotKG genannten Tätigkeiten **hinausgehende Tätigkeit** für die Beteiligten gegenüber der **Behörde, dem Gericht oder der Körperschaft oder Anstalt des öffentlichen Rechts** (Vorbem. 2.2.1.1 Abs. 1 S. 2 Nr. 11 KV GNotKG).

  Diese Sondervorschrift gilt für Tätigkeiten, die über das in den Nr. 1 und 2 genannte Anfordern und Prüfen der bezeichneten Unterlagen hinausgehen. Sie sollen nicht mit der auf 50 EUR gedeckelten Vollzugsgebühr je Tätigkeit abgegolten sein. Eine derartige Tätigkeit liegt z.B. vor, wenn ein Antrag einer rechtlichen oder tatsächlichen Begründung bedarf, ohne die mit der Erteilung einer Genehmigung nicht zu rechnen wäre und die nicht zur Aufnahme in die zu vollziehende Urkunde selbst geeignet ist. Auch die Abstimmung der Firmierung und/oder des Unternehmensgegenstandes einer zu gründenden Gesellschaft mit der zuständigen Industrie- und Handelskammer durch den Notar zwecks Erlangung eines Registerfähigkeitszeugnisses fällt unter diese Nummer.

Der **Geschäftswert** für die Vollzugsgebühr bestimmt sich nach dem Wert des zu- **59**
grunde liegenden Geschäftswerts für das **Beurkundungsverfahren**. Durch den Wegfall der Beschränkung der Vollzugsgebühr auf Grundstücksgeschäfte muss nunmehr keine Reduzierung des Geschäftswertes mehr erfolgen, wenn z.B. bewegliche Gegenstände mitverkauft werden.

Setzt sich der Geschäftswert des Beurkundungsverfahrens aus **mehreren Gegenstandswerten** zusammen, bildet die **Summe des Gegenstandswerts als Verfahrenswert** den Geschäftswert auch für die Vollzugsgebühr.

6. Vollzugsgebühren für Abwicklungsgeschäfte bei der Grundschuldbestellung

Wird der Notar zum Vollzug einer Grundschuldbestellungsurkunde tätig, erhält er **60**
eine Vollzugsgebühr gem. Vorbem. 2.2.1.1 Abs. 1 S. 2 KV GNotKG. Die Vollzugsgebühr entsteht unabhängig davon, ob der Notar die Grundschuldbestellung beurkundet, ob er den Entwurf gefertigt hat oder ob er lediglich die Unterschrift unter dem Dokument beglaubigte.

Bei vielen Tätigkeiten rund um eine Grundschuldbestellung steht dem Notar somit die Vollzugsgebühr zu.

Kostenpflichtige Vollzugstätigkeiten sind z.B.: **61**

- Einholung und Prüfung der **sanierungsrechtlichen Genehmigung** sowie sonstiger Bescheinigungen, die nach öffentlich-rechtlichen Vorschriften notwendig sind (Vorbem. 2.2.1.1 Abs. 1 S. 2 Nr. 1 KV GNotKG),

- Einholung und Prüfung der **Genehmigung** (bzw. Entscheidung) des **Betreuungsgerichts**, **Familiengerichts** oder **Nachlassgerichts** (Vorbem. 2.2.1.1 Abs. 1 S. 2 Nr. 4 KV GNotKG),
- Einholung von **Löschungsbewilligungen/Löschungserklärungen** (Vorbem. 2.2.1.1 Abs. 1 S. 2 Nr. 9 KV GNotKG),
- Einholung und Prüfung einer **Vollmachtbestätigung** oder privatrechtlicher **Zustimmungserklärung** z.B. eines Erbbaurechtsausgebers (Vorbem. 2.2.1.1 Abs. 1 S. 2 Nr. 5 KV GNotKG),
- Einholung und Prüfung von **Rangrücktritts- oder Vorrangeinräumungserklärungen** (Vorbem. 2.2.1.1 Abs. 1 S. 2 Nr. 9 KV GNotKG),
- **Mitteilung/Anzeige** des Notars an einen Kaufpreisfinanzierungsgläubiger über die **Einschränkung der Sicherungszweckerklärung**, ggf. auch Einholung einer Bestätigung des Gläubigers, dass dieser die Einschränkung beachtet.

7. Vollzugsgebühren bei der Aufteilung eines Grundstücks in Wohnungs- und/oder Teileigentumsrechte

62 Erledigt der Notar zum grundbuchlichen Vollzug, gleichgültig ob vor oder nach der Beurkundung, die Einholung einer oder mehrerer der nachfolgenden Unterlagen:

- Abgeschlossenheitsbescheinigung,
- Pläne zur Aufteilung,
- Behördliche Genehmigung, z.B. die sanierungsrechtliche Genehmigung nach § 144 BauGB oder ein landesrechtliches Vorkaufsrecht,

entsteht eine Vollzugsgebühr.

63 Diese Vollzugsgebühr beträgt grundsätzlich:

- 0,5 nach Nr. 22110 KV GNotKG, wenn es sich um eine **vertragliche Aufteilung** gem. §§ 3, 4 WEG handelt und
- 0,3 nach Nr. 22111 KV GNotKG, wenn es sich um eine **einseitige Aufteilung** nach § 8 WEG handelt.

64 Die Vollzugsgebühr berechnet sich jeweils auf den vollen Wert des Beurkundungsverfahrens (§ 112 GNotKG). Beschränkt sich die Vollzugstätigkeit des Notars darauf, lediglich Pläne für die Aufteilung oder die Abgeschlossenheitsbescheinigung oder eine behördliche Genehmigung anzufordern, ist die Vollzugsgebühr für jede Einholung auf 50 EUR beschränkt (Nr. 22112 KV GNotKG).

65 Nimmt der Notar neben dem Einholen jedoch z.B. noch die Einzeichnung von Ziffern in die Pläne vor, entsteht die Vollzugsgebühr nicht auf 50 EUR begrenzt, sondern auf den vollen Wert des Beurkundungsverfahrens (§ 112 GNotKG).

VIII. Vorkaufsrecht

Der Geschäftswert für die Einräumung eines Vorkaufsrechts oder eines **Wiederkaufsrechts** beträgt nach § 51 Abs. 1 S. 2 GNotKG **die Hälfte des Verkehrswertes** der betroffenen Immobilie (wogegen der Geschäftswert eines Erwerbs- oder Veräußerungsrechts oder eines Ankaufsrechts gem. § 51 Abs. 1 S. 1 GNotKG dem vollen Verkehrswert entspricht). 66

Soweit das Vorkaufsrecht auf den ersten Verkaufsfall beschränkt ist, beträgt der Wert nach § 51 Abs. 1 S. 2 GNotKG ebenfalls die Hälfte des Verkehrswertes der betroffenen Immobilie. Die Beschränkung ist kein Grund für die Annahme eines geringeren Werts aus Billigkeitsgründen (§ 51 Abs. 3 GNotKG). 67

Für die Vereinbarung des Vorkaufsrechts entsteht die 2,0-Gebühr nach Nr. 21100 KV GNotKG. 68

Beispiel 69

Der Eigentümer einer Immobilie räumt an seinem unbebauten Grundstück Herrn Z ein Vorkaufsrecht für den ersten Verkaufsfall ein, ohne dass hierfür eine Gegenleistung geschuldet wird. Der Verkehrswert des Grundstücks beträgt 150.000 EUR.

Abrechnung:

Geschäftswert § 51 Abs. 1 S. 2 GNotKG für die Einräumung des Vorkaufsrechts	=	75.000 EUR
Beurkundungsverfahren (Vorkaufsrecht) 2,0-Gebühr gem. Nr. 21100 KV GNotKG	=	438 EUR

Hinweis:

Der Geschäftswert der Vorkaufsrechtsvereinbarung ist die Hälfte des Verkehrswerts der betroffenen Immobilie (§ 51 Abs. 1 S. 2 GNotKG).

Das Beurkundungsverfahren wird nach Nr. 21100 KV GNotKG mit der 2,0 Gebühr abgegolten.

W.

I. Wechsel- und Scheckprotest

Das Verfahren über die Aufnahme eines Wechsel- und Scheckprotests löst die 0,5-Gebühr nach Nr. 23400 KV GNotKG aus. Die Gebühr fällt auch dann an, wenn ohne die Aufnahme des Protestes an den Notar gezahlt wird oder dem Notar die erfolgte Zahlung nachgewiesen wird. 1

Ein Verfahren über die Aufnahme eines jeden Protests wegen Verweigerung der Ehrenannahme oder wegen unterbliebener Ehrenzahlung, wenn der Wechsel Notadressen enthält, löst die 0,3-Gebühr nach Nr. 23401 KV GNotKG aus. 2

Findet die Aufnahme des Wechsel- und Scheckprotests außerhalb der Geschäftsstelle des Notars statt, entsteht die Zusatzgebühr nach Nr. 26000 KV GNotKG. Sie beträgt 30 % der für das Verfahren oder das Geschäft zu erhebende Gebühr, max. 30 EUR. 3

Findet die Aufnahme des Wechsel- und Scheckprotests außerhalb der üblichen Geschäftszeiten nach 18.00 Uhr statt, erhält der Notar die Zusatzgebühr Nr. 26000 KV GNotKG, die 30 % der Gebühren des Verfahrens beträgt, max. 30 EUR. 4

Beispiel 5

In den Geschäftsräumen des Notars wird ein Wechselprotest protokolliert, da die Zahlung der Wechselschuld i.H.v. 45.000 EUR ausblieb.

Geschäftswert: 45.000 EUR §§ 3 Abs. 1, 36 Abs. 1 GNotKG

0,5-Gebühr gem. Nr. 23400 KV GNotKG = 77,50 EUR.

II. Wiederkaufsrecht

Der Wert eines Wiederkaufsrechts ist der halbe Wert der Sache (oder Immobilie) (§ 51 Abs. 1 S. 2 GNotKG). 6

Wird das Wiederkaufsrecht als Vereinbarung beurkundet, entsteht die 2,0-Gebühr nach Nr. 21100 KV GNotKG.

Wird nur der Grundbuchantrag entworfen und beglaubigt, entsteht die 0,5-Gebühr Nr. 21201 Nr. 4 KV GNotKG.

III. Wirksamkeitsvermerk

7 Wie ein Rangrücktritt ist der Wirksamkeitsvermerk im Rahmen der Beurkundung einer Grundschuldbestellung gem. § 109 Abs. 1 Satz 4 Nr. 3 GNotKG nicht zu bewerten.[1]

IV. Wohnungs- und Teileigentum

8 Siehe hierzu Teil T Rdn 1 ff. (*Teilungserklärung*).

1 Streifzug durch das GNotKG, Rn 2858.

X.

XML-Strukturdaten

1. XML-Strukturdaten allgemein

Durch das EHUG[1] ist dem Rechtsverkehr vorgeschrieben, nach § 12 Abs. 2 HGB die Anmeldungen zur Eintragung in das Handels- oder Gesellschaftsregister samt der anzufügenden Dokumente dem Registergericht nur elektronisch einzureichen. 1

In der Praxis wird der Notar beauftragt, strukturierte Daten gesondert in einer Datei in Form der Extensible Markup Language zu erstellen (XML-Strukturdatei). Hierbei handelt es sich keineswegs nur um eine bloße Übermittlung von Urkunden auf elektronischem Wege. Vielmehr ist dem Notar eine Tätigkeit aufgegeben worden, die der Entlastung des Registergerichts dient. Das Gericht erhält vom Anmeldenden die Dokumente in elektronisch aufbereiteter Form und kann die Daten ohne großen Transformationsaufwand in das Register übernehmen.[2]

Der hiermit im Zusammenhang stehende Aufwand des Notars[3] ist folgerichtig zu vergüten.[4]

2. XML-Datenstruktur neben Verfahrens- oder Entwurfsgebühr

Die 0,2-Gebühr nach **Nr. 22114 KV GNotKG** i.H.v. **höchstens 125 EUR** entsteht bei Vorliegen eines Entwurfs und/oder Beurkundungsverfahrens und wenn der Notar **keine andere Vollzugstätigkeit** in diesem Verfahren erledigt, und zwar nur **einmal je Beurkundungsverfahren**. 2

Die Gebühr entsteht auch ohne besonderen Auftrag (Vorbem. 2.2 Abs. 1 Hs. 2 GNotKG), weil Registeranmeldungen nach § 12 Abs. 1 HGB elektronisch einzureichen sind. Regelmäßig entsteht deshalb bei jeder Handelsregisteranmeldung eine Gebühr für die Datenerzeugung/Übermittlung.

Für die Erzeugung strukturierter Daten (XML oder vergleichbares Format) entsteht die 0,1-Gebühr Nr. 22115 KV i.V.m. Nr. 22114 GNotKG, max. 125 EUR, bei Vorliegen eines Entwurfs und/oder Beurkundungsverfahrens und wenn **eine andere**

1 Gesetz über das elektronische Handelsregister und Genossenschaftsregister sowie das Unternehmensregister v. 10.11.2006, BGBl I 2006, S. 2553.

2 Großkomm.-HGB/*Koch*, § 12 Rn 2.

3 Vgl. OLG Düsseldorf v. 15.9.2009 – I-10 W 55/09, RNotZ 2009, 672 f. mit Anm. *Elsing*.

4 Nach altem Recht erging höchstrichterlich die Entscheidung, wonach der Notar keine Gebühren nach § 147 Abs. 2 GNotKG erhält, wenn der Notar eine Handelsregisteranmeldung als Hauptgeschäft entworfen hat; BGH, Beschl. v. 20.2.2013 – II ZB 27/12. Diese Rechtsprechung ist durch den Gesetzgeber obsolet geworden, weil die Gebühren im GNotKG ausdrücklich geregelt sind.

Vollzugstätigkeit in diesem Verfahren vom Notar erledigt wird, und zwar nur einmal je Beurkundungsverfahren.

3 Der Wert für die Erstellung der XML-Datenstruktur ist in gleicher Weise zu bestimmen, wie für die Erstellung des Entwurfs der Registeranmeldung (§ 112 GNotKG).

4 *Beispiel*

Der Notar hat die Handelsregisteranmeldung für die Errichtung einer GmbH, Stammkapital 25.000 EUR entworfen.

Abrechnung:

Entwurf Registeranmeldung	0,5-Gebühr gem. Nr. 24102 KV GNotKG	=	62,50 EUR
Geschäftswert	§ 105 Abs. 1 S. 2 GNotKG	=	30.000,00 EUR
Erzeugung der XML-Datenstrukturen	0,2-Gebühr gem. Nr. 22114 KV GNotKG	=	25,00 EUR
Geschäftswert	§ 112 Abs. 1 GNotKG		30.000,00 EUR

Die Gebühren betragen damit insgesamt **87,50 EUR**.

Hinweise:

Der Geschäftswert beträgt 30.000 EUR gem. § 105 Abs. 1 S. 2 GNotKG für den Entwurf der Anmeldung und ebenso 30.000 EUR für die Erzeugung der XML-Datenstruktur gem. § 112 Abs. 1 GNotKG.

Der Gebührensatz für den Entwurf der Anmeldung beträgt 0,5 gem. Nr. 24102 KV GNotKG, weil die Beurkundung der Anmeldung nach Nr. 21201 Nr. 5 KV GNotKG eine 0,5-Gebühr ausgelöst hätte. Bei vollständiger Erstellung des Entwurfs ist der höchste in Betracht kommende Satz des Gebührenrahmens anzusetzen (§ 92 Abs. 2 GNotKG).

3. XML-Datenstruktur ohne Beurkundungsverfahren/Entwurf

5 Für die Erzeugung strukturierter Daten (XML oder vergleichbares Format) entsteht die 0,5-Gebühr Nr. 22125 KV GNotKG, wenn der Notar kein Beurkundungs- oder Entwurfsverfahren erledigt. Diese Gebühr entsteht nicht bei der Übermittlung einer Löschungszustimmung des Eigentümers zu einem Grundpfandrecht bzw. nicht neben der Gebühr Nr. 25101 KV GNotKG.

Die 0,5-Gebühr nach **Nr. 22125 KV GNotKG** beträgt **höchstens 250 EUR**.

6 *Beispiel*

Der Notar hat nur die Unterschrift unter einer Handelsregisteranmeldung beglaubigt, damit die Anmeldung des Ausscheidens eines Geschäftsführers bei einer GmbH erfolgt.

Abrechnung:

Beglaubigung unter der Registeranmeldung	0,2-Gebühr gem. Nr. 25100 KV GNotKG	=	25,00 EUR
Geschäftswert	§ 105 Abs. 1 S. 2 GNotKG	=	30.000,00 EUR
Erzeugung der XML-Datenstrukturen	0,5-Gebühr gem. Nr. 22125 KV GNotKG		
Geschäftswert	30.000 EUR gem. § 112 Abs. 1 GNotKG		
		=	62,50 EUR.

Die Gebühren betragen damit insgesamt **87,50 EUR**.

Hinweise zur Berechnung:

Der Geschäftswert beträgt 30.000 EUR gem. § 105 Abs. 1 S. 2 GNotKG für die Anmeldung und ebenso 30.000 EUR für die Erzeugung der XML-Datenstruktur gem. § 112 Abs. 1 GNotKG.

Neben der Erzeugung der XML-Strukturdaten ist in Nr. 32002 KV GNotKG die 7
Dokumentenpauschale für die elektronische Übermittlung von Dateien geregelt.

Die Gebühr beträgt **pro Datei 1,50 EUR**. Werden **mehrere Dateien** in einem Arbeitsgang auf demselben Datenträger erledigt, entsteht **höchstens eine Gebühr** i.H.v. **5 EUR** für diesen Arbeitsgang. Für das Einscannen erhält der Notar dann keine Gebühr.

Beispiel 8

Der Notar übermittelt dem Registergericht zusammen mit einer XML-Datei fünf Dateien,

1. GmbH-Gesellschafterversammlung mit Kapitalerhöhung (zehn Seiten),
2. Gesellschafterliste (eine Seite),
3. Übernehmerliste (eine Seite),
4. eine Übernahmeerklärung des Gesellschafters, der einen neuen Geschäftsanteil übernommen hat privatschriftlich mit Unterschriftsbeglaubigung (zwei Seiten),
5. eine Handelsregisteranmeldung (drei Seiten inkl. Beglaubigungsvermerk).

Auf Wunsch der Gesellschaft händigt der Notar der Gesellschaft alle fünf Dateien in elektronischer Form auf einer CD aus.

Berechnung der Dokumentenpauschale in einem Arbeitsgang:

Nr. 32002 KV GNotKG	Dokumentenpauschale 5 Dateien je 1,50 EUR = 7,50 EUR, höchstens jedoch	5,00 EUR
Vergleich der Dokumentenpauschale nach Nr. 32000 KV GNotKG nach Seitenzahlen:	Gesamtseitenzahl aller Dokumente = 17 x 0,50 EUR =	8,50 EUR

Zu berechnen sind 8,50 EUR für die Übermittlung der Dateien an das Registergericht.

Für den weiteren Arbeitsgang, Übermittlung der fünf Dateien an die GmbH:

Nr. 32002 KV GNotKG	Dokumentenpauschale 5 Dateien je 1,50 EUR = 7,50 EUR, höchstens jedoch	5,00 EUR
Vergleich der Dokumentenpauschale nach Nr. 32000 KV GNotKG nach Seitenzahlen:	Gesamtseitenzahl aller Dokumente = 17 x 0,50 EUR =	8,50 EUR

Zu berechnen sind 8,50 EUR für die Übermittlung der Dateien an die GmbH.

Hinweise:

Es handelt sich um zwei Arbeitsgänge i.S.v. Nr. 32002 KV GNotKG (1x die Übermittlung an das Registergericht und 1x die Übermittlung an die GmbH), weil die Daten auf zwei unterschiedlichen Datenträgern gespeichert wurden.

Das Einscannen löst jeweils keine gesonderte Gebühr aus (Anm. zu Nr. 32002 KV GNotKG, wonach eine höhere Gebühr als 1,50 EUR nur angenommen werden kann, wenn die Dokumentenpauschale für das Herstellen einer Schwarz-Weiß-Kopie mehr kosten würde – ab 11 Seiten zu je 0,15 EUR wäre das für jede Datei der Fall).

Die Übermittlung der XML-Dateien sind nur Begleitdateien und lösen keine Dokumentenpauschale aus.[5]

9 Die Begrenzung auf die Höchstgebühr von 5 EUR greift nicht, wenn die Dateien unterschiedliche Verfahren und Geschäfte betreffen und diese in verschiedenen Arbeitsgängen übermittelt werden und auch nicht, wenn innerhalb desselben Verfahrens unterschiedliche Arbeitsgänge aufgrund der Versendungsart vorliegen (z.B. Übermittlung per E-Mail und Brennen auf CD).

5 Siehe bereits *Tiedtke/Sikora*, MittBayNot 2006, 393.

Zusammenfassung: Die XML-Daten-Gebühren in Kurzübersicht: 10

- Die 0,2-Gebühr gem. **Nr. 22114 KV GNotKG** (max. 125 EUR) entsteht, wenn der Einreichende den Entwurf gefertigt oder das Dokument beurkundet hatte.
- Die 0,1-Gebühr gem. **Nr. 22115 KV GNotKG** (max. 125 EUR) entsteht, sofern neben der Gebühr Nr. 22114 KV GNotKG andere Gebühren des Vollzuges eines Geschäfts entstehen (Hauptabschnitt 2, Abschnitt 1, Unterabschnitt 1 GNotKG).
- Die 0,5-Gebühr gem. **Nr. 22125 KV GNotKG** (max. 250 EUR) entsteht, soweit kein Entwurf und keine Beurkundung des Notars zugrunde liegen.

Der **Geschäftswert** richtet sich nach § 112 S. 1 GNotKG und ist damit genauso hoch, wie beim zugrundliegenden notariellen Verfahren/Geschäft.

Beispiel 11

Der Notar beglaubigt die Unterschrift des Eigentümers unter einem Löschungsantrag, der auf der Löschungsbewilligung vorgedruckt ist. Der Wert des zu löschenden Grundpfandrechts beträgt 300.000 EUR.

Der Notar fertigt eine elektronisch beglaubigte Abschrift der Löschungsunterlage und übermittelt die beglaubigte Unterlage an das Grundbuchamt auf elektronischem Wege.

Für die elektronische Übermittlung kann der Notar in diesem Fall (seit dem 1.1.2021) keine XML-Daten mehr erheben (KostRÄG). Die Festgebühr Nr. 22124 KV GNotKG kommt in Betracht.

Abrechnung:

Kostenberechnung „*Beglaubigung und elektronische Erledigung*“

Unterschriftsbeglaubigung Löschungsantrag Grundpfandrecht	Nr. 25101 Nr. 2 KV GNotKG	20,00 EUR
Geschäftswert XML-Daten	§ 112	
Antragsübermittlung	Nr. 22124 KV GNotKG	20,00 EUR
elektronisch beglaubigte Abschrift Löschungsunterlage	Nr. 25102 KV GNotKG	10,00 EUR
Zwischensumme		*50,00 EUR*
Umsatzsteuer 19 %	Nr. 32015 KV GNotKG	9,50 EUR
Gesamt		**59,50 EUR**

Auch andere Anträge, die nach **§ 14b FamFG** dem Gericht elektronisch zu übermitteln sind, z.B. 12

- Adoption,
- Erbscheinsantrag,
- Antrag auf Genehmigung durch das Betreuungsgericht,
- Antrag auf Genehmigung durch das Nachlassgericht,
- Antrag auf Genehmigung durch das Familiengericht,

- Antrag auf Kraftloserklärung einer Vollmacht,
- Antrag auf Aufgebotsverfahren,
- Anzeige einer beurkundeten Abtretung eines Erbteils

können die Gebühren, die die Erzeugung von XML-Daten auslöst, wenn der Notar sie elektronisch erledigt, begründen.

Z.

I. Zitiergebot/Kostenberechnung

Derzeit noch ist die Kostenrechnung persönlich vom Notar oder von seinem amtlich bestellten Vertreter zu **unterschreiben** und muss dem Kostenschuldner zugehen (§ 19 Abs. 1 GNotKG). Ein Verstoß gegen diese Bestimmung führt zur Unwirksamkeit der Kostenrechnung. Dies kann in einem Verfahren nach § 127 Abs. 1 GNotKG festgestellt werden, sodass es einer Aufhebung der (nichtigen) Kostenberechnung nicht bedarf. 1

Durch das KostRÄG 2025[1] soll § 19 GNotKG so geändert werden, dass der Notar seine Kosten künftig nur aufgrund einer von ihm oder auf seine Veranlassung hin dem Kostenschuldner mitgeteilten Berechnung, die der **Textform** bedarf, fordern kann.

Die Kostenberechnung muss die **abgerechneten Tätigkeiten** des Notars **bezeichnen** (§ 19 Abs. 2 Nr. 1 GNotKG). Eine schlagwortartige Bezeichnung der Geschäfte bzw. Verfahren ist ausreichend, wenn sie so transparent ist, dass der Kostenschuldner erkennen kann, welche Amtsgeschäfte/Verfahren konkret durch die zugeordnete Gebühr abgerechnet wurden. 2

Es genügt zudem, wenn die Kostenberechnung einen allgemeinen Hinweis enthält, dass die Paragrafen sich auf das Gerichts- und Notarkostengesetz (GNotKG) beziehen und die Gebühren auf das diesem Gesetz als Anlage 1 beigefügte Kostenverzeichnis (KV GNotKG). Es ist dann entbehrlich, bei jeder Paragrafenangabe „*GNotKG*“ und bei jeder Kostenverzeichnisnummer „*KV Nr. GNotKG*“ anzugeben. 3

Die Angabe der fünfstelligen Nummer des Kostenverzeichnisses ist transparent genug, um die angewandte Gebühr zu kennzeichnen, sodass die Vorbemerkung, Anmerkung oder Tatbestandsmerkmale nicht zitiert werden müssen. 4

Es genügt also z.B. für eine Betreuungsgebühr die Nr. 22200 KV GNotKG anzugeben.

Die Vorschrift einer **Höchstgebühr** muss dann **zitiert** werden, wenn sie sich konkret auswirkt. Wirkt sich die Höchstgebühr nicht aus und wird dennoch angegeben, ist dies unschädlich; die Angabe geht ins Leere, sie schadet aber nicht.[2] 5

Für jede Wertgebühr ist gem. § 19 Abs. 2 Nr. 3 GNotKG der Geschäftswert anzugeben. 6

Die Beträge jeder einzelnen Gebühr und/oder Auslage sind gem. § 19 Abs. 2 Nr. 4 GNotKG zwingend anzugeben. Bei den jeweiligen Dokumentenpauschalen (Nrn. 32000 bis 32003 KV GNotKG) und bei den Entgelten für Post- und Telekommunikation (Nr. 32004 KV GNotKG) genügt es, den Gesamtbetrag anzugeben. 7

1 Kostenrechtsänderungsgesetz 2025 (KostRÄG 2025), RefE des BMJ v. 17.6.2024.

2 *Diehn/Sikora/Tiedtke*, Rn 965.

8 Soweit der Kostenschuldner bereits einen **Kostenvorschuss** geleistet hat, ist dieser auf der Kostenberechnung anzugeben bzw. zu berücksichtigen (§ 19 Abs. 2 Nr. 5 GNotKG).

9 Verstöße gegen die zwingenden Bestimmungen des § 19 Abs. 1 und 2 GNotKG führen zur **Nichtigkeit** der Kostenrechnung.

10 § 19 Abs. 3 GNotKG enthält weitere Bestimmungen, die der Notar zu beachten hat, obwohl die Bestimmungen Sollvorschriften sind. Folgendes soll der Notar beachten:

- Der jeweilige **Tatbestand ist kurz zu bezeichnen** (§ 19 Abs. 3 Nr. 1 GNotKG), z.B. mit *„Beurkundungsverfahren"*, *„Vereinbarung"*, *„Testament"* oder *„Beschluss"*.
- Bestimmte Wertvorschriften sind mit Angabe des Paragrafen zu zitieren, z.B. § 36, §§ 40 bis 54, §§ 97 bis 108, §§ 112 bis 124. Dies ergibt sich aus § 19 Abs. 3 Nr. 2 GNotKG.

  Werden dagegen allgemeine Wertvorschriften wie z.B. § 35 GNotKG (Zusammenrechnung), § 37 GNotKG (Nebengegenstände) oder Allgemeine Gebührenvorschriften, § 91 GNotKG (Ermäßigungen), § 92 GNotKG (Rahmengebühren) nicht zitiert, bleibt die Kostenberechnung wirksam.

11 Wenn es auch nicht zwingend vorgeschrieben ist, empfiehlt es sich aus Gründen besonders deutlicher Transparenz für den Kostenschuldner auch, die Absätze des angegebenen Paragrafen zu zitieren, z.B. *„§ 36 Abs. 2"* bei billigem Ermessen einer nichtvermögensrechtlichen Angelegenheit.

12 Wird ein Mindestwert nicht überschritten, ist der konkrete Ansatz durch den „Mindestwert-Paragrafen" anzugeben.

II. Zusatzgebühren

1. Auswärtsgebühr

13 Nimmt der Notar auf Ersuchen eines Beteiligten **außerhalb seiner Amtsräume** ein Geschäft vor, fällt die Zusatzgebühr (Auswärtsgebühr) gem. Nr. 26002 KV GNotKG an. Der Notar erhält für **jede angefangene halbe Stunde der Abwesenheit 50 EUR**.

> *Beispiel*
>
> Ist der Notar z.B. anlässlich einer notariellen Hauptversammlung für eine Aktiengesellschaft acht Stunden auswärts, erhält er für die 16 halben Stunden i.H.v. jeweils 50 EUR (je angefangene Stunde der Auswärtstätigkeit) einen Betrag i.H.v. 800 EUR.

14 Wenn der Notar allerdings ein **Testament**, eine Änderung eines Testaments oder eine Testamentsaufhebung außerhalb seiner Amtsräume beurkundet, fällt die Zusatzgebühr (Auswärtsgebühr) gem. Nr. 26003 KV GNotKG **nur einmal** i.H.v.

50 EUR an. Die Beurkundungen von Testamenten, Änderungen von Testamenten oder Aufhebungen von Testamenten sind somit privilegierte Geschäfte.

Dasselbe gilt, wenn der Notar auswärts eine **Vollmacht** beurkundet oder ändert bzw. 15
widerruft, wenn die Vollmacht geeignet ist, im **Vorsorgeregister** registriert zu werden.

Privilegierte Geschäfte, bei denen die Dauer der Abwesenheit nur mit einer festen 16
Auswärtsgebühr von 50 EUR berechnet werden, sind somit:

- Letztwillige Verfügungen (Einzeltestamente, gemeinschaftliche Testamente, Erbverträge, Änderungen und Aufhebungen derartiger Vorgänge, Widerruf von Testamenten oder Anfechtungen – **nicht jedoch die eidesstattliche Versicherung** zur Erlangung eines Erbscheins oder Erbausschlagungen),
- Vorsorgevollmachten, auch Generalvollmachten, die zugleich zur Registrierung in das Zentrale Vorsorgeregister (ZVR) geeignet sind,
- Betreuungsverfügungen,
- Patientenverfügungen.

Beispiel 17

Der Notar beurkundet eine Vorsorgevollmacht auswärts beim Mandanten in dessen Wohnung. Die Beurkundung dauert 45 Minuten, die Hin- und Rückfahrt des Notars jeweils 30 Minuten.

Abrechnung:

Nr. 26003 KV GNotKG Auswärtstätigkeit 50 EUR.

Hinweis:

Auf die Dauer der Abwesenheit kommt es nach Nr. 26003 KV GNotKG nicht an. Es wird nur die Festgebühr von 50 EUR ohne Rücksicht auf den zeitlichen Aufwand berechnet, weil die Vorsorgevollmacht ein privilegiertes Geschäft darstellt.

Treffen mehrere auswärts zu erledigende Geschäfte zusammen, entsteht die Zusatz- 18
gebühr nur einmal und ist nach Anm. 1 zu Nr. 26002 KV GNotKG auf die einzelnen Geschäfte unter Berücksichtigung der für jedes Geschäft aufgewandten Zeit angemessen zu verteilen.

Beispiel

Der Notar beglaubigt die Unterschriften unter 13 Löschungsbewilligungen einer Bank. Der Termin dauert 15 Minuten. An- und Abreise dauern jeweils 20 Minuten.

Abrechnung:

Die Dauer der Abwesenheit setzt sich aus der Zeit für die Beglaubigung und der für die An- und Abreise zusammen. Die Zeit beträgt insgesamt 55 Minuten (15 + 20 + 20). Daher sind zwei Halbstunden anzusetzen.

Es entsteht die Zusatzgebühr von 100 EUR, die auf die dreizehn Geschäfte gleichmäßig verteilt werden. Gemäß Nr. 26002 KV GNotKG beträgt die Gebühr für jedes Geschäft somit 7,69 EUR.

19 **Auswärtsbeurkundung – unrichtige Sachbehandlung?**

Viele Notare sind in der notariellen Praxis froh, wenn die Beurkundung **grundsätzlich in den Amtsräumen** stattfindet. Der Notar kann dann auf seine Bücher, EDV, Mitarbeiter und Kollegen zugreifen, wenn während der Beurkundung Zuarbeiten nützlich sind, insbesondere für ein reibungsloses zügiges Beurkundungsverfahren.

Es kommt jedoch häufiger vor, dass ein Notar gebeten wird, eine Beurkundung auswärts, außerhalb seiner Amtsräume, zu erledigen. Manchmal ist es einem Beteiligten einfach unmöglich, einen Termin bei einem Notar wahrzunehmen, etwa wenn schwerwiegendere körperliche Leiden daran hindern. Kommt der Notar in diesen Fällen dem Wunsch einer auswärtigen Beurkundung nach, ist das aus Sicht aller Vertragsparteien erfreulich, weil andernfalls das Beurkundungsverfahren erschwert oder unmöglich wäre. Derartige auswärtige Beurkundungen des Notars sind legitim und erst recht solche, wo der Notar die Beteiligten im **Krankenhaus** aufsucht, um deren letzte Wünsche auf Testieren zu erfüllen, vorausgesetzt, die Testierfähigkeit des Mandanten liegt nach Überzeugung des Notars auch vor.

Es gibt nach hier geäußerter Auffassung auch weitere Fälle, in denen eine auswärtige Beurkundung durch den Notar auf Wunsch des Beteiligten zulässig ist, z.B. wenn der Notar in einer **gesellschaftsrechtlichen Angelegenheit** in den Geschäftsräumen einer Gesellschaft mehrere Beurkundungen und Registeranmeldungen erledigt, bei denen nicht wenige Gesellschafter, Geschäftsführer und Prokuristen mitwirken müssen. Der Aufwand wird für den Mandanten deutlich geringer und auch für den Notar, wenn die Beteiligten andernfalls nicht alle gleichzeitig an der Beurkundung teilnehmen können. Solche Beurkundungen außerhalb der Geschäftsstelle des Notars sind **zulässig**, weil mangels weiterer Beteiligter, gegenüber keinem weiteren Beteiligten ein unrichtiger Eindruck erweckt werden kann, dass der Notar sich nicht neutral verhalte, indem er außerhalb seiner Geschäftsräume in den Geschäftsräumen der Gesellschaft amtlich tätig wird.

In weiteren Fällen auswärtiger Beurkundungen, wenn mehrere Parteien aufeinandertreffen, kann eine auswärtige Beurkundung auch zulässig sein, wenn durch die Beurkundung in den Geschäftsräumen einer Partei ein Mitwirken aller und nahezu aller Beteiligten möglich wird. Insoweit kann man von einer **für alle Beteiligten vorteilhafte auswärtige Beurkundung** sprechen. Bei einer solchen Beurkundung sollte der Notar in seiner Urkunde vermerken, dass alle Beteiligten die Beurkundung ausdrücklich in den Räumlichkeiten einer Vertragspartei wünschen, um die Mitwirkung vieler Personen an der Beurkundung zu ermöglichen, sodass das Beurkundungsverfahren insgesamt zügiger vollzogen werden kann, weil keine weiteren nachträglichen Genehmigungen oder Nichtgenehmigungen mehr im Raume stehen.

Die **Dokumentation** des einzelnen Falls sollte **in der notariellen Urkunde** nie fehlen, weil damit eine **Abgrenzung zu nicht zulässigen** auswärtigen Beurkundungen der notariellen Urkunde zu entnehmen ist.

Eine **nicht zulässige auswärtige Beurkundung** kann vorliegen, wenn ein Notar wiederholt Auswärtsbeurkundungen von Grundstückskaufverträgen in den Räumlichkeiten einer Vertragspartei erledigt. Dann kann die Gefahr des Anscheins der Abhängigkeit und Parteilichkeit des Notars begründet sein.[3] Ein Notar muss gem. § 14 Abs. 3 S. 2 BNotO jedes Verhalten vermeiden, damit auch nicht nur ein Anschein einer Abhängigkeit oder Parteilichkeit begründet wird und dies auch dann, wenn ein Bürger eine entsprechende Serviceleistung des Notars begrüßt.

Praxistipp: 20

Wünscht ein Beteiligter eines Immobilienvertrages eine auswärtige Beurkundung in den Räumlichkeiten einer Vertragspartei, so kann der Notar mit § 14 BNotO und mit dem Urteil des OLG Celle[4] argumentieren, um die Beteiligten doch in seine Amtsräume einzuladen. Dies hat auch den Vorteil, dass der Notar seine Amtsräume nicht verlassen muss, ganz im Sinne eines reibungslosen amtlichen Wirkens.

Eine nicht sachgerechte Beurkundung auswärts ist nicht zu vergüten; dann gilt § 21 GNotKG.

2. Unzeitgebühr

Für die Beurkundung 21

- an einem **Werktag** in der Zeit **außerhalb von 8.00 Uhr bis 20.00 Uhr** oder
- an einem **Sonntag oder Feiertag nach 13.00 Uhr**

fällt eine Zusatzgebühr, die Unzeitgebühr gem. Nr. 26000 KV GNotKG an.

Die Gebühr beträgt 30 % der für das Verfahren oder Geschäft zu erhebenden Gebühr, **höchstens** jedoch **30 EUR**.

Treffen mehrere der vorgenannten Voraussetzungen zu, beurkundet der Notar also z.B. am Sonntag vor 8.00 Uhr, wird die Gebühr dennoch nur einmal erhoben (Nr. 26000 Nr. 2 KV GNotKG). 22

Beispiel: Gesellschaftsgründung außerhalb der Geschäftszeiten 23

Der Notar beurkundet eine Gesellschaftsgründung, und zwar einer UG (haftungsbeschränkt) mit einem Stammkapital von 500 EUR unter Verwendung des gesetzlichen Musterprotokolls.

3 Vgl. OLG Celle, Senat für Notarsachen, Urt. v. 29.8.2018 – Not 1/18.

4 OLG Celle, Senat für Notarsachen, Urt. v. 29.8.2018 – Not 1/18.

Die Beurkundung findet außerhalb der Geschäftszeiten, an einem Dienstag um 18.30 Uhr im Notariat statt.

Außerdem berät der Notar den Mandanten eine Stunde lang über einen Erbvertrag und nimmt für die Beratung einen Geschäftswert von 200.000 EUR an.

Abrechnung der Zusatzgebühren:

Errichtung UG (haftungsbeschränkt), Geschäftswert 500 EUR

Nr. 21200 KV GNotKG Beurkundungsgebühr = 1,0 Mindestgebühr = 60 EUR

Nr. 26000 KV GNotKG Unzeitgebühr (30 % der Beurkundungsgebühr) = 18 EUR

Nr. 25100 KV GNotKG (Unterschriftsbeglaubigung), 0,2 Mindestgebühr = 20 EUR

Nr. 26000 KV GNotKG Gebühr 30 % der Beglaubigungsgebühr, Mindestgebühr § 35 Abs. 5 = 15 EUR

Beratung über Erbvertrag, Geschäftswert 200.000 EUR

Nr. 24200 KV GNotKG Rahmengebühr

0,3–1,0, aufgrund des Umfanges hier angenommen 0,7 = 304,50 EUR

Nr. 26000 KV GNotKG Unzeitgebühr 30 % der Beratungsgebühr, max. 30 EUR.

Hinweis:

Die Beglaubigungsgebühr wird zwar nicht berechnet, weil der Entwurf abgerechnet wird und die Gebühr für die erstmalige Beglaubigung an ein und demselben Tag gem. Vorbem. 2.4.1 Abs. 1 KV GNotKG neben der Entwurfsgebühr keine weiteren Gebühren auslöst. Für die Berechnung der Zusatzgebühr ist sie aber Grundlage.

Wird der Entwurf selbst zur Unzeit erstellt, weil der Entwurfsauftrag innerhalb der Normalzeit nicht mehr erstellt werden konnte, bleibt es bei der Unzeitgebühr von 15 EUR.

24 *Beispiel: Überlassungsvertrag beim Übergeber*

Der Notar beurkundet einen Überlassungsvertrag auswärts beim Übergeber, der aufgrund einer Erkrankung nicht in das Notariat kommen kann. Die Zeit für die Hin- und Rückfahrt des Notars betrug zwei Stunden und die Zeit für die Beurkundung des Vertrages 25 Minuten.

Abrechnung:

Nr. 26002 KV GNotKG Auswärtstätigkeit 5 x Halbstundensatz = 250 EUR.

Hinweis:

Die Zeit der Abwesenheit des Notars beträgt insgesamt 2 Stunden und 25 Minuten. **Für jede angefangene** halbe Stunde wird der volle Satz von 50 EUR erhoben.

Beispiel: Hauptversammlung AG 25

Der Notar beurkundet als Tatsachenprotokoll eine Hauptversammlung einer Aktiengesellschaft, die acht Stunden lang andauert. Die Zeit der An- und Abreise beträgt jeweils 20 Minuten, somit 40 Minuten.

Abrechnung:

Abwesenheit 16 x 0,5 Stunden + 2 x 0,5 Stunden (An- und Abreise) = insgesamt 18 x 0,5 Stunden,

Gebühr Nr. 26002 KV GNotKG auswärts = **somit 18 x 50 EUR = 900 EUR.**

3. Fremde Sprache

Wendet der Notar in einem Beurkundungsverfahren, ohne dass ein Dolmetscher hinzugezogen wurde, Fremdsprachenkenntnisse an, entsteht eine Zusatzgebühr i.H.v. **30 % der für das Beurkundungsverfahren** zu erhebenden Gebühr gem. Nr. 26001 KV GNotKG. Die Gebühr beträgt **höchstens 5.000 EUR**. 26

Die Höhe der Gebühr ist gerechtfertigt, weil der Notar bei der Übersetzung insbesondere längerer Texte, z.B. bei der Beurkundung eines Unternehmenskaufvertrages in englischer Sprache, eine hohe Verantwortung trägt. Auch die eingeführte Obergrenze auf 5.000 EUR ist gerechtfertigt, weil es ansonsten in Einzelfällen zu überzogenen Gebühren kam. 27

Nicht erforderlich ist es, dass die Niederschrift selbst in fremder Sprache errichtet wird. Es kommt auch nicht darauf an, ob die Niederschrift Willenserklärungen enthält oder darauf, dass es eine Beurkundung i.S.v. § 36 BeurkG ist.

Ebenso erhält der Notar die vorgenannte Zusatzgebühr nach Nr. 26001 KV GNotKG i.H.v. 30 % des Beurkundungsverfahrens, wenn er eine Bescheinigung, Beglaubigung oder Übersetzung in eine fremde Sprache erledigt. 28

Beispiel 29

Der Notar beurkundet einen Geschäftsanteilskauf- und Abtretungsvertrag in englischer Sprache. Der Kaufpreis für den verkauften Geschäftsanteil beträgt 100.000 EUR.

Abrechnung:

(Beurkundungsverfahren) Geschäftswert: 100.000 EUR	Nr. 21100 KV GNotKG	1,0 Gebühr	=	546,00 EUR
Zusatzgebühr für fremde Sprache	Nr. 26001 KV GNotKG	30 % der Gebühr	=	163,80 EUR

30 Die Gebühr für die fremde Sprache erhält der Notar auch bei:

- Beglaubigungen einer Unterschrift oder eines Handzeichens,
- Beglaubigung von Abschriften, Abdrucken, Ablichtungen, Ausdrucken,
- Bescheinigungen über Eintragungen in öffentlichen Registern,
- Bescheinigungen und bestimmten einfachen Zeugnissen (Vermerkurkunden nach §§ 39 und 39a BeurkG),
- sonstigen Bescheinigungen.

31 Bei der Beurkundung als Tatsachenprotokoll (§ 36 BeurkG), z.B. der Beurkundung eines Hauptversammlungsprotokolls ist die Gebühr Nr. 26001 KV GNotKG ebenfalls anwendbar.

4. Reisekosten

32 Siehe hierzu unter Teil R Rdn 77 ff. (*Reisekosten*).

III. Zustimmungserklärung

33 Fertigt der Notar den Entwurf einer Vollmachtbestätigung oder einer Zustimmungs- bzw. Genehmigungserklärung zu einem Vertrag oder zu einer Urkunde, die nicht im Zusammenhang mit einem eigenen Beurkundungsverfahren steht (Vorbem. 2.4.1 Abs. 1 KV GNotKG) erhält der Notar eine **Entwurfsgebühr**.

34 Der Gebührensatz für die Beurkundung beträgt 1,0 gem. Nr. 24101 KV GNotKG i.V.m. Nr. 21200 KV GNotKG, **mind. 60 EUR**, wenn der Notar den Entwurf vollständig gefertigt hat. Im Übrigen ist in Nr. 24101 KV GNotKG eine Rahmengebühr von 0,3 bis 1,0 geregelt, je nach Aufwand dessen, was der Notar ergänzt.

35 Eine Gebühr für die Beglaubigung der Unterschrift erhält der Notar nicht, wenn er den Entwurf der Genehmigungserklärung entworfen hat (Vorbem. 2.4.1 Abs. 2 KV GNotKG).

36 Für die Versendung der vom Notar entworfenen und beglaubigten Erklärung an den anderen abwickelnden Notar erhält der Entwurfsnotar keine zusätzliche Gebühr. **Anders** verhält es sich, **wenn** der Notar, der nur die Unterschrift unter einer Genehmigungserklärung beglaubigt hat, die Urkunde im Anschluss an den abwickelnden Notar übersendet. Dann fällt die Gebühr i.H.v. 20 EUR zusätzlich nach Nr. 22124 KV GNotKG an.

37 Der **Geschäftswert** für die Entwurfsfertigung der Zustimmungs- bzw. Genehmigungserklärung entspricht **der Hälfte des Geschäftswerts**, der für die Beurkundung des Geschäfts, auf das sich die Vollmacht oder Zustimmung bezieht, anfällt (§ 98 Abs. 1 GNotKG), **höchstens jedoch 1.000.000 EUR** (§ 98 Abs. 4 GNotKG).

Beispiel 38

Der hamburgische Notar Z beurkundet einen Kaufvertrag, bei dem der in Buxtehude wohnende Verkäufer vorbehaltlich der Erteilung einer Genehmigung vertreten wurde.

Der Kaufpreis beträgt 2.500.000 EUR.

Der Verkäufer beauftragt seinen Notar in Buxtehude mit der Fertigung des Entwurfs der Genehmigungserklärung, leistet dort seine Unterschrift, die beglaubigt wird. Außerdem bittet der Verkäufer seinen Notar, die beglaubigte Genehmigungserklärung dem Notar Z in Hamburg zu senden.

Die Genehmigungserklärung hat einen Umfang von zwei Seiten. Der Verkäufer erhält eine beglaubigte Abschrift der Genehmigungserklärung und der Notar fertigt sich eine beglaubigte Abschrift für seine Urkundenrollensammlung.

Abrechnung:

Entwurf – Geschäftswert				1.000.000,00 EUR
Zustimmungserklärung § 98 Abs. 1, 4 GNotKG	Nr. 24101 i.V.m. Nr. 21200 KV GNotKG	1,0 Gebühr	=	1.735,00 EUR
Dokumentenpauschale 4 Seiten	Gebühr Nr. 32001 Nr. 1, 2 KV GNotKG			0,60 EUR
Auslagen Post- und Telekommunikation	Gebühr Nr. 32004 KV GNotKG	(tatsächliche Höhe)		3,70 EUR

Hinweis:

Die Entwurfsfertigung steht nicht im Zusammenhang mit einem anderen Beurkundungsverfahren des Notars in Buxtehude (Vorbem. 2.4.1 Abs. 1 KV GNotKG), sodass die Entwurfsgebühr angefallen ist.

Der Geschäftswert für die Entwurfsfertigung der Genehmigungserklärung ist mit dem halben Wert der Erklärung zu bestimmen, der für die Beurkundung anfällt, auf die sich die Genehmigung bezieht (§ 98 Abs. 1 GNotKG). Im Beispielsfall $^1/_2$ von 2.500.000 EUR = 1.250.000 EUR. Aber der **Höchstwert** von 1.000.000 EUR ist zu beachten (§ 98 Abs. 4 GNotKG).

Der Gebührensatz für die Beurkundung beträgt 1,0 gem. Nr. 24101 i.V.m. Nr. 21200 KV GNotKG, mind. 60 EUR. In Nr. 24101 KV GNotKG ist eine Rahmengebühr zwischen 0,3 und 1,0 geregelt. Weil der Notar den vollständigen Genehmigungstext entworfen hat, steht ihm die 1,0 Gebühr zu.

Die Beglaubigung der Unterschrift löst keine zusätzliche Gebühr aus (Vorbem. Nr. 2.4.1 Abs. 2 KV GNotKG).

Die Versendung an den Hamburger Notar löst nicht die Gebühr von 20 EUR nach Nr. 22124 KV GNotKG aus, weil der Notar ein Beurkundungsverfahren (den Entwurf der Genehmigungserklärung) abzurechnen hat. Würde der Notar nur die Unterschrift unter der Genehmigung beglaubigen und die Urkunde sodann dem Hamburger Notar auftragsgemäß übersenden, würde die Gebühr Nr. 22124 KV GNotKG i.H.v. 20 EUR allerdings zusätzlich anfallen.

Nach Nr. 32005 KV GNotKG wäre die pauschale Abrechnung mit 20 EUR möglich, aber weil die tatsächlichen Kosten deutlich darunter sind, wird der Notar die tatsächlichen Kosten berechnen.

IV. Zweigniederlassung

39 Der Begriff der Zweigniederlassung ist im HGB nicht definiert und ebenso wenig in der Europäischen Zweigniederlassungsrichtlinie, auch nicht im europäischen Primärrecht (Art. 43 Abs. 1 EGV).

40 Nach h.M. ist die Zweigniederlassung des Kaufmanns ein räumlich getrennter Teil seines im Mittelpunkt stehenden Unternehmens, der dauerhaft unter seiner Leitung selbstständig Geschäfte schließt und die dafür notwendige Organisation in sachlicher und personeller Hinsicht aufweist.[5]

41 Bei der Anmeldung einer Zweigniederlassung kann auf die Ausführungen in Teil R Rdn 7 ff. (*Registeranmeldungen*) verwiesen werden.

42 Eine Geschäftswertprivilegierung ist im GNotKG nicht mehr vorgesehen. Es findet somit keine Halbierung des Geschäftswertes mehr statt.

43 *Beispiel*

Im Handelsregister ist eine GmbH mit einem Stammkapital i.H.v. 5.000.000 EUR eingetragen. Die GmbH hat drei Zweigniederlassungen, eine in München, eine in Köln und eine in Frankfurt. Zur Eintragung in das Handelsregister wird angemeldet:

Das Amt des Geschäftsführer A ist erloschen. Dafür ist B zum neuen Geschäftsführer bestellt worden.

Frau P hat Prokura erhalten, beschränkt auf die Zweigniederlassung in München.

Herr P hat Prokura erhalten, beschränkt auf die Zweigniederlassung in Köln.

5 *Hüffer*, Anh. § 45 AktG, § 13 HGB Rn 5; Staub/*Koch*, HGB Großkommentar, 1. Band, § 13 Rn 20; *Voigt*, Das Handelsrecht der Zweigniederlassung, § 3 II. 1.

Herr X hat Prokura erhalten, beschränkt auf die Zweigniederlassung in Frankfurt

Abrechnung:

Geschäftswerte

Ausscheiden Geschäftsführer A	§ 105 Abs. 2, Abs. 4 Nr. 1	50.000 EUR
Bestellung Geschäftsführer B	§ 105 Abs. 2, 4 Nr. 1	50.000 EUR
Bestellung Prokuristin Fr. P	§ 105 Abs. 2, 4 Nr. 1	50.000 EUR
Bestellung Prokurist Hr. P	§ 105 Abs. 2, 4 Nr. 1	50.000 EUR
Bestellung Prokurist Hr. X	§ 105 Abs. 2, 4 Nr. 1	50.000 EUR

Die Geschäftswerte sind nach § 35 Abs. 1 zu addieren = **250.000 EUR**

0,5-Gebühr Nr. 24102 KV GNotKG, Handelsregisteranmeldung, Wert 250.000 EUR = **267,50 EUR**

Anhang A: Muster-Kostenberechnungen

▼

Fall 1: Adoption eines Minderjährigen 1

Fall 1

(Mit Zustimmungserklärung durch das Jugendamt für das Kind).

Notar **Rechnung Nr.** / USt-IdNr.:

(*Anschrift*) Bankverbindung

Herrn

Frau

Anschrift

Kostenrechnung § 19 GNotKG

Beurkundungsverfahren Adoption/Zustimmungserklärung vom (UVZ-Nr. /)

Fertigung 3 Abschriften mit je 4 Seiten

Sehr geehrte Frau ,

sehr geehrter Herr ,

für meine Amtstätigkeiten stelle ich nach dem Gerichts- und Notarkostengesetz (GNotKG) in Rechnung:

Gebühren und Auslagen:

(Bei den fünfstelligen Nummern handelt es sich um die Nummern der Anlage 1 des GNotKG – Kostenverzeichnis GNotKG).

–	21200 (Beurkundungsverfahren) Geschäftswert: 5.000 EUR (§ 101)	60,00 EUR
–	22111, 22110 (Vollzugsgebühr), Vorbem. 2.2.1.1 Abs. 1 Nr. 4 Geschäftswert: 5.000 EUR (§ 112)	30,00 EUR
–	32001 Nr. 1, 2 (Dokumentenpauschale, 3 Abschriften je 4 S. = 12 Seiten, x 0,15 EUR	1,80 EUR
–	32005 (Post- und Telekommunikation)	18,00 EUR
–	*Zwischensumme*	*109,80 EUR*
–	Umsatzsteuer 19 %	20,86 EUR
–	**Rechnungsbetrag**	**130,66 EUR**

Den Rechnungsbetrag bitte ich Sie auf mein Konto unter Angabe der Rechnungsnummer zu überweisen.

Hinweis zum Rechtsbehelf:
Die Kostenrechnung kann durch schriftlich begründeten Antrag auf gerichtliche Entscheidung – § 127 GNotKG – beim Landgericht zur Geschäftsstelle angefochten werden.

Mit freundlichen Grüßen

(*Unterschrift Notar*)

▲

▼

2 **Fall 2: Adoption einer Erwachsenen mit Einwilligung des Ehegatten der Anzunehmenden in der Urkunde**

Notar **Rechnung Nr. /** USt IdNr.:

(*Anschrift*) Bankverbindung

Herrn

Frau

Anschrift

Kostenrechnung § 19 GNotKG
Beurkundungsverfahren Adoption/Zustimmungserklärung vom (UVZ-Nr. /)

Fertigung 3 Abschriften mit je 4 Seiten

Sehr geehrte Frau ,

sehr geehrter Herr ,

für meine Amtstätigkeiten stelle ich nach dem Gerichts- und Notarkostengesetz (GNotKG) in Rechnung:

Gebühren und Auslagen:
(Bei den fünfstelligen Nummern handelt es sich um die Nummern der Anlage 1 des GNotKG – Kostenverzeichnis GNotKG).

- 21200 (Beurkundungsverfahren)
  Geschäftswert: 300.000 EUR = 50 % vom Vermögen des Annehmenden (§§ 97 Abs. 1, 36 Abs. 1) 635,00 EUR
- 32001 Nr. 1, 2 (Dokumentenpauschale, 3 Abschriften je 4 S.
  = 12 Seiten, x 0,15 EUR 1,80 EUR

– 32005 (Post- und Telekommunikation)	18,00 EUR
– *Zwischensumme*	*746,60 EUR*
– Umsatzsteuer 19 %	141,85 EUR
– **Rechnungsbetrag**	**888,45 EUR**

Den Rechnungsbetrag bitte ich Sie auf mein Konto unter Angabe der Rechnungsnummer zu überweisen.

Hinweis zum Rechtsbehelf:

Die Kostenrechnung kann durch schriftlich begründeten Antrag auf gerichtliche Entscheidung – § 127 GNotKG – beim Landgericht zur Geschäftsstelle angefochten werden.

Mit freundlichen Grüßen

(Unterschrift Notar)

▲

▼

Fall 3: Errichtung einer Aktiengesellschaft (Mehr-Personen) 3

(Errichtung, Grundkapital 50.000 EUR: mit Bestellung des ersten Aufsichtsrats, mit Regelung eines genehmigten Kapitals in Höhe von 25.000 EUR. Der Notar fertigt die erste Liste des Aufsichtsrats. Der beurkundende Notar erledigt die Gründungsprüfung [§ 33 AktG]).

Notar
(*Anschrift*)

Rechnung Nr. /
Bankverbindung

USt-IdNr.:

Firma AG

Anschrift

Kostenrechnung § 19 GNotKG

Errichtung AG mit genehmigtem Kapital vom (UVZ-Nr. /)

Bestellung Aufsichtsrat, Gründungsprüfung, Fertigung Aufsichtsratsliste

Sehr geehrter Herr ,

für meine Amtstätigkeiten stelle ich nach dem Gerichts- und Notarkostengesetz (GNotKG) wie folgt in Rechnung:

Gebühren und Auslagen:

(Bei den fünfstelligen Nummern handelt es sich um die Nummern der Anlage 1 des GNotKG – Kostenverzeichnis GNotKG).

– 21100 (Beurkundungsverfahren) Geschäftswert: 105.000 EUR (§§ 35 Abs. 1, 97 Abs. 1, 107 Abs. 1, 108 Abs. 1, 105 Abs. 4 Nr. 1)	546,00 EUR
– 22110 (Vollzugsgebühr Aufsichtsratsliste) Geschäftswert 105.000 EUR (§§ 35 Abs. 1, 97 Abs. 1, 107 Abs. 1, 108 Abs. 1, 105 Abs. 4 Nr. 1) Vorbem. 2.2.1.1 Abs. 1 Nr. 3, § 112	136,50 EUR
– 25206 (Gründungsprüfung § 33 AktG)	1.000,00 EUR
– 22114 Elektronische Einreichung XML-Daten	54,60 EUR
– 32001 Nr. 1, 2 (Dokumentenpauschale, 11 Abschriften je 8 S. = 88 Seiten x 0,15 EUR	13,20 EUR
– 32005 (Post- und Telekommunikation)	20,00 EUR
– *Zwischensumme*	*1.770,30 EUR*
– Umsatzsteuer 19 %	336,36 EUR
– Rechnungsbetrag	**2.106,66 EUR**

Den Rechnungsbetrag bitte ich Sie auf mein Konto unter Angabe der Rechnungsnummer zu überweisen.

Hinweis zum Rechtsbehelf:

Die Kostenrechnung kann durch schriftlich begründeten Antrag auf gerichtliche Entscheidung – § 127 GNotKG – beim Landgericht zur Geschäftsstelle angefochten werden.

Mit freundlichen Grüßen

(Unterschrift Notar)

▲

▼

4 **Fall 4: GmbH-Errichtung durch mehrere Personen**

Fall 4 *(Errichtung, Stammkapital 25.000 EUR mit Bestellung der ersten Geschäftsführer, Fertigung der Gesellschafterliste durch Notar, der auch die Registeranmeldung bis zur Einreichungsreife treuhänderisch für den Geschäftsführer verwahrt).*

Notar **Rechnung Nr.** / USt-IdNr.:

(*Anschrift*) Bankverbindung

Firma GmbH

Herr

Anschrift

Beurkundung GmbH-Errichtung vom (UVZ-Nr. /), Registeranmeldung (UVZ-Nr. /)

Kostenrechnung § 19 GNotKG

Sehr geehrter Herr ,

für meine Amtstätigkeiten stelle ich nach dem Gerichts- und Notarkostengesetz (GNotKG) wie folgt in Rechnung:

Gebühren und Auslagen:

(Bei den fünfstelligen Nummern handelt es sich um die Nummern der Anlage 1 des GNotKG – Kostenverzeichnis GNotKG).

– 21100 (Beurkundungsverfahren) Geschäftswert: 60.000 EUR (§§ 35 Abs. 1, 97 Abs. 1, 107 Abs. 1, 108 Abs. 1, 105 Abs. 4 Nr. 1)	384,00 EUR
– 22110 (Vollzugsgebühr, Gesellschafterliste) Geschäftswert 60.000 EUR (§§ 35 Abs. 1, 97 Abs. 1, 107 Abs. 1, 108 Abs. 1, 105 Abs. 4 Nr. 1)	96,00 EUR
– 22200 Nr. 3 Betreuungsgebühr – Treuhand-Überwachung Einreichung Registeranmeldung, § 113 Abs. 1 = Geschäftswert 30.000 EUR Prüfung der Einzahlung des Stammkapitals	62,50 EUR
– 22114 Elektronische Einreichung (XML-Daten) § 112 = Geschäftswert 30.000 EUR	25,00 EUR
– 32001 Nr. 1, 2 Dokumentenpauschale elektronische Übermittlung Gründungsurkunde, Gesellschafterliste, Registeranmeldung	4,50 EUR
– 32005 (Post- und Telekommunikation)	20,00 EUR
– 24102, 21201 Nr. 5 Handelsregisteranmeldung Geschäftswert 30.000 EUR, § 92 Abs. 2, § 105 Abs. 1 S. 1 Nr. 1	62,50 EUR
– *Zwischensumme*	*654,50 EUR*
– Umsatzsteuer 19 %	124,36 EUR
– Rechnungsbetrag	**778,86 EUR**

Den Rechnungsbetrag bitte ich Sie auf mein Konto unter Angabe der Rechnungsnummer zu überweisen.

Hinweis zum Rechtsbehelf:

Die Kostenrechnung kann durch schriftlich begründeten Antrag auf gerichtliche Entscheidung – § 127 GNotKG – beim Landgericht zur Geschäftsstelle angefochten werden.

Mit freundlichen Grüßen

(Unterschrift Notar)

5 **Fall 5: GmbH-Errichtung (eine Person; individueller Gesellschaftsvertrag)**

Fall 5

(Errichtung, Stammkapital 25.000 EUR mit Geschäftsführerbestellung. Notar fertigt die Registeranmeldung und Gesellschafterliste und reicht elektronisch ein).

Notar **Rechnung Nr. /** USt-IdNr.:

(Anschrift) Bankverbindung

Firma

Herr

Anschrift

Beurkundung GmbH-Errichtung (UVZ-Nr. /), Registeranmeldung (UVZ-Nr. /)

Kostenrechnung § 19 GNotKG

Sehr geehrter Herr ,

für meine Amtstätigkeiten stelle ich nach dem Gerichts- und Notarkostengesetz (GNotKG) wie folgt in Rechnung:

Gebühren und Auslagen:

(Bei den fünfstelligen Nummern handelt es sich um die Nummern der Anlage 1 des GNotKG – Kostenverzeichnis GNotKG).

- 21200 (Beurkundungsverfahren, GmbH-Errichtung)
  Geschäftswert: 30.000 EUR (§ 97 Abs. 1, 107 Abs. 1) — 125,00 EUR
- 21100 (Beurkundungsverfahren, Beschluss)
  Geschäftswert 30.000 EUR, § 108 Abs. 1 S. 1, § 105 Abs. 4 Nr. 1 — 250,00 EUR
- 22111 (Vollzugsgebühr, Gesellschafterliste)
  Geschäftswert 60.000 EUR (§§ 35 Abs. 1, 97 Abs. 1, 107 Abs. 1, 108 Abs. 1, 105 Abs. 4 Nr. 1) — 57,60 EUR

–	22200 Nr. 3 Betreuungsgebühr – Treuhand-Überwachung Einreichung Registeranmeldung, § 113 Abs. 1 = Geschäftswert 30.000 EUR Prüfung der Einzahlung des Stammkapitals	62,50 EUR
–	22114 Elektronische Einreichung (XML-Daten) § 112 = Geschäftswert 30.000 EUR	25,00 EUR
–	32001 Nr. 1, 2 Dokumentenpauschale elektronische Übermittlung Gründungsurkunde, Gesellschafterliste, Registeranmeldung	4,50 EUR
–	32005 (Post- und Telekommunikation)	20,00 EUR
–	24102, 21201 Nr. 5 Handelsregisteranmeldung Geschäftswert 30.000 EUR, § 92 Abs. 2, § 105 Abs. 1 S. 1 Nr. 1	62,50 EUR
–	*Zwischensumme*	*607,10 EUR*
–	Umsatzsteuer 19 %	115,35 EUR
–	**Rechnungsbetrag**	**722,45 EUR**

Den Rechnungsbetrag bitte ich Sie auf mein Konto unter Angabe der Rechnungsnummer zu überweisen.

Hinweis zum Rechtsbehelf:

Die Kostenrechnung kann durch schriftlich begründeten Antrag auf gerichtliche Entscheidung – § 127 GNotKG – beim Landgericht zur Geschäftsstelle angefochten werden.

Mit freundlichen Grüßen

(*Unterschrift Notar*)

▲

▼

Fall 6: GmbH-Errichtung (zwei Personen; Videobeurkundung Musterprotokoll § 2 Abs. 3 GmbHG und Onlinebeglaubigung der Handelsregisteranmeldung) 6 Fall 6

(Errichtung, Stammkapital 25.000 EUR mit Geschäftsführerbestellung. Notar fertigt die Registeranmeldung und reicht elektronisch ein).

Notar **Rechnung Nr.** / USt-IdNr.:

(*Anschrift*) Bankverbindung

Firma

Herr

Anschrift

Beurkundung Online GmbH-Errichtung (UVZ-Nr. /), Registeranmeldung Online (UVZ-Nr. /)

Kostenrechnung § 19 GNotKG

Sehr geehrter Herr ,

für meine Amtstätigkeiten stelle ich nach dem Gerichts- und Notarkostengesetz (GNotKG) wie folgt in Rechnung:

Gebühren und Auslagen:

(Bei den fünfstelligen Nummern handelt es sich um die Nummern der Anlage 1 des GNotKG – Kostenverzeichnis GNotKG).

– 21100 (Beurkundungsverfahren, GmbH-Errichtung mit Beschluss) Geschäftswert 60.000 EUR, § 97 Abs. 1, § 107 Abs. 1, § 108 Abs. 1 S. 1, § 105 Abs. 4 Nr. 1	384,00 EUR
– 32016 Pauschale Onlinebeurkundung GmbH-Errichtung	25,00 EUR
– 32016 Pauschale Onlinebeglaubigung Handelsregisteranmeldung	8,00 EUR
– 22200 Nr. 3 Betreuungsgebühr – Treuhand-Überwachung Einreichung Registeranmeldung, § 113 Abs. 1 = Geschäftswert 30.000 EUR Prüfung der Einzahlung des Stammkapitals	62,50 EUR
– 22114 Elektronische Einreichung (XML-Daten) § 112 = Geschäftswert 30.000 EUR	25,00 EUR
– 32001 Nr. 1, 2 Dokumentenpauschale elektronische Übermittlung Gründungsurkunde, Gesellschafterliste, Registeranmeldung	4,50 EUR
– 32005 (Post- und Telekommunikation)	20,00 EUR
– 24102, 21201 Nr. 5 Handelsregisteranmeldung Geschäftswert 30.000 EUR, § 92 Abs. 2, § 105 Abs. 1 S. 1 Nr. 1	62,50 EUR
– *Zwischensumme*	*591,50 EUR*
– Umsatzsteuer 19 %	112,39 EUR
– Rechnungsbetrag	**703,89 EUR**

Den Rechnungsbetrag bitte ich Sie auf mein Konto unter Angabe der Rechnungsnummer zu überweisen.

Hinweis zum Rechtsbehelf:
Die Kostenrechnung kann durch schriftlich begründeten Antrag auf gerichtliche Entscheidung – § 127 GNotKG – beim Landgericht zur Geschäftsstelle angefochten werden.

Mit freundlichen Grüßen

(*Unterschrift Notar*)

▲

▼

Fall 7: Kaufvertrag mit Auflassung, Vorkaufsrechtsverzicht 7

Fall 7

(Kaufpreisüberwachung/Fälligstellung des Kaufpreises, Einholen Vorkaufsrechtsverzichtserklärung, Überwachung der Eigentumsumschreibung).

Notar **Rechnung Nr.** / USt-IdNr.:

(*Anschrift*) Bankverbindung

Herr

Anschrift

Kostenrechnung § 19 GNotKG
Kaufvertragsbeurkundung mit Auflassung vom (UVZ-Nr. /)

Fälligstellung des Kaufpreises von EUR nach Vormerkung und Vorliegen der einzuholenden Vorkaufsrechtsmitteilung, Überwachung der Eigentumsumschreibung, Fertigung 11 Abschriften mit je 8 Seiten

Sehr geehrter Herr ,

für meine Amtstätigkeiten stelle ich nach dem Gerichts- und Notarkostengesetz (GNotKG) wie folgt in Rechnung:

Gebühren und Auslagen:
(Bei den fünfstelligen Nummern handelt es sich um die Nummern der Anlage 1 des GNotKG – Kostenverzeichnis GNotKG).

- 21100 (Beurkundungsverfahren)
  Geschäftswert: 100.000 EUR (§§ 47 S. 1, 97 Abs. 3) 546,00 EUR
- 22112, 22110 (Vollzugsgebühr)
  KV Vorbemerkung 2.2.1.1 Abs. 1 S. 2 Nr. 1, Einholung Vorkaufsrechtsmitteilung 50,00 EUR
- 22200 Nr. 2, 3 (Fälligkeitsmitteilung, Umschreibungsüberwachung) 136,50 EUR

- 32001 Nr. 1, 2 (Dokumentenpauschale, 11 Abschriften je 8 S. = 88 Seiten, x 0,15 EUR = 88 x 0,15 EUR — 13,20 EUR
- 32011 Grundbuchabrufgebühren — 8,00 EUR
- 32005 (Post- und Telekommunikation) — 20,00 EUR
- *Zwischensumme* — *773,70 EUR*
- Umsatzsteuer 19 % — 147,00 EUR
- **Rechnungsbetrag** — **920,70 EUR**

Den Rechnungsbetrag bitte ich Sie auf mein Konto unter Angabe der Rechnungsnummer zu überweisen.

Hinweis zum Rechtsbehelf:

Die Kostenrechnung kann durch schriftlichen begründeten Antrag auf gerichtliche Entscheidung – § 127 GNotKG – beim Landgericht zur Geschäftsstelle angefochten werden.

Mit freundlichen Grüßen

(*Unterschrift Notar*)

▲

▼

8 **Fall 8: Kaufvertrag mit Auflassung, Genehmigung GrdstVG**

Fall 8 *(Kaufpreisfälligstellung, Einholung Vorkaufsrecht und Genehmigung GrdstVG, Überwachung Eigentumsumschreibung).*

Notar **Rechnung Nr.** / USt-IdNr.:

(*Anschrift*) Bankverbindung

Herr

Anschrift

Kostenrechnung § 19 GNotKG

Kaufvertragsbeurkundung mit Auflassung vom (UVZ-Nr. /)

Fälligstellung des Kaufpreises von EUR nach Vormerkung und Vorliegen der einzuholenden Vorkaufsrechtsmitteilung, Überwachung der Eigentumsumschreibung, Fertigung 11 Abschriften mit je 8 Seiten

Sehr geehrter Herr ,

für meine Amtstätigkeiten stelle ich nach dem Gerichts- und Notarkostengesetz (GNotKG) wie folgt in Rechnung:

Gebühren und Auslagen:

(Bei den fünfstelligen Nummern handelt es sich um die Nummern der Anlage 1 des GNotKG – Kostenverzeichnis GNotKG).

– 21100 (Beurkundungsverfahren)Geschäftswert: 100.000 EUR (§§ 47 S. 1, 97 Abs. 3)	546,00 EUR
– 22112, 22110 (Vollzugsgebühr) KV Vorbemerkung 2.2.1.1 Abs. 1 S. 2 Nr. 1, Einholung Vorkaufsrechtsmitteilung und Einholung Grundstücksverkehrsgesetzgenehmigung (2 x 50 EUR)	100,00 EUR
– 22200 Nr. 2, 3 (Fälligkeitsmitteilung, Umschreibungsüberwachung)	136,50 EUR
– 32001 Nr. 1, 2 (Dokumentenpauschale, 11 Abschriften je 8 S. = 88 Seiten, x 0,15 EUR	13,20 EUR
– 32011 Grundbuchabrufgebühren	8,00 EUR
– 32005 (Post- und Telekommunikation)	20,00 EUR
– *Zwischensumme*	*823,70 EUR*
– Umsatzsteuer 19 %	156,50 EUR
– Rechnungsbetrag	**980,20 EUR**

Den Rechnungsbetrag bitte ich Sie auf mein Konto unter Angabe der Rechnungsnummer zu überweisen.

Hinweis zum Rechtsbehelf:

Die Kostenrechnung kann durch schriftlich begründeten Antrag auf gerichtliche Entscheidung – § 127 GNotKG – beim Landgericht zur Geschäftsstelle angefochten werden.

Mit freundlichen Grüßen

(*Unterschrift Notar*)

▲

▼

Fall 9: Kaufvertrag mit Auflassung, Löschungsunterlagen, Treuhandauflage 9

(Fälligstellen des Kaufpreises, Einholen: Vorkaufsrecht, Genehmigung GrdstVG und Löschungsunterlagen für Grundpfandrecht i.H.v. 200.000 EUR, Treuhandauflage nur gegen Zahlung von 50.000 EUR verfügen zu dürfen, Überwachung Eigentumsumschreibung) Fall 9

Notar
(*Anschrift*)

Rechnung Nr. /
Bankverbindung

USt-IdNr.:

Herr

Anschrift

Kostenrechnung § 19 GNotKG

Kaufvertragsbeurkundung mit Auflassung vom (UVZ-Nr. /)

Fälligstellung des Kaufpreises von EUR nach Vormerkung und Vorliegen der einzuholenden Vorkaufsrechtsmitteilung, Überwachung der Eigentumsumschreibung, Fertigung 11 Abschriften mit je 8 Seiten

Sehr geehrter Herr ,

für meine Amtstätigkeiten stelle ich nach dem Gerichts- und Notarkostengesetz (GNotKG) wie folgt in Rechnung:

Gebühren und Auslagen:

(Bei den fünfstelligen Nummern handelt es sich um die Nummern der Anlage 1 des GNotKG – Kostenverzeichnis GNotKG).

– 21100 (Beurkundungsverfahren) Geschäftswert: 100.000 EUR (§§ 47 S. 1, 97 Abs. 3)	546,00 EUR
– 22112, 22110 (Vollzugsgebühr) KV Vorbemerkung 2.2.1.1 Abs. 1 S. 2 Nr. 1, Einholung Löschungsunterlagen zur Lastenfreimachung, Vorkaufsrecht, Genehmigung GrStVG, Geschäftswert 100.000 EUR, § 112 S. 1	136,50 EUR
– 22200 Nr. 2, 3 (Fälligkeitsmitteilung, Umschreibungsüberwachung) Geschäftswert 100.000 EUR, § 113 Abs. 1	136,50 EUR
– 22201 Treuhandauflage (Geschäftswert 50.000 EUR, § 113 Abs. 2)	82,50 EUR
– 32001 Nr. 1, 2 (Dokumentenpauschale, 11 Abschriften je 8 S. = 88 Seiten, x 0,15 EUR	13,20 EUR
– 32011 Grundbuchabrufgebühren	8,00 EUR
– 32005 (Pauschale Post- und Telekommunikation)	20,00 EUR
– *Zwischensumme*	*942,70 EUR*
– Umsatzsteuer 19 %	179,11 EUR
– **Rechnungsbetrag**	**1.121,81 EUR**

Den Rechnungsbetrag bitte ich Sie auf mein Konto unter Angabe der Rechnungsnummer zu überweisen.

Hinweis zum Rechtsbehelf:
Die Kostenrechnung kann durch schriftlich begründeten Antrag auf gerichtliche Entscheidung – § 127 GNotKG – beim Landgericht zur Geschäftsstelle angefochten werden.

Mit freundlichen Grüßen

(*Unterschrift Notar*)

▲

▼

Fall 10: Kaufvertrag mit Auflassung, Verwahrung 10

(Kaufpreisverwahrung und Kaufpreis-Fälligstellung, Einholung Vorkaufsrecht Einholung Löschungsunterlagen für Grundpfandrechte i.H.v. 200.000 EUR, Treuhandauflagen nur gegen Zahlung von 70.000 EUR und 20.000 EUR verfügen zu dürfen, Überwachung Eigentumsumschreibung)

Notar **Rechnung Nr.** / USt-IdNr.:

(*Anschrift*) Bankverbindung

Herr

Anschrift

Kostenrechnung § 19 GNotKG
Kaufvertragsbeurkundung mit Auflassung vom (UVZ-Nr. /)

Fälligstellung des Kaufpreises von EUR nach Vormerkung und Vorliegen der einzuholenden Vorkaufsrechtsmitteilung, Überwachung der Eigentumsumschreibung, Kaufpreisverwahrung, Fertigung 11 Abschriften mit je 8 Seiten

Sehr geehrter Herr ,

für meine Amtstätigkeiten stelle ich die nach dem Gerichts- und Notarkostengesetz (GNotKG) wie folgt in Rechnung:

Gebühren und Auslagen:
(Bei den fünfstelligen Nummern handelt es sich um die Nummern der Anlage 1 des GNotKG – Kostenverzeichnis GNotKG)

- 21100 (Beurkundungsverfahren)
  Geschäftswert: 100.000 EUR (§§ 47 S. 1, 97 Abs. 3) 546,00 EUR
- 22112, 22110 (Vollzugsgebühr)
  KV Vorbemerkung 2.2.1.1 Abs. 1 S. 2 Nr. 1, Einholung Löschungsunterlagen zur Lastenfreimachung, Vorkaufsrecht, Genehmigung GrdstVG, Geschäftswert 100.000 EUR, § 112 S. 1 136,50 EUR

– 22200 Nr. 2, 3 (Fälligkeitsmitteilung, Umschreibungsüberwachung) Geschäftswert 100.000 EUR, § 113 Abs. 1	136,50 EUR
– 22201 Treuhandauflage (Geschäftswert 70.000 EUR, § 113 Abs. 2)	109,50 EUR
– 22201 Treuhandauflage (Geschäftswert 20.000 EUR, § 113 Abs. 2)	53,50 EUR
– 25300 Verwahrgebühr (Geschäftswert 70.000 EUR, § 124 S. 1)	219,00 EUR
– 25300 Verwahrgebühr (Geschäftswert 20.000 EUR, § 124 S. 1)	75,00 EUR
– 32001 Nr. 1, 2 (Dokumentenpauschale, 11 Abschriften je 8 S. = 88 Seiten, x 0,15 EUR	13,20 EUR
– 32011 Grundbuchabrufgebühren	8,00 EUR
– 32005 (Pauschale Post- und Telekommunikation)	20,00 EUR
– *Zwischensumme*	*1.317,20 EUR*
– Umsatzsteuer 19 %	250,27 EUR
– **Rechnungsbetrag**	**1.567,47 EUR**

Den Rechnungsbetrag bitte ich Sie auf mein Konto unter Angabe der Rechnungsnummer zu überweisen.

Hinweis zum Rechtsbehelf:

Die Kostenrechnung kann durch schriftlich begründeten Antrag auf gerichtliche Entscheidung – § 127 GNotKG – beim Landgericht zur Geschäftsstelle angefochten werden.

Mit freundlichen Grüßen

(*Unterschrift Notar*)

▲

▼

11 **Fall 11: Verschmelzung einer GmbH im Wege der Aufnahme auf eine andere GmbH**

(Verschmelzung: Die übertragende Gesellschaft hat ein Stammkapital in Höhe von 25.000 EUR und die übernehmende ebenso. Als Gegenleistung erhalten die Gesellschafter A und B der übertragenden GmbH jeweils einen Geschäftsanteil in Höhe von 1.000 EUR an der aufnehmenden GmbH, die ihr Stammkapital zu diesem Zweck um 200 EUR erhöht.

Das Aktivvermögen der übertragenden Gesellschaft beträgt 11.000.000 EUR nach der Bilanz. Abzugsposten und Grundeigentum sind in der Bilanz nicht ausgewiesen.

Die Gesellschafterversammlungen der übernehmenden und übertragenden Gesellschaft sind in der Urkunde mit enthalten.

Die Gesellschafter erklären den Verzicht auf Klageerhebung nach dem UmwG, ebenfalls in der Urkunde.

Der Notar fertigt den Entwurf der Gesellschafterliste und nimmt die Bescheinigung gem. § 40 Abs. 2 GmbHG vor, unverzüglich nach Wirksamkeit der Verschmelzung).

Notar **Rechnung Nr. /** USt-IdNr.:

(*Anschrift*) Bankverbindung

Firma

Herr

Anschrift

Beurkundung Verschmelzung mit Zustimmungsbeschlüssen (UVZ-Nr. /) Registeranmeldungen übertragende und übernehmende GmbH (UVZ-Nrn. , /), Entwurf Gesellschafterliste

Kostenrechnung § 19 GNotKG

Sehr geehrter Herr ,

für meine Amtstätigkeiten stelle ich nach dem Gerichts- und Notarkostengesetz (GNotKG) wie folgt in Rechnung:

Gebühren und Auslagen:

(Bei den fünfstelligen Nummern handelt es sich um die Nummern der Anlage 1 des GNotKG – Kostenverzeichnis GNotKG).

– 21100 (Beurkundungsverfahren, Verschmelzung, Zustimmungsbeschluss) Geschäftswert: 15.000.000 EUR §§ 107 Abs. 1, 97 Abs. 1, 3, §§ 38, 35 Abs. 1, 108 Abs. 2, 5	28.770,00 EUR
– 22110 Vollzug (Entwurf Gesellschafterliste)	250,00 EUR
– 22200 Betreuung (Wirksamkeitsbescheinigung)	7.192,50 EUR
– 24102, 21201 Nr. 5 Geschäftswert 30.000 EUR § 105 Abs. 4 Handelsregisteranmeldung Verschmelzung übertragende GmbH	62,50 EUR

– 22114 XML-Daten Geschäftswert 30.000 EUR Vollzug Handelsregisteranmeldung übertragende GmbH	25,00 EUR
– 24102, 21201 Nr. 5 Geschäftswert 60.000 EUR § 105 Abs. 4 Handelsregisteranmeldung – Verschmelzung, Kapitalerhöhung aufnehmende GmbH	96,00 EUR
– 22114 XML-Daten Geschäftswert 60.000 EUR Vollzug Handelsregisteranmeldung übernehmende GmbH	38,40 EUR
– 32005 (Pauschale Post- und Telekommunikation)	20,00 EUR
– *Zwischensumme*	*36.454,40 EUR*
– Umsatzsteuer 19 %	6.926,34 EUR
– Rechnungsbetrag	**43.380,74 EUR**

Den Rechnungsbetrag bitte ich Sie auf mein Konto unter Angabe der Rechnungsnummer zu überweisen.

Hinweis zum Rechtsbehelf:

Die Kostenrechnung kann durch schriftlich begründeten Antrag auf gerichtliche Entscheidung – § 127 GNotKG – beim Landgericht zur Geschäftsstelle angefochten werden.

Mit freundlichen Grüßen

(*Unterschrift Notar*)

▲

▼

12 **Fall 12: Aufspaltung einer GmbH zur Neugründung zweier GmbHs**

(Die Z Gastransport GmbH verfügt über zwei Teilbetriebe, a) Allgemeine Transporte und b) Transporte von Flüssiggasen. Die Z Gastransport GmbH wird nach den Regeln des Umwandlungsgesetzes aufgespalten in zwei neu gegründete GmbHs, sodass der Teilbetrieb „Allgemeine Transporte" auf die A GmbH, der Teilbetrieb „Transporte von Flüssiggasen" auf die B GmbH aufgespalten werden.

Der Notar beurkundet den Spaltungsplan. Außerdem beurkundet der Notar den Spaltungsbeschluss, in dem aus Gründen nur der Übersicht die Verzichtserklärungen enthalten sind.

Der Notar entwirft die Registeranmeldungen der Aufspaltung und erledigt die Unterschriftsbeglaubigungen.[1]

Der Bilanzwert des Aktivvermögens Teilbetrieb „Allgemeine Transporte“ beträgt 600.000 EUR und der Teilbetrieb „Transporte von Flüssiggasen beträgt 700.000 EUR).

Notar	**Rechnung Nr.** /	USt-IdNr.:
(*Anschrift*)	Bankverbindung	

Firma

Herr

Anschrift

Beurkundung Aufspaltung (Spaltungsplan) (UVZ-Nr. /)

Kostenrechnung § 19 GNotKG

Sehr geehrter Herr ,

für meine Amtstätigkeiten stelle ich nach dem Gerichts- und Notarkostengesetz (GNotKG) wie folgt in Rechnung:

Gebühren und Auslagen:

(Bei den fünfstelligen Nummern handelt es sich um die Nummern der Anlage 1 des GNotKG – Kostenverzeichnis GNotKG).

– 21200 (Beurkundungsverfahren Spaltungsplan) Geschäftswert 1.300.000 EUR §§ 107, 97	2.215,00 EUR
– 32001 Dokumentenpauschale 350 Seiten s/w	52,50 EUR
– 32005 Auslagenpauschale Post und Telekommunikation	20,00 EUR
– *Zwischensumme*	*2.287,50 EUR*
– 32014 Umsatzsteuer 19 %	434,63 EUR
– **Rechnungsbetrag**	**2.722,13 EUR**

Den Rechnungsbetrag bitte ich Sie auf mein Konto unter Angabe der Rechnungsnummer zu überweisen.

1 Muster zu Spaltungsplan, Spaltungsbeschluss und Handelsregisteranmeldungen siehe *Widmann/Mayer*, Umwandlungsrecht, Band 8 M 98, M 99, M 100 und M 102.

Hinweis zum Rechtsbehelf:

Die Kostenrechnung kann durch schriftlich begründeten Antrag auf gerichtliche Entscheidung – § 127 GNotKG – beim Landgericht zur Geschäftsstelle angefochten werden.

Mit freundlichen Grüßen

(*Unterschrift Notar*)

▲

▼

13 **Fall 13: Spaltungsbeschluss**

Fall 13

Notar	**Rechnung Nr.** /	USt-IdNr.:
(*Anschrift*)	Bankverbindung	

Firma

Herr

Anschrift

Beurkundung Spaltungsbeschluss (UVZ-Nr. /)

Kostenrechnung § 19 GNotKG

Sehr geehrter Herr ,

für meine Amtstätigkeiten stelle ich nach dem Gerichts- und Notarkostengesetz (GNotKG) wie folgt in Rechnung:

Gebühren und Auslagen:

(Bei den fünfstelligen Nummern handelt es sich um die Nummern der Anlage 1 des GNotKG – Kostenverzeichnis GNotKG).

–	21200 (Beurkundungsverfahren Spaltungsbeschluss) Geschäftswert 1.300.000 EUR §§ 108, 97	4.430,00 EUR
–	32001 Dokumentenpauschale 60 Seiten s/w	9,00 EUR
–	32005 Auslagenpauschale Post und Telekommunikation	20,00 EUR
–	*Zwischensumme*	*4.459,00 EUR*
–	32014 Umsatzsteuer 19 %	847,21 EUR
–	**Rechnungsbetrag**	**5.306,21 EUR**

Den Rechnungsbetrag bitte ich Sie auf mein Konto unter Angabe der Rechnungsnummer zu überweisen.

Hinweis zum Rechtsbehelf:
Die Kostenrechnung kann durch schriftlich begründeten Antrag auf gerichtliche Entscheidung – § 127 GNotKG – beim Landgericht zur Geschäftsstelle angefochten werden.

Mit freundlichen Grüßen

(*Unterschrift Notar*)

▲

▼

Fall 14: Registeranmeldung einer Spaltung 14

Notar **Rechnung Nr.** / USt-IdNr.: Fall 14

(*Anschrift*) Bankverbindung

Firma

Herr

Anschrift

Beurkundungsverfahren Registeranmeldung (UVZ-Nr. /)

Kostenrechnung § 19 GNotKG
Sehr geehrter Herr ,

für meine Amtstätigkeiten stelle ich nach dem Gerichts- und Notarkostengesetz (GNotKG) wie folgt in Rechnung:

Gebühren und Auslagen:
(Bei den fünfstelligen Nummern handelt es sich um die Nummern der Anlage 1 des GNotKG – Kostenverzeichnis GNotKG).

- 21201
  (Beurkundungsverfahren Registeranmeldung)
  Geschäftswert 30.000 EUR
  §§ 119, 92 Abs. 2, 105 — 62,50 EUR
- 22114
  Elektronischer Vollzug – XML-Daten — 25,00 EUR
- 32001
  Dokumentenpauschale 9 Seiten s/w — 4,50 EUR

– 32005 Auslagenpauschale Post und Telekommunikation	20,00 EUR
– *Zwischensumme*	*112,00 EUR*
– 32014 Umsatzsteuer 19 %	21,28 EUR
– **Rechnungsbetrag**	**133,28 EUR**

Den Rechnungsbetrag bitte ich Sie auf mein Konto unter Angabe der Rechnungsnummer zu überweisen.

Hinweis zum Rechtsbehelf:

Die Kostenrechnung kann durch schriftlich begründeten Antrag auf gerichtliche Entscheidung – § 127 GNotKG – beim Landgericht zur Geschäftsstelle angefochten werden.

Mit freundlichen Grüßen

(*Unterschrift Notar*)

▲

15 Die gleiche Rechnung entsteht für die weitere Registeranmeldung der zweiten neu errichteten GmbH.

▼

16 **Fall 15: Ausgliederung einzelkaufmännisches Unternehmen auf neue GmbH**

Fall 15

(Beurkundungsverfahren über Ausgliederung des vom Einzelkaufmann betriebenen einzelkaufmännischen Unternehmens im Ganzen mit den gesamten Aktiva und Passiva gemäß den Vorschriften des Umwandlungsgesetzes auf die neu gegründete GmbH und dem Beschluss über die Geschäftsführerbestellung der neuen GmbH berechnet. Aktivvermögen des einzelkaufmännischen Unternehmens beträgt 100.000 EUR).

Notar **Rechnung Nr.** / USt-IdNr.:

(*Anschrift*) Bankverbindung

Firma

Herr

Anschrift

Beurkundungsverfahren Ausgliederungsplan (Zustimmung) und Beschluss (UVZ-Nr. /)

Kostenrechnung § 19 GNotKG

Sehr geehrter Herr ,

für meine Amtstätigkeiten stelle ich nach dem Gerichts- und Notarkostengesetz (GNotKG) wie folgt in Rechnung:

Gebühren und Auslagen:

(Bei den fünfstelligen Nummern handelt es sich um die Nummern der Anlage 1 des GNotKG – Kostenverzeichnis GNotKG)

–	21200 Ausgliederungsplan Geschäftswert 100.000 EUR §§ 119, 97 Abs. 1, 107 Abs. 1, 38	273,00 EUR
–	21100 Beschluss Geschäftsführerberufung Geschäftswert 30.000 EUR §§ 108, 105 Abs. 4 Nr. 1	250,00 EUR
–	32001 Dokumentenpauschale 9 Seiten s/w	4,50 EUR
–	32005 Auslagenpauschale Post und Telekommunikation	20,00 EUR
–	*Zwischensumme*	*547,50 EUR*
–	32014 Umsatzsteuer 19 %	104,03 EUR
–	**Rechnungsbetrag**	**651,53 EUR**

Den Rechnungsbetrag bitte ich Sie auf mein Konto unter Angabe der Rechnungsnummer zu überweisen.

Hinweis zum Rechtsbehelf:

Die Kostenrechnung kann durch schriftlich begründeten Antrag auf gerichtliche Entscheidung – § 127 GNotKG – beim Landgericht zur Geschäftsstelle angefochten werden.

Mit freundlichen Grüßen

(*Unterschrift Notar*)

▲

Anhang B: A – Z der Notargebühren: Werte/Gebühren/Bemerkungen

■ Abtretungen 1

Abtretung Forderung:

Wert = Nennbetrag der Forderung ohne Zinsen – § 97 Abs. 1 GNotKG.

Bei umstrittener oder ungewisser Forderung: Teilwert 10–30 % vom Betrag nach eigenem Ermessen schätzen – § 36 Abs. 1 GNotKG.

2,0-Gebühr Nr. 21100 KV GNotKG (Vereinbarung der Forderung).

Abtretung Grundpfandrecht:

Wert = Nennbetrag des Grundpfandrechts ohne Zinsen/Nebenleistung – §§ 97, 53 Abs. 1 GNotKG.

0,5-Gebühr Nr. 21201 KV GNotKG: Abtretung Buchgrundschuld *ohne* Forderung.

1,0-Gebühr Nr. 21200 KV GNotKG: Abtretung Buchgrundschuld *mit* Forderung.

1,0-Gebühr Nr. 21200 KV GNotKG: Abtretung Briefgrundschuld.

2,0-Gebühr Nr. 21100 KV GNotKG: Vereinbarung der Abtretung.

■ Adoptionen 2

Kindesannahme:

Wert = 5.000 EUR pro Kind – § 101 GNotKG

1,0-Gebühr Nr. 21200 KV GNotKG.

Einwilligungen in derselben Urkunde über die Adoption haben denselben Gegenstand – § 109 Abs. 1 GNotKG. Erfolgt die Einwilligung z.B. des leiblichen Vaters in gesonderter Urkunde, ist diese aber zu berechnen, und zwar auf den halben Wert der Adoption, §§ 101, 98 Abs. 1. Angesetzt wird für die Zustimmungserklärung die 0,5-Gebühr Nr. 21201 Nr. 8 KV GNotKG.

Erwachsenenadoption:

Wert nach § 36 Abs. 2 GNotKG schätzen und dabei die Vermögens- und Einkommensinteressen berücksichtigen. *Vorschlag*: Regelmäßig 50 % des Reinvermögens des Annehmenden ansetzen. Der Wert darf max. 1 Mio. EUR betragen.

1,0-Gebühr Nr. 21200 KV GNotKG.

Einwilligungen, z.B. die des Ehegatten der anzunehmenden Person, haben denselben Gegenstand, wenn sie in der Urkunde über die Adoption enthalten sind, § 109 Abs. 1 GNotKG. In gesonderter Urkunde ist die Zustimmung jedoch mit dem halben Wert der Adoption, §§ 101, 98 Abs. 1 GNotKG, zu berechnen.

3 **■ Änderungen**

Wert = Wertsummen der Änderung – §§ 97, 36 GNotKG, max. bis zur Höhe des Rechtsverhältnisses. Ggf. ist der Wert zu schätzen. Bei mehreren Änderungen werden die Wertsummen addiert – § 35 Abs. 1 GNotKG.

Gebührensatz genauso wie bei Beurkundung des Rechtsverhältnisses.

Beispiel: Änderung eines Kaufvertrages = 2,0-Gebühr Nr. 21100 KV GNotKG. Die Änderung wird also wie die Kaufvertragsbeurkundung mit der 2,0-Gebühr gem. Nr. 21100 KV GNotKG abgerechnet.

4 **■ Angebot**

Aufspaltung muss zulässig sein (Bindungsfristen nicht zu lang).

Wert ist wie beim angebotenen Vertrag zu berechnen.

2,0-Gebühr Nr. 21100 KV GNotKG.

5 **■ Ankaufsrecht**

Wert = voller Verkehrswert der Immobilie/des Geschäftsanteils/des Gegenstandes, auf den sich das Ankaufsrecht bezieht – § 51 Abs. 1 S. 1 GNotKG.

2,0-Gebühr Nr. 21100 KV GNotKG.

6 **■ Annahme**

Wert genauso wie für den angebotenen Vertrag bestimmen.

0,5-Gebühr Nr. 21101 KV GNotKG für Annahme.

1,0-Gebühr Nr. 21100 KV GNotKG für Annahme mit Zwangsvollstreckungsunterwerfungserklärung.

7 **■ Anzeige Tatsache**

Für die Anzeige eines Forderungsübergangs, die Anzeige einer Abtretung oder die einer Verpfändung über einen GmbH-Geschäftsanteil und für die Anzeige einer Erbanteilsübertragung fällt eine Betreuungsgebühr an.

Wert = gesamter Wert des Verfahrens – § 113 Abs. 1 GNotKG.

0,5-Gebühr Nr. 22200 Nr. 5 KV GNotKG.

8 **■ Apostille**

Mit der Einholung einer Apostille erwirkt der Notar diese für den Mandanten. Abgegolten wird dies mit der Festgebühr i.H.v. 25 EUR nach Nr. 25207 KV GNotKG, und zwar gesondert für jede erwirkte Apostille.

Daneben kommt der Ansatz der Vollzugsgebühr Nr. 22124 KV GNotKG **nicht** mehr in Betracht.[1]

1 BGH, Beschl. v. 4.7.2019 – V ZB 53/19.

■ Aufhebung einer Vereinbarung 9

Vollständige Aufhebung Vertrag/Angebot:

Wert = voller Wert des Beurkundungsverfahrens der Urkunde.

Wenn für die Aufhebung eine Gegenleistung vereinbart ist, ist diese der Wert – § 97 Abs. 3 GNotKG.[2]

1,0-Gebühr Nr. 21102 KV GNotKG.

Hinweis: Die Gebührenbegünstigung (1,0-Gebühr) **gilt nur bei vollständiger** Aufhebung. Die Teilaufhebung eines Vertrags ist nur Änderung und nicht vollständige Aufhebung. Für Teilaufhebung (= Änderung) ist daher die 2,0-Gebühr gem. Nr. 21100 KV GNotKG anzusetzen.

Aufhebung Ehevertrag:

Die Aufhebung des Ehevertrages begründet stets einen neuen Güterstand.

Deshalb: 2,0-Gebühr Nr. 21100 KV GNotKG.

Aufhebung einseitige Erklärung:

Wert = voller Wert der einseitigen Erklärung, die aufgehoben wird.

1,0-Gebühr Nr. 21200 KV GNotKG.

Aufhebung Grundbucherklärung:

Wert = voller Wert der Grundbucherklärung, die aufgehoben wird.

0,5-Gebühr Nr. 21101 KV GNotKG.

■ Auflassung 10

Der Wert der isolierten Auflassung wird nach dem Kaufpreis/den Gegenleistungen bestimmt, §§ 46, 47 GNotKG.

0,5-Gebühr gem. Nr. 21101 Nr. 2 KV GNotKG, wenn die Auflassung von demselben Notar beurkundet wird, der auch den schuldrechtlichen Vertrag beurkundete.

1,0-Gebühr gem. Nr. 21102 KV GNotKG, wenn der die Auflassung beurkundende Notar ein anderer Notar ist als der, der den schuldrechtlichen Vertrag beurkundete.

Hinweis: Der Sozius des Notars gilt hier wie derselbe Notar.

2,0-Gebühr gem. Nr. 21100 KV GNotKG, wenn die Auflassung nach Ausübung eines Vorkaufsrechts beurkundet wird.[3]

■ Auswärtsgebühr 11

Generell entsteht die Gebühr Nr. 26002 KV GNotKG für Tätigkeiten des Notars außerhalb der Geschäftsstelle. Sie beträgt 50 EUR **je angefangene 30 Minuten**.

2 Bormann/Diehn/Sommerfeld/*Diehn*, Nr. 21102 KV Rn 24.

3 KG, Urt. v. 26.1.2021 – 9 W 96/19.

Bei mehreren Geschäften/Urkunden ist die Auswärtsgebühr angemessen auf die einzelnen Urkunden aufzuteilen.

Hinweise: Hin- und Rückwegezeiten des Notars gehören zur Abwesenheit und sind mitzuberechnen.

Aber: Bestimmte Auswärtstätigkeiten werden begünstigt, wenn die Gebühr Nr. 26003 KV GNotKG, die eine Festgebühr i.H.v. 50 EUR ist, anzusetzen ist. Dies ist der Fall, wenn die Auswärtstätigkeit des Notars die Beurkundung eines Testaments, einer Betreuungsverfügung oder Vorsorgevollmacht ist.

12 ■ **Bauverpflichtung**

Wohngebäude:

Wert = 20 % des Verkehrswerts des unbebauten Grundstücks – § 50 Abs. 3a GNotKG. Dieser Wert ist dem Kaufpreis des Kaufvertrages gem. § 47 S. 2 GNotKG hinzurechnen.

2,0-Gebühr Nr. 21100 KV GNotKG.

Gewerbebau:

Wert = 20 % der voraussichtlichen Herstellungskosten – § 50 Abs. 3b GNotKG – sind im Kaufvertrag gem. § 47 S. 2 GNotKG dem Kaufpreis hinzurechnen.

2,0-Gebühr Nr. 21100 KV GNotKG.

13 ■ **Beglaubigung eines Ausdrucks, einer Abschrift, Kopie**

1 EUR für jede Seite, mind. 10 EUR gem. Nr. 25102 KV GNotKG.

Hinweise: Die Gebühr fällt nicht an, wenn eine eigene Beurkundungsniederschrift beglaubigt wird. Neben der Beglaubigungsgebühr fällt keine Dokumentenpauschale an.

14 ■ **Beglaubigung einer Unterschrift ohne Entwurf**

Unterschriftsbeglaubigung Generell:

Wert wie bei Beurkundung bestimmen – § 121 GNotKG.

0,2-Gebühr Nr. 25100 KV GNotKG, mind. 20 EUR, max. 70 EUR.

Unterschriftsbeglaubigung Löschungsantrag:

Festgebühr Nr. 25101 Nr. 2 KV GNotKG i.H.v. 20 EUR.

Unterschriftsbeglaubigung WEG-Protokoll – Verwalterbestellung:

Festgebühr Nr. 25101 Nr. 3 KV GNotKG i.H.v. 20 EUR.

Unterschriftsbeglaubigung Erklärung Staatsschuldbuchgesetz:

Festgebühr Nr. 25101 Nr. 1 KV GNotKG i.H.v. 20 EUR.

■ Beglaubigung einer Unterschrift mit Entwurf 15

Die erste Unterschriftsbeglaubigung (auch mehrere Unterschriften in einem Vermerk an demselben Tag) ist wegen der Abgeltung mit der Entwurfsgebühr gebührenfrei. Voraussetzung ist **aber**: Die Beglaubigung erfolgt „*demnächst*" nach der Entwurfsfertigung. „*Demnächst*" bedeutet hier höchstens einen Zeitraum bis sechs Monate nach Entwurfsfertigung.

Ansonsten ist auch jede weitere Unterschriftsbeglaubigung unter demselben Dokument jeweils eine weitere Unterschriftsbeglaubigung (ohne Entwurf) – Anfall der 0,2-Gebühr Nr. 25100 KV GNotKG.

■ Beratung 16

Wert nach § 36 GNotKG schätzen. Beratung kann zusätzlich anfallen, wenn die Beratung über das übliche einer Beurkundungsberatung hinausgeht.

Wenn auf **Hauptversammlung, Mitgliederversammlung** oder **Gesellschafterversammlung** über den Beurkundungsgegenstand hinaus beraten wird, ist der Wert des Beratungsgegenstandes nach § 120 GNotKG, max. 5 Mio. EUR, anzusetzen.

Gebührenrahmen: 0,3-Gebühr bis 1,0-Gebühr Nr. 24200 KV GNotKG. Kann der Beratungsgegenstand auch Beurkundungsgegenstand mit Ansatz der 1,0-Gebühr sein, gilt der Gebührenrahmen nach Nr. 24201 KV GNotKG = 0,3–0,5-Gebühr. Es liegt im Ermessen des Notars, welcher Gebührensatz des Rahmens zum Ansatz kommt. Aber kann der Beratungsgegenstand auch Beurkundungsgegenstand mit 0,5-Gebühr sein, gilt Nr. 24102 KV GNotKG und somit der Ansatz der 0,3-Gebühr.

■ Bescheinigung nach § 21 Abs. 1, 3 BNotO 17

Bescheinigungen Vertretungen oder Rechtstatsachen (§ 21 Abs. 1 BNotO nach Registereinsicht):

Festgebühr Nr. 25200 KV GNotKG i.H.v. 15 EUR für jedes Registerblatt, das notwendigerweise eingesehen wurde.

Hinweis: Bescheinigung über eine Vertretung und über eine Rechtstatsache in derselben Bescheinigung – auch aus einem Registerblatt – sind unterschiedliche Bescheinigungen und gesondert abzurechnen.

Bescheinigungen nach Einsicht in beurkundete/beglaubigte Vollmachtsurkunde (§ 21 Abs. 3 BNotO):

Festgebühr Nr. 25214 KV GNotKG i.H.v. 15 EUR.

Hinweis: Bescheinigt der Notar in einer Urkunde mehrere Vollmachtvertretungsbefugnisse, fällt die Gebühr gem. Nr. 25214 KV GNotKG für jede Vollmacht, die der Bescheinigung zugrunde liegt, gesondert an. Der Notar muss jede einzelne Vollmachtberechtigung genau prüfen.

18 **■ Bescheinigung einer Gesellschafterliste nach § 40 Abs. 2 GmbHG**

Lag der Listenbescheinigung ein **aufschiebend bedingt** wirksamer Vertrag zugrunde und bescheinigt der Notar nach Eintritt der Wirksamkeit **oder** bescheinigt der Notar nach Wirksamwerden einer Kapitalerhöhung oder Kapitalherabsetzung (die erst mit Eintragung im Register wirksam werden), gilt:

Wert = der volle Wert des Beurkundungsverfahrens – § 113 Abs. 1 GNotKG.

0,5-Betreuungsgebühr Nr. 22200 Nr. 6 KV GNotKG.

Daneben entsteht **nicht** zusätzlich die Gebühr Nr. 25204 KV GNotKG für eine Eigenurkunde (Feststellung des Bedingungseintritts). Zusätzlich entsteht aber ggf. die 0,5-Vollzugsgebühr Nr. 22110 KV GNotKG für die Listenerstellung, max. 250 EUR.

Lag der Bescheinigung eine **sofort wirksame** Geschäftsanteilsabtretung zugrunde, fällt keinerlei Betreuungsgebühr an. Dann ist aber Nr. 25104 KV GNotKG einschlägig. Es fällt die 1,0-Gebühr Nr. 25104 KV GNotKG an. Ein Teilwert von 20 % vom Beurkundungsverfahren kann angenommen werden.

19 **■ Bescheinigter Gesellschaftsvertrag/Bescheinigte Satzung**

Bescheinigung des Gesellschaftsvertrages nach § 54 GmbHG oder Bescheinigung der Satzung nach § 181 AktG:

Die Bescheinigung der Änderung des Gesellschaftsvertrages bzw. der Satzung ist gebührenfrei, wenn der zugrundeliegende Beschluss zur Änderung durch den Notar, der die Bescheinigung erstellt hat, beurkundet wurde – Vorbemerkung 2.1. Abs. 2 Nr. 4.

Hinweis: Bescheinigt **ein anderer Notar**, der den Beschluss nicht beurkundete, ist die Bescheinigung jedoch gebührenpflichtig. Ausgangswert ist der Wert der zugrundeliegenden Beschlussurkunde. Von dem Ausgangswert können 10–30 % zugrunde gelegt werden.

Anzusetzen ist die 1,0-Gebühr Nr. 25104 KV GNotKG.

20 **■ Bescheinigung über Tatsachen oder Verhältnisse**

Wert = § 36 Abs. 1 GNotKG nach billigem Ermessen des Notars.

1,0-Gebühr Nr. 25104 KV GNotKG.

Bescheinigt der Notar in einer Urkunde mehrere Tatsachen, z.B. anlässlich einer Legitimationsprüfung, wird die Bescheinigung mehrfach, für jede Person, die betroffen ist, gesondert angesetzt. Dabei werden die Geschäftswerte also nicht addiert.

Die Bescheinigung muss über §§ 10, 40 Abs. 4 BeurkG hinaus eine eigenständige Bedeutung haben.

■ Betreuungsverfügung 21

Der Wert der isolierten Betreuungsverfügung kann nach § 36 Abs. 2 GNotKG nach billigem Ermessen bestimmt werden, max. bis 1 Mio. EUR, wobei Einkommens- und Vermögensverhältnisse zu berücksichtigen sind.

Möglich ist der Ansatz von 5.000 EUR gem. § 36 Abs. 3 GNotKG.

1,0-Gebühr Nr. 21200 KV GNotKG.

Hinweis: Wird eine Patientenverfügung mit beurkundet, hat sie denselben Gegenstand – § 109 Abs. 2 S. 1 Nr. 1 GNotKG.

■ Beschlüsse 22

Wert = §§ 97 Abs. 1, 108 Abs. 2 GNotKG, wenn der Beschluss einen **bestimmten Geldwert** hat. Wert ist dann der bestimmte Geldwert.

Wert = § 108 Abs. 1 S. 2 GNotKG, wenn der Beschluss einen **unbestimmten Geldwert** hat. Wertberechnung dann wie bei der Registeranmeldung, sodass der Mindestwert von 30.000 EUR zu beachten ist.

§ 108 Abs. 2 GNotKG gilt bei **Zustimmungsbeschlüssen**: Der Wert ist dann der volle Wert des Rechtsverhältnisses, dem zugestimmt wird.

Beschlüsse über Umwandlungen, Verschmelzungen und Formwechsel haben als Wert den Wert des Aktivvermögens des übertragenden bzw. formwechselnden Rechtsträgers.

Mindestwert-Beschluss: 30.000 EUR.

Höchstwert-Beschluss: 5 Mio. EUR – § 105 Abs. 5 GNotKG.

Beschlüsse mit einhergehender Änderung des Gesellschaftsvertrags bzw. der Satzung haben denselben Beurkundungsgegenstand – § 109 Abs. 2 Nr. 4 GNotKG.

■ Bezugsurkunde 23

Wert gem. § 36 Abs. 2 GNotKG nach billigem Ermessen bestimmen, wobei etwa 10–30 % des abzuschließenden Rechtsgeschäfts angemessen sind, im Einzelfall bei besonderer Bedeutung auch mehr, bis 50 %.

1,0-Gebühr Nr. 21200 KV GNotKG.

■ Dauernutzungsrecht 24

Wert = Jahreswert der Nutzung vervielfältigt nach § 52 GNotKG.

Bei Miet- und Pachtverhältnissen ist jedoch nach § 99 GNotKG der fünffache Jahreswert als Geschäftswert zu bestimmen.

Die Vereinbarung über das Dauernutzungsrecht wird mit der 2,0-Gebühr Nr. 21100 KV GNotKG berechnet.

25 ■ **Dienstbarkeiten**

Wert = Jahreswert der Dienstbarkeit/beschränkt persönlichen Dienstbarkeit/Grunddienstbarkeit/Reallast wird nach § 52 GNotKG vervielfältigt.

Eine Baulast kann so wie eine Dienstbarkeit behandelt werden.

0,5-Gebühr Nr. 21201 KV GNotKG für die Bewilligung der Dienstbarkeit.

Hinweis: 2,0-Gebühr Nr. 21100 KV GNotKG, wenn Dienstbarkeit vereinbart wird.

26 ■ **Dokumentenpauschale**

Besonderer Auftrag:

Nr. 32000 KV GNotKG: Für die ersten 50 Seiten s/w bis DIN A3 0,50 EUR je Seite, jede weitere Seite 0,15 EUR. Bei Farbseiten gilt jeweils der doppelte Betrag.

Beurkundungsauftrag:

Nr. 32001 Nr. 1 KV GNotKG = jede Seite s/w bis DIN A3 0,15 EUR. Jede Farbseite bis DIN A3: 0,30 EUR.

Elektronische Überlassung Dateien:

Nr. 32002 KV GNotKG = je Datei 1,50 EUR, max. 5 EUR je Arbeitsgang.

Hinweis: Wenn Dokumentenpauschale Nr. 32000 KV GNotKG höher ausfällt (wegen vorherigen Einscannens), kann die höhere Dokumentenpauschale anstelle der Nr. 32002 KV GNotKG angesetzt werden.

Kopien größer als DIN A3:

Nr. 32003 KV GNotKG: in voller Höhe oder pauschal je Seite 3 EUR. Wenn Farbe: in voller Höhe oder je Seite 6 EUR.

27 ■ **Ehevertrag/Erbvertrag**

Wert = §§ 100 Abs. 1, 102 Abs. 1 S. 1 und 2 GNotKG.

Werte gem. § 35 Abs. 1 GNotKG addieren.

Haben Ehepartner Schulden, Abzug nur bis zur Höhe von einer Hälfte des Aktivvermögens. Die Schulden des einen Ehegatten werden nicht beim anderen abgezogen.

2,0-Gebühr Nr. 21100 KV GNotKG.

Hinweis: Ehe- und Erbvertrag möglichst **nicht** zusammen beurkunden. Geschieht dies dennoch, ist der Ehevertrag gem. § 111 Nr. 2 GNotKG ein besonderer Beurkundungsgegenstand. Werte des Ehevertrags und Erbvertrags sind dann gem. § 35 Abs. 1 GNotKG zu addieren.

■ Eidesstattliche Versicherung (Erbschein/TV-Vollstreckerzeugnis/Europäisches Nachlasszeugnis) 28

Wert = Wert der eidesstattlichen Versicherung ist wegen des **Erbscheinsantrages** der Wert des Reinvermögens im Zeitpunkt des Todes des Erblassers – § 40 Abs. 1 GNotKG.

Wert der eidesstattlichen Versicherung ist zur Erlangung des **Testamentsvollstreckerzeugnisses** 20 % vom Bruttonachlasswert im Zeitpunkt des Todes des Erblassers – § 40 Abs. 5 GNotKG.

1,0-Gebühr Nr. 23300 KV GNotKG.

Der Wert des Europäischen Nachlasszeugnisses (ENZ) wird nach § 40 GNotKG bestimmt.

Die eidesstattliche Versicherung zur Erlangung des Europäischen Erbscheins löst die 1,0-Gebühr Nr. 23300 KV GNotKG aus.

Bei **Verlängerung der Gültigkeitsdauer** (auch nach Ablauf der Frist, formlos möglich) ist der Wert nach § 36 Abs. 1, 3 GNotKG zu schätzen, wobei 10–20 % des nach § 103 GNotKG ermittelten Nachlassreinvermögens angemessen erscheinen.[4]

■ Eigenurkunde des Notars 29

Es entsteht dieselbe Gebühr wie für die Fertigung des Entwurfs der Erklärung – Nr. 25204 KV GNotKG.

Hinweis: Die Gebühr entsteht nicht, wenn der Notar eine Betreuungsgebühr erhält.

■ Elektronischer Rechtsverkehr 30

Siehe hierzu Anhang B Rdn 101 (*XML-Strukturdaten*).

■ Entwurf ohne Beurkundung/Beglaubigung und Serienentwurf 31

Wert = wie bei Beurkundung – § 119 Abs. 1 GNotKG.

Rahmengebühren Nr. 24100, 24101, 24102, 24103 KV GNotKG.

Bei vollständiger Entwurfsfertigung:

Stets den **höchsten** Gebührensatz des Rahmens ansetzen, § 92 Abs. 1 GNotKG, im Übrigen nach Ermessen des Notars gem. § 92 Abs. 1 GNotKG.

Hinweis: Beim Serienentwurf ist der Wert die Hälfte des Wertes aller geplanten Geschäfte – § 119 Abs. 2 GNotKG. Der Notar darf dann die Gebühr bis zu einem Jahr stunden – Vorbemerkung 2.4.1 Abs. 7 GNotKG.

Erfolgen die geplanten Geschäfte, ist die Gebühr für den Serienentwurf nach Nr. 24103 KV GNotKG anzurechnen.

4 Prüfungsabteilung der Ländernotarkasse A.d.ö.R., NotBZ 2015, 295; *Elsing*, notarbüro Blitzausgabe 3/2015, 27.

Hinweis: Ist mit dem Entwurf ein Beurkundungsverfahren verbunden, entstehen die Beurkundungsgebühren, die die Entwurfstätigkeit abdecken – Vorbem. 2.4.1 Abs. 6 KV GNotKG. Die Anrechnung setzt voraus, dass die Urkunde demnächst nach Entwurfsaushändigung vorgenommen wird. Unterbleibt die beabsichtigte Beurkundung, ist nicht der vollständig gefertigte Entwurf abzurechnen, sondern die **vorzeitige Beendigung des Beurkundungsverfahrens** – Nr. 21300 ff. KV GNotKG.

Wird vor Fertigung das Beurkundungsverfahren beendet, entsteht nur eine 20 EUR Festgebühr gem. Nr. 21301 KV GNotKG. Hat der Notar jedoch den Mandanten bereits beraten, entsteht die Gebühr für die Beratungsleistung.

Auch das Überprüfen eines Entwurfes eines anderen Notars oder sonstigen Fremdentwurfs löst die Gebühr Nr. 24100 ff. KV GNotKG aus, vorausgesetzt, der Notar handelt im Auftrag des Kostenschuldners.

32 ■ **Erbausschlagung**

Wert = Wert bei **überschuldetem** Nachlass = 0 EUR.

Wert bei **werthaltigem** Nachlass ist der Wert des Nachlasses abzüglich der Verbindlichkeiten, § 103 Abs. 1 GNotKG. Gegebenenfalls ist der Wert nach § 36 Abs. 3 GNotKG zu schätzen mit 5.000 EUR.

0,5-Gebühr Nr. 21201 KV GNotKG.

33 ■ **Erbbaurecht (Bestellung)**

Wert = 80 % des Grundstückswerts inkl. Bauwerke – § 49 Abs. 2 GNotKG. Aber falls höher: Jahreswert des Erbbauzinses nach § 52 GNotKG kapitalisieren und dann gem. § 43 GNotKG ansetzen.

2,0-Gebühr Nr. 21100 KV GNotKG.

34 ■ **Erbbaurechtskaufvertrag, Erbbaurechtsüberlassung**

Wert = 80 % des Grundstücks inkl. Bauwerke, und wenn Kaufpreis/Gegenleistung höher sein sollte, den höheren Betrag ansetzen – §§ 97, 49 Abs. 2 GNotKG.

2,0-Gebühr Nr. 21100 KV GNotKG.

35 ■ **Erbteilsübertragung**

Wert = Wert des Erbteils ohne Schuldenabzug – §§ 97, 36, 38 GNotKG.

2,0-Gebühr Nr. 21100 KV GNotKG.

36 ■ **Erbvertrag**

Wert = Reinvermögen nach § 102 Abs. 1 S. 1 und 2 GNotKG.

Konkret im Erbvertrag bezeichnete künftige Vermögenswerte sind dem Wert hinzuzurechnen – § 102 Abs. 2 S. 1 GNotKG.

Schuldenabzug nur bis zur Höhe einer Hälfte des Aktivvermögens – § 102 Abs. 2 GNotKG.

2,0-Gebühr Nr. 21100 KV GNotKG.

Hinweis: Zum Ehe- und Erbvertrag siehe vorstehend Rdn 27.

■ Erbverzichtsvertrag 37

Wert = das Erbvermögen, auf das verzichtet wird, ohne Abschläge – § 102 Abs. 4, 1 S. 1 und 2 GNotKG.

Auf Scheidungsabsichten oder anstehende Scheidung kommt es nicht an.[5]

2,0-Gebühr Nr. 21100 KV GNotKG.

■ Erfolglose Verhandlung, vorzeitige Beendigung Beurkundung 38

Wert = Es entsteht die Festgebühr von 20 EUR nach Nr. 21300 KV GNotKG, falls noch kein Entwurf vom Notar gefertigt wurde.

Hinweis: Wenn der Notar beraten hat, kommt die Abrechnung der Beratung – Nr. 21301 KV GNotKG – in Betracht. Wenn der Notar den Entwurf bereits gefertigt hatte, ist Nr. 21302 KV einschlägig (Rahmengebühr 0,5–2,0) und der höchste Rahmen anzusetzen, § 92 GNotKG. In diesem Fall ist die Beratung inklusive.

■ Europäisches Nachlasszeugnis 39

Siehe hierzu unter Anhang B Rdn 28 (*Eidesstattliche Versicherung*).

■ Formwechsel 40

Wert = das Aktivvermögen des die Form wechselnden Rechtsträgers, mind. 30.000 EUR, max. 10 Mio. EUR – § 108 Abs. 3 GNotKG.

Für Beschlüsse ist der Höchstwert von max. 5 Mio. EUR – § 108 Abs. 5 GNotKG – zu beachten.

2,0-Gebühr Nr. 21100 KV GNotKG.

■ Fremde Sprache 41

Zusatzgebühr Nr. 26001 KV GNotKG: 30 % vom Wert des Beurkundungsverfahrens, vom Wert der Beglaubigung oder vom Wert der Bescheinigung, max. 5.000 EUR.

Gebühr wird angesetzt, wenn ein Beteiligter ohne Dolmetscher in fremder Sprache erklärt, wenn Notar in fremder Sprache beurkundet, beglaubigt, bescheinigt oder wenn Notar übersetzt.

Übersetzt der Notar in verschiedene Sprachen, fällt die Zusatzgebühr für jede dieser Sprachen gesondert an.

5 Bormann/Diehn/Sommerfeldt/*Pfeiffer*, § 102 Rn 35.

42 ■ **Gebührenermäßigung**

Voraussetzung der Gebührenermäßigung nach der Tabelle um **30–60% je nach Höhe des Werts** (§ 91 GNotKG) ist: Gebühr muss über 25.000 EUR liegen und in Teil 2 Hauptabschnitt 1, Hauptabschnitt 4 GNotKG oder in Nr. 23803, 25202 KV GNotKG geregelt sein.

Ermäßigungsfähig sind Gebühren für **Beurkundungsverfahren** nach Nr. 21100–21304 KV GNotKG, für **Entwurfsverfahren** nach Nr. 24100 ff. KV GNotKG, für **Beratungen** nach Nr. 24200 ff. KV GNotKG, für **Verfahren zur Erteilung einer vollstreckbaren Ausfertigung** nach Nr. 23804 KV GNotKG, für die **Herstellung eines Grundpfandrechtsbriefs** nach Nr. 25202 KV GNotKG.

Nicht ermäßigt werden Vollzugstätigkeiten, Betreuungstätigkeiten, Beglaubigungen, Zeugnisse, Festgebühren, Gebühren Rangbescheinigung, Kaufpreisverwahrung, Zusatzgebühr nach Nr. 26001 KV GNotKG.

Weitere Voraussetzung der Gebührenermäßigung: Kostenschuldner muss in § 91 Abs. 1 Nr. 1–3 GNotKG vorgesehen sein (also: Bund, Bundesland, Körperschaft und Anstalt, die Teil des Fiskus selbst ist und mit gesamten Einnahmen/Ausgaben in Haushaltsplan aufgenommen ist,[6] Gemeinde, Gemeindeverbände, Kirche sowie Religionsgemeinschaft. Auch Körperschaft, Vereinigung und Stiftung kommen nach § 95 Abs. 2 GNotKG in Betracht, wenn ausschließlich und unmittelbar mildtätige oder kirchliche Zwecke i.S.d. AO verfolgt werden und dies mit einem Freistellungsbescheid, Körperschaftsteuerbescheid oder Bescheinigung Finanzamt dem Notar nachgewiesen wird und wenn dargelegt wird, dass die Angelegenheit nicht einen steuerpflichtigen wirtschaftlichen Geschäftsbetrieb betrifft).

Krankenhäuser werden als wirtschaftlich geführte Unternehmen nicht von der Gebührenermäßigung begünstigt.[7]

43 ■ **Genehmigungserklärung**

Wert = der halbe Geschäftswert des genehmigten Geschäfts/Vertrags, § 98 Abs. 1 GNotKG, max. 1 Mio. EUR – § 98 Abs. 4 GNotKG.

1,0-Gebühr Nr. 21200 KV GNotKG bei Beurkundung

1,0-Gebühr Nr. 24101 KV GNotKG, wenn der Notar den Entwurf gefertigt hat.

Eine unrichtige Sachbehandlung (§ 21 GNotKG) kann vorliegen, wenn der Notar den Entwurf einer Genehmigungserklärung fertigt, obwohl ein Kaufvertragsnotar gebührenfrei (bzw. in Abgeltung seiner Vollzugsgebühr) bereits einen Entwurf der Genehmigungserklärung zur Verfügung gestellt hat. Dann ist dieser Entwurf zu verwenden und kein weiterer Entwurf zu fertigen, es sei denn, der Mandant besteht

6 BGH MDR 1997, 503 verneint z.B. für Bundesanstalt für Immobilienaufgaben.

7 Korintenberg/*Schwarz*, § 91 Rn 16, siehe dort auch weitere Tatbestände.

trotz eines Hinweises auf die unnötigen erheblichen zusätzlichen Kosten darauf, dass der Notar dennoch einen Entwurf fertigt.

■ Generalvollmacht 44

Als Wert ist die Hälfte des Aktivvermögens des Vollmachtgebers anzusetzen, § 98 Abs. 3 GNotKG, max. 1 Mio. EUR – § 98 Abs. 4 GNotKG.

1,0-Gebühr Nr. 21200 KV GNotKG.

■ Gesellschafterliste 45

Entwurf Gesellschafterliste bei Geschäftsanteilsabtretung, Errichtung, Kapitalerhöhung oder Kapitalherabsetzung:

Wert ist der volle Wert der des Beurkundungsverfahrens zugrundeliegenden Urkunde – § 112 GNotKG.

Der isolierte Entwurf einer Gesellschafterliste ist eine einseitige Wissenserklärung[8] und löst die 1,0-Gebühr gem. Nr. 24101, 21200 KV GNotKG aus = Rahmengebühr (0,3–1,0). Bei vollständiger Entwurfsfertigung ist stets die 1,0-Gebühr gem. § 92 Abs. 2 GNotKG anzusetzen. Geschäftswert ist der volle Wert des Stammkapitals nach § 36 Abs. 1 GNotKG. Die Liste umfasst schließlich alle Geschäftsanteile.[9]

Zur Bescheinigung der Gesellschafterliste siehe Bescheinigung Gesellschafterliste.

Hinweis: 0,5-Vollzugsgebühr Nr. 22110 KV GNotKG für den Entwurf der Liste sowohl bei der Ein-Person-Errichtung, wie auch bei Errichtung durch mehrere Personen, denn in beiden Fällen hat das Beurkundungsverfahren wegen des Geschäftsführerbestellungsbeschlusses eine 2,0-Gebühr nach Nr. 21100 KV GNotKG und die Vollzugsgebühr orientiert sich an der höchsten Gebühr des Beurkundungsverfahrens.[10] Der BGH entschied, dass bei der GmbH-Errichtung der Bezug zum GmbH-Errichtungsvertrag größer ist als zur Registeranmeldung, sodass die 0,5-Vollzugsgebühr anzusetzen ist.[11]

■ Gesellschaftsgründung (GmbH und UG) 46

Wert = alle Einlagen, ggf. zuzüglich genehmigtes Kapital – § 97 GNotKG, mind. 30.000 EUR, max. 10 Mio. EUR – § 107 Abs. 1 GNotKG.

Mehr-Personen-Gründung:

2,0-Gebühr Nr. 21100 KV GNotKG.

8 *Heinze*, NotBZ 2014, 1, 6; ähnlich zum Aktienregister: Leipziger GNotKG/*Heinze*, § 107 Rn 43 f.
9 Ähnlich *Heinze*, NotBZ 2014, 1, 6.
10 Vgl. *Elsing*, notarbüro 2014, Ausgabe 3.
11 BGH, Beschl. v. 4.6.2019 – II ZB 16/18.

Ein-Personen-Gründung:

2,0-Gebühr Nr. 21100 KV GNotKG für Beschluss und 1,0-Gebühr Nr. 21200 KV GNotKG für Errichtung – § 94 Abs. 1 GNotKG. Günstigerprüfung vornehmen (ggf. könnte die 2,0-Gebühr auf den Gesamtwert ausnahmsweise günstiger sein).

Musterprotokoll § 1a GmbHG:

Mindestwerte 30.000 EUR nach § 105 GNotKG gelten nicht bei Gründung/Änderung des Gesellschaftsvertrags innerhalb der zulässigen Grenzen des Musterprotokolls. Ein Beschluss über die Geschäftsführerbestellung wird in der Praxis nicht berechnet, obwohl die Person des Geschäftsführers bestimmt wird und ein Vorabbeschluss mit der Kostenfolge des § 108 GNotKG (Mindestwert 30.000 EUR) denkbar wäre.

47 ■ **Grundbuchabruf**

Gebühren für Grundbuchabrufe sind Auslagen und können dem Mandanten in voller Höhe gem. Nr. 32011 KV GNotKG in Rechnung gestellt werden.

48 ■ **Grundbuchberichtigungsantrag**

Wert = der volle Verkehrswert des Grundstücks, soweit alle Eigentümer berichtigt werden oder diesbezüglich ein Rechtsträgerwechsel von einer GbR auf einen Eigentümer stattfindet.

Wert ist der volle Verkehrswert des Miteigentums- oder des GbR-Anteils, wenn derart berichtigt wird – § 46 Abs. 1 GNotKG.

Hinweis: Wird nur der Name des Eigentümers, z.B. nach Eheschließung, berichtigt, dürfen 10 % des Verkehrswerts des Grundstücks bzw. GbR- oder Miteigentumsanteils gem. § 36 Abs. 3 GNotKG angenommen werden.[12] Für die identitätswahrende Grundbuchrichtigstellung einer GbR zur eGbR können 30 % des Werts der betroffenen Immobilie angesetzt werden.

Wird der Grundbuchberichtigungsantrag beglaubigt oder beurkundet: 0,5-Gebühr Nr. 21201 KV GNotKG.

Wird der Grundbuchberichtigungsantrag entworfen: 0,5-Gebühr Nr. 24102 KV GNotKG.

49 ■ **Grundbucheinsicht isoliert**

Isolierte Grundbucheinsicht (ohne Beurkundung) nach Prüfung des berechtigten Interesses (§ 12 GBO): Festgebühr 15 EUR nach Nr. 25209 KV GNotKG.

Mit abgegolten ist die Übermittlung des Inhalts an den Auftraggeber.

Hinweis: Nachweisprotokoll ist dem Notar vorgeschrieben – § 133a Abs. 3 S. 1 GBO.

12 Bormann/Diehn/Sommerfeldt/*Diehn*, § 36 Rn 39.

■ **Grunddienstbarkeit** 50

Wert = der Jahreswert der Dienstbarkeit, ggf. nach § 36 GNotKG geschätzt, vervielfältigt nach § 52 GNotKG.

0,5-Gebühr Nr. 21201 KV GNotKG.

Wenn nur Entwurfsfertigung: 0,5-Gebühr Nr. 24102 KV GNotKG.

■ **Gründungsprüfung Notar gem. § 33 AktG** 51

Wert = für die Gründungsprüfung des Notars die Summe aller Einlagen, max. 10 Mio. EUR – § 123 GNotKG.

1,0-Gebühr Nr. 25206 KV GNotKG, **mind. 1.000 EUR**.

■ **Handelsregisteranmeldung** 52

Handelsregisteranmeldung bestimmter Geldwert:

Wert ist der Betrag, der in das Register eingetragen wird (bei Erstanmeldungen von Kapitalgesellschaften kann ggf. auch ein genehmigtes Kapital einzutragen sein. Dann ist dieses Kapital dem Wert aufzuschlagen; der Geschäftswert beträgt auch bei Versicherungsvereinen auf Gegenseitigkeit, Folgeanmeldungen zur Erhöhung oder Herabsetzung von Stamm- oder Grundkapital von Kapitalgesellschaften mind. 30.000 EUR – § 105 Abs. 1 GNotKG und max. 1 Mio. EUR – § 106 GNotKG.

Erstanmeldung KG:

Wert ist die Summe aller Hafteinlagen der Kommanditisten + 30.000 EUR für den ersten + je 15.000 EUR für jeden weiteren Komplementär – § 105 Abs. 1 Nr. 5 GNotKG.

Eintritt/Austritt Kommanditist in/aus Personenhandelsgesellschaft, Wechsel Komplementär in Kommanditistenstellung:

Wert ist die betreffende Hafteinlage, mind. 30.000 EUR – § 105 Abs. 1 Nr. 6 und Abs. 1 S. 2 GNotKG.

Erhöhung/Herabsetzung Hafteinlage des Kommanditisten:

Wert: Veränderungsbetrag, mind. 30.000 EUR – § 105 Abs. 1 Nr. 7 und Abs. 1 S. 2 GNotKG.

Handelsregisteranmeldung ohne bestimmten Geldwert:

Erstanmeldung einzelkaufmännisches Unternehmen:

Wert ist 30.000 EUR – § 105 Abs. 3 Nr. 1 GNotKG.

Erstanmeldung OHG/PartG/PartGmbB und auch Erstanmeldung eGbR zur Eintragung ins Gesellschaftsregister:

Mit zwei Gesellschaftern/Partnern beträgt der Wert 45.000 EUR und wenn mehr als zwei Gesellschafter/Partner angemeldet werden, wird jeder weitere Gesellschafter/Partner mit zusätzlich 15.000 EUR bewertet.

Erstanmeldung Genossenschaft:

Wert = 60.000 EUR.

Folgeanmeldung bei Kapitalgesellschaft:

Wert ist 1 % des Grund- oder Stammkapitals, mind. 30.000 EUR – § 105 Abs. 4 S. 1 GNotKG.

Folgeanmeldung Versicherungsverein auf Gegenseitigkeit:

Wert = 60.000 EUR.

Folgeanmeldung Personenhandelsgesellschaft, PartG, PartGmbB:

Wert = 30.000 EUR; bei Eintritt/Ausscheiden von mehr als zwei Komplementären bzw. Partnern + 15.000 EUR für jede eintretenden oder ausscheidenden Gesellschafter/Partner – § 105 Abs. 4 Nr. 3 GNotKG.

Folgeanmeldung einzelkaufmännisches Unternehmen/Genossenschaft:

Wert = 30.000 EUR.

Hinweise: Alle Registeranmeldungen unterliegen dem Höchstwert von 1 Mio. EUR – § 106 GNotKG und der 0,5-Gebühr nach Nr. 21201 Nr. 5 KV GNotKG.

Anmeldung nur der inländischen Geschäftsanschrift und Anmeldung ohne wirtschaftliche Bedeutung:

Wert = 5.000 EUR – § 105 Abs. 5 GNotKG.

Handelsregisteranmeldung Musterprotokoll vereinfachtes Verfahren § 2 Abs. 1a GmbHG:

Der Mindestwert von 30.000 EUR **gilt nicht**, wenn Gründung mit Musterprotokoll oder Änderung des Musterprotokolls ohne unzulässige Abweichungen des Gesetzestextes.

Handelsregisteranmeldung neues Musterprotokoll (Videobeurkundung), § 2 Abs. 3 GmbHG:

Der Mindestwert greift hier, sodass der Geschäftswert nach § 105 GNotKG mind. 30.000 EUR beträgt. Gebühren entstehen wie bei regulärer GmbH-Gründung, wobei die Gebühren für die Nutzung des Videokommunikationssystems nach Nr. 32016 KV GNotKG pauschal vom Notar berechnet werden (25 EUR für die Beurkundung sowie 8 EUR für die Anmeldung).

53 ■ **Hinterlegung Geld/Kaufpreis**

Siehe hierzu unter Anhang B Rdn 92 (*Verwahrungsgeschäft*).

54 ■ **Hypothek/Grundschuld**

Geschäftswert = Nennwert des Grundpfandrechts – § 53 Abs. 1 GNotKG. Grundpfandrecht und abstraktes Schuldversprechen sind gegenstandsgleich – § 109

Abs. 2 Nr. 3 GNotKG. Zwangsvollstreckungserklärung ist gegenstandsgleich – § 190 Abs. 1 S. 4 Nr. 4 GNotKG.

1,0-Gebühr Nr. 25200 KV GNotKG für Beurkundung Grundpfandrecht mit Unterwerfung oder Schuldversprechen

0,5-Gebühr Nr. 24102 KV GNotKG i.V.m. § 21201 Nr. 4 GNotKG, wenn der Notar die Grundschuld entworfen hat mit lediglich formellen Grundbucherklärungen. Es können Vollzugs- und Betreuungsgebühren anfallen.

■ Identitätserklärung 55

Feststellung, dass das verkaufte Teilfläche identisch ist mit Flurstück nach Vermessung:

Wert = angemessen nach § 36 Abs. 1 GNotKG sind 30 % des Grundstücks- bzw. Grundschuldwerts.

Bei isolierter Identitätserklärung/Grundbuchantrag: 0,5-Gebühr Nr. 25204 KV GNotKG.

Vollständige Identitätserklärung im Kaufvertrag oder in der Grundschuld hat denselben Beurkundungsgegenstand wie Grundschuld bzw. Kaufvertrag, weil sie der Durchführung dient – § 109 Abs. 1 GNotKG. Anders bei einer Teilidentität: Diese reicht nicht für Gegenstandsgleichheit.

■ Kaufvertrag 56

Der Kaufvertrag ist ein schuldrechtlicher Austauschvertrag über Leistungen.

Wert = Kaufpreis/Gegenleistung oder falls höher, Wert des Vertragsgegenstandes – § 97 Abs. 3 GNotKG.

Kaufpreis: Wert gem. § 47 S. 1 GNotKG, vorbehaltene Nutzungen und vom Käufer übernommene Leitungen gem. § 47 S. 2 GNotKG, mind. Verkehrswert gem. § 47 S. 3 GNotKG.

Kaufpreise für ungewisse Forderungen:

Schätzung § 36 GNotKG. Verbindlichkeiten werden gem. § 38 GNotKG nicht abgezogen.

Werte für bestimmte Geschäftsanteile, wenn sie sich nicht ermitteln lassen, können nach § 54 GNotKG bestimmt werden, maßgeblich am Eigenkapital der betreffenden Gesellschaftsanteile. Bei Gesellschaften, die überwiegend eigenes Vermögen verwalten, gelten nicht § 54 S. 1 und 2 GNotKG (wegen § 54 S. 3 GNotKG). Maßgeblich ist dann der Wert des Vermögens der Gesellschaft bzw. des betroffenen Anteils.

Bei Anteilsübertragungen innerhalb eines Konzerns gilt ein Höchstwert von 10 Mio. EUR – § 107 Abs. 2 GNotKG; dieser Höchstwert gilt aber nicht, wenn die betroffene Gesellschaft überwiegend Vermögen verwaltet.

2,0-Gebühr Nr. 21100 KV GNotKG.

57 ■ **Kraftloserklärung eines Grundpfandrechtsbriefs**

Der isolierte Entwurf des Antrags auf Kraftloserklärung (verlorener Grundpfandrechtsbrief (ohne eidesstattliche Versicherung) ist einseitige Erklärung.[13] 1,0-Gebühr Nr. 24101 KV GNotKG, mind. 60 EUR. Beglaubigt der Entwurfsnotar die erste Unterschrift auf dem Antrag, entsteht die Beglaubigungsgebühr nicht zusätzlich, es sei denn, es ist mehr als ein Jahr nach Entwurfsfertigung vergangen (kein zeitlicher Zusammenhang mehr zur Entwurfstätigkeit).

Geschäftswert für den Antrag auf Kraftloserklärung ist zu schätzen § 36 Abs. 1 GNotKG. 30 % vom Wert des Grundschuldkapitals **zuzüglich der dinglichen Zinsen für drei Jahre** sind als Geschäftswert angemessen; bei den Zinsen handelt es sich nicht mehr nur um Zinsen, sondern die Besicherung des Grundschuldnennbetrages erhöht sich drastisch. Von Nebenleistung kann nicht mehr gesprochen werden.

Beispiel: Jemand bestellt 100.000 EUR Grundschuld nebst 20 % p.a. Zinsen und erlaubt, sein Grundstück nur mit 100.000 EUR zu belasten. Die dinglichen Zinsen für drei Jahre belasten das Grundstück jedoch zusätzlich mit 60.000 EUR, die im Rahmen einer Zwangsversteigerung geltend gemacht werden können. 30 % von 160.000 EUR sind damit angemessener Geschäftswert.[14]

58 ■ **Lebenspartnerschaftsvertrag**

Wie Ehevertrag; siehe hierzu unter Anhang B Rdn 27 (*Ehevertrag*).

59 ■ **Lebensbescheinigung**

Wert = angemessen schätzen je nach Zweck der Lebensbescheinigung. Wird diese z.B. für das Weiterzahlen von Rentenbezügen benötigt, kann die Jahresrentenzahlung als Ausgangswert zugrunde gelegt werden, wobei ein Wertabschlag von 50 % angemessen ist – § 36 Abs. 2 GNotKG. Fehlen Anhaltspunkte, kann 5.000 EUR nach § 36 Abs. 3 GNotKG angenommen werden.

1,0-Gebühr Nr. 25104 KV GNotKG.

60 ■ **Legalisation und Apostille**

Einholung einer Apostille und Legalisation:

Festgebühr 25 EUR gem. Nr. 25207 KV GNotKG.

Hinweis: Holt der Notar neben der Beglaubigung durch den Landgerichtspräsidenten eine weitere benötigte Beglaubigung durch z.B. das BMJ oder das Bundesver-

13 Streifzug durch das GNotKG, Rn 1529.

14 Anders Streifzug GNotKG, Rn 1530: 20–30 % vom Grundschuldbetrag, *Kersten/Bühling*, S. 1332: etwa 50 %.

waltungsamt ein, entsteht die Festgebühr i.H.v. 50 EUR nach Nr. 25207 KV GNotKG i.V.m. Nr. 25208 KV GNotKG.

■ Legitimationsprüfung nach dem Geldwäschegesetz 61

Bei der Legitimationsprüfung stellt der Notar die Identität eines Beteiligten fest.

Wert = § 36 Abs. 1, 2 GNotKG, 5.000 EUR pro Person und Bescheinigung. Werte werden nicht addiert.

■ Liste der Aufsichtsratsmitglieder/Beiratsmitglieder 62

Wert = 10–20 % des Grund- oder Stammkapitals – § 92 Abs. 2 GNotKG.

Gebühr für den Entwurf:

1,0-Gebühr Nr. 24101 KV GNotKG.

■ Liste der Übernehmer, § 57 Abs. 3 GmbHG 63

Wert = der volle Wert des Beurkundungsverfahrens der Kapitalerhöhungsurkunde – § 112 S. 1 GNotKG.

0,5-Gebühr KV Nr. 22111 KV GNotKG, max. 250 EUR gem. Nr. 22113 KV GNotKG.

■ Mediation 64

Gebührenvereinbarung in angemessener Höhe – § 126 GNotKG.

■ Mietvertrag und Pachtvertrag 65

Miet- bzw. Pachtvertrag mit unbestimmter Dauer:

Wert = Wert nach § 99 Abs. 1 GNotKG = Jahresmiete bzw. Jahrespacht für die ersten fünf Jahre.

Miet- bzw. Pachtvertrag mit bestimmter Laufzeit:

Wert = Jahresmiete/Jahrespacht x Laufzeit, jedoch max. x 20.

2,0-Gebühr Nr. 21100 KV GNotKG.

■ Miteigentümervereinbarung Ausschluss Aufhebung Gemeinschaft 66

Wert = 30 % der betroffenen Immobilie – § 51 Abs. 2 GNotKG.

2,0-Gebühr Nr. 21100 KV GNotKG.

■ Nachlassverzeichnis 67

Wert = Aktivwert des verzeichneten Vermögens – § 115 GNotKG. Soweit im Nachlassverzeichnis bereits veräußerte Gegenstände verzeichnet sind, sind diese mit ihrem Wert zum Zeitpunkt der Veräußerung zu berücksichtigen.[15]

15 Streifzug durch das GNotKG, Rn 2312.

2,0-Gebühr Nr. 23500 KV GNotKG.

Hinweis: Zum Nachlassverzeichnis samt Muster siehe *Elsing*.[16]

68 ■ **Nießbrauchrechtsbestellung**

Wert = Jahreswert des Nießbrauchs nach § 52 GNotKG vervielfältigen.

2,0-Gebühr Nr. 21100 KV GNotKG bei vertraglicher Bestellung.

0,5-Gebühr Nr. 21201 Nr. 4 KV GNotKG, wenn nur Grundbuchantrag.

1,0-Gebühr Nr. 21200 KV GNotKG bei einseitiger Verpflichtung zur Einräumung.

69 ■ **Partnerschaftsregisteranmeldungen**

Siehe hierzu unter Anhang B Rdn 52 (*Handelsregisteranmeldung*).

70 ■ **Pfandhaftentlassung**

Wert = der Verkehrswert der aus der Pfandhaft entlassenen Immobilie, max. der Nennbetrag des Grundpfandrechts anzusetzen – § 44 Abs. 1 S. 1 GNotKG.

0,5-Gebühr Nr. 24102 KV GNotKG.

71 ■ **Pflichtteilsverzichtsvertrag**

Wert = der des Pflichtteils, auf den verzichtet wird, und zwar ohne Abschläge – § 102 Abs. 4, 1 S. 1, 2 GNotKG – anzusetzen, wobei es nicht auf Scheidungsabsichten oder eine anstehende Scheidung ankommt.[17]

2,0-Gebühr Nr. 21100 KV GNotKG.

72 ■ **Post- und Telekommunikationsauslagen**

Nr. 32004 KV GNotKG: Auslagen in voller Höhe oder wahlweise Auslagen pauschal nach Nr. 32005 KV GNotKG: Pauschale = 20 % der Gesamtgebühren des Vorgangs, max. 20 EUR.

Hinweis: Post- und Telekommunikationsauslagen werden für jedes Verfahren/Geschäft gesondert angesetzt.

73 ■ **Rangbescheinigung/Notarbestätigung**

Wert = der volle Wert des bestellten Grundpfandrechts – § 122 GNotKG.

0,3-Gebühr Nr. 25201 KV GNotKG.

74 ■ **Rangrücktrittserklärung**

Wert = der niedrigere Wert von vorrückendem oder zurücktretendem Recht anzusetzen – § 45 Abs. 1 GNotKG.

16 Vgl. *Elsing*, notarbüro 2014, 3 ff.

17 Bormann/Diehn/Sommerfeldt/*Pfeiffer*, § 102 Rn 35.

0,5-Gebühr Nr. 21201 KV GNotKG bei Beurkundung.

0,5-Gebühr Nr. 24102 KV GNotKG, wenn nur Entwurf.

■ Rechtswahlen 75

Rechtswahl im Testament oder Erbvertrag:

Wert = 30 % des Vermögens bzw. Vermögensgegenstandes – § 104 Abs. 2 GNotKG von dem Wert, der gem. § 102 GNotKG zu ermitteln ist, ohne Abschlag.

Hinweis: Rechtswahl ist immer besonderer Gegenstand und dem Wert des Testaments/Erbvertrags hinzuzurechnen – § 35 Abs. 1 GNotKG.

2,0-Gebühr Nr. 21100 KV GNotKG bei Erbvertrag oder gemeinschaftlichem Testament

1,0-Gebühr Nr. 21200 KV GNotKG bei einseitigem Testament.

Rechtswahl im Familienrecht:

Wert = 30 % des Werts nach § 100 GNotKG. Keine Abschläge. Nach § 111 Abs. 4 GNotKG ist die Rechtswahl gesonderter Gegenstand und dem Wert des Ehevertrages hinzuzurechnen – § 35 Abs. 1 GNotKG.

2,0-Gebühr Nr. 21100 KV GNotKG.

■ Reisekosten 76

Nr. 32006–32009 KV GNotKG. Reisekosten können als Auslage durchgereicht werden. Der Ansatz kommt nur in Frage, wenn das Ziel der Geschäftsreise sich außerhalb des Amtssitzes des Notars befindet.

■ Rückgabe eines Erbvertrags aus notarieller Verwahrung 77

Wert = Wert nach § 102 Abs. 1 bis 3 GNotKG und zwar auf den Zeitpunkt der Rückgabe – § 114 GNotKG.

0,3-Gebühr Nr. 23100 KV GNotKG.

■ Schiffsregisteranmeldung 78

Wert = Verkehrswert des Schiffs – § 46 GNotKG

0,5-Gebühr Nr. 24102 KV GNotKG.

Hinweis: Schiffsregisteranmeldungen unterliegen nicht dem Höchstwert nach § 106 GNotKG, deshalb gilt für sie der Höchstwert von **60 Mio. EUR** – § 35 Abs. 2 GNotKG.[18]

18 Leipziger Kostenspiegel, Teil 26 Rn 8.

79 ■ **Schenkungsvertrag**

Wert = Verkehrswert der übertragenen Sache/Immobilie – § 46 GNotKG. Bei Erbbaurecht ist der Wert 80 % des Grundstücks inkl. Bauwerk.

2,0-Gebühr Nr. 21100 KV GNotKG.

80 ■ **Schuldanerkenntnis**

Wert = der Schuldbetrag – § 97 Abs. 1 GNotKG. Der Notar sollte auf einen Kostenvorschuss bestehen, da der Ausfall des Kostenschuldners hoch ist. Ggf. kann der Gläubiger sich vor Erhalt der vollstreckenbaren Ausfertigung zur Zahlung der Notargebühren verpflichten. Die Unterwerfung unter die sofortige Zwangsvollstreckung ist gegenstandsgleich.

1,0-Gebühr Nr. 21200 KV GNotKG.

81 ■ **Sorgerechtserklärung**

Wert = 5.000 EUR ansetzen pro Kind – § 36 Abs. 2, 3 GNotKG.

1,0-Gebühr Nr. 21200 KV GNotKG.

82 ■ **Spaltung**

Wert = das Abspaltungsvermögen – § 97 GNotKG, mind. 30.000 EUR, max. 10 Mio. EUR – § 107 Abs. 1 GNotKG.

Aufspaltung/Abspaltung/Ausgliederung zur Neugründung:

1,0-Gebühr Nr. 21200 KV GNotKG.

Spaltung zur Aufnahme nebst Beschlüssen:

2,0-Gebühr Nr. 21100 KV GNotKG.

83 ■ **Tauschvertrag**

Wert = der Wert der höherwertigeren Austauschleistung – § 97 Abs. 3 GNotKG.

2,0-Gebühr Nr. 21100 KV GNotKG.

84 ■ **Teilungserklärung**

Einseitige Teilung, § 8 WEG:

Wert = der volle Verkehrswert des Grundstücks und Bauwerks – § 42 Abs. 1 S. 1 GNotKG. Ist das aufzuteilende Grundstück noch unbebaut, wird der Wert des Grundstücks erhöht um den der Bebauung (Bewertung zum Zeitpunkt der beabsichtigten Bebauung).

1,0-Gebühr Nr. 21200 KV GNotKG.

Vertragliche Teilung, § 3 WEG:

Wert = der volle Verkehrswert des Grundstücks und Bauwerks – § 42 Abs. 1 GNotKG. Ist das aufzuteilende Grundstück noch unbebaut, wird der Wert des

Grundstücks erhöht um den der Bebauung (Bewertung zum Zeitpunkt der beabsichtigten Bebauung)

2,0-Gebühr Nr. 21100 KV GNotKG.

■ Testament 85

Wert = der ganze Nachlass, wenn über diesen verfügt wird. Wird über einen Bruchteil verfügt, ist nur der Wert dieses Bruchteils anzusetzen. Schulden werden abgezogen, aber nur bis zur Hälfte des Werts des Vermögens – § 102 GNotKG.

Hinweis: Falls eine Rechtswahl im Testament erfolgt, 30 % des Vermögens/Vermögensgegenstandes (§ 104 Abs. 2 GNotKG) vom Wert, der gem. § 102 GNotKG zu ermitteln ist, ohne Abschlag. Rechtswahl ist immer besonderer Gegenstand und dem Wert des Testaments/Erbvertrags hinzuzurechnen – § 35 Abs. 1 GNotKG.

2,0-Gebühr Nr. 21100 KV GNotKG bei gemeinschaftlichem Testament.

1,0-Gebühr Nr. 21200 KV GNotKG bei einseitigem Testament.

■ Treuhandauflage 86

Wert = voller Wert der Treuhandauflage – § 113 Abs. 2 GNotKG.

0,5-Gebühr Nr. 22201 KV GNotKG.

Hinweis: Die Gebühr fällt für jeden Treuhandauftrag gesondert an. Stellt sich nach der Rechnung des Notars heraus, dass das Sicherungsinteresse des Gläubigers tatsächlich geringer war als in der Auflage ausgeführt, muss der Notar die Rechnung anpassen.[19]

■ Treuhandvertrag über GmbH-Geschäftsanteil 87

Treuhandverhältnis bei GmbH-Errichtung:

Wert = der Nennbetrag des Geschäftsanteils, weil die Gesellschaft zu diesem Zeitpunkt regelmäßig noch keine Geschäfte aufgenommen hat.

Treuhandverhältnis über bestehenden GmbH-Anteil:

Wert = zu berechnen wie bei Kaufvertrag über einen GmbH-Geschäftsanteil.

2,0-Gebühr Nr. 21100 KV GNotKG.

■ Übergabevertrag 88

Wert = der Verkehrswert der übertragenen Sache/Immobilie – § 46 GNotKG. Wird Erbbaurecht übertragen ist der Wert 80 % des Grundstücks inkl. Bauwerk.

2,0-Gebühr Nr. 21100 KV GNotKG.

19 OLG Hamm, Beschl. v. 1.6.2015 – 15 W 1237/15, openJur 2015, 15169.

89 ■ **Umschreibung einer Vollstreckungsklausel**

Wert = die Summe der vollstreckbaren Ansprüche laut Urkunde – § 118 GNotKG.

Hinweis: Soweit eine Umschreibung der Vollstreckungsklausel nur erfolgt, weil die Gläubigerin ihren Namen geändert hat, z.B. durch Heirat, erfolgt keine Prüfung einer Rechtsnachfolge, sodass keine Gebühr für die Klauselumschreibung erhoben werden darf.

Die Gebühr für das Verfahren Umschreibung Vollstreckungsklausel entsteht auch, wenn das zutreffende Ergebnis des Verfahrens die Entscheidung des Notars nach sich zieht, die Klausel nicht zu erteilen. 0,5-Gebühr Nr. 23803 KV GNotKG.

90 ■ **Unterschriftsbeglaubigung**

Siehe hierzu unter Anhang B Rdn 14, 15 (*Beglaubigung einer Unterschrift*).

91 ■ **Verpflichtung zur Vereinbarung Teilungserklärung nach WEG im Kaufvertrag**

Der volle Verkehrswert des Grundstücks und der Wert des zu errichtenden Bauwerks bilden den Geschäftswert– §§ 97, 42 Abs. 1 GNotKG.

2,0-Gebühr Nr. 21100 KV GNotKG.

92 ■ **Verwahrungsgeschäft (Kaufpreisverwahrung)**

Wert = der Auszahlungsbetrag gem. § 124 S. 1 GNotKG.

Bei Auszahlungsbeträgen **bis 13 Mio. EUR**:

1,0-Gebühr KV Nr. 25300.

Bei Auszahlungsbeträgen **über 13 Mio. EUR** werden 0,1 % vom Auszahlungsbetrag als Gebühr angesetzt.

Hinweis: Der allgemeine Höchstwert von 60 Mio. EUR nach § 35 Abs. 2 GNotKG gilt nicht für Kaufpreisverwahrungen.

93 ■ **Verwalterzustimmung**

Geschäftswert ist die Hälfte des Werts des Vertrags, dem zugestimmt wird – § 98 Abs. 1 GNotKG.

1,0-Gebühr Nr. 24101 KV GNotKG für die Fertigung des Entwurfes; aber i.d.R. fällt nur eine Gebühr für die Unterschriftsbeglaubigung an, weil der Entwurf kostenfrei vom Kaufvertragsnotar (in Abgeltung seiner Vollzugsgebühr) erstellt wird.

94 ■ **Vollmacht**

Spezialvollmacht:

Hälftiger Wert des abzuschließenden Rechtsgeschäfts – § 98 Abs. 1 GNotKG.

Generalvollmacht:

Hälftiger Wert des Aktivvermögens (ohne Schuldenabzug) jedes Vollmachtgebers – § 98 Abs. 3 GNotKG.

Vorsorgevollmacht:

Wert wie bei Generalvollmacht.

Jeweils 1,0-Gebühr Nr. 21200 KV GNotKG, mind. 60 EUR.

Höchstwert je Vollmachtgeber 1 Mio. EUR.

■ Vollzugsgebühr 95

Vollzugsgebühren fallen für die Tätigkeiten an, die in der Vorbemerkung 2.2.1.1 Abs. 1 genannt sind.

0,5-Gebühr Nr. 22110 KV GNotKG, wenn für die zugrunde liegende Urkunde eine 2,0-Gebühr abgerechnet wird.

0,3-Gebühr Nr. 22111 KV GNotKG, wenn für die zugrunde liegende Urkunde eine Gebühr von weniger als 2,0 abgerechnet wird.

Hinweis: Für bestimmte Vollzugstätigkeiten nach Nr. 22112 KV GNotKG ist die Gebühr in der Höhe auf 50 EUR beschränkt, wenn nicht Nr. 11 der Vorbemerkung einschlägig ist.

Gesellschafterliste, Entwurf:

0,5-Vollzugsgebühr Nr. 22113 KV GNotKG; max. 250 EUR (je Liste).

XML-Strukturdaten:

Siehe Anhang B Rdn 101.

Übersendung unterschriftsbeglaubigter Fremdurkunde an einen Dritten – ohne Entwurf:

Es entsteht die Festgebühr 20 EUR nach Nr. 22124 KV GNotKG neben der Beglaubigungsgebühr.

■ Vorkaufsrecht 96

Wert = hälftiger Wert der Sache/Immobilie, § 51 Abs. 1 S. 2 GNotKG.

2,0-Gebühr Nr. 21100 KV GNotKG bei vertraglicher Vereinbarung.

0,5-Gebühr Nr. 24102 KV GNotKG, wenn nur Grundbuchantrag entworfen.

■ Vorvertrag 97

Wert = der Wert des ggf. zustande kommenden Vertrages – § 51 Abs. 1 GNotKG.

2,0-Gebühr Nr. 21100 KV GNotKG.

98 ■ **Vorzeitige Beendigung eines Beurkundungsverfahrens**

Hat der Notar zwecks Beurkundung bei ihm zuvor einen Entwurf hergestellt und ausgehändigt und unterbleibt die Beurkundung, weil der Mandant sie nicht mehr wünscht oder aus anderen Gründen, dann ist das **vorzeitige Beenden** des Beurkundungsverfahrens gem. Nr. 21300 ff. KV GNotKG abzurechnen. Bei vollständiger Entwurfsherstellung des Notars ist stets der höchste Gebührensatz der Rahmengebühr anzusetzen – § 92 Abs. 2 GNotKG.

Unterbleibt also die beabsichtigte Beurkundung, ist nicht der vollständig gefertigte Entwurf, sondern die **vorzeitige Beendigung des Beurkundungsverfahrens** abzurechnen.

Wird vor Entwurfsfertigung das Beurkundungsverfahren frühzeitig beendet, entsteht nur eine Festgebühr i.H.v. 20 EUR gem. Nr. 21301 KV GNotKG. Hat der Notar zu diesem Zeitpunkt den Mandanten beraten, kann eine Beratungsgebühr angesetzt werden, Nr. 21301 KV GNotKG.

99 ■ **Weitere vollstreckbare Ausfertigung**

Erteilung einer weiteren, z.B. wegen Verlust des Titels, vollstreckbaren Ausfertigung: Festgebühr 20 EUR nach Nr. 23804 KV GNotKG.

100 ■ **Wiederkaufsrecht**

Wert = der halbe Wert der Sache/Immobilie, § 51 Abs. 1 S. 2 GNotKG.

2,0-Gebühr Nr. 21100 KV GNotKG, wenn vertragliche Vereinbarung.

0,5-Gebühr Nr. 24102 KV GNotKG, wenn nur Grundbuchantrag entworfen.

101 ■ **XML-Strukturdaten**

Für die Erzeugung strukturierter Daten (XML oder vergleichbares Format) entsteht:

- die 0,2-Gebühr Nr. 22114 KV GNotKG, max. 125 EUR, bei Vorliegen eines Entwurfs und/oder Beurkundungsverfahrens und wenn der Notar **keine andere Vollzugstätigkeit** in diesem Verfahren erledigt, und zwar nur **1x je Beurkundungsverfahren**;
- die 0,1-Gebühr Nr. 22115 KV i.V.m. Nr. 22114 GNotKG, max. 125 EUR, bei Vorliegen eines Entwurfs und/oder Beurkundungsverfahrens und wenn **eine andere Vollzugstätigkeit** in diesem Verfahren vom Notar erledigt wird, und zwar nur 1x je Beurkundungsverfahren;
- die 0,5-Gebühr Nr. 22125 KV GNotKG max. 250 EUR, wenn der Notar **kein Beurkundungs- oder Entwurfsverfahren** erledigt. Diese Gebühr entsteht nicht bei Übermittlung der Löschungszustimmung des Eigentümers zu einem Grundpfandrecht bzw. nicht neben der Gebühr Nr. 25101 KV GNotKG.

Die Gebühren für XML-Strukturdaten entstehen nach den Nr. 22125 und 22114 KV GNotKG neben anderen Vollzugsgebühren stets gesondert auch ohne Auftrag.

Der Geschäftswert entspricht dem vollen Wert des zugrundeliegenden Verfahrens/Geschäfts, § 112 GNotKG.

■ Zitiergebot 102

Gemäß § 19 GNotKG ist Wirksamkeitsvoraussetzung für Gebührenrechnung: Die Unterschrift des Notars und Mitteilung an den Kostenschuldner – § 19 Abs. 1 GNotKG, Vorgangsbeschreibung, Angabe der Nummern des KV, Geschäftswert, Gebühren und Auslagenbetrag – § 19 Abs. 2 GNotKG.

Durch das KostRÄG 2025[20] soll § 19 GNotKG so geändert werden, dass der Notar seine Kosten künftig nur aufgrund einer von ihm oder auf seine Veranlassung hin dem Kostenschuldner mitgeteilten Berechnung, die der **Textform** bedarf, fordern kann.

Der abzurechnende Vorgang ist zu beschreiben, die einschlägigen Nummern des KV sowie die Geschäftswerte mit den Paragrafen und die Auslagen (§ 19 Abs. 2 GNotKG) sind anzugeben.

Nach § 19 Abs. 3 GNotKG nicht Wirksamkeitsvoraussetzung aber sonstige Anforderung: Die Rechnung soll ein kurzes Beschreiben des Gebührentatbestandes und der Auslagen enthalten, Wertvorschriften §§ 36, 40 bis 54, 97 bis 108, 112 bis 124 GNotKG, Geschäftswert bei mehreren Gegenständen.

Nach § 7a GNotKG hat jede Rechnung des Notars eine Belehrung über den statthaften Rechtsbehelf und Hinweis auf das hierfür zuständige Landgericht zu enthalten. Eine Rechtsbehelfsbelehrung kann lauten: „*Gegen diese Gebührenrechnung kann schriftlich begründet gegenüber mir oder dem Landgericht in (…) Beschwerde eingelegt werden.*“

20 Kostenrechtsänderungsgesetz 2025 (KostRÄG 2025), RefE des BMJ v. 17.6.2024.

Anhang C: Schnellübersicht ausgewählter Gerichtsgebühren

Auflassungsvormerkung			
■	Eintragung (Wert nach § 45 Abs. 3)	KV Nr. 14150	0,5-Gebühr
■	Löschung	KV Nr. 14152	Festgebühr 25 EUR[1]
Dauerwohnrecht und Dauernutzungsrecht			
■	Wert nach §§ 52 Abs. 1, 36 Abs. 1	KV Nr. 14121	1,0-Gebühr
Eigentumsumschreibung			
■	Wert nach § 69 Abs. 1	KV Nr. 14110	1,0-Gebühr
Einigungsvormerkung			
■	Eintragung (Wert nach § 45 Abs. 3)	KV Nr. 14150	0,5-Gebühr
■	Löschung	KV Nr. 14152	Festgebühr 25 EUR[2]
Erbbaurecht			
■	Ersteintragung (Wert nach §§ 43, 49 Abs. 2)	KV Nr. 14121	1,0-Gebühr
Hinweis: Mit der Eintragungsgebühr ist die Eintragung des Erbbaurechts im Stammgrundbuch des Grundstücks und die Anlegung des Erbbaugrundbuchs mit abgegolten. Erbbauzinseintragung sowie Vorkaufsrecht werden jeweils gesondert berechnet.			
■	Übertragung (Wert nach § 49 Abs. 2)	KV Nr. 14121	1,0 Gebühr
■	Löschung	KV Nr. 14143	25 EUR
Erbbauzins			
■	Eintragung (Wert nach § 52)	KV Nr. 14121	1,0-Gebühr

1 Wird eine Vormerkung in mehreren Grundbüchern gelöscht, entsteht die Festgebühr wohl nur einmal; vgl. Korintenberg/*Hey'l*, KV Nr. 14150–14152 Nr. 16.

2 Wird eine Vormerkung in mehreren Grundbüchern gelöscht, entsteht die Festgebühr wohl nur einmal; vgl. Korintenberg/*Hey'l*, KV Nr. 14150–14152 Nr. 16.

Erbschein			
■	Erteilung (Wert nach § 40 Abs. 1)	KV Nr. 12210	1,0-Gebühr
■	Erbschein – Antrag mit eidesstattlicher Versicherung, Wert nach § 40 Abs. 1	KV Nr. 23300	1,0-Gebühr
■	Erbschein – Einziehung, § 40 Abs. 1	KV 12215	0,5-Gebühr
Erbvertrag – Eröffnung		KV Nr. 12101	Festgebühr 100 EUR (in Planung KostRÄG 2025: 109 EUR)
Erbvertrag – Verwahrung		KV Nr. 12100	Festgebühr 75 EUR (in Planung KostRÄG 2025: 82 EUR)
Europäisches Nachlasszeugnis (ENZ)			
■	Wert nach § 40		
■	Erteilung ENZ	KV Nr. 12210	1,0-Gebühr
■	Verlängerung Gültigkeitsdauer ENZ	KV Nr. 21218	Festgebühr 25 EUR
■	Verfahren über Widerruf ENZ	KV Nr. 12216	0,5-Gebühr
■	Verfahren über Änderung ENZ	KV Nr. 12217	1,0-Gebühr
Grundbuchberichtigung Eigentümer			
■	Wert nach § 69 Abs. 1	KV Nr. 14110	1,0-Gebühr
Hinweis: Berichtigung des eingetragenen Eigentümers nach Erbfall binnen zwei Jahren nach dem Tode des eingetragenen Eigentümers ist ggf. gebührenfrei nach Anm. 1 zu KV Nr. 14110.			
Grundschuld (Eintragung)			
■	**mit Brief**	KV Nr. 14120	1,3-Gebühr
■	**ohne Brief**	KV Nr. 14121	1,0-Gebühr

Gesamt-Briefgrundschuld			
■	Eintragung bei verschiedenen Grundbuchämtern	KV Nr. 14122	Erhöhung der Gebühr KV Nr. 14120 um 0,2/Erhöhung der Gebühr KV Nr. 14121 um 0,2
Hinweis: Erhöhung der 1,3-Gebühr nach KV Nr. 14120 **um 0,2** für jedes weitere Grundbuchamt ab dem zweiten Grundbuchamt			
Gesamt-Buchgrundschuld			
■	Eintragung bei verschiedenen Grundbuchämtern	KV Nr. 14122	Erhöhung um 0,2
Hinweis: Erhöhung der 1,0-Gebühr nach KV Nr. 14121 **um 0,2** für jedes weitere Grundbuchamt ab dem zweiten Grundbuchamt.			
Handelsregister			
Hinweis: Die nachstehenden Gebühren erhöhen sich jeweils um 33,33 % der Eintragungsgebühr durch die Zusatzgebühr Nr. 6000 HRegGebV.			
■	Eintragung Einzelkaufmann (kein Umwandlungsfall; § 58)	Nr. 1100 HRegGebV	Festgebühr 70 EUR
■	Eintragung Einzelkaufmann nach UmwG, § 58	Nr. 1103 HRegGebV	Festgebühr 150 EUR
■	Eintragung Tatsache bei einem Einzelkaufmann	Nr. 1500 HRegGebV	Festgebühr 40 EUR
■	Eintragung Tatsache bei einer Gesellschaft/ Partnerschaft mit bis zu 50 Gesellschaftern/ Partnern	Nr. 1501 HRegGebV	Festgebühr 60 EUR
■	Eintragung Tatsache bei einer Gesellschaft/ Partnerschaft mit mehr als 50 Gesellschaftern/ Partnern	Nr. 1502 HRegGebV	Festgebühr 70 EUR
■	Eintragung OHG, KG, Partnerschaft, Partnerschaft mbB, GmbH & Co. KG, UG (haftungsbeschränkt) & Co. KG (jeweils kein Umwandlungsfall und mit bis zu 3 Gesellschaftern/Partnern), § 58	Nr. 1101 HRegGebV	Festgebühr 100 EUR

■	Eintragung eGbR, OHG, KG, Partnerschaft, Partnerschaft mbB, GmbH & Co. KG, UG (haftungsbeschränkt) & Co. KG (jeweils nach UmwG und mit bis zu 3 Gesellschaftern/Partnern)	Nr. 1104 HRegGebV	Festgebühr 180 EUR
■	Eintragung eGbR, OHG, KG, Partnerschaft, Partnerschaft mbB, GmbH & Co. KG, UG (haftungsbeschränkt) & Co. KG (jeweils kein Umwandlungsfall und mit mehr als 3 Gesellschaftern/Partnern), § 58	Nr. 1101 HRegGebV	Festgebühr 100 EUR wird erhöht um 40 EUR für jeden Gesellschafter/Partner ab dem vierten
Hinweis: Durch Nr. 1102 HRegGebV wird die Festgebühr (100 EUR) nach Nr. 1101 HRegGebV um eine Festgebühr 40 EUR **für jeden weiteren einzutragenden Gesellschafter/Partner** erhöht.			
■	Eintragung OHG, KG, Partnerschaft, Partnerschaft mbB, GmbH & Co. KG, UG (haftungsbeschränkt) & Co. KG (jeweils nach Umwandlungsfall und mit mehr als 3 Gesellschaftern/Partnern), § 58	Nr. 1104 HRegGeb	Festgebühr 180 EUR wird erhöht um 70 EUR für jeden Gesellschafter/Partner ab dem vierten
Hinweis: Durch Nr. 1105 HRegGebV wird die Festgebühr (180 EUR) nach Nr. 1104 HRegGebV um eine Festgebühr 70 EUR **für jeden weiteren einzutragenden Gesellschafter/Partner** erhöht.			
■	Eintragung einer Zweigniederlassung	Nr. 1200 HRegGebV	Festgebühr 40 EUR
■	Sitzverlegung Gesellschaft/Partnerschaft mit bis zu 3 Gesellschaftern	Nr. 1301 HRegGebV	Festgebühr 60 EUR
■	Sitzverlegung Einzelkaufmann	Nr. 1300 HRegGebV	Festgebühr 60 EUR
■	Sitzverlegung Gesellschaft/Partnerschaft mit mehr als 3 Gesellschaftern/Partnern	Nr. 1301 HRegGebV	Festgebühr 80 EUR
Hinweis: Durch Nr. 1302 HRegGebV wird die Gebühr Nr. 1300 HRegGebV um 40 EUR bis zum 100. Gesellschafter/Partner und durch Nr. 1303 HRegGebV um 10 EUR für jeden weiteren Gesellschafter/Partner ab dem 101. Gesellschafter/Partner erhöht.			
■	Eintragung ohne wirtschaftliche Bedeutung bei Eintragung der zweiten und jeder weiteren Tatsache aufgrund derselben Anmeldung	Nr. 1503 HRegGebV	Festgebühr 30 EUR
Hinweis: Eine Tatsache ohne wirtschaftliche Bedeutung ist nicht als erste Tatsache zu behandeln.			

■	Eintragung ohne wirtschaftliche Bedeutung bei e.K., bei Gesellschaften bis zu 50 und bei Gesellschaften mehr als 50 Gesellschaftern	Nr. 1504 HRegGebV	Gebührenreduzierung auf Fest 30 EUR
Hinweis: Die Gebühren Nr. 1500 bis 1502 HRegGebV betragen 30 EUR Festgebühr.			
■	Eintragung GmbH, Bargründung, kein Umwandlungsfall	Nr. 2100 HRegGebV	Festgebühr 150 EUR
■	Eintragung GmbH, Sacheinlage	Nr. 2100, 2101 HRegGeb	Festgebühr 240 EUR
Hinweis: Durch Nr. 2101 HRegGebV beträgt die Festgebühr Nr. 2100 HRegGebV 240 EUR.			
■	Eintragung AG, KG auf Aktien, Versicherungsverein auf Gegenseitigkeit (kein Umwandlungsfall, Bargründung)	Nr. 2102 HRegGebV	Festgebühr 300 EUR
Hinweis: Sacheinlage: Durch Nr. 2103 HRegGebV beträgt die Festgebühr Nr. 2102 HRegGebV 360 EUR.			
■	Eintragung GmbH nach Umwandlung	Nr. 2104 HRegGebV	Festgebühr 260 EUR
■	Eintragung AG oder KG auf Aktien	Nr. 2105 HRegGebV	Festgebühr 660 EUR
■	Eintragung Versicherungsverein auf Gegenseitigkeit nach UmwG	Nr. 2106 HRegGebV	Festgebühr 460 EUR
■	Errichtung Zweigniederlassung Kapitalgesellschaft	Nr. 2200 HRegGebV	Festgebühr 120 EUR
■	Sitzverlegung Kapitalgesellschaft anderes Gericht	Nr. 2300 HRegGebV	Festgebühr 140 EUR
■	Nachgründung AG, KG auf Aktien, Beschluss Kapitalmaßnahmen (Bareinlage, Sacheinlage, Kapitalerhöhung aus Gesellschaftsmitteln oder zur Durchführung von Umwandlungen, Verschmelzungen, Spaltungen, Kapitalherabsetzungen, Durchführung Kapitalerhöhung)	Nr. 2400 HRegGebV	Festgebühr 270 EUR
■	GmbH Stammkapitalerhöhung Sacheinlage oder nach UmwG	Nr. 2401 HRegGebV	Festgebühr 210 EUR
■	Umwandlung – Eintragung in das Register des übertragenden oder formwechselnden Rechtsträgers	Nr. 2402 HRegGebV	Festgebühr 240 EUR

■	Umwandlung – Eintragung in das Register des übernehmenden Rechtsträgers	Nr. 2403 HRegGebV	Festgebühr 240 EUR
■	Eintragung Eingliederung einer AG	Nr. 2404 HRegGebV	Festgebühr 210 EUR
■	Eintragung Übertragungsbeschluss Ausschluss von Minderheitsaktionären	Nr. 2405 HRegGebV	Festgebühr 210 EUR
■	Eintragung spätere Tatsache	Nr. 2500 HRegGebV	Festgebühr 70 EUR
■	Eintragung zweite und jede weitere Tatsache dieselbe Anmeldung.	Nr. 2500 i.V.m. 2501 HReg-Geb	Festgebühr 40 EUR
Hinweis: Nr. 2501 HRegGebV erhöht die Gebühr 2500 HRegGebV um 40 EUR.			
■	Eintragung Tatsache ohne wirtschaftliche Bedeutung (z.B. Änderung Name durch Heirat)	Nr. 2500, 2502 HRegGebV	Festgebühr 30 EUR
Hinweis: Nr. 2502 HRegGebV reduziert Nr. 2500 und 2501 HRegGebV auf 30 EUR.			
■	**Prokura**, Eintragung, Änderung, Löschung	Nr. 4000 HRegGebV	Festgebühr 40 EUR
■	Liste Aufsichtsrat inkl. Bekanntmachung Einreichung	Nr. 5003 HRegGebV	Festgebühr 40 EUR
Hypothek (Eintragung)			
■	**mit Brief**	KV Nr. 14120	= 1,3-Gebühr
■	**ohne Brief**	KV Nr. 14121	= 1,0-Gebühr
Gesamt-Briefhypothek			
Eintragung bei verschiedenen Grundbuchämtern KV Nr. 14122 = Erhöhung der 1,3-Gebühr KV Nr. 14120 **um 0,2** für jedes weitere Grundbuchamt ab dem zweiten Grundbuchamt).			
Löschung Recht Abt. III			
■	Wert § 53 Abs. 1	KV Nr. 14140	0,5-Gebühr
Löschung Gesamtrecht Abt. III bei verschiedenen Grundbuchämtern			
Die 0,5-Gebühr KV Nr. 14140 wird nach **KV 14141 um 0,1** ab dem zweiten Grundbuchamt erhöht sowie um weitere 0,1 für jedes weitere Grundbuchamt.			

Löschungsvormerkung			
■	Wert nach § 45 Abs. 2	KV Nr. 14130	0,5-Gebühr
Mithaftentlassung			
■	Wert nach § 44 Abs. 1	KV Nr. 14142	0,3-Gebühr
Pfandhaftentlassung			
■	Wert nach § 44 Abs. 1	KV Nr. 14142	0,3-Gebühr
Reallast			
■	Eintragung, Wert nach § 52	KV Nr. 14121	1,0-Gebühr
Sonstige Grundbucheintragung			
■	Herrschvermerk	KV Nr. 14160 Nr. 1	Festgebühr 50 EUR
■	Teilung Grundstück	KV Nr. 14160 Nr. 2	Festgebühr 50 EUR
■	Vereinigung und Zuschreibung	KV Nr. 14160 Nr. 3	Festgebühr 50 EUR
■	Belastung, § 1010 BGB	KV Nr. 14160 Nr. 4	Festgebühr 50 EUR
■	Änderung Inhalt/Eintragung der Aufhebung von Sondereigentum	KV Nr. 14160 Nr. 5	Festgebühr 50 EUR
Hinweis: Gebühr wird für jedes betroffene Sondereigentum gesondert erhoben.			
Testamentseröffnung		KV Nr. 12101	Festgebühr 100 EUR (in Planung KostRÄG 2025: 109 EUR)
Testamentsverwahrung		KV Nr. 12100	Festgebühr 75 EUR (in Planung KostRÄG 2025: 109 EUR)

Testamentsvollstrecker			
■	Ernennung/Entlassung, Wert nach § 65	KV Nr. 12420	0,5-Gebühr
Verein			
■	erste Eintragung in das Vereinsregister	KV Nr. 13100	Festgebühr 75 EUR
■	Eintragung im Vereinsregister (außer Ersteintragung)	KV Nr. 13101	Festgebühr 50 EUR
■	Löschung Verein, Beendigung Liquidation	KV Nr. 13101	Festgebühr 50 EUR
■	Fortführung als nichtrechtsfähiger Verein	KV Nr. 13101	Festgebühr 50 EUR
■	Entziehung der Rechtsfähigkeit und Schließung des Registerblatts	keine Gebühr Abs. 3 KV Nr. 13101	
Vermerk Recht eines Grundstückseigentümers		KV Nr. 14160	Festgebühr 50 EUR
Veränderung dinglicher Rechte			
■	Wert nach §§ 49 Abs. 2, 52	KV Nr. 14130	0,5-Gebühr
Vorkaufsrecht			
■	Eintragung, Wert nach § 51 Abs. 1 S. 2 (= hälftiger Wert der Sache/Immobilie)	KV Nr. 14150	0,5-Gebühr
Vormerkung			
■	Eintragung (Wert nach § 45 Abs. 3)	KV Nr. 14150	0,5-Gebühr
■	Löschung	KV Nr. 14152	Festgebühr 25 EUR[3]
Widerspruch Eintragung		KV Nr. 14151	Festgebühr 50 EUR
Wohnungs- und Teileigentum, Wert nach § 52 Abs. 1		KV Nr. 14112	1,0-Gebühr

3 Wird eine Vormerkung in mehreren Grundbüchern gelöscht, entsteht die Festgebühr wohl nur einmal; vgl. Korintenberg/*Hey'l*, KV Nr. 14150–14152 Nr. 16.

Stichwortverzeichnis

fette Zahlen = Paragrafen, magere Zahlen = Randnummern

Benutzungshinweise für den Download

Den Download-Link (URL) finden Sie auf der Seite 4 (IV) dieses Buches (Impressum).

Über diesen Link stellen wir Ihnen sämtliche im Buch enthaltenen Muster zur Verfügung. Zur Nutzung der Muster gehen Sie auf den Download-Link und laden die dort abgelegte zip-Datei auf Ihr Laufwerk herunter. Um den Ordner zu entpacken, klicken Sie mit der rechten Maustaste auf die Datei, wählen „**Alle extrahieren**" und folgen dann den Anweisungen. Die Nutzung der Muster ist unabhängig vom Betriebssystem Ihres Rechners.

Durch das Extrahieren werden ein **PDF-Musterverzeichnis** sowie die **Worddateien** der jeweiligen Muster auf dem von Ihnen gewählten Laufwerk Ihres Rechners abgelegt.

Zur Nutzung des PDF-Musterverzeichnisses benötigen Sie einen kostenlosen PDF-Reader. Das Musterverzeichnis gibt Ihnen einen Überblick über die enthaltenen Muster und erleichtert Ihnen den Zugang zu den Mustertexten. Beim Anklicken des gewünschten Musters in dem PDF-Musterverzeichnis öffnet sich der Mustertext direkt in Microsoft Word oder in dem bei Ihnen eingesetzten Textverarbeitungsprogramm. Dann können Sie die Word-Datei direkt bearbeiten und unter einem neuen Dateinamen abspeichern. Bei Nutzern von Word können Sicherheitshinweise auf dem Bildschirm erscheinen. Dort müssten Sie die Nutzung ggf. zulassen. Dies wird in den verschiedenen Wordversionen und Textverarbeitungsprogrammen unterschiedlich gehandhabt. In den einzelnen Word-Dateien sind keine Makros o.ä. eingebunden. Damit die Navigation über das PDF-Musterverzeichnis funktioniert dürfen der Ordner „Muster-Doks" und die ursprünglich gelieferten Dateien nicht umbenannt werden. Speichern Sie die bearbeiteten Worddateien daher stets unter einem neuen Dateinamen ab.

Die in einigen Word-Mustertexten vorhandenen **Formularfelder** können Sie markieren und überschreiben. Sie können sich die Bearbeitung erleichtern, indem Sie diese Formularfelder mit dem Default-Tastaturkürzel Ihres Textbearbeitungsprogrammes ansteuern. Für Microsoft Word ist dies i.d.R. das Tastaturkürzel F11, um zum nächsten Feld zu springen und „UMSCHALT+F11", um zum vorherigen zu springen. Diese Tastaturkürzel werden von der Arbeitsumgebung Ihres Textverarbeitungsprogramms und nicht durch die bereitgestellten Word-Muster-Dateien definiert. Daher können die Tastaturkürzel in alternativen Betriebssystemen und/oder Textbearbeitungsprogrammen (z.B. LibreOffice Writer) abweichen.

Bearbeiten der Formulare mit einer anderen Textverarbeitung und/oder einem anderen Betriebssystem

Wenn Sie kein Microsoft Word, sondern ein anderes Textverarbeitungsprogramm auf Ihrem Rechner installiert haben, können Sie die Dateien trotzdem aufrufen und bearbeiten. Gehen Sie dazu direkt auf das gewünschte Muster in dem abgelegten Ordner „Muster-Doks“. Über diesen Weg können Sie auch auf die Word-Dateien zugreifen, wenn Sie nicht über das mitgelieferte PDF-Musterverzeichnis navigieren möchten. Jedem Mustertext ist eine Nummer zugewiesen, die in dem Download-Symbol neben dem jeweiligen Formular/Mustertext im Buch abgedruckt ist. Über den Dateinamen (p = Paragraf und m = Muster) lässt sich die gewünschte Mustertext-Datei auffinden.